當法醫遇上警察

中國第一位博士警察的私人手記

左芷津 著

專業帶來機遇，
也帶來局限，
精於專業的人一生都在機遇和局限間糾結。

目錄

入道法醫

法醫難當

法醫最露臉的時候，當數偵破命案。記得我剛當上法醫時，北京的京西煤礦出了一起殺人案，半夜三更我們出現場。雖然是黑燈瞎火，可我下車抬頭一看，漫山遍野密密麻麻站的全是看熱鬧的人，就等著看警察來。我們法醫在眾目睽睽之下頗有點「范兒」（編按：即派頭的意思）的味道。

命案偵破起來轟轟烈烈的，領導重視，各方支持，媒體關注，法醫抽絲剝繭、絲絲入扣地在現場分析推測一番，最後被證實分析對了的，算是在破案中發揮關鍵作用，不無得意，立功授獎、升職晉銜、電視訪談好不熱鬧。但是從技術角度上對法醫來說，命案中除了推斷死亡時間是個世界性的難題以外，大部分情況下並不難。被人用石頭砸死了，腦袋都扁了，現場上長著眼睛的都能看明白，尺把長的大刀子一下子捅進身體裡去，能看見刀口，認定是刀殺的，也不需要什麼先進的科技手段和特殊的職業訓練。

當年我讀研究生時，給法醫專業本科生講高墜損傷，說人墜落時，墜落的高度不同，墜落者身體的損傷就不同，高度越高傷得越重。墜落地面硬度不同，損傷就不同，地面越硬傷得越重。為了說明這個道理，實驗課上還讓學生拿了幾隻兔子從不同的樓層扔下去，分別落到水泥地和草地上。學生們看得心驚肉跳，等回過神兒來問我，老師，您說法醫學是科學呢，還是常識呢？我一時竟無言可對，只好敷衍地說科學也是源於常識。不料想，後來從事法醫工作時間長了，見的案子多了，發現這「常識」也不是一成不變的。在我後來處理的空難中，飛機的高度夠高了吧，可是卻發現高度雖高，但遇難者身上的損傷並不及想像的那樣嚴重。所以對於法醫來說，凡事皆有可能，就沒有不可能。

法醫被人問到的最多的問題是，你當法醫就不害怕嗎？對普通人來說，一生當中見到死人的機會很少，見到血肉模糊、殘缺不全屍體的機會就更少了，加上影視和文學作品中的一些神鬼故事的描寫，以及傳統文化中敬畏鬼神的心理，使人們對死人或者準確地說是對屍體產生了恐懼。但是對於法醫來說，情況就簡單得多了。

首先，絕大多數法醫都受過醫學訓練，在學校裡上解剖課的歷練，已經過了害怕屍體這一關了。說實話，在醫學院剛開始學習解剖時還是有點怕的。大一上解剖課時，我挺奇怪，男生膽大，不怕也就罷了，怎麼女生也不怕，她們的膽子真的那麼大？一天晚上我們在解剖室裡對著屍體上自習課，我們幾個男生記得差不多了，準備回去，就跟女生說，我們先走，她們走時記得關燈，見到我們要離開，這幾個女生連忙說，等等，我們也要回去了。噢，原來她們還是有點兒怕的。

其次是在法醫的眼睛裡，現場的屍體不是單純的死人，而是一個重要的物證，破案全靠他或她了。法醫面對屍體時，一大堆問題撲面而來，這人是怎麼死的，什麼時間死的，臨死前的情形是怎樣，死亡的性質是什麼，致死的工具是什麼，身上的傷是怎樣形成的，自己能形成這樣的傷嗎，現場上有沒有搏鬥，激烈不激烈，兇手是幾個人，有沒有可能受傷，是熟人作案還是生人偶遇，現場有可能留下什麼物證等等，回答不出這些問題，案子就沒有辦法破，在破案的壓力面前，法醫哪裡有時間和精力去「害怕」呢。

記得剛當法醫那會兒，我出一個碎屍（編按：即分屍）現場，現場處理完畢，把碎屍塊運回解剖室，檢驗完畢把屍塊存入冰箱，我就回去休息了。朦朧中，我突然想起，裝屍體的是一個紅藍白色條紋的塑膠編織袋，編織袋的拉鎖上掛著一把小鎖，死者褲子的皮帶袢上拴著一串鑰匙，這兩者有沒有關係呢。當時已是後半夜，我一翻身從床上爬起來，自己一個人跑到解剖室，拉開巨大沉重的屍庫大門，打開冰箱，從屍塊旁存放的死者褲子上把鑰匙解下來，逐個地試著朝小鎖眼兒裡插，突然「叭」地一聲小鎖打開了，這表明這個編織袋是死者生前自己帶來的，兇手作案後就地取材，把死者裝進他自己的編織袋裡了。那個年代用這種大編織袋的主要是「倒爺」，鑰匙和小鎖為查明死者的身分提供了重要線索，最後證實死者是一名倒賣香煙的東北小販，編織袋是用來裝香煙的。他從東北來北京進貨，賣家看他挺有錢，見財起意，把他灌醉後殺害，搶走了錢，碎屍後裝入編織袋。

法醫最窘的事就不愛在外人面前提了，那是死因不明的案子。死因不明在法醫學上叫陰性解剖，就是說經過一系列詳盡的屍體外表檢驗、內部解剖檢驗、顯微鏡下病理學切片檢驗，和體液、胃內容物、組織的毒物化驗後，窮盡了一切檢驗手段，始終沒有發現導致死亡的原因或異常，這導致死亡的原因或是異常，在法醫學上叫作陽性發現，沒有陽性發現，可是這人明明就死了。

無論一個人怎樣死亡，按照死亡的性質來說，無外乎兩種情況，一種是正常死亡，也叫自然死亡，比如年歲過大，或是得了某種嚴重的疾病，回天乏術，正常的意思是說這種死亡是自然規律，對誰都一樣。另一種是非正常死亡，簡單說就是不該死的人死了，當然沒有哪個人是該死的，只是說這個人在生命的這個階段還沒有到死的那個分兒上。非正常死亡中按照主觀意識不同，常分為三類：第一類是自殺，自殺是自己有意識地對自己實施暴力。第二類是事故，別管是自己造成的事故還是別人造成的事故，肇事者和被害者都沒有主觀故意，一般是過失所致，比如煤氣中毒、失足落水，還有最多見的交通事故。第三類就是被害或被殺，加害人一定有主觀故意，明確地要對被害人實施暴力。

法醫是個與死亡打交道的行當，但主要是與非正常死亡打交道，在非正常死亡中又主要與殺人或傷人致死打交道，當然自殺和事故也時常需要法醫去澄清事實，查明真相，甄別真偽。破案能讓法醫出名，解決死因不明的可就很難出名了，立功就更別想了。對法醫來說，能對付過去，不出差錯就算萬幸了。因為雖然現代科學對人體的研究已深入到分子和原子水準，但是對生老病死原因的認識還遠遠不夠，許多死亡並沒有科學準確的解釋，陰性解剖也就在所難免了。

法醫辦理死亡案件的關鍵是要弄清楚死亡的性質，是被殺的千萬不能錯定成自殺或事故，否則就會放縱犯罪，令案犯逍遙法外。今後這個案犯不再作案便罷，如果再作案或者是其他什麼原因使案件暴露出來，案犯被抓後交代說，哪個案子也是我幹的，就會發現法醫當初定錯了，那就是造成了錯案，這個法醫就很難在這個行當裡「混」下去了。案件當中匕首捅、菜刀砍、斧錘敲、棍棒打、磚石砸、繩子勒、開槍射的，損傷明顯，一目了然的好辦，一些體表損傷微小的，如電擊，甚至是體表根本就沒有什麼損傷的，如投毒，就要特別當心了，不是有投毒的案子十幾年、幾十年都破不了嗎？

最要警惕的是把兇殺偽裝成自殺或是意外事故的。有個案子，夫妻倆一同睡覺，夜間發生煤氣中毒，女的死了，男的活了。我們接到這個案子時感到有點奇怪，因為一般來說，男的呼吸深，吸入毒氣多，女的呼吸淺，吸入的少，從生理上說，男的耐受力差，女的耐受力強，所以同樣條件下，男性更容易因煤氣中毒死亡，可是這個案子男的活了，女的卻死了，這是怎麼回事，是例外嗎？法醫辦案就是先要順著正常的思路和最常見的情況和現象去找，一旦出現異常，又沒有合理的解釋，往往就是有了問題。

睡在同一房間中夫妻兩人都應該中毒，就算是男的命大，僥倖活下來，也應該是重度煤氣中毒的樣子，頭暈噁心，嗜睡委靡，語無倫次，失去記憶，甚至呆傻，可是這位男士沒有明顯中毒跡象，思維正常，語言清晰，對答如流。只是發現他與我們交談時，時常咳痰，痰的顏色是黑的，再仔細看，他鼻子、鼻孔和口唇都有些發黑，這又是怎麼回事，煤氣中毒沒有見過這樣的。

現場雙人床的枕頭旁就是煤爐，爐子上有煙囪直通屋外，爐子連接煙囪部位的炭灰有擦蹭跡象，男的睡在靠近爐子這一側，枕頭和被上也有少許不易察覺的黑色痕跡，我們有了一個大膽的假設。我們說，他總咳黑痰可不好，我們對他負責，幫他檢查一下，就把他送到了醫院，聯繫呼吸科的大夫對他進行了氣管纖維鏡檢查，發現他的氣管裡、支氣管裡有許多黑色物質，取出來放在顯微鏡下觀察，就是黑色炭末。經過審訊，他供述，他與妻子感情破裂後，妻子死活不離婚，只得想出這麼個辦法。晚上他把煙囪從爐子上拔下來，罩在自己的口鼻上，當煤氣在屋裡蔓延開來時，他能通過煙囪呼吸，可憐他的妻子就中毒身亡了，煙囪中的大量炭灰被他吸進了肺裡，竟成了殺人證據。

反過來，如果把自殺或事故錯定成被殺，最後頂多是破不了案，抓不到人，公安人員白忙一場，但不會對社會造成大的危害。當然，把命案錯定成自殺和把自殺錯定成命案都不應該，法醫只要把案件性質定準確了，一般就不會發生大的差錯。

無心插柳

我考大學時，一開始並不想學醫，我到農村當知青時，曾經種過地，受夠了風雲突變、疾風暴雨的摧殘，所以我特別想學氣象，幻想著知風雨、曉陰晴的本領，甚至還打聽到南京有一所著名的氣象學院，後來一同下過鄉的朋友們說，不要以為學了氣象就能在城市裡鼓搗天氣預報，給你分配到一座大山頂上天天看雲雨，測風向，記資料，雖說有老婆陪著，但一幹就是幾十年，也是說不準的事。我還想學建築，也是因為剛到農村時自己蓋過房子，後來朋友們勸我，蓋房子總要跑工地，也是個辛苦差事，再說有建築專業的學校都是特棒的學校，也就特別難考，像我們這樣，初中只上了一年就畢業下鄉勞動的，有個學上就不錯了，哪裡敢像應屆高中生似的，報志願像到飯館裡點菜一樣，想要哪個就要哪個。

一番胡思亂想之後，把醫學拉入了視野，想到學醫也不錯，不像在工廠裡和鐵塊打交道，你讓它方，上銑床它就變方了，你讓它圓，上車床它就變圓了，醫生面對的是病人，正合我喜歡和人打交道的性格，於是考了醫學院，夢想著掛聽診器拿手術刀的日子。

誰知等進了醫學院才明白，醫學生要讀五年，每年光考試課就有六、七門，五年加起來磚頭厚的書要讀進去三十五、六本，人身體上有什麼，長在哪兒，長成什麼樣都不是以人的意志轉移的，只得硬著頭皮背，因此學醫沒有任何創造性，這就是我們醫學生面臨的窘境。

學醫是與人打交道，醫學生漫長的校園生活也就有了不同於其他學科的許多有趣事情，好玩得很。大二下學期開學時正值冬天，課程進入學習聽診階段。一天，老師說，今天收了個風濕性心臟病，二尖瓣狹窄合併關閉不全，雜音很典型，大家可以去聽聽。同學們聽罷，如狼似虎地一窩蜂衝到這個病人面前，瞬間九個聽診器一下子全都按在了病人瘦骨伶仃的胸前，把個病人冷得直激靈。後來為了避免這種現象，發明了一種專門教學用的聽診器，一端是一個聽診器頭，按在病人身上，另一端分成九個聽筒，可以有九個同學同時聽，想法很好，但實際用起來就不是這麼回事了。這個聽診器像個大章魚，無論是拿起還是放下，十隻「觸角」相互纏繞在一起，亂成一團，拆都拆不開，根本沒辦法用，最後老師只得強調只許一個一個去聽，一個病人最多三個學生去聽。

醫學院的學習時間長，前面兩年半在學校學習，後面的兩年半全部是在醫院先見習，後實習。記得大家輪轉到婦產科實習時，老師指著門口「男賓止步」的牌子說，你們男生要特別珍惜這個機會，很可能你們這輩子當醫生只有這一次能進到這個門裡面。聽到這話，女生們不以為然，男生們全都認真起來，絕不放過任何一個接生助產的機會。一天深夜，一位趙姓同學正在醫生休息室裡睡得迷迷糊糊，突然護士大喊，趙大夫，來接生。趙同學一骨碌從床上竄起來，抓起白大衣就往產房跑，邊跑邊穿白大衣，從醫生休息室到產房有五十多米的距離，怎麼也找不到白大衣的袖子，直到產房門口也沒能把白大衣穿上身，進了產房才發現，原來他抓的根本不是白大衣，而是床上的白布單。這些糗事在醫學院裡特別多，大家也因為太熟悉，彼此失去了神祕感，五年下來，同學間竟沒有男女生談上戀愛的，畢業後成功了的兩對夫妻，則是離開學校以後感到「外面的世界很精彩，裡面的世界很無奈」才成的。

一個偶然的機會，我在學校圖書館看到一本棕褐色封皮的精裝書——《實用法醫學》，隨手翻翻，看看裡面的照片，覺得挺有意思。我們是醫療系的學生，內、外、婦、兒是主課，學的就是當醫生給人治病，課堂上講的都是人得病的種種情況，然後教我們如何千方百計地把病人給救活，課堂上老師最多也就是講到病人臨死前的搶救，像心裡注射、心外按摩、氣管插管、加壓給氧、電擊除顫什麼的，從來沒講過人死了以後是怎麼回事，會變成什麼樣。對大夫來說，人死了，殮房的師傅把人推走，從那個生死的時間節點開始，以後就不再是他們的事了。

看了《實用法醫學》才知道，人死了以後，由於面部肌肉的鬆弛，是眼微睜口微開，一副放鬆解脫的樣子，並不是口眼緊閉、眉頭緊鎖，一臉受苦落難的表情，當然也沒有怒目圓睜的。面部肌肉的鬆弛還使臉上的皺紋變得平坦，因此老年人死後顯得年輕。年輕人死後顯得老，是因為臉上失去了年輕人的活力和光澤，活力是人最重要的生命表象，所以大多數人參加遺體告別時，總會感到死者變化很大，明顯不像生前，以為是遭了多大罪，其實是沒有了活力。

人死後由於體內一系列複雜的生物化學變化，全身肌肉會變硬，使各個關節僵硬固定，無法活動，這叫屍僵。屍僵可以把臨死前的姿勢保留下來，法醫檢驗時可以從姿勢推測臨死前的情況。屍僵經過一段時間，隨著人體逐漸進入腐敗，會慢慢地緩解，透過屍僵的變化，法醫可以推測出死後經過時間。

人死後血液循環停止，血液下墜，沉積在身體低下的、不受壓迫的部位，血液的顏色透過皮膚，使得皮膚呈現暗紫色，這叫屍斑。一般人都不知道人死後皮膚顏色的變化，在一些意外發生的死亡中，死者家屬常常把這種暗紫色的屍斑誤認為是「遍體鱗傷」。

在大學裡翻看這本書也就是圖個新鮮，根本沒有想到這輩子會跟法醫結緣。

正式入行

一九七八年我們考大學是文革後恢復高考（編按：即大學聯考）的第二年，第一年時人們還沒有完全從「文革」中甦醒，幾乎只有那些受過「文革」前正規中學教育的老三屆高中生手拿把攥地考進大學。等到第二年高考時，人們對新社會的信任和通過個人努力改變命運，追求新生活的期待，已經提高到「非大學不上」的熱度，魚龍混雜的龐大考生隊伍，使得錄取比例竟然達到了二十五比一。

我們入學時文革剛結束不久，對政治鬥爭的厭倦和對逝去時光的緊迫感，使學校裡特別崇尚學習，每年評選三好學生就一個條件，學年考試成績平均在九十分以上的就是三好學生，不用評也不用選，一般一個班也就是三、四個。三好學生的獎品也很實惠，就是下個學年的全部課本。我們班裡幾個歲數大的，學習上特別努力。

一九八三年大學畢業時，國家還處於計畫經濟時代，學校負責統一分配，先公布一個分配方案，上面全是需要人的單位，每個學生自己先挑願意去的地方，填寫志願後，再由學校統一安排和調劑。當時對優秀畢業生的政策是，如果能連續三年當上三好學生，畢業時想去哪個單位，只要是分配方案裡有的，隨便挑。只可惜，我是連續兩年的三好學生，差一年就能隨便挑了，原因是有一年體育課沒考好，拖了後腿，各科平均下來是八十九點四分，四捨五入不夠九十分。學校知道我成績好，還擔任過班裡的學習委員和班長，也想幫幫我，就徵求我的意見想去哪裡。

當時的醫學畢業生大都想搞科研工作，爭著留校，或者是到科研單位工作，也不懂得幹臨床、當醫生最吃香，當然當時也沒有「醫鬧」（編按：類似醫療糾紛的情況）和臨床醫生屢受人身侵害的案件。我看到分配方案中除了各個醫院或醫學科研單位外，竟然有北京市公安局，一問才得知是北京市公安局來學校招人去做法醫，條件是三個：一是男的，二是不戴眼鏡，三是三十歲以下，看看自己渾身上下，這三條我都合適，就報了名。

學校知道後也支持我去那裡工作。其實我對公安局並不瞭解，家裡祖祖輩輩從來都沒有人當過警察，倒是學校的保衛科長比較熟悉，他主動跑來眉飛色舞又神祕兮兮地向我介紹，說我要去的地方號稱「天下第一科」，藏龍臥虎，神通廣大，威力無邊，可是不得了。我半信半疑默不作聲地看著他，心想，這位保衛科長在學校裡是出了名的厲害，平時他根本不把我們這些學生放在眼裡，橫眉立目、吆五喝六地可横了，老師和學生沒有不怕他的，現在突然對我這樣關心、和藹，隱隱感到這個單位確實不一般。

當警察的要求比當醫生嚴多了，需要面試，看一看身高、相貌、眼歪不歪、嘴斜不斜、站不站得直、走不走得正，總之，言談舉止適不適合當警察。北京市公安局的法醫老前輩莊明潔科長帶領著年富力強的中年法醫任嘉誠來我家面試。

嘉誠板著面孔，一進門先倒出一堆法醫工作如何辛苦之類的話來。我心想，俗話說，「醜話說在前頭」就是這個意思吧。我明確回答道，咱也是上山下鄉、工廠農村幹過來了，還能在乎這個。聽我回答得這樣簡單乾脆，根本不像假裝的，氣氛頓時緩和了許多。接著嘉誠又隨便問了一些家裡人的其他情況，面試不長時間就結束了。人就是這樣，對不對緣，幾句話一碰就清楚了。他們走後，我估摸著，歲數大、不吱聲的應該是司機，年輕一些、總問我話的可能是科長。後來才知道，正好相反，原來他們早在門外約好，嘉誠負責問話，莊老在旁靜觀，不得不敬佩薑還是老的辣啊！

此後，我順利進入北京市公安局刑偵處技術科，算是正式加入了法醫隊伍。任嘉誠成了我的良師益友，據說當年他剛出門就說，「這個人咱要定了。」人家慧眼是不假，只是不敢說是識珠，最起碼也算是百裡挑一。而且他入黨四十餘年，前前後後只介紹過我一個人入黨，是他的關愛，更是我的榮幸。

當上法醫後的第一次解剖屍體就是任嘉誠老師帶我的。我們是文革後第一批進入北京市公安局當法醫的大學畢業生，老法醫們認為我們是正規醫學院出來的，一定都會幹解剖，其實我們只是在大一和大二時上過人體解剖課，自己根本沒有動手解剖過屍體。任老師換上隔離服，已經站在解剖台的主刀一邊了，我只好硬著頭皮站在了另一邊。我靈機一動，只見老師用解剖刀拉一下，我就用解剖刀拉一下，反正是他拉哪裡，我就拉哪裡，加上醫學院裡學解剖的功底，一台解剖做下來，老師居然沒有看出破綻，讓我挺高興，這麼緊緊張張地開始幹的法醫，哪裡還顧得上害怕死人。

真正當上法醫，幹了一段時間後，逐漸認識到法醫與原來學的醫生大不相同。醫生每天坐在醫院裡，病人來了可以直接問他，你怎麼不好了？病人會告訴醫生說，昨兒晚上著冷了，或是昨天吃了什麼東西不合適了，或是過去的什麼老毛病又犯了。醫生一下子就能把生病的原因找到，從原因就能導出結果，就知道病人發展下去將會是個什麼結局，醫生的本事就是要用醫療手段阻止病情惡化，也就是阻止結果的發生，所以治病救人是一個由因導果的正向思維過程。法醫就不同了，法醫到現場時人已經死了，結果已經出來了，需要法醫從結果出發，搜尋各種物證，解讀物證背後的現象，推測勾勒出案事件的輪廓，逆向推導出原因來，這種由果導因的反向思維過程具有極大的挑戰性，使我逐漸迷上了法醫。

「單飛」辦案

當法醫的往往對自己第一次單獨出現場辦案記憶猶新，借用人家飛行員的叫法，也叫作「放單飛」。

一般情況下，一個學法醫專業或是學醫學專業的大學畢業生，從跨入法醫行當開始到能夠「單飛」，怎麼也要跟著老法醫幹個二、三年的時間，因為「單飛」的標準是要能夠應付一般的死亡案子，也就是說，比較常見的死人案子都能應付得了。之所以需要這麼久，是因為得經過一定的時間，才有足夠多的機會把各種常見的死亡案件都見過、處理過，時間短了，見不了那麼多案子，以後真的遇上了難免手忙腳亂。

我也照例先跟著老法醫們學習了一段時間，後來去中國刑警學院進修了十個月，回來後，再跟著老法醫跑前跑後，直到一九八五年二月七日，終於放了「單飛」。這個「單飛」說簡單也簡單，說複雜還真是不容易。

那是北京一個冬末春初陽光明媚的下午，技術科樓道裡的廣播喇叭傳來值班人員「法醫、照相出現場！」的呼喊聲。無論春夏秋冬，無論白天黑夜，這個喇叭的喊聲就是命令，特別是當值班人員打開擴音器的電源，喇叭裡傳出來沙沙的電磁聲，但又沒有開始喊話時，樓裡各專業的技術人員都在屏息靜聽，不知道是什麼現場，有沒有自己的事。

無論什麼案件，只要聽到廣播喊聲，照相人員是必須去的，因為任何現場，拍照記錄都是必不可少的。如果只通知照相和痕跡人員去，沒有法醫的事，估計一定是盜竊現場；如果通知照相和痕跡人員，再加上法醫一同去，就一定有人的事了，十有八九是個命案現場，要是再加上錄影人員，就一定是特別重大的命案現場，那時候條件差，不是每個現場都要錄影；要是再加上爆炸工程師，就一定是爆炸死亡案件；如果只通知照相加上法醫去，往往是非正常死亡的案子，多是意外，現場沒有犯罪痕跡可看；但是如果遇到跳樓、臥軌之類的自殺案子，痕跡人員也必須到現場甄別是自殺還是他殺。

這天是我值班，法醫室的晨會上，主任說了，左來了也有一段時間了，學得、練得差不多了，再有一般的現場就「單飛」吧。對任何一名法醫來說，聽到這話就像學徒要出師了一樣，既興奮又激動，當然，心中也在默默地祈禱：第一次「單飛」，可千萬給我來個容易點兒的案子。

聽到廣播通知，我拎著早已準備好的全套法醫器械來到樓下大廳，到值班室拿了《情況簡報》，幾個老法醫湊到值班室來看看是怎麼回事。死者名叫英勝利，是位女性，二十九歲，今天下午發現死在家中，因為死因不明，西城公安分局請求市公安局法醫支援。幾個老法醫一合計，對我說，你自己去吧。我心中暗暗一陣高興，終於讓我「單飛」了，可是嘴上仍說，還是您帶我去吧，請老師們多給把把關。老法醫說，有什麼問題回來再研究，便把我一個人扔在大廳裡了。照相室值班的是英武帥氣的小韓，我們兩人一起，再叫上兩個正在我們這裡實習法醫的學生當幫手，一行四個人就登車出發了。

到了分局，治安科主辦的民警介紹說，死者英勝利二十九歲還沒結婚。在上個世紀八〇年代，雖然還沒有「剩女」一說，可這麼大的姑娘還沒有結婚出嫁，可真變成爹媽的一塊心病，家裡為了這個老姑娘的婚事是三天一小吵，五天一大吵，弄得雞犬不寧。這樣的家庭環境肯定是待不下去了，這位姑娘就在距離她家不遠的新街口租了一間平房，自己搬出去住了。

出事的這天早上，英姑娘沒有去上班。到了下午，單位發現她還沒有來，就派人到她家去找，家裡人說她一個人在外面住。單位同事和她的家人一同來到英姑娘住的地方，只見房門緊鎖，破門進去後，發現英姑娘已經在自己的床上氣絕身亡。單位同事驚恐之餘，連忙報警，西城公安分局治安科的警察很快就趕到了，向鄰居們瞭解情況得知，昨天晚上似乎有人從這個女孩子住房的後窗朝屋裡望了一下，女大未婚，離家單住，不明人士，深夜偷窺，突然死亡，原因不明，被害的可能陡然增加。我這個剛「放單飛」的法醫不怕事大，就怕事小，立即提高了警惕。

瞭解了大概的情況，我們趕到存放屍體的積水潭醫院太平間，從冰櫃裡拖出英勝利的屍體，這屍體既不是七竅出血，也不是傷痕累累，安詳地如同睡著了一樣，也對，人家不正是一個人死在床上嗎？我先按常規做了體表檢驗，結果不要說是沒有見到致命性損傷，就連一點點微小的損傷也沒有。

沒有發現損傷，我腦子裡的法醫想法全出來了，生怕漏掉了什麼。二月的北京天氣還是比較冷的，可不可能是煤氣中毒，剛才在她的住處看到了爐子，煤氣中毒的屍斑是櫻桃紅色的，我特別觀察了屍斑的顏色，感覺顏色不夠紅。是不是注射毒針死的，針眼小可不好找，千萬別漏了，我在她全身上下仔細找了好幾遍，沒有發現。會不會是電擊死的，電擊部位形成的微小電流斑也不好找，一定要特別注意，我把英勝利身上犄角旮旯兒，特別是有毛髮覆蓋的部位，都查看了，沒有見到。床上死的，能不能是被枕頭這類柔軟的東西捺壓口鼻捂死的，這種情況有時皮膚外表沒有損傷，但口腔內側的黏膜在牙齒的硌墊下，會有破損，要翻開嘴巴去看，我看到口腔黏膜光滑平整，什麼都沒有。我按照自己種種假設，一絲不苟地檢查著，最後還是什麼異常都沒發現。我們不敢怠慢，請照相的小韓認真地按照檢驗和記錄的要求，正面、背面、頭面、重點部位一張張地拍了照。然後進行系統的解剖檢驗，雖說是首次「單飛」，但是在師傅手下解剖可沒有少幹，手腳還是挺麻利的。

結果全身解剖做下來，什麼死因也沒發現，我心裡「騰」的一下就毛了，怎麼我的首次「單飛」竟是這麼倒楣。這可怎麼辦，我恨不得問她一聲，「你到底是怎麼死的啊？」沒有別的辦法，只有一點一點地認真仔細檢查身體內外的每個部位、每個器官，查找死因。小韓是見多識廣的老照相了，他一看沒有死因就知道要改為「慢功」了，自己提著相機跑到解剖室外面去等著，是啊，誰沒有事會陪著法醫在屍體邊上站著，需要照相的時候我們就大叫一聲，小韓聽到了就會馬上跑進來，端起相機照張相再到外面等著，不必陪我們在這裡聞臭味了。

我越檢查不出死因，心裡就越發毛，越發毛就越著急，回想著過去辦的案子，多麼盼著解剖中，屍體的肚子一切開，裡面一肚子的血，一個胚胎浮在上面，未婚女性子宮外孕大出血致死的可不少見，已婚的有點兒不舒服早就送醫院了，未婚的不敢說，有點不舒服自己挺著，挺著挺著就出大事了；或是一打開顱腔，腦子裡一個大凝血塊，腦溢血，年經人腦血管發育畸形破裂出血可太多見了，腦血管發育畸形的人貌似健康，好人一樣，實有潛在的致命性血管缺陷，常常沒有先兆和誘因，血管突然破裂，出血迅猛，根本來不及搶救，年輕人意外死亡，家人特別難以接受；或是一打開心臟，冠狀動脈硬化性心臟病，血管狹窄超過五十％以上，有的血管壁甚至都鈣化了，那也行啊，現在年輕人血壓高、動脈硬化的也不少，結果這些都沒有。我依次地打開了顱腔、胸腔和腹腔，逐個地翻來覆去地檢查各個臟器，最後還少見地費盡九牛二虎之力，用雙板鋸鋸開脊椎骨，取出脊髓進行檢驗，結果仍然是一無所獲。時間不停地悄悄溜走，這個屍體檢驗竟幹了四個多小時。

我們從下午天亮時一直幹到天黑，小韓還真有耐心，陪著我們一趟趟地跑來跑去，毫無怨言。到最後我也沒能找到死因，沒有任何其他辦法，只有笨笨的一招，就是把全套內臟一點兒不剩地全部帶回去。

我把各種臟器裝進塑膠桶裡，心想，剩下的就是一個殼兒了，差一步就把個殼兒帶回去了，就算是把這個殼兒帶回去也沒有死因啊。臨走時我囑咐分局治安科的民警，目前還沒有找到死因，千萬保存好屍體，我們還會複檢的。

分局治安科的同志陪了我們整整一個下午，看到法醫這麼辛苦，工作這樣認真，想留下我們吃個晚飯，我哪裡有心思吃晚飯，小韓藉口要到夜校補習，我們就匆忙離開了。回技術科的路上，小韓中途下了車，真的去了夜校，想起人家為了協助我的工作，連晚飯都沒來得及吃就上課去了，心裡真是非常抱歉。

回到科裡的辦公室，我填個單子，把提取的胃內容物、心臟裡的血液，以及其他供檢驗用的臟器和組織送到毒物化驗室，進行常規化驗，再到解剖室裡，把帶回的臟器按照要求切成福馬林液能泡透的小塊，泡好固定，準備病理檢驗切片用，第一次「單飛」的不順，讓我忐忑不安、心情鬱悶地度過了一個晚上。

援兵解困

第二天法醫室的晨會上，我急忙把昨天英勝利屍體檢驗的情況彙報了一遍，請大家幫著想想辦法。對於老法醫來說，沒有死因的案子見得太多了，大家並沒有覺得怎樣。主任說，下午先和我一道到醫院太平間去看看屍體，確定的確沒有外傷後，再從病理檢驗上下工夫。

新法醫「單飛」遇挫，幾個老法醫還真幫忙，師傅們說，除了投毒，一般只要是外力致人死亡的，多多少少都會留下一些損傷的蛛絲馬跡，像咱們這樣，裡裡外外這麼仔細地查看屍體，再細小的損傷都會發現的，如果最終確定屍體上什麼損傷都沒有，毒物化驗也沒有檢出毒物，一般來說就是病死的，只不過一時半刻還不能確定得的是什麼病。當法醫首先是確定死亡的性質，是他殺、是自殺、是意外還是自然死亡，然後再看是怎麼死的，性質定得不錯，別的就好辦了。聽了這話，我明白了，沒有致命性的外傷和投毒，死因不明主要就要看病理檢驗的結果了。

下午，主任和我騎上自行車來到太平間，主任只看了死者的面部和頸部便不再看了，說，沒有問題。我心想，他不再看看全身嗎？人家高手不用看，原來致人死亡總要傷在要害上，頭、頸部最是要害，傷在其他地方一時半刻不會死的，如果是銳器刺中心臟這樣明顯的損傷，我做體表檢驗時能看不到嗎？這些經驗真是需要長時間的積累，所以「單飛」固然好，可是原來有老師帶著，有機會學習老師們的多年經驗，也是一種難得的訓練。

曾經有一次我們偵辦一起碎屍案，在北京發現了軀幹部分，案犯把大腿以下透過火車託運到了天津，我們請天津市公安局的法醫來北京，對兩個地方發現的屍塊進行拼接比對，確定是不是同一個人。

天津市公安局有一位老法醫，是國內法醫界的著名老前輩，德高望重，我們這些年輕法醫都很尊敬他。請他們來拼接屍體時，我們正尋思著他要怎麼抱著一條死人大腿乘火車呢，有點想要他老人家好看的意思。幾個小時過去，天津老法醫終於來了，不料他兩手空空，什麼大腿也沒帶，只隨身帶了一只出差常拎的黑色人造革小包，我們感到非常詫異，心中暗想，難道這老人家不知道到北京來幹什麼嗎？

到了解剖室，只見他從隨身小包中拿出一段五釐米長的大腿骨斷茬，朝軀幹部分的骨頭斷茬上一插，嚴絲合縫，分毫不差，毫無疑問，北京和天津發現的屍塊是同一人了。這個大腿骨的斷茬是天津法醫檢驗時鋸下的。目睹發生在眼前的神奇一幕，我們無不叫絕，是啊，同一人的認定，只要斷開兩端的骨頭對上茬兒，就行了，哪裡需要把整條大腿抱來呢，這些老法醫的經驗真是讓我們心服口服。

按照規定，正規的病理檢驗需要一個月的時間，因為要等福馬林固定液將構成人體組織的蛋白質充分變性，固定了才能切片，再進行染色。為了縮短時間，我很認真地按時更換固定液，在老法醫的指導下，將組織塊再改切成適合切片的小塊，爭取早些天切片檢驗。

時間一天天過去，最先送回法醫室來的是毒物檢驗報告，全部所送檢材中均未檢出常見毒物，一句結論斷了投毒或是服毒致死的念頭。

最後切片室把病理片子切出來，我在顯微鏡下仔細觀察，大腦、小腦、延髓、脊髓、肺臟、氣管、支氣管、心臟和血管、腎臟、肝臟、脾臟、胰腺、甲狀腺、腎上腺、食道、胃、大腸、小腸、頸部肌肉、子宮、卵巢、膀胱，除了胰腺裡見到少量紅血球外，其他臟器都沒有發現任何致死性病變。看到這個結果，實在令我沮喪，沒有一個明確的死因是法醫的大忌，首次「單飛」就沒有死因，顯然是大忌中的大忌。

我把切片端給了老法醫們，並且彙報了我看到的情況，因為咱們年輕，資歷淺，看片的本領不夠強，所以這時候必須請老法醫們幫忙。我們北京市公安局的法醫有個好風氣，一旦誰遇到了困難，大家一擁而上，誰能幫什麼就幫什麼，誰都不會袖手旁觀，更不會等著看誰的笑話，因為法醫們心裡都明白，今天你碰到的難題，沒準兒明天就叫我碰上了，保不齊明天哪位法醫還會碰上其他千奇百怪的難題，所以有忙大家幫是法醫的好傳統。久而久之，有的法醫在一些專門問題上有了自己獨到的見識和方法，形成了專長。比如有的法醫老師對繩索的打結方法頗有研究，自縊現場上，死者脖子上的繩結看不明白的，就在沒有打結的地方剪斷，然後把繩索帶回來，晨會上大家對著繩結一番研究，總會有高手幫著指點迷津。

老法醫們輪番查看英勝利的病理切片，結果也不得要領，再派人去看屍體，也沒有新的發現。把剩下的組織塊再切片，也沒有什麼新的結果，各種主意出了一堆，可謂八仙過海，各顯其能，結果還是沒有找到死因，一時這個貌似不複雜的案子陷入了僵局。

但凡案子辦到了這個分兒上，已不是一個人的案子，而是全體法醫的案子了，找不到明確的死因，已不是我這個初出茅廬的法醫不靈了，而是我們老老少少全體法醫都不靈了。正當大家一籌莫展的時候，案子驚動了我國著名的法醫病理學專家趙經隆先生。

趙經隆先生一九二四年六月出生，山東龍口人，一九五二年畢業於北京醫學院，一九五三年結業於衛生部法醫學高級師資班，是新中國培養的第一批法醫。師資班主要為醫學院校培訓法醫教師，趙經隆被分回母校任教。一九五八年，衛生部決定取消醫學院的法醫課程，法醫教師全都改行，趙經隆帶著五年來打下的法醫病理學的堅實基礎和科研能力，到北京市公安局幹上了基層法醫。

這一幹就是三十多年，經歷了無數起平常和離奇的案件，特別是「文革」中，他和另一位老法醫劉培善，今天你值班，明天我值班，兩人輪流全城飛，應對全北京「文革」動亂中各種各樣的死亡案件，親力親為地檢驗和鑑定了許多國內外名人的死亡，負責任地為歷史留下了無可質疑的結論。我曾翻閱過他們當年的檢驗記錄和鑑定書，雖是動亂年代，在沒有任何人的約束和監督之下，他們手寫的檢驗記錄和鑑定書依然是字跡工整，描述全面，用詞精準，一絲不苟，堪稱法醫的楷模。

趙老前輩聞訊來到我們法醫病理室，二話不說把全部切片要了去。他老人家有一句名言：「法醫不問案情」，意思是說法醫要靠自己的檢驗和診斷判明案件的真相，得出正確的結論，切記不能被聽來的「案情」所綁架，因為聽來的「案情」時常隱含著主觀記憶和表達的不準確，甚至是錯誤，而且隨時可能有變化，只有自己親眼看到的屍體現象和損傷情況，特別是顯微鏡下的病理診斷才是最靠得住的。

趙老把自己關在辦公室裡好幾天後，終於把我們叫了進去。經過他的觀察和分析，他認為英勝利是罹患急性出血壞死性胰腺炎死亡。他一邊調整顯微鏡一邊說，你們看，胰腺中的紅血球就是證據。趙老形象地補充道：「紅血球像汪洋大海一樣，壞死的胰腺組織像島嶼一樣分布其中，這就是急性出血壞死性胰腺炎的典型改變。」

做法醫的都知道，急性出血壞死性胰腺炎是一種發病迅猛，常常引起猝死的疾病，病因並不十分清楚，有的認為與飲酒有關，有的認為與高脂肪或高蛋白飲食，暴飲暴食有關，比如一次吃進大量的油炸花生米，但是更多的時候並沒有明顯的誘因。初起時胰腺組織腫大變硬，進而發生壞死，胰腺分泌的具有很強消化作用的胰液就會從壞死的胰腺組織中釋放出來，胰液可分不清是人體自己的組織還是吃進體內的食物，它會迅猛地消化人體自身的胰腺組織和血管，導致胰腺組織進一步壞死，釋放出更多的胰液，形成惡性循環，胰腺血管被胰液消化壞死，引起大量出血。早期表現為突然發作的上腹部劇烈疼痛、噁心、嘔吐及中毒症狀，發病初期就會出現大腦、心、肺、肝、腎等重要臟器功能衰竭、休克、少尿、呼吸困難、精神錯亂，後期即出現消化道出血、腹腔出血、重症感染及瀰漫性血管內凝血，病情極其嚴重兇險，發展迅速，併發症多，死亡率高達三十至四十%。

我們紛紛湊到顯微鏡前看個究竟，法醫學書說急性出血壞死性胰腺炎能引起人猝死，病程極其迅猛，危險性極高，想不到這些個只能在顯微鏡下見到的紅血球就能讓一個大活人突然死亡，我們感到趙老的病理學功底實在是太深了。

死因終於弄清楚了，趙老親自幫著寫出了法醫病理學診斷，我看了一眼，那上面照舊寫著：「紅血球像大海樣，壞死的胰島組織似島嶼樣分布。」趙老用如此形象的語言來做病理描述，給我留下了深刻的印象，原來科學也有通俗的一面。有了權威的病理診斷，我如釋重負，底氣足了，腰桿也硬了，依據趙老的結論，迅速出具了英勝利的法醫鑑定書，通知分局辦案人員取走了最終鑑定。

鑑定書發出了，案子應該告一段落了，但我心裡仍不踏實，因為不知道家屬那邊能同意這個結論嗎，畢竟這是我的「單飛」。

過了幾天，分局治安科的同志來技術科辦事，我問他，英勝利的案子最後怎麼樣了，家屬認可這個死因嗎？家屬的工作好做嗎？他的回答出乎我的意料，他說，英勝利的家屬非常滿意。我問，人都死了，有什麼好滿意的呢？他說，經過你們專家的權威檢驗鑑定，英勝利是病死的，家屬滿意的就是這個。因為這麼長的時間了，家屬最擔心的就是死亡的原因不是病死，如果是其他原因死亡的，她的家庭肯定要蒙羞，在鄰里街坊面前丟了面子，比如說，如果是自殺，多不好聽，大姑娘家好好的為什麼要自殺，是不是家裡人欺負她了，甚至說是不是被家裡人逼的；如果是他殺，為什麼殺她，什麼人殺的，兩個人之間有什麼事沒有，她一個人住在外面，家裡人是不是沒有盡到保護的責任，是不是故意把她趕出家門置於危險的地方不管不顧，遇到壞人孤立無援等等，各種流言蜚語和無端猜測都會一股腦兒地湧來。老北京人最講面子了，對老百姓來說，這些都是事兒啊。現在可好，她自己病死了，大家都解脫了，她單身一人，來去無牽無掛，抓緊料理後事就行了。

聽了這番話，真讓我大開眼界，原來一個人的死還牽扯到這麼多事，死了的人不說，活著的人竟有這麼多著邊兒和不著邊兒的想法，生命可敬，人言可畏，這就是我的「單飛」。

初辦命案

黃泉不歸人

「單飛」辦案後不久，首次命案就來了。我的第一次「單飛」辦命案也沒有那麼簡單、順利。

一九八五年夏天，北京市公安局刑偵處接報，海淀區溫泉鄉一位叫崔國慶的四十六歲男性村民在家死亡。崔國慶出生在一個非常貧窮的農民家庭，自小父母雙亡，只有個哥哥，年幼的兄弟倆相依為命，好心的鄰居東家給口飯吃，西家給件衣穿，生活的艱難可想而知。慢慢長大後，勤勞的兩兄弟日出而作，日落而息，家境逐漸有了起色。俗話說長兄如父，哥哥幫著弟弟崔國慶娶了媳婦，生下了兩個兒子，哥哥卻一直是單身。

出事的當天早上，他的家人到村裡的紅醫站報告說，崔國慶前一天在家喝酒，喝太多死了，紅醫站不問就裡，開出了死亡證明，家裡照舊吹吹打打地把喪事辦了，崔國慶的遺體便被送往殯儀館火化。要說是鬼使神差一點也不假，碰巧殯儀館的火化爐發生了故障，臨時停爐檢修不接「活兒」，遺體沒能及時火化，暫時停放在殯儀館裡。

此間，村裡左鄰右舍議論開來：崔家二小子平時從不喝酒，怎麼一下子就喝酒喝死了呢？鄰居們都是看著這倆兄弟長大的，對他們的生活習慣一清二楚，各種傳言越傳越大，越傳越邪乎。總有那好事的人把懷疑的傳言告訴給派出所，派出所哪裡敢怠慢，例行公事地報告市局刑偵處，請求派法醫檢驗屍體，澄清一下，把個關便罷，一起死因不明的案子就到了我們的手中。

因為只是一起死因不明的案子，法醫去只是檢驗一下屍體，明確一下死因，沒說是兇殺，也就沒有那麼緊迫，我隨便選擇了一個上午，帶著一位剛入道的新法醫當助手，一同到了西苑醫院的停屍房。西苑醫院隸屬中國中醫科學院，屬教、學、研相結合的綜合醫療單位，所以它的解剖室挺大的，工作條件和解剖設備也不錯。屍體還沒有從殯儀館運來，我們不慌不忙地做著屍體解剖檢驗前的準備。

一會兒，崔國慶的遺體運來了。屍體按照中國的「老理兒」裝殮得還真不錯，首先是「鋪金蓋銀」，就是屍體上面蓋的布單是白色的，下面鋪的布單是金黃色的，寓意就是死者到了那邊也能享受榮華富貴。戴著棉帽子的頭枕在頭尾兩端翹起的雞鳴枕上，據說死者頭枕雞鳴枕，可以使靈魂在早上的雞鳴中保持清醒和靈敏，還能庇蔭子孫「聞雞起舞」，催人奮進。口裡塞著一包茶葉，為的是除去屍體的異味。左手心裡攥著一根麻花，右手掌上用紅線繩拴著一個中間打了孔的五分錢鋼鏰兒，這些習俗都有講究。

中國古代傳說，人死之後走上黃泉路，在黃泉路和冥府之間隔著一條忘川河，河上有一座橋，名叫奈何橋，可能是誰也不願意死，可是死亡來臨誰也抗不過去，無可奈何的意思。過了橋後有一個土台叫望鄉台，望鄉台邊有個老婦人在賣孟婆湯，走過去的時候要給孟婆一個銅子兒買碗湯，喝下這孟婆湯就會忘記了人間的一切喜怒哀樂、恩愛情仇，輕鬆地往生去了。現在沒有銅子兒了，只好拿鋼鏰兒去買了。孟婆養了一條狗，攔在路上不讓過去，走到跟前的時候要先把麻花丟給狗，趁牠追著吃麻花的時候，趕緊走過去。

崔國慶的屍體不僅衣著整齊，而且是規規矩矩的，衣服一般講究四上三下，就是上身要穿四件，因為春夏秋冬四季的衣服要全都有才行，否則到了那邊沒有應季的衣服可不成。下面穿三件就行了，女的最外邊要套條裙子。另外不能有腰帶，扣子在最後時刻也要剪了去，否則人被捆住了，投生不得也是麻煩，總之，給我們的印象是崔國慶死後的一切都收拾得像模像樣的。

刀下識命案

脫去壽衣，我開始做屍體外表檢查，崔國慶身高有一米八五，上肢、下肢的各大關節還隱約存在著屍僵，一般猝死、酒精中毒的屍斑顏色比較深紫，崔國慶的屍斑也基本是這個顏色，沒有什麼異常。由於屍體存放時是仰面朝天，屍斑正常地出現在屍體低下部位不受身體壓迫的地方。崔國慶皮膚黑亮，身材魁梧，骨骼粗大，粗手大腳，雖然已死了幾天，但依然看得出肌肉結實，凹凸有致，一看就是農村裡能幹重體力活的壯勞力。體表檢查沒有發現明顯的致命性外傷。

我仔細觀察崔國慶的面部，發現隱約有極其細小的小點子，不仔細看看不到，仔細看也看不太清楚，只是像一張沒有完全洗乾淨的臉，有點髒，沾了點兒灰塵的樣子。記得曾聽老法醫們說過，被掐死人的臉上偶爾會見到特別細小，幾乎看不出的出血點，法醫把這張「髒臉」戲稱為「掐死臉」，但是「掐死臉」並不經典，不是每個掐死的人都有，法醫間作為經驗在流傳，但法醫教科書中從來沒有提到過。

接下去，我仔細檢查崔國慶的頸部，透過他黝黑粗糙厚實的皮膚，隱約感到有一絲淡淡的青紫色，頸部的皮膚上沒有見到外力作用造成的任何損傷。

翻開眼皮，我發現崔國慶的雙側眼瞼結膜有多個極細小的出血點，窒息致死的人會有這種出血點，但這類出血點在類似酒精中毒引起猝死的屍體上也並不少見，如果這種出血點同時還伴有面部、頸部符合窒息的其他改變，就會讓我對他的死因頓生疑惑。

胸部、腹部、後背、四肢，體表檢查完畢，沒有發現損傷，我感到這個結果很正常。鑑定酒精急性中毒死亡，一般來說，體表不會有致命性損傷，當然不排除人喝醉了以後，神志不清，東跌西撞，在體表甚至是面部造成的一些磕碰傷，有時雖然會傷得比較重，但是大都不致死，如果傷重致死，這個損傷就有可能是直接死因了，酒精中毒只能是合併死因。如果解剖中沒有發現其他致死原因，取心臟內的血液和肝臟，回到實驗室檢驗出血液和肝臟中酒精濃度達到致死量，或者達到了中毒量，酒精中毒致死的結論基本上就可以得出了。

開始解剖，為了保持死者頸部皮膚的完整，醫學解剖往往採用「T」形切口，「T」的一橫是兩個肩膀經過胸骨上端橫向切開，一豎是從胸骨的上端一直切到軀幹下方的恥骨，頸部前面的皮膚不切開，完整地保留著。現代醫學解剖刀法起源於西方，西方女性要穿低胸的衣服，頸部皮膚的完整就顯得特別重要，「T」形切口解剖的遺體，告別時家屬看不到解剖的切口，感覺會比較好一些。如果需要檢查頸部，就要把頸部的皮膚剝開，向頭上掀起，從頸部皮膚的下方掏進去檢查，這樣雖然頸部的皮膚是完整的，但是難免會破壞頸部肌肉和器官的正常解剖位置，檢查起來也不容易看清一些細微的改變。

對法醫來說，頸部是屍體檢驗的重點，因為頸部是人體上最容易受到外力壓迫，受壓後最容易引起死亡的部位。頸部體積狹小，血管神經氣管密集；頸部暴露在外，目標明顯，無衣物遮擋覆蓋；不像頭部和胸部，頸部無骨骼保護，施加壓力方便，所需外力不大；而且致死迅速，被害人反抗困難，體表損傷輕微等特點，導致了頸部是置人死地的要害部位，特別是往往不需要其他作案工具，僅用手掐就能致人死亡，手這種「兇器」可隨身攜帶，使用方便，控制精準，動作迅速，絕少失誤，而且手接觸人體後，極難在皮膚上發現指紋。在許多掐、扼致死的案件中，即使沒有襯墊物，從屍體皮膚表面上幾乎看不到任何外力作用形成的損傷，用這種方式殺人既隱蔽又快捷，實際案子中可太多見了。但凡掐死的都是他殺，因為人是不能把自己掐死的，用力掐自己到一定程度後，由於缺氧的關係，自己的手就鬆了，氣就又通了。

掐壓頸部引起死亡一般是三種情況，一是大力壓迫氣管，將氣管壓閉，空氣無法吸進肺臟，缺氧而死，人的大腦對缺氧的耐受時間一般是五分鐘，超過五分鐘生還的希望就很小了。二是大力壓迫頸部的大血管，將血管壓閉，血液無法正常循環供應大腦，同樣幾分鐘後，由於大腦缺血缺氧便會死亡。三是頸部分布一些重要的神經感受器，當外力刺激到這些敏感點時，會引起呼吸、心跳的驟停，導致死亡。曾經有過學校午休時，一個同學歪著頭趴在課桌上睡覺，到該上課時，為了叫醒他，另一個同學用小木尺敲了他脖子一下，儘管這一下用力非常輕微，但這個同學立即莫名其妙地死了，事後發現這就是神經反射所致，所以日常生活中，脖子是非常敏感的部位，萬萬開不得玩笑。

由於頸部對法醫特別重要，我們解剖刀法是從下巴尖開始向下，先切開頸部正中的皮膚，然後一直切到恥骨。

解剖刀子一下去，眼前的情況驟然變化了。我看到，頸部的皮下組織和肌肉已經是大面積破碎，脖子前面和兩側的肌肉間夾雜著大大小小許多凝血塊，肌肉挫碎，頸部各個器官的組織結構和解剖位置混亂，呈糜爛狀，頸部深層的血管、氣管、肌肉和筋膜也都有不同程度的損傷和出血。毫無疑問，這些損傷應該是脖子前面受到重力壓迫，脖子在重力下掙扎，扭動，反覆挫揉，擠碾造成的。

我還看到，舌頭後下方舌骨大角周圍的肌肉有明顯的出血現象，我的手觸摸到左側舌骨大角有可疑骨折。舌骨是一個馬蹄形的骨頭，長在舌頭的根部，半環形向前，開口的兩個尖端向後，稱作舌骨大角，舌骨大角只比牙籤略粗一點，在外力作用下極易骨折，一般在掐、扼致死的案件中很容易發生。我逐層分離著頸部的肌肉組織和器官、血管，雖然頸部皮膚上沒有見到明顯的指甲掐或手掌扼壓的損傷痕跡，但解剖所見的種種跡象清楚表明，頸部應該曾經受到過相當大的外力作用。看到這些跡象，崔國慶被人扼壓、掐壓頸部，窒息死亡的初步印象出現在我的腦子裡。

剖開胸腔，只見肺臟飽滿、膨隆，淤血非常明顯，肺臟的表面有針尖大小的肺膜下出血點，心臟表面的血管周圍也散布著極細小的出血點，其他臟器也都是充血水腫狀態。屍體外表檢驗和內部剖驗的結果清楚表明，崔國慶應該是被人掐壓頸部，窒息死亡的，法醫教科書上也是這樣描述的。

一起飲酒過量致死的案件經過我的檢驗變成他殺了，案件的性質完全變了，這可不是鬧著玩的，殺人是人命關天，做法醫的做出命案的判斷也同樣是人命關天，雖然屍體上種種改變清楚地擺在那裡，我心裡也不踏實，這畢竟是我的命案「單飛」，可千萬不能錯了。但是無論怎麼說，頸部的損傷是明擺的，怎麼喝酒也不會喝成這個樣子。

屍檢完畢，沒有顧得上收拾，我連忙從西苑醫院停屍房的值班室裡打電話給技術科，把屍體檢驗中發現的主要異常情況做了彙報，也說清了我自己的判斷。本想你們老法醫們聽到我遇到這樣複雜的情況，怎麼也得過來一趟幫個忙吧，沒有想到電話那頭的老前輩就是幾句帶著法醫味的鼓勵話：「你看像掐死的，應該就是掐死的，咱法醫該定的時候就要大膽定，該立功的時候就要立功嘛。」

我放下電話，心中仍然不敢肯定，先別提立功了，能不出差錯就行，當前弄清這個案子是最要緊的。我小心翼翼地把整個舌骨從周圍肌肉中分離開，取了下來，左側的骨折清晰可見，骨折斷端沁出了血跡。我按照操作程序取了心臟裡的血液、胃內殘留的食物、胃壁組織、肝臟、膽汁、尿液等帶回去做毒物化驗，再請照相技術員把屍體上的重點部位全部拍照存證。

現場辨真偽

我告訴分局治安科的民警，這有可能是個案子，不是簡單的喝酒死的，咱們得到現場去看看。我們一行人來到了位於北京海淀區西北角的溫泉鄉，這是個典型的鄉下村子，沒費多大勁兒就找到了崔國慶的家。

迎出來的是崔國慶的媳婦，她人長得特別矮小，瘦弱，頭髮散亂，臉和手、鞋和衣服都不怎麼乾淨，典型的農村中年婦女的邋遢模樣，和剛才見到的膀大腰圓、穿戴整齊的崔國慶形成了鮮明的對照。她把我們讓進他們家，這是一個最平常不過的農村小院子，裡面有幾間房子。

我們先來到崔國慶夫妻倆住的屋子裡，屋子正中放著一張摺疊飯桌，桌子正中戳著一個已經空了的「二鍋頭」瓶子，我想這一定是給我看的，意思是說崔國慶就是喝這瓶酒死的。屋子裡擺著一張最簡單的雙人床，床板是碎木板拼的，床頭是鐵管的，呈柵欄狀。鑑定酒精中毒時，嘔吐物的酒精濃度檢驗十分重要，我本想從床上的被褥中尋找點兒喝酒後的嘔吐物什麼的，結果一看，床上什麼鋪蓋也沒有。

我扭過臉來問崔國慶的媳婦：「床上的東西呢？」

她答道：「全扔了。」

我再問：「扔哪兒了？」

她答道：「扔到茅坑裡了。」

我轉身到院裡的廁所裡查看，什麼都沒有。我回到屋裡，再次問道：「茅坑裡沒有呀。」

她答道：「後來燒了。」

我問：「幹麼燒呀？」

她答道：「死人的東西我不燒，我給你留著？」

一句話還真把我給噎住了，我心裡挺不高興，哪有這樣說話的，但是轉念一想也對，死人的東西人家不燒留著它幹麼呀。我不再作聲，仔細地查看崔國慶死前住的屋子。

此時，崔國慶的媳婦抽空把崔國慶的哥哥叫了回來，說公安來家裡了。崔國慶的哥哥五十歲上下，面相偏老，中等身材，體形偏瘦，比人高馬大的崔國慶小了不只一兩號，從兄弟倆的身材發育來看，哥哥從小對弟弟的照顧便一目了然了。

崔國慶的哥哥對我的態度就好多了，他連比畫帶說地描述著崔國慶死亡的情形。他說，國慶當晚喝多了酒後，上床就睡了，他媳婦見他喝多了，就帶著兩個孩子到院裡另一間屋子裡睡了。第二天一早，他媳婦過來看看崔國慶酒醒了沒有，只見崔國慶臉衝下趴在床上，頭從床頭中間豎著的兩道鐵柵欄間伸出來，兩條胳膊也從兩旁的鐵柵欄間伸出來，脖子死死地卡在床板的邊緣上，人就這麼卡死了。

我按照崔國慶的哥哥說的情形，仔細觀察和分析著床頭、床板和崔國慶屍體的位置關係，漸漸發現這裡有問題：人趴在床上，頭伸出床緣外，頭在重力的作用下向下垂，這些都不錯，可是身體一直在床上趴著，支撐上半身的著力點應該是胸脯，而不會是在脖子上，有胸脯墊著，脖子就能卡在床緣上嗎？我也不敢十分肯定，能還是不能，就對崔國慶的哥哥說：「我怎麼也想不出來崔國慶死時的樣子，你能給我擺個姿勢看看嗎？」崔國慶的哥哥倒真是痛快，他一轉身麻利地爬上床，肚臍眼兒向下地趴在床上，然後臉朝下，把頭從床頭中間豎著的兩道鐵柵欄間伸出來，胳膊從兩旁的鐵柵欄間伸出來，他一邊比畫一邊說，看看，就是這個樣子。

看到崔國慶的哥哥賣力地模仿，我突然明白，這是不可能的。我伸手按在趴在床上的崔國慶的哥哥的後腦勺上，然後用力向下按，想看看這脖子究竟能不能卡到床板的邊緣上，結果發現，頭從床頭兩道柵欄間伸出來後，伸到一定程度就伸不出來了，因為肩膀的寬度要比兩道鐵柵欄間的距離寬，肩膀會被欄杆卡住，頭就不能再向前伸了，此時脖子基本不會碰到床板上，更不會卡在床板邊緣上，因為就算崔國慶的脖子長，再向前伸，整個脖子全伸到床外來，脖子的根部，或者說就是胸部的上部，俗稱鎖骨窩的地方就會擱到床板邊緣上，支撐住上半身，根本卡不到脖子，脖子完全不會受到外力的壓迫。雖然看出了破綻，但是我不動聲色，嘴裡一個勁兒地說：「哦，這下子我明白了。」

我謝了謝崔國慶的哥哥，畢竟人家辛苦演示了一番。我請照相技術員把這整個小院、幾間屋子和崔國慶夫妻屋子裡面僅有的幾件家具和物品都拍了下來，還煞有介事地提走了桌上的空酒瓶子回去檢驗。酒瓶子裝酒，檢驗出酒精沒有任何意義，這是崔家的酒瓶，瓶子上檢驗出崔家人的指紋來也都屬正常，主要是檢驗有沒有其他能致人死命或是昏迷的藥物。

崔國慶的媳婦在一邊看著，也沒有再說什麼。臨走時，我看見兩個髒兮兮的小男孩，頭上纏著白布條，身上裹著白粗布，探頭探腦地進來看熱鬧，大一點的有六、七歲，小一點的也就四、五歲。我問崔國慶的媳婦：「這倆是你們的孩子？」她說：「是的。」我想農村裡最講究傳宗接代了，崔國慶有這麼歡蹦亂跳的兩個兒子，別提讓鄉親們多羨慕了。

從崔國慶的家裡出來，我更加堅定了崔國慶被殺的判斷。除了在他家中發現的疑點以外，給我最深刻的印象是，這一家人一點也沒有親人去世後的那種悲痛欲絕。他們敘說崔國慶的死就像是在說一件與自己無關的事情一樣，描述死亡的過程就像是在閒談別人家的事一樣，冷靜順暢，耐心細緻，層次分明，條理清楚，還親自示範，生怕我聽不清楚，看不明白。

俗話說，媽在，兄弟姐妹是一家，媽不在了，兄弟姐妹就是親戚。崔媽雖早早不在了，可是崔家兩兄弟感情篤深，唇齒相依，照理也該是悲情滿面，就算哥哥是爺們兒，比較理智，當著弟媳的面，能忍得住自己的感情，可是農村裡媳婦死了丈夫，失去了下半生的指靠，還要獨自拉扯兩個少不更事的孩子，生活一下子就像掉進了冰窟窿，應是痛不欲生，哪裡有這麼清醒的頭腦去回憶和描述丈夫死時的情景呢。

咱們當法醫的，見過死了丈夫的媳婦哭得天昏地暗、死去活來的多了，照理做媳婦的就不該是今天這個樣子。兩個孩子雖小，但大的一個也有六、七歲了，在大人的告訴和家庭氛圍的影響下，也該明白自己的親爹去世了，可是從這兩孩子看，一點兒反應和感覺都沒有，僅從「少年不知愁滋味」來解釋，恐怕也不盡然吧。

我到海淀分局對治安科的主辦民警說：「這個案子肯定是個兇殺案，你們得移交給刑偵支隊辦了。」按照分工，自殺、意外、病死這類非正常死亡屬於治安科辦案範圍，兇殺案件就要歸刑偵支隊處理。治安科多一事不如少一事，樂得移交。

偵破陷僵局

人命關天，刻不容緩，我立即趕回單位，把屍檢和現場情況以及我的看法向法醫室幾位領導做了彙報，他們一致同意我的判斷，認為應該是兇殺，死因就是掐死的。我們把這個研究結果正式通知了海淀分局。一會兒市局刑偵處來了通知，明天上午九點到海淀分局刑偵支隊彙報和研究這個案子。隨後我立即把取回的檢材和酒瓶子送到了毒物化驗室，重要臟器的檢材用福馬林固定好，雖說死因已經明確，也要準備以後切片用。

我把取回的舌骨上的軟組織仔細剔除，再用水煮了半個小時，把上面的筋膜徹底撕去，左側舌骨大角骨折清晰地呈現在面前，斷端附近骨質內顏色發黑，表明崔國慶是生前血液循環正常時發生的骨折，骨折時斷端出血，血液滲透到骨質裡面顯出的黑色，舌骨在頸部的前上方，前面有下頜骨的保護，位置隱蔽，這個骨折只能是外力壓迫頸部造成的，自己無法形成。有了這個證據，掐死的結論就更加確鑿無疑了。

第二天，法醫室主任和我一同參加了在海淀分局刑偵支隊的會議，主任出馬主要是為我這個「菜鳥」撐腰。首先由我把屍檢和現場的情況做了彙報，見多識廣的偵查員也是行家，人家只聽了幾句就明白了大概，隨便問了幾個問題也就不再說什麼了。

快散會的時候，刑偵支隊長見我是個新手，故意問我們主任：「定得準嗎？」其實背後沒有說出來的完整的話是：「這麼個青年的法醫新手定得準嗎？」主任的回答很乾脆：「準不準破案看！」隊長碰了個不軟不硬的釘子，便不再說什麼了。

一般來說，農村裡的這類案子並不難破，一是引起案件的原因比較簡單、明顯，不外乎是為錢，要不就是為了色，或是派活兒、記工分、分配耕地、劃分宅基地之類的利益衝突，特別要留意的是，有的農村人特別能忍，可特別能記仇，鬧一次矛盾當時表面上看過去了，其實能在心裡憋屈好多年，平時外人察覺不到，突然就爆發生事兒。二是農村裡的人員和環境相對封閉，基本上本村人作案的可能性大，因為本村人之間的各種糾紛多，外來人進村怎麼就剛好找到這一家，除了盜竊，外來人作案的可能性不大。破案只要有個大致範圍就好辦，村裡的人數是固定的，都是誰住在這個村裡也是明明白白的，全村人中除去老弱病殘和婦孺孕哺，敢犯下案子的能有多少人，殺人作案也不是個人就行的。三是一個小村子裡，鄉里鄉親的都是多少代的老鄰居，鄰里守望，知根知柢，還有些是是親戚套親戚，盤根錯節，一代看著一代長大，各家的情況彼此都瞭解，有點什麼祕密也瞞不過去，有時候一張嘴就是幾代人的故事，容易發現異常情況，像崔家老二不喝酒就是這麼來的。會上大家的意見很快就統一了。

隔天，海淀分局刑偵支隊的偵查員就進駐了溫泉鄉。他們在村子裡先找了許多鄉親瞭解情況，調查走訪，當然也找了崔國慶的哥哥和媳婦，但是幾天過去，原以為手到擒來，並不難破的案子，竟沒有發現任何讓人興奮的突出線索，一時偵破工作陷入僵局。

不管村裡的偵查工作進展得順不順利，技術科這邊兒一直也沒有閒著。幾天過去，崔國慶的毒物化驗結果出來了，只檢驗出極少量酒精，這進一步證明崔國慶根本不是喝酒喝多了死的，反倒是檢出了常用的安眠藥：安定，血中的含量介於治療量與致死量之間，也就是說，正常治療用不了這麼大的量，但要想服安眠藥自殺，這個量又顯然不夠。

簡直讓人難以置信，一個身體健壯，能吃能睡，能幹重體力活的農民，每天要靠服用比較大劑量的安眠藥入睡，但是單靠這點兒藥就想把他殺死，也太不靠譜了。唯一的解釋就是：這樣劑量的安眠藥足以讓人陷入昏睡，因為對一般人來說，體壯如牛的崔國慶也不是好惹的，要是真打起來，弄得不好反而會被他給收拾了。

毒物化驗的結果進一步揭示了作案過程，我立即把這個新情況向法醫室主任做了彙報。主任說：「這個情況非常重要，你立即去向刑偵處分管技術科的副處長彙報。」我從三樓的法醫辦公室直奔到二樓的處領導辦公室，如此這般地彙報一遍，副處長興奮地說：「你們技術科這個案子辦得好，再往後，我就要親自抓這個案子，你們一有新的情況立即向我直接彙報。」領導重視，工作就好開展了，我立即答應下來，同時我像戰場上後勤基地向前沿陣地輸送炮彈一樣，急忙把這個情況通知了海淀刑偵支隊的偵查員。

時間又過去了兩個星期，雖說懷疑日增，但是由於缺乏直接證據，村子裡的偵查工作仍然沒有突出的進展，對於什麼離奇的案子都見過，破案披靡的偵查員來說，這麼個小村子裡的案件應該不在話下，沒有想到費了這麼大的勁兒，別說破案，連個像樣的線索都沒有，刑偵支隊悄悄地增派了人手。偵查破案就是這樣，偵查方向對了，線索就會越來越多，線索相互間勾搭連環，互為補充，彼此驗證，一開始解釋不了的現象到後面就全部有了答案，偵查方向不對，線索就會越來越少，各種情況相互矛盾，彼此脫節，越深究越靠不住。

在這種時刻最容易受懷疑的就是技術人員，定得準不準的問題又被重新提出來。保險起見，我趕緊先自我檢查一番，看有沒有疏漏和出錯的地方，屍體檢驗中的重大發現，查看現場時的可疑情況，毒物化驗的真實結果等，每一個環節都認真梳理一遍，不用說，這些發現和異常應該全部都指向了兇殺。

我突然想起，如果崔國慶的哥哥介紹時，不是說崔國慶趴在床上，頭從床頭中間豎著的兩道鐵柵欄間伸出來，脖子卡在床板邊緣上，而是說崔國慶半跪在床上，頭從床頭柵欄橫梁上方伸到床外，臉朝向地面，上半身懸空，脖子就正好擱在了床頭橫梁上面。如果是這樣，那就有可能是意外死亡，因為這個姿勢脖子正好成為一個支點，支在床頭橫梁上，脖子肯定就要受力、被壓，而且這樣的情況自己完全能夠形成，人喝醉酒了，睡覺時在床上胡亂折騰，爬起來又摔下去，搖搖晃晃地什麼都會發生，脖子就有可能擱在床頭上，受力卡住了。

想到這裡，我不由得驚出一身冷汗，心中連忙安慰自己，不要自己嚇唬自己，幸虧崔國慶的哥哥的假話沒有編圓，否則這個案子還真難了。後來案子辦得多了，我摸出了竅門，就是分析案情時要把自己放進去，把自己設想成一個作案人，順著作案的思路去思考，去設計行動，要反覆回答一個自己問自己的問題：「如果我要做這個案子該怎樣辦」，常常能收到事半功倍的效果。

這些都是我的胡思亂想，沒敢告訴別人，其實老法醫在我出道的第一天就教導過我們如何對待定得準和定不準的事，就是能少說就少說，甚至乾脆不說。我對案件的反覆思考和分析，更加堅定了我對這個案件性質的判斷就行了，沒有必要全都說出去，倒不是有什麼遮著蓋著的，在偵查進展得不順的時候不幫人家的忙，有時說多了反而會干擾偵查員的思路，給人家一個先入為主的框框。雖說幹這行的都知道，案件破獲前的一切分析都只能是推測和判斷，不能完全信以為真，但是任何人的思維都是奔著容易的地方去的，技術人員給了提示，在沒有其他線索的時候，偵查員的思路和工作起點自然會朝著這個方向走，「樹上有棗沒棗，先摟一杆子」就是這個意思。

隔行如隔山，我始終對偵查充滿了好奇，我認為，偵查思維與技術思維在許多方面是不一樣的，有的甚至是完全相反。技術講究縝密，講究絲絲入扣，追求事事都要有可靠證據的相互支持，更加講究細節和微觀。偵查講究直覺，有時不一定事事都要靠可靠證據的相互支持，更加講究整體和宏觀，有時需要粗線條，中間有幾處脫節和空白也行，先憑藉直覺給出個大方向，一個有經驗的偵查人員的這種直覺是經過無數案件的千錘百鍊才形成的，聽了幾分情況就能有個大概的判斷，於無意處出奇兵，這是讓我特別敬佩的。

不管怎麼說，案子仍在僵著。

真兇終就範

又過去了兩個星期，案件仍然沒有令人振奮的新進展。這時刑偵處來了通知，按照市局黨委的統一部署，全局進行整黨整風，全體黨員要集中脫產學習兩周，絕大多數公安民警都是黨員，於是乎駐紮在溫泉鄉，僵持不下的偵查員全部都撤回了分局。

偵查員大張旗鼓地走了，可村裡的老鄉們並不知道警察是臨時回去參加整黨的，村裡的偵查工作並沒有完，他們以為崔家老二死的事可疑歸可疑，警察來查了查，沒有發現什麼也就是這樣了，大夥都以為沒事了，沒有人再有興趣議論了，村子裡又回復了平靜。

這時，出人意料的奇怪事出現了，最先出來走東家串西家到處打探的竟是崔國慶的哥哥和媳婦，他們頻繁地分別去找曾被警察找過的人，打聽警察都問了些什麼，鄉親們又是怎麼對警察說的。他們是被害人的家屬，對破案的急迫心情是任何人都能理解的，但是如果他們要想知道案件偵破的進展，完全可以大大方方地直接來找偵查員問，我們曾見過被害人的家屬，恨不能一天一問，幾天來一次偵查隊，有事沒事轉一圈，打探消息。可是崔國慶的哥哥和媳婦並沒有來找警察問，他們找的是被警察找過的人，他們為什麼要這樣做呢？他們倆想要知道些什麼呢？這一切都被偵查員預先留下的眼線看在了眼裡。

兩周的整黨很快結束了，偵查員再次來到溫泉鄉。這回可就不同了，一進村，他們直接把崔國慶的哥哥和媳婦分別叫到大隊部，二話不說，一見面直接給兩人戴上手銬，只問一句：「說，崔國慶是怎麼死的?!」這兩位土生土長的農民哪裡見過這般陣勢，立即嚇得面如土色，手腳發軟，大汗淋漓，分別交代了他們沆瀣一氣，合謀殺死崔國慶的全過程。

事情原來是這樣，父母雙亡後，崔國慶一直在哥哥的精心照料和撫養下長大。因家境貧寒，哥哥一直沒有娶妻成家，在哥哥的幫助下，反倒是讓剛三十出頭的崔國慶先成了家。不料想，外表結實健壯的崔國慶卻沒有生育能力，結婚幾年下來，一直沒有生下個一男半女。中國人講究「不孝有三，無後為大」，農村裡沒有子嗣被人罵作「絕戶」，做人都抬不起頭。無奈之下，崔國慶的媳婦便與崔國慶的哥哥私通，好在肥水不流外人田。這個哥哥還真行，一前一後，順利地生下兩個兒子。一直被蒙在鼓裡的崔國慶見到哇哇落地的兒子早已是心花怒放，幹起活來渾身有用不完的力氣，可憨厚本分的他哪裡知道，這兩個叫他爸爸的孩子其實只是他的兩侄子。

眼看著兩個兒子一天天長大，崔家老大和崔國慶媳婦的心裡可就起了變化。他們想，如果沒有崔國慶，他們兩人結為夫妻正而八經地過日子，兩兒子也是他們親生的，這一家人圓圓滿滿地該多好，於是便萌發了除掉崔國慶的邪念。可怎麼下手呢？崔國慶的塊頭大，他們倆合起來也弄不過他，經過一番密謀策劃，他們終於想出了辦法。

夏收大忙的季節，崔家老大先跑到外村的藥店買回三十片安定，交給崔國慶的媳婦用擀麵杖碾成麵兒放進餃子餡中，用這種餡包了三十個躺著的餃子。孩子們看見餃子搶著要吃，崔國慶的媳婦說：「不能吃，爸爸幹活累，先給爸爸吃。」這樣三十個帶安定的餃子全部進了崔國慶的肚子。崔國慶的媳婦還準備了幾樣小菜，勸崔國慶喝點酒，說是幹活太累了，要補補身子。平時並不喝酒的崔國慶，這天看著熱情有加的媳婦也稍微地喝了幾小口。一會兒，藥勁兒和著酒勁兒上來了，崔國慶感到有些頭暈、無力，以為是自己不勝酒力，早早地便上床睡了。

半夜裡，媳婦按照約定悄悄地爬起身來，輕輕地打開院門，把早已等在門外的崔老大放了進來，哥哥一進到崔國慶睡覺的房間裡，便猛地一躍，騎在了崔國慶的身上，雙手死死掐住崔國慶的脖子，昏睡中的崔國慶下意識地掙扎著，他的媳婦見狀也衝了上來，使盡全身力氣，拚死命地壓住他的雙腿，他們心裡十分清楚，開弓沒有回頭箭，絕對不能鬆手，只要一鬆手，面對壯漢，不，更重要的是面對親弟弟崔國慶，他們可就全完了。不一會兒，崔國慶不再掙扎了，渾身癱軟，嚥了氣。兩人把崔國慶的屍體翻了過來，偽裝成頭從床頭柵欄伸出來，脖子卡在了床板邊緣上的模樣。

案子查清了，案犯也到案了，我心中暗暗慶幸「單飛」命案好歹沒有「砸」，一切都要結束了。幾天後，海淀刑偵支隊傳來消息說，據案犯供述，先給崔國慶服了磷化鋅，要我們拿出檢出磷化鋅的結論。磷化鋅是農村裡普遍使用的一種滅鼠藥，不溶於水，是靠昇華出磷化鋅氣體殺死老鼠的，所以法醫學教科書上寫明，口服磷化鋅中毒死亡的，解剖時常見到在胃壁上黏著灰黑色，有金屬光澤的磷化鋅顆粒。

可是我清楚記得，解剖時胃壁上光溜溜的什麼都沒有。對於農村的案子，我們特別注意檢查鼠藥，如果要有，顏色反差那麼明顯，一定會發現的。我把解剖帶回的胃壁組織又重新檢查一遍，還是沒有發現磷化鋅顆粒，還重新填寫了單子，請毒物化驗室的老師們辛苦一回，再幫著檢驗一下胃內容物和心臟內血液裡有沒有磷化鋅，結果還是沒有。

我把這個情況如實通知給海淀分局刑偵支隊，可是偵查員說：「案犯已招供，你們檢驗不出來，實在是你們不行。」他們不說「經過檢驗沒有發現」，而是說「你們檢驗不出來」，就是說他們認為崔國慶體內一定有磷化鋅，是我們的檢驗技術不行檢驗不出來，這對我們技術人員真是一種傷害。我沒有辦法，只得一遍又一遍地給人家解釋我們是怎樣做的。

一定是有人告了狀，第二天一早，主管技術科的副處長到法醫室來過問，聽完我的彙報後，說：「小左，還是要配合人家做進一步檢驗，你們年輕人大學剛剛畢業，還是要注意謙虛。」我一聽這話，頓時沒了底氣。

不依不饒的偵查員要把案子的檢材送到公安部去檢驗，說實話，這也是很傷人的，因為明擺著我們有能力檢驗時，只有不信任你，才會提出把檢材送到別的地方檢驗，這很傷我們技術人員的自尊。雖然我一再堅持沒有磷化鋅，但是我一個「菜鳥」說的又有多少人信呢，其實這裡面也並不是我一個人的意見，集中的是整個技術部門的意見，如果沒有毒化室老師們的檢驗結果，我哪裡敢跟人家的意見相拗。

胳膊擰不過大腿，沒有辦法，海淀分局來人把檢材從技術科的冰箱裡取走了，我好歹留了一個心眼，就是讓人家只拿走一半，我們還留下一半，心想一旦發現什麼問題，還能有個驗證的機會。

幾天過去了，公安部那邊的結果還沒有出來，海淀分局刑偵支隊倒是先來了話，說案犯改口了，沒有放磷化鋅，只放了安定。原來崔國慶的哥哥和媳婦被抓獲後，慌亂當中也記不清放的是什麼毒藥了，現在兩人都想急於立功，都想把責任推到另一方身上，「多供」、「搶供」、「亂供」就都來了。

我想他們絕對不會無緣無故地說出磷化鋅，很有可能是他們密謀時曾經想到過用磷化鋅投毒，後來發現那東西顏色明顯，又不溶於水，口感硬得像煤渣似的，不好往食物裡攙，才改用了安眠藥，現在一緊張也記不清哪個是真得幹了的，哪個只是說了一下，並沒有真幹。這些事我只在心裡想想，自己記住做個經驗就行了，沒有必要再多嘴了。我下樓把這個消息向主管副處長直接彙報，副處長厲聲說道：「這就是教訓，為什麼總是跟著口供走?!」我心中暗暗慶幸，這事總算過去了。

從我的「單飛」命案到現在已經過去了二十多年，期間我辦過不知多少發生在中國、外國的人命案子，但是這個「單飛」的命案一直讓我記憶猶新，因為我的「單飛」命案太不一般了。

這個案子看起來簡單，可細想起來兩個同命相連，同度艱辛童年的親兄弟，最後疼愛弟弟大半輩子的哥哥居然親手掐死了自己的一奶同胞，如此強烈的反差和驟變，竟是為了追求一個完整的正常的家庭生活，好像動物世界中的故事也能在人類世界中上演。

可憐崔國慶的媳婦是個悲劇式的人物，她的不幸是從嫁給了「中看不中用」的崔國慶就開始的，為了延續崔家的血脈，無奈之下，她只得向崔家大伯借種生子，雖然並沒有與外人亂來，但從倫理上說也是錯的，可是她懷的畢竟是崔家的純種，生的是崔家的骨肉，作為女人來說，充其量也就是一個可以原諒的錯誤，因為她做到了一個女人為崔家所能付出的一切努力，如果崔國慶是個正常的男人，她還有這個必要嗎？農村裡那種哥哥不行，弟弟上，或者弟弟不行，哥哥上，甚至堂兄弟間為傳宗接代而進行的種種前仆後繼的努力，都超不出民眾可以接受和理解的範圍。

合法的夫妻關係下沒有孩子，而大伯和弟妹卻演繹出了一個完整的家庭，此時原本哥哥、弟弟、弟媳間朝夕相處、共同生活的平衡被打破，兄弟、夫妻的錯位又如何繞過去呢？為了給崔家留下後代，為了將來有人給崔家兩兄弟養老送終，設想如果兄弟倆把這層窗戶紙捅破了，甚至在崔國慶的哥哥和弟媳之間還沒有發生什麼之前就挑明了，又會怎樣，那也不至於走上痛下毒手的不歸路。難道就一定要用這樣極端的手段拚個你死我活，不幸的是，愚昧和狹隘佔據了上風，可見有時親情掩蓋下的欲望實施起來更加兇殘和恐怖。

這個家庭悲劇中最可憐的當數兩個不諳人事的孩子，不難想像，家庭遭遇不幸後，他們的童年肯定比他們的父輩更加艱辛，想想現在這兩個孩子也都已經長大成人了，也應該娶妻生子，組織自己的家庭了，真不知道他們成年之後，怎樣看待他們名義上的爸爸實際上的叔叔，和名義上的大伯實際上給予自己生命的爸爸之間，以及這兩個男人和媽媽之間所發生的一切。

貪官末日

關鍵是自殺還是他殺——王寶森自殺案

離奇失蹤　神祕死亡

一九九五年四月五日是清明節，在這個祭奠先人的莊重肅穆日子裡，發生了一起震驚全國乃至全世界的重大事件。

當天下午六時，北京市公安局接到市委的電話指示，市委常委、常務副市長王寶森失去聯繫已將近二十四個小時，市委書記陳希同命令北京市公安局領導親自帶隊，抽調精幹刑偵民警和法醫、痕跡和照錄相等專業技術人員，帶上警犬，立即隨王寶森的司機到懷柔山裡尋找。

王寶森，男，一九三五年二月出生，北京宣武區紅旗夜大學政經專業學歷，一九五一年七月參加工作，一九五五年一月加入中國共產黨。曾經任北京通縣行政專署財政科幹部，北京通縣人民政府財政科科員，北京市財政局預算科科員，北京市財稅局預算處科員、副處長、處長，北京市財政局黨組成員、副局長，北京市財政局黨組書記、局長，北京市市長助理。後來擔任中共北京市委常委、北京市人民政府副市長兼北京市計畫委員會黨組書記、主任。他的從政之路可謂可圈可點，一路順利。

王寶森失蹤，北京市正在組織查找的這個緊急情況很快報到公安部指揮中心，部領導指示，刑事偵查局立即派出人員參加北京市公安局的工作。此時我正在公安部秦城監獄參加一年一度的副處級以上幹部培訓，刑偵局來電話要我火速趕回。聽完主管我們命案偵查處的副局長的簡單情況介紹，我帶上助手立即趕往北京市公安局，會同進山尋找王寶森的人員一道前往懷柔。

當晚八時，市局刑偵處長王軍率隊出發。王寶森的司機是懷柔人，他沒有費太大力氣，就把我們帶到昨晚他開車送王寶森下車的地方——懷柔縣崎峰茶村。車上的里程表顯示，從東直門到懷柔縣城是五十公里，從懷柔縣城到崎峰茶村又是五十公里。

到了現場已是入夜，大山裡四周漆黑一片，一大隊武警戰士也趕到了，參加到搜尋中來。身著各種制服和便衣的隊伍在公路上集結，帶隊領導再次講明了任務，民警和武警分成小組，間隔五米一個人，技術人員走在後面，來回巡視，擴大照看的範圍，大家分片搜山。

正當隊伍散開，緩慢地沿著山坡朝山上搜索時，突然間狂風大作，飛沙走石，雜草枯葉滿天飛舞，眼睛被風吹得睜不開不說，連呼吸都很困難，鼻子嘴巴和衣服裡全都灌進沙土碎石，滿天的泥土和石子像是要把我們活埋。起風的同時氣溫驟降，我們在山坡上被風吹得站都站不住，大家連忙抓住身邊的小樹和灌木，不由自主地蹲了下來。這麼惡劣的天氣條件下搜山顯然是無法進行下去了，事關重大，逐級請示後，我們暫停搜山，退回到崎峰茶鄉政府院內待命。

隔天四月六日清晨五點半，天蒙蒙亮，驚心動魄的狂風也停了，氣溫回升，熬了一夜的我們彈彈土，再次排好隊形，集結出發，全部人員投入拉網式搜山。五點四十五分，在崎峰茶村半山腰的一條乾涸的流水小溝裡發現一具男性屍體，頭南腳北仰臥，右手握著一支比較少見的新型微型手槍。從屍體外觀看沒有腐爛，應該是死亡不久，從衣著的品質看應該是有一定檔次的人，馬上叫來王寶森的司機辨認。司機說，這就是王寶森。

只見王寶森屍體頭部左側和左耳有流向腦後枕部的流柱狀血跡，頭部左側地上的枯草和樹葉上有少量流淌和滴落的血跡，左耳上方和右耳上方各有一孔洞，兩個孔洞呈現左側高右側低的走向。

我們是做刑事偵查和刑事技術的，根據多年的辦案經驗，從現場環境、跡象和屍體姿態判斷十有八九是自殺，但是這事情太重大，大家都是心裡有數，可嘴上卻什麼也不說。好端端一個市委常委、常務副市長怎麼說死就死了呢？而且還是在這麼偏僻的地方。

現場領導指揮我們立即嚴密封鎖屍體現場及外周道路，任何人不得靠近，馬上把發現王寶森屍體的消息向北京市公安局長報告，公安局長向市委書記陳希同、市長李其炎彙報以後，陳希同下令保護好現場，待市領導察看後再決定下一步行動。我則立即趕回北京，向部領導直接彙報。

分管刑偵工作的副部長聽完，指示我說，不管案子最後查明是什麼性質，自殺還是他殺，這個案子一定要辦成鐵案，經得住歷史的長遠考驗。說著，他從辦公桌裡拿出一支與王寶森手中相同的手槍，只是王寶林的那一把是黑色的，副部長的這把是全電鍍的，銀亮亮，我估計是把禮品槍。

副部長讓我模仿王寶森屍體的拿槍姿勢和槍彈射入口和射出口的位置給他看。我清楚，作為一位幹了幾十年的老刑偵領導來說，判斷自殺還是他殺並不難，看了我比畫的樣子，領導心中應該已經有個大概的判斷。

副部長一再強調，此案的關鍵就是自殺還是他殺，在這個問題上一定要把證據搞扎實。他指示我作為公安部專家組成員，一定要全程參與這個案件，重點是透過刑事技術工作把各種證據搞充分，搞準確。屍體肯定是要解剖的，北京市公安局在解剖屍體前一定要先請示公安部。最後，他把那支手槍遞給了我，說，你拿著，你們在檢驗屍體時可以比對是不是這種手槍形成的。

我連忙趕回現場。現場這邊也是一片忙碌，十點鐘左右，市領導的車隊終於到了現場。但來的不是市委書記陳希同，而是市長李其炎。王軍處長迎上前去，邊走邊彙報，陪同李市長朝出事地點走去。李市長濃眉緊鎖，黑著臉，在我們劃定的中心現場外轉了一圈，一句話也沒說就上車走了。

領導看過了，我們一行人各自抄起器械，正式展開現場勘查和取證工作。現場位於懷柔縣琉璃廟到崎峰茶的公路八公里處，王寶森死亡的中心現場位於公路南側崎峰茶村小梁根陰坡的半山腰上，山坡上有一條被雨水沖出的由上向下的小水溝內。

我們沒有能丈量遠距離的皮卷尺，市公安局法醫中心的法醫師劉力就地取材，撿來一根長樹枝當尺規，趴在地上，一折一折地量了起來，最後計算出實際距離。王寶森下車的公路旁邊是一片寬三十八米的農田，農田延伸到山腳下，從山腳向山上直到王寶森死亡的半山腰是四十七米，兩段合計為八十五米。也就是說，王寶森下車後，先蹚過了農田，然後開始爬山。當天是農曆初六，上弦月已落下，在伸手不見五指的山裡，穿過這些刺人的灌木、樹枝和雜草，在根本沒有路的情況下，深一腳淺一腳跌跌撞撞地摸黑走這八十五米也是很不容易的，更何況後半段還要爬山。

由於流水的沖刷，小水溝呈現上窄下寬的三角形，水溝兩側各有一塊大石頭對應地立著，王寶森的屍體頭朝山上，上身卡在兩塊大石之間，人順勢半仰半靠地倒下去，仰面朝天地半坐半臥在水溝裡。這個地方的特點一是隱蔽，人在兩石之間不容易被發現，二是有靠背，便於人坐下後固定身體，背部可以頂靠或者上身卡在兩塊大石頭中間的縫裡，屁股坐在水溝裡，身體的位置和姿勢就固定了，死了之後，屍體也不會滾到山下去。

王寶森屍體衣著完整，沒有撕扯拖拉的破損跡象。屍體上身穿黑色羊皮夾克，左肩下方十釐米處的皮夾克上有一枚子彈頭，我們把這枚彈頭提取回去做進一步檢驗鑑定。

王寶森雙臂交叉放在胸前，左手偏下，靠近腿的方向，右手偏上，靠近頭的方向，右手中緊握著一把手槍，食指扣在扳機上，槍口指向左胸。右腿伸直，左腿稍屈曲。雖然王寶森的屍體姿勢告訴我們，他是右手持槍緊貼右太陽穴開槍自殺的，但是要辦成經得住歷史檢驗的鐵案，首先必須建構完整的證據鏈條。

初步檢驗王寶森手持的是國產八四式七點六二毫米手槍，這種手槍使用的是六四式七點六二毫米的子彈，槍膛內有一發子彈，彈匣內有三發子彈。槍枝各部機件完好，擊發正常。

現場勘查在下午一時結束，案件雖然重大，但現場並不複雜，可資利用和提取的痕跡和物證也不多，因此沒有必要保留現場。下午四時，在現場上接到市委電話指示，讓我們對王寶森出事現場進行拍照、攝影取證和現場勘查，提取相關物證進行技術檢驗分析，王寶森的屍體運回市局法醫中心存放，務必妥善保管，做好進一步檢驗的準備。

懷柔是山區，天黑得早，幸虧我們提前做好現場照相固定、攝影和勘查工作，接電話後，我們把王寶森的屍體裝入屍袋內運走，特別注意把王寶森的雙手都套上了塑膠袋，防止污染，以便到實驗室提取和檢驗火藥微粒等射擊殘留物。

平靜如常　篤定赴死

王寶森失蹤後死亡無疑是一件特別重大的事件，為了準確確定他死亡的性質，就必須弄清楚他失蹤前都發生了什麼。事關重大，專案組列出需要接受調查的人員名單，報請中央批准後，全面的調查工作立即緊鑼密鼓地展開。隨著調查的深入，王寶森死亡前的情形逐漸地清晰起來。

四月四日早上，王寶森和往常一樣起床，喝完家人為他熱的牛奶後，八點三十分他內穿深藍色毛衣，外套黑皮夾克，腳蹬黑色皮鞋，沒有帶公事包，衣兜裡裝著鋼筆和老花鏡，再用塑膠袋裝上兩根對糖尿病人最健康的安全食品：生黃瓜，和他的愛人一同下樓，司機已經在門口等候。

司機為王寶森打開黑色奧迪車門，王寶森一聲不吭地鑽了進去，愛人從另一側上了車，車子緩緩地開動。搭車上班的愛人中途下車，王寶森同樣沒有吱聲，一切都平靜得和任何一天一樣，連他們自己也無法料到此刻竟成兩人的訣別。

大約九點鐘，車到市政府，王寶森先到辦公室看看有沒有急事要辦，上午市委有會，王寶森這個常委卻沒有參加，他到公安部禮堂參加由公安部政治部和北京市公安局聯合舉行的崔大慶、甘雷同志英模命名大會。在主席台上就座後，他微笑著和其他幾位公安部和北京市的領導同志頻頻點頭，打著招呼。

會後中午十二點二十分，王寶森回到辦公室，吩咐祕書約了幾撥客人，當天晚上八點三十分以後在天倫王朝飯店分頭見面，還在飯店預訂了晚餐，點名要吃炸醬麵。王寶森長期「租用」天倫王朝飯店兩個單間，房間鑰匙由他們自己掌管，房費由公司掛帳。

王寶森得知當天下午北京市有一個調整經濟結構的會議，就讓祕書問問會議在哪裡開，他要去聽彙報。祕書聯繫到市財政局長，局長感到很意外，因為這個會議主要是副局長們彙報和討論，沒有必要請副市長王寶森參加，現在王寶森要來參加，局長對祕書說：「行，領導願意聽那就來吧！」隨後告訴會議地點在天寧寺立交橋東南角的京中大廈。

幾件事情安排好後，王寶森到市政府領導的小食堂吃了午飯，大約在下午一點午睡休息。

兩點五十分時，王寶森起床，司機開車送王寶森去京中大廈。天寧寺立交橋是個比較複雜的立交橋，司機在橋上轉了半天，京中大廈近在咫尺就是到不了跟前，沒有辦法，王寶森用車載電話讓會場派人開車把他的車引到大廈門前。

王寶森到達京中大廈已經是下午三點四十分了，他走進會場，在中間的椅子上坐了下來，聽了五十多分鐘彙報，中間聽到他感興趣的地方還不時地插話。彙報快要結束時，王寶森要去打電話，那個年代中國還沒有手機，工作人員就引著王寶森到會議室隔壁去打電話，第一個電話是工作人員代撥的，接電話的是個男的，第二個電話是他自己撥的，工作人員懂得規矩，早早地躲開了，只是從王寶森說話的口氣中隱約感覺到，第二個接電話的人應該是個女的。兩個電話打完，王寶森若無其事地回到會場繼續聽彙報。

五點鐘時，彙報結束，他表態說這個彙報的內容很好，充分肯定了大家的工作。財政局長等人問：「市長要不要在這裡吃晚飯？」王寶森說：「不吃，我還有事。」王寶森起身要走，眾人識相，也不多留，局長等一大幫人把他送到大廈門口，王寶森坐進車裡，把奧迪車後窗的玻璃降下一條縫，右手伸出來衝大家擺了擺，算是告別，送他的人感到很奇怪：王市長歷來都是上車就走，從來沒有這樣的舉動。

王寶森從京中大廈直接回到自己的辦公室，大約過了二十分鐘，王寶森叫司機送他去市委。北京市委和市政府在一個大院內辦公，大院東邊是市委，西邊是市政府。到了市委後，王寶森自己上樓去。

王寶森在市委書記陳希同的辦公室裡待了四十五分鐘後，六點三十分時，兩人邊走邊說一同下樓出來。陳希同上車從市委這邊的東門出去，王寶森上車從市政府那邊的西門出去。

王寶森上車後，用和往常一樣的口氣，輕輕地對司機說了一聲：「上懷柔。」便不再作聲。事後調查表明，此時的王寶森已抱定必死的信念。中國的貪官不少，但是自殺的貪官並不多，像王寶森這樣如此淡定而又毅然決然地走上不歸路，實在是耐人尋味。現在王寶森、陳希同都早已不在人世了，他們兩人的這番談話都談了些什麼？怎麼堅定了王寶森慷慨赴死的決心？恐怕永遠不會為外人所知了。

司機以為是去雁棲湖畔的市財政局培訓中心，那裡風景秀麗，富麗堂皇，王寶森特別喜歡去那裡開會、度假休息。車子走上長安街，直奔東三環，然後從機場高速路轉京順路，直奔懷柔而去。

走到懷柔范各莊時，王寶森問司機：「從這兒能去崎峰茶嗎？」崎峰茶是懷柔山區一個偏僻地方。司機說：「能去，具體有多遠，我說不清，咱們走雁棲湖那條路，那條路好走。」路上，王寶森總是在問離崎峰茶還有多遠，走過一個地方就問這是哪裡，司機說，這裡除了山就是溝，也沒有路標，我也不清楚到哪裡了。車到雲蒙山，王寶森下車解手，他問司機：「這是哪裡？」司機說：「這是雲蒙山風景區。」王寶森上車繼續往前走，還把車窗搖下來，不斷地朝車外張望。

車子沿著蜿蜒起伏的盤山公路走著，開到一個拐彎的地方，王寶森看見路邊有一間破舊的小磚房，就讓司機把車停在路旁，他下車來到小磚房前，太黑了，看不清小房子裡的情況，吩咐司機從車上拿來手電筒透過窗戶朝小房子裡照了照。這個小房子原來應該是修路工人住的，裡面有用磚頭墊起的木板床，牆上貼著舊報紙擋風。王寶森看見房門上掛著鎖，就讓司機回到車上拿把改錐把鎖撬開到裡面看看。司機說：「這不好吧，萬一被人發現了怎麼辦？」王寶森只得作罷，上車繼續往前走。

快到崎峰茶時，王寶森見路邊有幾間工棚，就再次讓車停下來，他獨自下車，朝工棚走去，恰巧從工棚中走出一人站在路旁解手，嚇了王寶森一跳，王寶森說：「這兒還有人呢。」便趕緊上車繼續前行。

路上，王寶森對司機說，崎峰茶山上有個小亭子，他約了兩個人晚上八點十分在小亭子見面，對方開一輛白色的桑塔納，說好誰先到誰先等。崎峰茶村是個景色優美的小村莊，因一座山勢險峻、長滿蒼松的大山「崎峰」而得名，這座山裡有許多礦藏，據說還有金礦，是名副其實的「北京的金山」。

車子開到崎峰茶村的山坡旁時，王寶森對司機說：「就是這裡了。」他讓司機停車，一看錶正好八點。他們兩人一同下車，司機環顧黑黢黢的四周說：「這裡也沒有亭子呀！」王寶森說：「就是這個地方。」他對司機說：「你也好久沒回家了，先走吧！別讓別人看見咱們的車。」司機說：「我沒事，我等接您的車來了再走，把您一個人放在這兒我也不放心啊。」王寶森說：「沒事，我帶著小玩藝兒呢！」司機明白，小玩藝指的是手槍。王寶森把司機硬塞回車裡，最後囑咐他說：「不管誰呼你（編按：即BB Call），都別回電話，明早九點在單位等我，如果有人問我，你就說咱們倆沒有在一起，我是坐別的車走的。」

司機懂得規矩，不該知道的不問，只得上車起步，那個地方路很窄，只能開車繼續向前走，在前面不遠處找了個寬敞的地方掉過頭來，再按原路返回，經過王寶森剛才下車的地方時，司機朝車外看去，已經不見王寶森的影子，也沒有見到其他任何人和車的蹤影。

天倫王朝飯店這邊，王寶森的祕書六點鐘就到了，一直等到八點多鐘，始終不見王寶森露面，不停地傳呼王寶森和司機，但是他們倆始終沒有回電話，九點多鐘，祕書見一直聯繫不上他們，推掉了等著見王寶森的眾多客人，自己也離開了。

王寶森下車後，司機開車回到他在懷柔縣懷北鎮的家中。媳婦驚奇地問他：「你怎麼回來了？」司機開玩笑說：「我想你了，就偷著跑回來了。」媳婦說：「那怎麼行，回頭領導找不到你怎麼辦？」司機說：「我在和你開玩笑，領導到崎峰茶去了，放了我的假。」經過夫妻倆這麼一真一假的對話，司機心裡隱隱有一絲不安，領導那麼晚到那個地方幹什麼去了？見什麼人要到大山裡那麼偏僻的地方？剛才既沒見到亭子，也沒見到來接的人，會不會不安全？他心神不定地過了一夜。

四月五日早上八點鐘，司機正從機場高速路上朝城裡開，收到陳希同的祕書的傳呼，他打電話過去，陳希同的祕書問：「領導幹什麼去了？」司機說：「不知道，昨天我回家了，他坐別的車走的，我也不知道他去哪裡了。」陳希同的祕書說：「行。」就把電話掛了。

八點半鐘，司機到了市政府。王寶森的祕書把他叫上樓問：「昨天我呼你為什麼不回電話？」司機說：「領導吩咐我說沒有什麼要緊的事別回電話。我也沒跟他在一起，我回家了。」祕書說：「昨晚有兩撥兒客人都在等他呢。」司機說：「昨天領導只說要我今天九點鐘來。」

離開了王寶森的祕書，司機心裡越發不安，他在市政府等到十點鐘，仍然不見王寶森的影子，有點兒沉不住氣了，就找到王寶森原來在財政局工作時，長期給他開車，又同是懷柔老鄉的司機，把實情告訴了他，王寶森原來的司機說：「你再等等，他要回來了，你告訴我一聲。」司機回到市政府裡繼續焦急不安地等待著。

一直等到下午五點多鐘還沒見到王寶森，司機又與王寶森原來的司機聯繫，原來的司機說：「我也不放心，我自己開車去了一趟懷柔，也沒有找見，實在不行就說實話吧！」司機說：「如果領導回來說我怎麼辦？」原來的司機說：「挨說就挨說吧，領導到現在還沒回來，不說不行了，萬一出事怎麼辦？」

王寶森的司機聽罷，先找到王寶森的祕書，把昨晚的情況講了一遍，過了一會兒，陳希同的祕書給王寶森的祕書打來電話，司機隨手接了起來，直截了當地說：「我馬上過去，有話要說。」陳希同的祕書說：「行，那你過來吧！」王寶森的司機到市委，當著市委書記陳希同和市長李琪炎的面，把昨晚的情況一五一十地講了。

市委領導立即給懷柔縣委打電話問他們看沒看見王寶森，懷柔領導回答說沒看見，此時大家隱約感到王寶森有可能失蹤了。

現場彈殼　關鍵證據

自殺的關鍵證據之一是彈殼在哪裡，只有找到了彈殼才能證明現場沒有其他人出現過。

我們在王寶森身上拾到了一枚彈頭，經過檢驗，這枚彈頭是六四式七點六二毫米手槍銅質彈頭，與王寶森所握手槍彈匣中的子彈屬同一類型，且同一批號，彈頭上有四條清晰的右旋膛線，經與王寶森所握手槍發射的彈頭樣本上的膛線進行同一認定比對，兩者的膛線痕跡均可吻合，證實這枚彈頭就是從王寶森手握的那把手槍裡發射出來的。

一般來說，槍擊致死案件中彈殼往往是更加重要的證據。因為彈頭射入人體內，如果沒有形成貫通傷，彈頭穿不出來，現場就不會發現，如果穿出人體外，由於彈頭在動能作用下，能飛出很遠，飛出後擊中障礙物就變形、破碎，或者改變飛行方向，所以作案人往往不會花時間去尋找和撿拾彈頭。

彈殼則不同，從槍膛內彈出後，飛行方向和距離是比較固定的，也飛不了多遠，超不出視線範圍，更不會進入人體內，只能留在現場，所以具有反偵查經驗的作案人開槍作案後，往往會把彈殼從現場撿走，使我們無法利用這一重要物證，從彈殼找到並證實發射這枚子彈的槍。

在案發後的第一次現場勘查中，我們沒有發現彈殼，四月二十日我們對王寶森死亡現場進行了再次搜查和勘查，主要任務就是拉網式地搜尋彈殼。雖然彈殼從手槍飛出的角度和方向是固定的，但是由於槍的位置和角度不同，彈殼飛出的方向和距離就會有極大的差別，可以說擊發一千次就會有一千個不同。我們在現場搜索了很長時間，大家趴在地上，把現場地面一寸一寸地找過了，始終沒發現這枚關鍵的彈殼。

如果現場沒有彈殼，便有他殺的可能，就不能說明王寶森是自殺，任何人都會質疑：是彈殼還在現場上，我們沒找到，還是被作案人撿走了，根本就沒在現場上？自殺致死的人撿不了彈殼，證據鏈在這裡斷開了，缺少了一個重要環節。

搜索回來後，我仔細思考，現場沒有發現彈殼不等於現場根本沒有彈殼，從工作來看，不能說我們搜索得不認真、不盡力，但是如何提高我們搜索和發現彈殼的能力，有什麼辦法提高搜索效率，雖說現場範圍不大，可山上地形複雜，地面上雜物多，小小的彈殼一旦掉到什麼犄角旮旯、石頭縫隙裡，或是被地上什麼雜物給遮蓋住，要找到它無異於大海撈針。有什麼辦法能比我們肉眼去尋找更好，更加有效呢。

我突然想起，很久以前，我還在北京市公安局當法醫時，曾經辦過一個案子，被害人中槍被殺，由於槍枝的威力小，子彈射入人體後，改變了方向，拐彎穿行，不知穿到什麼部位去了。當時我提出用探雷器尋找射入人體的彈頭，結果這個辦法很靈，把探雷器貼著被害人屍體來回移動，移動到彈頭附近時，探雷器就發出刺耳的蜂鳴聲，很快就找到了彈頭的位置。我把這個想法說給現場勘查的技術人員聽，大家一聽都說好，可以試試。探雷器實際上就是金屬探測器，技術科的裝備庫裡就有。

四月二十二日，一行人浩浩蕩蕩又開到崎峰茶村，我們先簡單地清除了地表的雜草和枯葉，不能去除得太乾淨，生怕把彈殼也清除掉了。然後使用金屬探測器以王寶森屍體為中心，劃定半徑十五米的範圍開始探測。

剛在屍體部位一探，探測器馬上叫了起來，大家心中一陣驚喜，心想這招兒還真靈，順著探測器鳴叫的位置找下去，沒有發現彈殼，倒發現了一個鏽蝕不堪的獵捕動物的套子。原來王寶森坐的這個位置是小水溝裡的一個小窩，過去獵人曾經在這個小窩裡下過套子獵捕動物，後來不讓打獵了，這個套子也就扔在這裡沒人要了，風吹日曬雨淋，春夏秋冬四季，日久天長，腐蝕鏽爛，套子就慢慢地被埋進了土裡，這次被我們挖了出來。雖然大家空歡喜一場，可是這個小小的插曲表明用探測器找金屬的彈殼肯定是個可行的辦法。

我們以人工搜尋和金屬探測相結合進行搜尋，這一幹就是幾個小時過去了，大家蹲著、趴著、跪著，個個累得腰痠背痛，早上來得早，到了中午早已是餓腸轆轆，這麼艱苦的活兒，大家不想再來一次了，只好咬牙堅持。

終於在下午一時十分，在距離王寶森屍體頭部東北側六點九三米處山坡的落葉下探測到一枚彈殼，彈殼為銅質鍍鎳，肉眼觀察與王寶森手槍彈匣中的子彈新舊程度一致，彈殼底部的編號也相同，大家興奮極了，幾天來的疲勞一掃而光。我們立即對發現彈殼的地點進行拍照、錄影和記錄，小心翼翼地用鑷子夾起來，生怕它長腿跑了似地封裝進了物證袋。一時四十分，順利結束工作，我們不僅向歷史鐵案又邁進了一步，而且從那次以後，金屬探測器就成為現場勘查箱裡的必備工具。

經過對彈殼上的痕跡檢驗，確定這枚彈殼就是從王寶森手中的手槍發射的。

槍彈來源　工於心計

自殺的另一個關鍵證據是王寶森自殺所用的槍是哪裡來的。

在一般人看來，為市領導佩支槍還不是小事一樁嗎？其實不然。早在一九九四年底，王寶森的祕書就向北京市公安局警衛處提出過：「王寶森是主管經濟的常務副市長，經濟工作方面的矛盾比較多，比較尖銳，當前社會治安又不太好，希望要一支槍，不要真子彈，只要橡皮子彈就行，用於自衛。」這件事倒讓北京市公安局的領導非常為難：上級沒有規定給市領導佩槍，佩了槍弄不好反倒有可能影響領導的安全，當時沒人想到王寶森會用槍自殺，只是擔心萬一走火傷到王寶森自己或是其他人，或是犯罪分子為了搶槍而傷害領導同志，可是北京市公安局領導又不敢得罪這個執掌著北京市財政大權的常務副市長，況且王寶森剛剛批准給市公安局一筆巨額經費用於修建指揮中心，所以就只得編些藉口，一拖再拖。

直到王寶森死亡前不到兩個月的二月九日上午，北京市公安局警衛處派人到王寶森的辦公室為他照標準相。照完後，王寶森說：「現在社會治安複雜，乘車外出經常被截住，我已被截了好幾次，據我聽說，市裡其他領導已有佩槍的了，我也是副市長，能不能給我也佩一支。」警衛處的同志回到市局後，立即向領導做了彙報，局領導說：「此事要慎重，等請示後再說。」此間，王寶森的祕書兩次來電話催問：「給領導佩槍的事落實了沒有？」並且明說是王市長讓催問的。又過了一會兒，王寶森的祕書再次來電話，說：「王寶森已經和市裡領導說好了，你們就抓緊給辦吧。」

北京市公安局領導越發感到給市領導佩槍事關重大，一是沒有接到市主要領導同意給王寶森佩槍的指示，二是從來沒有給市裡其他領導佩過槍，三是為領導佩槍如何保證安全，出了意外怎麼辦，誰能負責。北京市公安局的領導指示警衛處正式請示上報。

最終請示得到了批准，要求槍由北京市公安局佩發，平時保養由警衛處負責，不能發生任何問題，可以藉保養和擦槍的名義經常把槍要回來進行檢查。

二月十日下午，北京市公安局警衛處負責槍械的領導和軍械員直接到槍庫裡領了一支八四式手槍，橡皮子彈十五發，長方形黑色皮質槍袋，一併送到王寶森的辦公室，當面交給了王寶森，還向王寶森講清了槍枝的使用方法和注意事項，囑咐王寶森平時不要隨意擺弄，以免發生意外。此後的一天，王寶森去參加一起外事活動，在車上掏出手槍對他的司機說：「把這個鎖好。」司機一看是支槍，嚇了一跳，馬上把車停在路邊，把槍鎖在副駕駛前面的工具廂裡，再開車。

王寶森有了槍和橡皮子彈，但真子彈從哪裡來呢？

二月十三日，也就是拿到槍後的第三天，王寶森的祕書打電話給北京市公安局警衛處，說：「副市長王寶森要打靶，請警衛處負責安排一下。」警衛處立即逐級請示領導，得到批准後，在警衛處幹部冬訓基地「八一」射擊場安排實彈射擊。射擊的槍種按照王寶森的要求是八四式手槍和八二式衝鋒槍。

二月十五日中午十二時五十分，王寶森乘車來到射擊場，警衛處兩名幹部陪著他來到二號靶位，王寶森從衣兜裡拿出一支八四式手槍說：「就用這個打。」幹部退出槍裡的彈匣，簡單檢查了一下，槍枝擊發正常，就往空彈匣裡壓子彈，壓滿後，王寶森接過槍來射擊。

警衛處領的一百發八四式手槍子彈全部放在靶台上，供王寶森射擊用，因王寶森說下午還要開會，為了抓緊時間，用王寶森槍裡的彈匣和射擊場的一個彈匣輪流壓彈射擊。其間，兩名幹部曾陪同王寶森離開靶位查看了一次命中情況。

為了增加打靶的樂趣，更好地練習，幹部們提議讓王寶森開槍打瓶子和石頭，王寶森同意後，兩名幹部到靶子跟前擺放了石頭、瓶子等實物，王寶森獨自一人在靶位裡等候。兩名幹部擺放好後，回到靶位裡，協助並指導王寶森將靶台上的子彈全部打光，接著進行了八二式微型衝鋒槍的實彈射擊，整個射擊過程持續了二十分鐘，期間王寶森並沒有向警衛處工作人員索要子彈。

王寶森打靶後，乘車而去，沒有再說什麼。經查閱警衛處子彈出入庫登記，王寶森當天射擊時使用的子彈，與死亡現場發現的子彈以及他手中槍內剩餘子彈完全相同，應該是王寶森在打靶過程中，趁工作人員擺放石頭、瓶子等物品之機，盜取了靶台上的手槍子彈。

顯然，從要求配槍，只要橡皮子彈，到打靶試槍練手，再到尋機竊取子彈，這是王寶森精心設計的一整套獲得手槍和子彈的計謀，要槍做什麼？無外乎一是打別人，二是打自己，打別人是要打誰？打自己又是為什麼？王寶森早已做好了準備，他頭腦清醒地默默地等待著末日的降臨，為什麼要做這樣的準備？到底是什麼觸動了王寶森最致命的要害，需要隨時準備付出生命的代價？這些疑問已經被永久地封存在歷史的重重迷霧之中了。

王寶森弄到槍的過程查清了，公安部領導指派我到北京市公安局，請主要負責人把有關情況做個說明。我帶著一名助手找到這位負責人，只見他內穿黑色高領毛衣，外套一件墨綠色西裝，當時在北京市公安局無論是普通民警還是領導幹部，這種裝束還真不多見。

我講明來意，不愧是領導幹部，他很痛快地把整個過程一五一十地講了出來。我想，領導的覺悟和水準就是不一樣，講這樣敏感的問題依然這麼坦率，負責，原來的擔心一掃而光，就對他說，按照工作要求，請您把您所說的寫下來，我們帶回去。領導說，好，就回到他的辦公室寫去了。

一會兒，他把寫好的材料交給我，我一看，字跡嫻熟、蒼勁大氣，可是內容和剛才對我說的完全不同，重點地方一句沒提。我對這位領導說，您看，您剛才跟我們說的不是這樣，我們也有記錄，如果兩邊的記錄對不上，恐怕就不好了，您看您能不能按照剛才說的寫。領導無語，又回去寫了。

又過了一會兒，領導拿來了第二稿，這回字跡已經不那麼工整，語言也不那麼連貫，我們給他的是印著黑線的橫線紙，他有的是逐行寫，有的是跳行寫，有的是一行寫了一半就跳到下一行寫，顯然他精神上受到了很大壓力。不過第二稿的內容與他剛才講的基本相同，我客氣地說，謝謝領導，麻煩您了。領導神情暗淡地輕聲對我說，他已接到通知，要調離北京市公安局，回原來單位工作。我和他握了一下手，說，您對北京建設和發展的貢獻有目共睹，請您多保重身體。

至此，對我們辦案來說，兩個關鍵證據終於有了答案。

抽絲剝繭　纖毫畢露

半個月過去了，從調查的情況看，基本排除了他人殺害王寶森的可能，王寶森自殺的可能性日趨明朗了。下一步，該是解剖屍體了。

這麼重要的人物，這麼重要的案子，必須要請示中央才能決定下一步的工作，四月二十一日，我們協調北京市公安局提交關於解剖檢驗王寶森屍體的請示。這個請示比較簡單，只有幾行字，公安部分管刑偵工作的部領導對於死亡鑑定很有經驗，批示要在給中央的請示中寫得更加具體一些，要詳細地列出解剖檢驗的方案。我連夜以公安部的名義撰寫了請示和工作方案。

在這個請示中，我們首先詳細地列出了解剖檢驗的理由是：有些問題，比如判斷死亡原因、推測死亡時間、是否患有疾病、顱內損傷情況、胃內容物的毒化檢驗等，必須對屍體進行系統解剖檢驗才能解決，還列出了參與解剖檢驗的各單位分工，由公安部、北京市公安局法醫學專家進行屍體解剖檢驗鑑定，最高人民檢察院、北京市人民檢察院的檢察官和法醫學專家到場監督。

請示附上了解剖工作方案，解剖在北京市公安局法醫中心進行，分別剖驗顱腔、胸腔和腹腔，檢查和記錄各臟器的生理特徵、病理改變和損傷情況，檢驗後經各方面專家研究後，由北京市公安局出具有關王寶森死亡原因、死亡時間和死亡性質的法醫學檢驗鑑定書，全體參加人員簽字。

方案中寫明解剖時要提取心臟內血液、全部胃內容物、胃壁組織、肝臟和尿液，由公安部和北京市公安局的毒物分析專家採用化學分析的方法進行檢驗，排除常見毒物和毒品，以判明王寶森死亡前是否服過某種藥物或毒物。

方案中要求檢驗消化道內食物的位置、量及性狀，推測王寶森死亡時距其最後一餐飯的時間，結合調查情況綜合分析認定死亡時間。

最後方案要求屍體解剖檢驗要嚴格按照法律程序進行，解剖前應有家屬簽字，擬請北京市做好死者家屬工作。解剖後，屍體仍將保留一段時間再做最後處理。

四月二十二日，公安部上報中央領導關於對王寶森屍體進行解剖檢驗的請示，同時部領導批示立即制定更加詳細的解剖檢驗鑑定方案，並盡早徵得最高人民檢察院認可，一旦中央領導批准，立即嚴格按照方案進行。

我的本行是做法醫的，古人云：天下大事，必做於細。對法醫來說，不管是什麼人，什麼案子，都要嚴格地按照法律和程序規定進行。我立即以公安部王寶森死亡原因審核小組的名義，起草新的工作方案，方案中除了常規的解剖時間、地點外，在解剖檢驗要求中明確表示：對王寶森的屍體解剖檢驗必須按照衛生部《解剖屍體規則》中的各項規定進行，其中應先由家屬同意並簽字，如王的家屬不同意，由王寶森生前所在單位負責人簽字。

解剖檢驗的目的是要進一步查明王寶森死亡的五個問題：一是死亡原因；二是死亡性質；三是死亡前是否服過某種藥物或毒物；四是推測死亡時間；五是王寶森生前是否患有致命性疾病。

方案中詳細說明了解剖檢驗的方式和毒物化驗項目，最後列出北京市公安局、公安部、最高人民檢察院和北京市人民檢察院參加屍體解剖檢驗鑑定工作的全體人員名單。

在外人看起來這些程序過於繁雜和無用，但這是政府辦事程序的要求，明明誰都知道王寶森的屍體必須經過解剖檢驗，也一定要寫出請示報中央領導批准，顯示出重大責任應由誰來承擔；明明誰都知道高層領導不一定看得懂這些技術方案，也一定要附在請示中上報，顯示出嚴謹的工作態度和很高的專業水準；明明誰都知道可以簡單明瞭地解決問題，也一定要把這個過程弄得少一步都不成，顯示出程序的嚴密，一絲不苟，好讓領導放心。

四月二十三日、二十四日中央領導紛紛批示，同意公安部的請示。

四月二十四日，中央領導的批示傳到公安部，部領導當日批示：即照辦。我於當日將已經擬定好的屍體解剖檢驗工作方案報請部領導批准。

四月二十五日，部領導批准了工作方案，要求刑偵局商洽北京市公安局抓緊工作，有的工作可加班加點進行，爭取近日拿出完整的結論及材料。同日，在北京市政府的耐心工作下，王寶森的家屬簽字同意對屍體進行解剖檢驗，至此，一切準備就緒。

四月二十六日下午二時，衣著整齊的王寶森屍體被抬上了解剖台。

按照方案，屍體檢驗從檢查衣服開始。學法醫的時候老師曾說，翻兜（編按：即翻口袋）是法醫最重要、也是最容易忘記的一項工作，有時一翻兜，案子就解決了一半，所以這不起眼的檢查衣服其實是非常要緊和有用的。

屍體上身穿黑色羊皮夾克，右外下兜裝有《改革開放中的北京民族工作巡迴展簡介》和《改革開放中北京的宗教說明書》各一份，「一九九五年國債發行宣傳單」一張，某人撰寫的「呼籲解決環衛經費不足問題」提案一份，工作記事紙兩張，白紙一張。

左外下兜裝有多用摺疊刀一把，一次性打火機一個，我們想到王寶森下車爬山時有可能用打火機照亮。

黑皮夾克內穿黑灰色毛料西服，右外下兜裝有灰色暗花領帶一條，左外下兜裝有打開的「紅塔山」牌香煙半盒，一次性打火機兩個，右內下兜裝有一個長方形黑色皮質槍袋，袋內裝有一個彈匣，匣內壓有五發子彈，左內下兜裝有印著「吉祥如意長命百歲」字樣的豬年紅布腰帶一條，這條紅腰帶清楚表明王寶森屬豬，當年是他的本命年。左內中兜裝有四張名片，左內上兜裝有工作記事紙一張，三張名片，「革列齊特」藥片一板（一種治療輕、中型糖尿病的藥物），上有七粒藥。

西服內穿著深藍色套頭式羊絨衫一件，裡面穿的是白色化纖襯衣，襯衣左上兜有摺疊式眼鏡一副，梳子一把，「革列齊特」藥片一板，上有十五粒藥。

屍體下身穿黑灰色毛料西裝褲子，右褲兜裝有一條手帕，右後兜裝有一串五把鑰匙，這些鑰匙與檢驗鑑定無關，我們當即交給在場的最高人民檢察院的監督人員。在辦案過程中，鑰匙、筆記本、通訊錄、未沖洗的膠捲（當時還沒有手機）等這類敏感物品，只要與我們技術工作無關，應立即交給有關人員，在自己手裡的時間越短越好。

西褲內穿的是藍色秋褲（編按：保暖用的棉質褲）和紅色三角短褲。腰繫黑皮帶，腳穿藍色襪子和黑色牛皮蓋鞋，鞋襪穿著正常，左手腕戴精工牌石英手錶。

這次檢查衣服，除了衣著整齊不符合他殺特徵外，沒有什麼特殊發現。我感到王寶森的衣兜裝的東西還真多，「兜裡小世界，世間大乾坤」，一個人口袋裡喜愛裝什麼、裝多少，就能反映這個人的生活狀態。

衣服隨著檢驗而一件件地被脫去，王寶森的屍體完整地呈現在我們面前。屍體全長一百七十二釐米，發育正常，營養良好，屍體背後因為屍斑的緣故呈現大片狀暗紫紅色，各關節仍有輕微的屍僵存在而呈僵硬狀態。只見屍體肚子挺大的，雙下肢特別細，雙腳也很細小，一看就是長期以來坐車多，走路少，靜止多，運動少，不僅下肢的肌肉萎縮，連骨骼都變得細小了。

王寶森的頭顱沒有明顯的變形，兩側顳部可以見到一處貫通槍彈創，右顳部在右耳向上垂直距離零點三釐米，相當於太陽穴的地方可見一圓孔形創口，直徑一點一釐米，創口中央皮膚缺失，創口邊緣皮膚已經凝固性壞死。這種壞死是火焰燒灼所產生的痕跡，無論何種槍枝在擊發瞬間都會從槍口噴出火藥燃燒產生的火焰，火焰會將貼近槍口的皮膚組織燒壞死、燒焦，一般來說只有在槍口距離皮膚十五釐米以內才能形成。

王寶森右顳部皮膚創口邊緣明顯的火焰燒灼痕跡，說明槍口離創口是很近的，這個創口是子彈的射入口。射入口周圍皮膚表面還有附著少量黑色物質，是子彈裡火藥燃燒的殘留物，只有在射擊距離很近的情況下，才能留在皮膚上。

射入口周圍伴有四點八釐米乘四點八釐米乘一點零釐米的頭皮下血腫。射入口下方皮膚上可見一個半圓弧形挫裂創，直徑是零點五釐米，射入口下方有傷，上方沒有，說明當時槍口朝向左上方，槍身呈左高，右低的樣子，槍口的下緣緊抵在皮膚上，上緣則沒有完全接觸到皮膚，符合右手持槍朝太陽穴射擊的自殺握槍方式。

我拿出副部長給的八四式微型手槍，與射入口和這個半圓形挫裂創一比，證實這個直徑零點五釐米的半圓弧形挫裂創，是八四式微型手槍槍口下方的複進彈簧導向桿前端頂撞形成的。這個導向桿的作用就是子彈發射時，在子彈爆炸氣體的推動下向前滑動，把下一發子彈頂上膛。當槍口頂在皮膚上時，這個滑動伸出的導向桿頂撞、挫壓皮膚形成挫裂創。由於導向桿的滑動距離很短，出現這個挫裂創表明王寶森當時應該是把槍直接頂在右太陽穴上開槍的。我們趕緊把這個比對結果照相固定下來，作為一個重要證據。

左顳部在左耳上垂直距離二點零釐米的地方可見一條形裂隙狀的創口，長一點五釐米。子彈打穿人體時，射入口呈圓孔狀，圓孔的中央有人體組織的缺損，射出口呈條形的裂隙狀，檢驗時可用雙手把射出口周邊的皮膚捏併攏，就可以看到並沒有人體組織的缺損，左邊的這個創口就是子彈的射出口。射入口和射出口都有血液向腦後枕部流淌的痕跡。

屍體其他表面沒有異常改變。

解剖檢驗首先是頭部，右顳部可見頭皮下出血，右顳肌形成血腫，右顳骨有一圓形孔狀骨折，直徑零點八釐米，腦膜破裂，大腦右顳葉有二點五釐米乘二點零釐米的挫碎傷一處。左顳肌出血；左顳骨卵圓形孔狀骨折，直徑一點六釐米乘一點二釐米，腦膜破裂，大腦左顳葉有五點零釐米乘四點零釐米的挫碎傷一處。

在槍彈射入口和射出口檢驗中，通常射入口的骨頭損傷較小，射出口較大，腦組織也是射入口周邊的挫碎範圍小，射出口周邊的挫碎範圍大，因此從損傷嚴重程度來看，子彈應是從頭的右側向左側射的，再一次證實右側的是射入口，左側的是射出口。

兩側顱底眼眶上的顱前窩粉碎性骨折，這個部位的骨質極薄，和指甲的厚薄差不多，子彈不一定要直接擊中這裡，其所攜帶的動能就足以造成粉碎性骨折。頸部無肌肉出血，舌骨等骨組織沒有骨折。胸腔壁軟組織沒有出血，肋骨和胸椎骨沒有骨折，右胸膜有廣泛性纖維性黏連，顯示其生前曾患過肺結核、肺炎、胸膜炎等肺臟疾病，肺膜無出血點，氣管、支氣管通暢。心臟略大於自己的拳頭，心臟外膜脂肪組織較多，心肌切面沒有明顯病變，冠狀動脈管壁有輕度半月狀增厚，主動脈內膜有數處粥樣硬化斑。

腹腔無異常積液，各臟器位置正常。肝臟外觀呈輕度紅黃色相間改變，觸之有油膩感，切面呈明顯淤血。兩腎臟無異常，膀胱內充滿尿液，結合王寶森司機所說，途中王寶森幾次要下車小便，都被打擾了，這一跡象表明王寶森下車後，到自殺的時間間隔很短。

胃內空虛，胃壁上貼著幾小片青菜葉。調查顯示，王寶森四月四日中午飯吃了一小盤青菜，從這一跡象看王寶森死亡時間應距其生前最後一餐飯四個小時以上，如果調查中沒有吃晚飯的情況反映，死亡時間應是四月四日晚間。

腰椎和骨盆無骨折。四肢無骨折。

按照工作方案，我們提取了王寶森頭部射入口周圍和雙手皮膚表面的附著物，進行殘留火藥微粒檢查，也就是射擊殘留物檢驗。槍枝擊發時，子彈裡的火藥在撞針的撞擊下爆炸燃燒，一部分火藥充分燃燒後變成了煙，還有一部分火藥燃燒不充分，形成許多細小的火藥微粒，和著煙塵從槍口和槍身的縫隙中噴出來，這些微粒和煙塵可以附著在持槍的手上，檢驗這些微粒就可以證明是否開過槍和用哪隻手開過槍。

一般採用掃描電子顯微鏡加上X射線能譜儀檢驗，這些微粒和煙塵在電子顯微鏡下呈球狀，專業術語叫射擊球，這是認定是否曾開槍射擊的重要物證，再結合X射線能譜儀對射擊球的化學成分進行分析鑑定，再與子彈內火藥成分做比對，就能認定發射的是哪種子彈。

物理檢驗發現，王寶森手中握著的手槍的槍管、槍膛內均附著有明顯的黑色煙痕和黑色細顆粒狀物質，表明這支槍在近期擊發過。

在王寶森右手皮膚的附著物中檢出黑色顆粒狀物質，經化驗分析，黑色顆粒狀物質為無煙發射藥，與他手槍裡子彈的火藥進行比對，證明是同一種火藥，成分是銻、錫和鉛，其中銻是子彈火藥所特有的，證實王寶森右手曾持槍發射過。

王寶森頭部右側創口和創口外周的煙暈、燒灼痕均檢驗出射擊殘留物，判斷為貼近射擊。

在屍體解剖檢驗中提取了足量的心臟內血液、幾小片菜葉構成的全部胃內容物和部分胃壁組織、肝臟和尿液，在公安部專家指導下，由北京市公安局法醫中心毒物化驗室進行常見毒物與毒品檢驗，檢驗後發現，心臟內血液中沒有檢出酒精，心臟內血液、胃及內容物、尿液中沒有檢出嗎啡、海洛因、大麻、可卡因等毒品，也沒有檢出常見安眠鎮靜藥物及毒物。

王寶森屍體法醫學解剖檢驗鑑定的結論是：王寶森係因用制式手槍接觸射擊頭部，造成重度開放性顱腦損傷死亡，王寶森頭部槍創符合自己右手開槍形成。這份鑑定書上共有十四位領導和專家簽字。

屍體解剖檢驗完畢，按照中央要求，王寶森的屍體要妥善保管，市局法醫中心專門買了一個單人冰櫃，把王寶森的屍體放進去，再貼上封條。市委常委、常務副市長死後仍然能住上「單間」，歷史對他開了一個玩笑。

核心結論　歷史鐵案

五月初，隨著調查、技術兩條線的深入，搜集到的各種證據構成越來越完整、越來越連貫的證據鏈，王寶森自殺死亡的案件事實已基本查清。我坐在電腦前，認真地思考，分幾條線把最重要的證據形成鏈條，緊緊地纏繞在王寶森自殺這個核心上，像部領導要求的，辦成經得住歷史考驗的鐵案，我字斟句酌地開始撰寫報告。

報告的第一部分是引子，主要講述了我們接到中央領導同志的批示後，當日立即抽調三名刑事偵查專家、一名痕跡學副研究員、一名毒物檢驗學副研究員、一名副主任法醫師和一名法醫學博士共七人，組成王寶森死亡原因審核小組，在公安部領導下開展工作。

第二部分是審核工作過程，重點講述了具體工作內容。一是審核了北京市公安局的現場勘查筆錄、痕跡、法醫、化驗初檢鑑定書和調查材料，提出補充勘查、檢驗鑑定和調查的方案。二是會同北京市公安局組織專門力量複查了王寶森死亡現場，經反覆勘查，發現並提取了一枚彈頭和一枚彈殼，與王寶森手中槍枝進行槍彈痕跡的同一認定檢驗鑑定。三是經中央領導批准，協助北京市公安局依照法定程序，徵得家屬同意，對王寶森的屍體進行了系統解剖檢驗和化驗分析。四是經商最高人民檢察院同意，共同對王寶森的祕書、司機進行訊問，對王寶森的妻子和王寶森失蹤當日接觸過的人員進行詢問，查明了王寶森失蹤當日的活動情況。五是對北京市公安局《關於王寶森自殺死亡的情況報告》及附件進行審核。

第三部分是審核意見及依據，是整個報告的核心部分。首先肯定了北京市公安局查明王寶森死亡原因的現場勘查、技術檢驗和調查取證工作過程合法，工作認真細緻，方法準確，獲得的證據是充分和確鑿的，所得出的王寶森係自己持槍接觸射擊頭部造成重度開放性顱腦損傷死亡的結論是正確的，科學的。

一是經調查未發現王寶森被殺害的可疑跡象。一九九五年四月四日，王寶森白天的活動中未發現有他殺跡象。傍晚王寶森離開陳希同後，一上車就吩咐司機去懷柔，到懷柔後又提出要到崎峰茶山上的小亭子見人，行動突然，毫無徵兆，沿途四次尋機停車亦未見有事先安排的跡象。到崎峰茶後，王寶森下車，將司機推回車內，讓其回家，司機返回途中並未見到王寶森所說的小亭子和其他人、車，表明王寶森不是到預定地點去赴約。王寶森死亡現場係王寶森自己選擇並乘車抵達，地點偏遠不易被發現，且王寶森的行動詭祕反常，他人難以加害。

二是現場勘查和槍、槍彈檢驗均表明王寶森係開槍自殺。王寶森衣著整齊，現場未見任何搏鬥、掙扎、拖拉等異常痕跡，表明王寶森係自願且自行進入現場。王寶森右手握手槍，槍膛內有一發待擊發狀態的子彈，表明當時該槍發射一發子彈後，自動將第二發上膛，符合槍枝連續射擊的自然狀態。在王寶森身上發現的手槍射擊彈頭、屍體旁發現的彈殼，經模擬實驗，現場彈殼的拋出方向、落地位置與王寶森自己開槍射擊頭部所形成的彈殼拋出方向、位置一致。王寶森僅頭部有從左顳部創口向枕部流出的少量血跡，衣服上無向下流注狀血跡，現場上除對應於王寶森頭部的地面上有血跡外，其他部位無血跡，表明王寶森的槍創是進入現場坐定後形成的，血液流淌的方向表明開槍射擊頭部時身體呈半仰臥狀，彈頭未被壓在王寶森身體的下方表明開槍射擊時頭抬離地面。王寶森屍體位於兩塊山石之間，兩石相距四十三釐米，結合彈頭、彈殼的位置分析，在這樣狹窄的環境中他人難以加害。王寶森雙臂屈曲在胸前，右手握手槍抵於胸前的姿勢主要是由於王寶森的右肘緊抵右側山石，王寶森頭部中彈死亡後，右手臂在山石的支撐下，不能伸直自然下落，仍保持彎曲狀。經檢驗，王寶森手握的手槍各部機件正常，擊發靈活有效，可正常使用。經物理化學檢驗證實，槍管和槍膛內均附著煙暈和發射藥顆粒，表明這支槍在近期發射過。現場提取的彈頭、彈殼係六四式七點六二毫米減裝藥手槍彈，該彈的材質、廠號、型號、年號及外部尺寸，均與王寶森手槍內和衣袋內備用彈匣內的子彈相同，用同種子彈經王寶森手中的手槍射擊比對，射擊後的彈頭、彈殼和現場提取的彈頭、彈殼的膛線痕跡及其他痕跡均吻合，證實現場彈頭、彈殼均為王寶森手中的手槍所發射。

三是屍體檢驗和理化檢驗、毒化檢驗均證明王寶森頭部槍彈創傷係自己開槍射擊形成。王寶森死亡後右手仍緊握手槍，食指仍緊扣在扳機上呈屍體痙攣狀態，是自己開槍擊中頭部導致瞬間死亡，形成屍僵的典型姿態，他人加害無法形成這種始終緊握手槍的特殊屍僵。王寶森僅頭部有一處貫通性槍彈創，造成重度顱腦損傷，體表其他部位未見任何損傷。屍體表面檢驗及內部剖驗均未見王寶森患有致命性疾患。王寶森右顳部的損傷具有典型的接觸射擊槍彈射入口的特徵，該創口下方可見八四式手槍槍口接觸頭部射擊時，槍口下方的複進彈簧導向桿前端與皮膚接觸、頂擊、挫壓時造成的半圓形挫裂創。左顳部的損傷為典型的裂隙狀槍彈射出口。經物理和化學檢驗，王寶森右手檢出槍彈發射藥顆粒和銻、錫、鉛等射擊殘留物質，表明王寶森的右手曾開槍射擊，結合其頭部右側創口周圍也有同樣的射擊殘留物，證明王寶森係用右手持槍射擊其頭部右側。經毒物化驗，王寶森的胃內容物、心臟內血液、尿液中均未檢出常見毒物與毒品，包括酒精和安眠鎮靜藥，說明王寶森死亡前未服用任何能導致其不清醒狀態的藥物，可自行完成上述自殺動作。

四是王寶森自殺所用手槍及子彈的來源清楚。王寶森自殺用的八四式七點六二毫米手槍是王寶森以社會治安複雜為藉口，親自和透過祕書多次向北京市公安局提出配槍要求，北京市公安局經請示相關領導同志後，於一九九五年二月十日將槍交給王寶森。二月十五日，北京市公安局應王寶森的要求，安排他在「八一」射擊場打靶，王寶森用自己的手槍打靶時，趁工作人員在靶檔處擺放瓶子等物品時，獨自一人回到放有子彈的靶位上，由此可見王寶森打靶時有獲取子彈的機會。王寶森自殺現場上提取的彈頭、彈殼、槍膛內、彈匣內和王寶森西服右內袋備用彈匣內子彈的材質、廠號、型號、年號及外部尺寸，均與王寶森打靶時所用子彈相同。王寶森自殺當日，自己將該手槍及子彈帶進現場。

報告的結尾部分是結論：綜上所述，鑑於王寶森右手有射擊殘留物；右手緊握手槍且食指緊扣在扳機上的特殊屍體痙攣姿勢；屍體上除頭部的槍彈創傷外無任何其他損傷；現場無搏鬥等異常痕跡；現場發現的彈頭、彈殼係王寶森手中手槍所發射；毒物化驗未檢出常見毒物、酒精和安眠鎮靜藥等，均表明王寶森是在清醒狀態下開槍自殺身亡。

我一氣呵成，將報告寫好。報告的四個部分中，第一部分主要依靠調查，各方面人提供的情況必須嚴絲合縫才行。第二、三兩個部分全部是技術檢驗鑑定所獲取的證據，是辦成鐵案的關鍵。第四個部分雖說也來自於調查，但是如果沒有子彈批次、型號的鑑定，說服力還是不夠強的。

歷經審查　成功過關

報告報到刑偵局領導那裡，幾乎沒有費什麼勁兒就通過了，報到分管刑偵局的副部長那裡，因為審核工作自始至終都是在部領導直接指揮下開展的，所以領導對情況非常清楚，也很快通過，報告就報到更高層去了。

一天，部長辦公室通知刑偵局領導和我於當晚七時到部長小會議室研究報告。

通知到了，可是通知並沒有說部長對這個報告是什麼意見，是同意，還是認為不行，這不僅是對報告的意見，更重要的是對王寶森死亡案件的全部工作的意見。

一時間我也不知該如何是好，靜下心來，把全部工作過程認真梳理一遍，看看有沒有什麼疏漏，然後再站在局外人的立場上，全面地對各種檢驗鑑定質疑一番，設想著領導有可能提出的問題，想來想去，也不得要領。仔細分析和認真思考後，我沒有發現重大的差錯和漏洞，應該說這種驚天大案一個人一輩子也遇不到幾回，誰也不敢掉以輕心，每個參與工作的人員都是盡心盡力，生怕有任何閃失。我按照慣例，為晚上的會議做好了準備，也想到萬一真的出現什麼問題，就痛快認錯，然後和有關人員一同，趕緊按照領導的指示，盡全力採取措施補救就是了。

晚上六點四十分，刑偵局分管我們處的副局長在前，我在後，走進了部長的小會議室，我們局長一般不參加這種純業務的會議。傳統的刑偵局長都比較追求重大案件要親自掛帥、身先士卒、衝鋒陷陣，我們的局長是文革前學政治學的高材生，他一般不大管這種純粹是業務上的事，他超脫地認為刑偵局或者再擴大到全國刑偵系統，有的是專業人員可以去辦案子，搞檢驗鑑定，他平時主要關注的就是人事安排，把人安排好了，活兒自然就有人幹了，而且肯定會幹好，這恐怕就是真正意義上的政治了。

我是第一次到這個小會議室裡來，越是這樣的小地方，越是藏著大祕密，當你來到這裡，絕想不到有多少關於人、關於事的重大決定，就是在這樣小小的會議室中醞釀、討論、決定下來的。

將近七點鐘，分管刑偵工作的副部長來了，官場裡就是這樣，平日裡對我們嚴厲有加的領導，一旦要見到他的領導時，也同樣是必恭必敬的。

七點過了十分鐘，部長來了，他手裡拿著一份報告，進來後，與大家和氣地打了個招呼，就坐在他固定的座位上看報告，小會議室裡鴉雀無聲，安靜得讓人窒息。

二十分鐘過去了，相當於把這份不長的報告細細地讀了一遍，時間拖得越長，氣氛越緊張，會議室裡的空氣都快凝固了，領導沒發話，誰也不敢出聲。我像一個等待宣判的犯人，靜靜地等待著最後的判決。

突然，部長清了一下嗓子，說：「我看應該把你們審核專家組的名單附在後面。」我一聽這話，心中一塊巨石重重地落地了，這話表明報告沒有大的問題。

領導定了性，大家全都長舒一口氣，會議室內頓時輕鬆了起來，副部長、副局長紛紛發表意見，異口同聲地說這個報告基本可以，只是這裡要改個「的」字，那裡要增加一個「了」字等一些文字上的完善，我連忙記下領導們的意見，討論完畢，部長在我們報告的草稿上直接簽發了，時間是一九九五年五月十日。

從公安部將報告上報中央的當日起，就有中央領導同志在報告上圈閱，四、五天下來，中央主要領導已全部圈閱完畢。當我看到這份退回給公安部的帶有領導圈閱的報告時，才感到真正完成了一項歷史重任。

王寶森的死亡性質和原因查清了，但是他為什麼要飲彈自盡我們並不清楚，也不屬於我們調查的範圍。

一九九五年七月四日，中央宣布了重大決定，中共中央紀律檢查委員會及有關部門遵照中央指示，對原中共北京市委常委、北京市副市長王寶森的經濟犯罪問題進行了深入調查。現已查明，王寶森在任職期間，濫用職權，大肆侵吞、揮霍、挪用公款，腐化墮落，是一個犯有嚴重經濟罪行的腐敗分子。中共中央紀律檢查委員會決定，開除王寶森的黨籍。王寶森已畏罪自殺，根據法律規定，不再追究其刑事責任。

一縷青煙　蓋棺定論

時間真快，一晃一年多過去了，王寶森的屍體還靜靜地躺在法醫中心的「單間」裡。市局法醫中心給我來電話，請示王寶森的屍體如何處理，也不能總佔著「單間」。我告訴他們如何處理王寶森的屍體要正式上報請示。

一九九六年六月三日，北京市公安局的請示報到了公安部，他們認為，王寶森屍體冷藏保存已一年有餘，如無繼續保留價值，是否可請有關部門盡早做出決定，進行處理。

我們接到請示後，考慮到王寶森涉嫌職務犯罪由最高人民檢察院負責偵辦，因此王寶森屍體的處理必須先徵求他們的意見。我擬好了徵求處理王寶森屍體意見的公函。

六月六日，分管的部領導批示，讓先口頭商洽最高人民檢察院。次日，最高人民檢察院的意見來了，要與公安部會簽請示，上報中央負責此案的領導同志。

我擬好了處理王寶森屍體的請示，主要是簡要重述了王寶森自殺調查的全部工作和結論，最後意見是：王寶森屍體現仍冷藏於北京市公安局法醫檢驗鑑定中心的屍庫中，根據一年來王寶森案件進展情況，已無繼續保存的必要，擬做火化處理，以上意見已經最高人民檢察院同意。我們將這個請示與最高人民檢察院進行會商，幾天內完成會簽。

六月十二日，公安部、最高人民檢察院會簽的請示報中央領導同志。

六月十四日，中央領導指示，同意處理王寶森的屍體。

六月十八日，刑偵局再次擬文，對北京市公安局處理王寶森屍體的請示進行批覆，經請示中央有關領導同意，王寶森屍體已無繼續保存的必要，可做火化處理。

北京市公安局接到可以火化處理王寶森屍體的批覆後，為了穩妥起見，沒有立即著手處理，又過了一段時間，到了一九九八年四月才最終處理了王寶森的屍體。

處理的當天，通知王寶森的家屬到場，據說來的一位是王寶森的哥哥，還有兩位不知道是什麼親戚的年輕女性，他們到市局法醫中心遠遠地看著王寶森屍體被運走火化，從此曾經位高權重、不可一世的王寶森化為一縷青煙，永遠地不復存在了。

將門無刀

關鍵是有沒有同夥——李沛瑤被殺案

驚天命案　血染小樓

一九九六年二月二日，北京的初春依舊寒冷。早上剛上班，值班室裡傳來消息，說全國人大常委會副委員長李沛瑤被殺，而且還是在家裡被殺的！我們感到非常震驚：這麼大的官也不安全嗎？太不可思議了。我意識到，可能會派我到現場工作，但是還沒有正式通知，我尋思著，是不是官太大了，不需要我去了。我就如同平常一樣上班工作。一會兒，刑偵局主管我們命案偵查處的副局長從我們辦公室門外探進頭來，朝我一點頭，說：「左博，走吧。」我立即帶上早已準備好的東西，直奔案發現場。

現場位於西城區新街口外大街四號院，這個地方緊鄰北京最熱鬧的商業區之一——新街口到北太平莊之間。四號院不臨街，需要從一條很不顯眼的小路拐進去，進去以後就別有一番天地了。不知情的人實在看不出來，在這麼個繁華地段後面還藏著這麼個祕密小院，說是小院，其實裡面一共有十七棟樓房，其中七棟是單獨的二層小樓，院裡住著四十多位副部級以上的高級幹部。院內駐有武警北京市第一總隊二支隊一中隊的二十七名官兵，在全院設了六個固定值勤哨位和一個流動哨，日夜警惕地守衛著。

李沛瑤家在十一號樓，是一座坐北朝南四方形的獨幢二層樓，周圍草坪環繞，樓門開在樓的東南角。樓的東北側二十米外是九號和十號樓，西南側二十五米外是二十號樓，正南方三十米外是十二號樓，東南方十六米是院內的二號武警哨兵崗亭。

我到現場見到樓門口水泥地面上有大量凌亂的血跡，和光穿襪子踩下的帶血的腳印。樓南側草坪上的枯草被踩踏得凌亂不堪，多根小的灌木枝杈被折斷，地面乾土上的腳印雜亂無章，還有大片的血跡，表明曾經有人在這裡搏鬥並且受傷出血。樓南側的水泥地面上還有帶血物體拖拉形成的血跡，樓的南牆上有噴濺上去的血跡。

李家小樓一樓書房的西窗被打開，窗台下方樓外地面上有少量血滴。樓外東北角地上有一口暖氣井，井蓋和周圍有大量血滴，打開井蓋，裡面扔著一把沾有大量血跡的菜刀，還有一把拖把，拖把的木把上沾滿了血跡，已經變成了紅色，布條上也滿是血跡，井裡還有沾著血跡的短褲、羊毛衫、毛背心。

在李家南側的小路上有大量的、連續不斷的滴落狀血跡，血跡朝西延伸，一直到西院牆，再折向東南方向，一直延伸到負責四號院安全警衛的武警中隊部。

李家的樓門為內外兩層，外層為鐵框玻璃門，內層為紗門，玻璃門關著，但是沒有上鎖。玻璃門的暗鎖上插著鑰匙，門內外以及把手上都有大量向下流淌的血跡。在兩層門之間的夾縫裡，有一把長二十一點五釐米，寬五點五釐米的方頭菜刀，菜刀的木把已脫落，刀上沾有少量血跡。

從李家樓門進去是一間南北走向的門廳，鋪著綠色的化纖地毯，上面染有大量血跡，門廳四周的牆壁上到處都是噴濺上去的血跡，門廳的東南角放著一個鞋櫃，裡面有六雙鞋，還有一隻沾有血跡的左腳白布拖鞋。

我看到，門廳東北角的地毯已被掀開，露出一口暖氣井，井內有一具屈曲狀俯身的男性屍體，頭上流出大量血液。屍體上身穿白襯衫，襯衫向上捲起露出了幾乎整個脊背，白襯衫上染有大量血跡，裡面穿的白色背心也向上捲起，下身穿藍灰色線褲，內穿粉色秋褲，再裡面是藍短褲，腳上穿著灰色襪子，襪底沾滿血跡和泥土。毫無疑問，這就是李沛瑤的遺體了。

門廳西側有一扇門通往過廳，過廳北側是警衛室，安裝有警鈴，但是裡面並沒有警衛人員值守和居住。據說是李沛瑤說家裡沒什麼事，就讓警衛人員住在他家東側一百二十米外的車庫宿舍裡。過廳內有一隻沾有血跡的右腳白布拖鞋，地面上到處都有一些血跡。過廳向西是一樓的樓道，樓道把一樓的會客室、書房、儲藏間、衛生間、通向二樓的樓梯、餐廳和廚房連成一體。

沿著樓梯可以到達二樓，樓梯上的滴落血滴和光穿襪子留下的帶血腳印清晰可見，方向有下樓的，也有上樓的。

二樓首先是一條過道，鋪著瓷磚，上面有大量血滴和擦蹭留下的血跡。過道東側是一間臥室，臥室有一扇門通往陽台，這扇門打開著。陽台上有一個綠色的軍用子彈袋，子彈袋是空的，上面沾有少量血跡。陽台地面上有一些血跡和呈波浪花紋的足跡。陽台西北角下方牆壁上有從下向上蹬踏留下的黑色痕跡。

二樓上還有辦公室、衛生間和另外兩間臥室。辦公室和臥室地面上都有血滴和光穿襪子留下的血腳印。臥室衣櫃裡有翻動過的跡象，櫃子裡的衣服上也沾有血跡。臥室牆上的日光燈開關上沾有少量血跡。衛生間地面鋪著瓷磚，上有大量滴落的血滴和擦蹭留下的血跡。浴缸、洗手池、肥皂盒上均有大量血跡，洗手池邊上放著一條白毛巾，上面沾有大量血跡。

這個現場太大了，二十幾個年輕力壯的小夥子在各路專家的帶領下，足足用了將近十個小時才工作完畢，我們按照常規對現場進行勘查、提取、拍照和錄影，繪製了現場圖，製作了現場勘查筆錄，提取了現場的血跡、血漬指紋痕跡、波浪狀花紋足跡和光穿著襪子留下的帶血腳印。

我們在現場緊張工作時，走馬燈似地一會兒來位部領導，一會兒來位中央領導，一會兒又來位市領導，有的領導願意進到現場裡看一看，問這問那，看到現場如此血腥，雖未看見李沛瑤的遺體，已是十分痛心惋惜，匆匆離開了。有的領導比較內行，不願意打擾我們的工作，就到我們找的一間臨時指揮部坐一下，聽聽彙報就走了。

我們一直在忙，也顧不上看都是哪些領導來過，反正這是我當法醫以來出的現場中領導來的最多，來的級別最高的一次了，中央領導同志都來了，可見事情重大。

現場勘查開始時，李沛瑤副委員長的遺體還在井裡面。拍照固定現場後，就可以搬運了。現場的法醫們面面相覷，心中暗自嘀咕：咱們法醫能動他嗎？能像辦一件普通殺人案件一樣搬動他老人家的遺體嗎？遇到這麼大的官，誰也不知道該怎麼辦了，誰也不敢動手，大家都等在那裡。雖說從辦案角度而言沒有什麼特殊的，同樣也是個刑事案件，但是人物特殊啊，平時的工作程序和分工在這裡也都不敢用了。

我見狀心想，不管怎麼說，還是得先把副委員長從井裡拉出來，於是就對大家說：「來吧，我們把他拉上來吧，這個首長如果不是這麼個死法，還輪不上咱們抬哩。」大家一聽，嘴上沒說什麼，心裡想也對，便一同伸手，趕緊連抬帶拽地把他拉了出來，裝進一只普通的屍袋內，拉上拉鍊，放到法醫運屍車上，既沒有警車開路，也沒有送別儀式，只是平安地運到了市公安局的法醫中心。

把李沛瑤的遺體抬上解剖台，沒有人敢做主解剖檢驗，大家明白，這樣的大案，這樣高級別的國家領導人，沒有中央的指示，我們是不能做主動手的。但是為了案件偵查，我們做個屍體外表檢驗應該是沒問題的，也是必需的，好在兇手殺人都傷在人體表面，不需要深入解剖就能基本上弄清楚。

法醫擰開解剖台上的水龍頭，先將紗布浸濕，慢慢地小心翼翼地沖洗擦淨遺體上的血跡。法醫工作中最忌用水猛沖，一不留神就會把體表附著的物證沖跑了，自己還不知道。

李沛瑤遺體的外表真是慘不忍睹，全身傷痕累累，血肉模糊。面部共有六道砍創，淺的到皮下，深的砍到了骨頭。額頭上有十五條劃傷，枕部有兩道砍創，深度都達到顱骨。頸部的損傷最重，一共有二十五道砍創，把脖子砍了個稀爛，一直砍到了頸椎上。左側舌骨大角被砍斷，左側頸靜脈被砍成了三截。氣管、食道、甲狀腺等臟器多處被砍斷。胸部、腹部和背部有大面積的皮膚擦劃傷。右肩和右上臂、右前臂、右腕、右手共有十六道砍創，深度達到肌肉層。左手腕和左手指共有八道砍創，深度到達肌腱，最重的一刀將中指完全砍斷。

從李沛瑤身上的創傷看，除了右眉的挫傷、右胸的挫傷、背部和臀部的淺表擦傷外，所有開放性損傷都具有創口的邊緣整齊，創口的兩個角銳利，創傷的內壁平整等特點，應是銳器造成的創傷，多數創傷深達骨頭，應該是勢大力沉的砍創。從砍創的長度和深度來分析，應該是質地堅硬、分量較重、便於揮動的菜刀類砍器形成的。

現場提取的菜刀尺寸、質地、重量來看，完全可以形成屍體身上的砍創和切創。我們檢驗後的初步結論是：李沛瑤是被他人用菜刀砍傷頭面部、頸部、上肢等部位，導致急性失血性休克死亡。

進行了屍表檢驗後，下一步就應該是系統解剖檢驗。刑偵局的領導讓我先拿個意見。我靜下心來，盡量全面地考慮一下。按照我國相關法律和公安司法部門的有關規定，凡被害死亡的屍體均應由專職法醫進行屍體解剖檢驗，以解決損傷性質、兇器推斷、死亡原因、死亡性質和死亡時間推測等問題，為審判提供證據。可是李沛瑤副委員長被害致死主要是外傷，由公安部和北京市公安局兩級法醫專家進行了屍體表面檢驗，已查明了死亡原因和性質，並對兇器做出推斷和認定，具備了依法出具法醫學鑑定書的條件，被害時間也已透過調查得到證實，因此，沒有必要對遺體進行解剖檢驗。

我建議，由主辦單位北京市公安局徵求全國人大常委會和李沛瑤副委員長家屬的意見，如果他們對死亡原因提出異議，要求解剖，我們同意透過解剖查清問題，如果他們沒有異議，不要求解剖，那就不必了。我估計他們肯定會同意後一種意見。

最終，全國人大常委會和家屬都回覆辦案單位，對李沛瑤副委員長不幸遇害的調查和技術檢驗鑑定結果沒有異議，不必進行解剖檢驗。

二月十三日，李沛瑤同志遺體告別儀式在八寶山革命公墓舉行。上午八點三十分，李沛瑤遺體運到八寶山。九點二十分，告別儀式開始，江澤民、喬石、李瑞環等黨和國家領導人出席，還有三千多名群眾參加。

人到了那個地方，又回復到本來的身分和應有的儀式。

兇殘哨兵　喪心病狂

技術工作在緊張地進行著，偵查工作也在不斷地深入。

一位住在李家正南方的鄰居和一位住在東北側的保母證實，分別在凌晨四時五十分和四時五十一分，聽到「救命」的呼喊聲，時間記得這麼準是因為保母要定點叫醒家裡的老人起床上廁所。

兩名當夜值勤的武警戰士反映，二月二日早晨六點鐘他們下哨後，在十一號樓門外遇見了一位叫張金龍的戰士，只見他低著頭，來回轉悠像是在找東西。一名哨兵問他：「你在幹什麼呢？」張金龍回答：「不用你管。」這位哨兵用手電筒朝他照了一下，看見張金龍頭上和大衣胸前都有大量血跡。

還有兩名當班值勤的武警戰士反映，二月二日早晨六時三十分，他們發現張金龍趴在西側院牆內的草坪上，牆頭上放著一個箱子，牆腳地上也放著一個箱子，張金龍見到他們後站起身來，值勤戰士發現他右側臉上、手上和大衣袖子上都有大量血跡。

當天領班的武警班長證實，早上六時三十分，他在四號哨位看見張金龍和另一位值勤戰士在一起，張金龍滿臉是血，就問他：「你幹什麼呢？」張金龍說：「班長，我殺人了，你放我一馬，讓我遠走高飛吧。」隨後，張金龍轉過身就朝大院的鐵門跑，噌噌幾下爬上鐵門，正準備翻過去，被班長和另一位值勤戰士追上。他們抓住張金龍的腿，將他硬拉下來，帶到了武警中隊部。

在中隊部裡，指導員和排長不明白發生了什麼事情，剛要問，張金龍一下子跪了下來，說：「指導員、排長，我對不起你們啊！」指導員和排長見張金龍滿臉是血，就讓他先去醫院檢查一下傷口，張金龍說：「不用了，讓我死吧。」指導員聽到這話感到事關重大，連忙用電話向上級領導報告。

張金龍趁指導員打電話之際，猛地衝出隊部大門，撒腿就朝大院的東南角跑去。他知道東牆旁有一堆煤，堆得和院牆差不多高，他快步跑上煤堆，一步竄上牆頭，正要朝牆外頭跳，被趕上來的兩名武警戰士從牆頭上一把拉了下來，又被重新帶回隊部。

經過他這麼一折騰，指導員和排長不敢再大意了，連忙搜了他的身，從他的右褲兜內搜出一個鑰匙包和一個黑塑膠刀柄，還有六百塊錢，趕緊加派了幾名武警戰士嚴加看守。

我從現場趕到武警中隊部時，見到了被看管在這裡的張金龍。張金龍身高一米七二，身材勻稱，不胖不瘦，人長得倒是十分端正。圓圓的頭，留著和戰士們一樣的緊貼頭皮的短髮，雙眉濃密，眉心處有少許相連，雙眼皮下一雙大大的圓眼睛，挺直端正的鼻子，鼻尖稍稍向上翹起，均勻對稱、凹凸有致的雙耳稍帶點兒耳垂，厚實飽滿的嘴唇與圓圓的下巴十分相稱。看到他的相貌，我不禁感到，能幹出如此驚天大案來，也真不愧「金龍」這個名字。只是在這張臉上已不見十九歲青年人的稚氣和青澀。

張金龍，一九七七年七月二十一日生，漢族，初中一年文化程度，原籍黑龍江省蘭西縣，一九九一年十月隨其父遷至山西省長治市潞城縣。一九九四年十二月入伍，案發時是武警北京一總隊二支隊一中隊上等兵。一九九五年三月二十五日起，張金龍被派到李沛瑤等領導同志的住所值勤。

張金龍祖父張喜，土改時被定為貧農成分。張金龍生父張俊有，一九五二年出生，在山西省長治市北鐵三局當工人。一九八九年因單位不景氣，辦理了留職停薪手續，後來在農貿市場從事賣狗肉的個體生意，曾有持刀傷人的犯罪記錄。生母王英，一九五二年出生，原來是黑龍江省蘭西縣製版廠的工人，後個體經營電話亭。一九八六年張金龍九歲時，張俊有和王英離婚，此後，張俊有與吳秀華再婚。吳秀華一九六二年出生，無業，婚後與張俊有一同做生意。

張金龍本人及家庭成員和主要社會關係均未發現有政治問題。張金龍一九九四年二月、三月兩次因盜竊自行車，受到公安機關的治安處罰。

當著警察的面，張金龍是這樣描述當晚發生的一切。

二月二日，我上早晨四點到六點的哨。我上哨後，先到四號哨和五號哨那邊轉了一圈，兩個哨位上都有人，但是我沒有和他們說話，就回到我自己的二號哨。我在哨位上待著沒意思，就走到十一號樓李沛瑤家外邊。在窗戶外的牆根底下，我放下槍，脫下大衣和子彈袋，便順手放在那裡，然後我蹬著陽台下的窗戶爬上二樓陽台。

陽台有兩扇門通進房間，我試著推了推，一扇門打不開，另一扇門我一擰門把兒就打開了。為了不發出聲音，我把棉鞋脫下來放在陽台門外，穿著襪子進了屋。

進屋後發現這裡是一間客廳，當我正在寫字台抽屜裡翻東西的時候，李沛瑤穿著襯衣、襯褲，趿拉著拖鞋從臥室裡踱了出來。他見到我先是一愣，緩緩神後問道：「你怎麼進來的，我的門是不是沒有鎖？」

我想他一定看出我是來偷東西的，就慌忙說：「對不起，首長，我是頭一次，下次不敢了。」

李沛瑤聽罷坐到沙發上，我就「撲通」一下跪在他的面前求饒。李沛瑤口氣平緩地問我：「你叫什麼名字？哪裡人？多大了？」

我說：「我叫張金龍，是山西省長治市人，十九歲了。」

李沛瑤說道：「你十九歲就幹這事。」

我說：「我真的是第一次。」

李沛瑤揮揮手說：「你快走吧。」

聽到這話，我感到他這是在攆我出去，頓時覺得他十分可恨，心想，我都給他跪下了還不行嗎。

我站起身來就往樓下走，一邊下樓一邊想，他肯定饒不了我，會和我們的領導說這事，不如一了百了，我就想砍他。

等我走到了一樓，沒有朝右拐向大門走，而是朝左拐，直接去了廚房，拿了一大一小兩把菜刀塞在褲兜裡。

當我走出廚房門，看見李沛瑤也跟了下來，正走到樓梯的第二、三階台階上。我再次見到他時，心裡挺害怕，就不想動手了。

李沛瑤一邊朝我走來一邊對我說：「你怎麼還不走？」

我說：「我馬上就走。」

我快走到樓門口時，聽到李沛瑤在背後大聲說：「你可要知道後果。」

一聽到這話我就急了，從褲兜裡掏出那把小點兒的菜刀，轉過身來面對著李沛瑤，他見我掏出了刀就厲聲喝道：「你要行兇嗎？」說著一個箭步衝上來奪刀。

我沒有想到他敢主動衝上來，被他這突然一下搞懵了，我們倆就扭在一起。李沛瑤的力氣還挺大的，我們倆都在拚命奪刀，我的手被割破了，流出了血，右邊的肩章也被李沛瑤扯掉了。

為了保住菜刀不被奪走，我急得胡亂地揮著菜刀。突然菜刀不知碰到了什麼地方，刀把兒和刀脫開了，刀也不知飛到什麼地方去了，我急忙把手裡的刀把兒扔了，又從褲兜裡掏出那把大的菜刀。李沛瑤見狀又衝了上來，猛地一奪把菜刀搶了過去，然後順手在我頭上砍了兩刀。砍完這兩刀後，李沛瑤握著刀拔腿就朝門外跑。我感到血從頭上流出來了，就更加急了，在後面緊緊地追著他。

李沛瑤衝出門外就大聲呼救，我生怕被人聽到，連忙從身後把他緊緊抱住，向前猛一用力，把他撲倒在地，順勢奪回菜刀。

李沛瑤突然間一個翻身，仰面躺在地上，雙手在面前和胸前來回揮舞著抵擋，我就勢騎在了他的身上。這時他的呼救聲一聲比一聲大。他的呼救聲嚇得我膽戰心驚，我緊張地用左手抵壓住他的雙手，右手緊握菜刀照他脖子上、臉上亂砍一陣，開始他還掙扎著抵擋、躲閃幾下，後來我也不知砍了多少刀，漸漸地他不動了，也不出聲了。

隨著李沛瑤的身子癱軟，不再動彈了，我的腦子也慢慢清醒，心想：壞了，闖大禍了，我這是在幹什麼呢，接下去怎麼辦呢？心中突然湧起一陣噁心的感覺，我慢慢地從李沛瑤的身上爬起身來，突然想起有一次我看到李沛瑤家門廳裡有一口暖氣井，先把他藏進去再說吧。

我返回李沛瑤家裡，把門廳裡的地毯掀開，找到暖氣井，把井蓋打開，再到門外，雙手抓住李沛瑤的雙腳，把他拖回屋裡，先把他的兩隻腳塞進井裡，再把他整個人塞了進去，然後蓋上井蓋，鋪好地毯，再壓上一個紙箱。

隱藏好李沛瑤的屍體，我來到樓外，圍著樓轉了一圈，找到樓東北角的另一個暖氣井，打開井蓋，把菜刀扔了進去。

幹完這些，我又回到李沛瑤的家，看到一樓地上到處是血，就到二樓的洗手間裡拿了個拖把，淋濕水，下樓擦血。地面上的血真挺多的，幾下就把拖把染紅了，我又到一樓的洗手間裡把拖把涮了一遍，繼續擦地。

打掃中，我看見地上有一隻拖鞋，是李沛瑤穿的，我就把它放進門廳的鞋櫃裡，還找到了剛才扔掉的小菜刀的把兒，我把它撿起來，揣進褲兜裡。胡亂擦完血後，我把拖把也扔進了剛才扔菜刀的暖氣井裡。

已經快六點了，我在樓外地上找到大衣穿上，拿上槍和子彈袋，跑回李沛瑤家的陽台上拿我的棉鞋，結果拿棉鞋時把子彈袋忘在陽台上了，下樓後，在他家門口穿上棉鞋，急忙到二號哨位交崗。

下一班崗來接哨，我用大衣裹著自己，接哨的戰士沒看見我身上有血。我交崗後去還槍，在二號樓遇見從一號哨位下崗的戰士，我怕他發現我臉上的血，低著頭說：「你幫我把槍帶回去，我去廁所。」就把槍遞給了他。他問我：「子彈袋呢？」我說：「不知道忘記在什麼地方了。」我急忙轉身走了。

我又回到李沛瑤家，這次進樓前我把棉鞋脫在了窗戶下面，穿著襪子從大門進了樓。找到了我的肩章裝進褲兜裡，再上樓到洗手間洗了把臉，用毛巾擦了擦，然後就到李沛瑤的臥室裡，開始翻立櫃和床頭櫃裡面的東西。

我從立櫃裡翻出一件棕色皮衣、一件黑皮衣、一件灰夾克衫，三條灰褲子、三件新的白色襯衫、一雙襪子、一條領帶，四個領帶夾、兩塊手錶、兩枚戒指、兩條項鍊、兩個打火機、四個首飾盒、一個計算機、幾袋小零食、三架新舊不一的照相機。我還翻出一個黑色摺頁式的錢包，裡面有大概六百塊錢，我把錢放進褲兜裡。

我看見房間門口放著兩個旅行箱，一個是藍色的，另一個是紫色的，上面貼著「全國人大常委會李沛瑤」的標籤，用手一拎發覺是空的，就把這些東西都塞進兩個旅行箱裡，一手拎一個下了樓。走到一樓門口時，我用插在門上的鑰匙把樓門從裡面反鎖上，用力一扯，鑰匙包和鑰匙斷開了，我把鑰匙包揣進褲兜裡，鑰匙還在門上插著。

我拎著兩個旅行箱走進了廚房旁的一間屋子，打開窗戶，探出身子，看看周圍沒有人，先把兩個旅行箱從窗戶伸出去放到屋外，然後自己跳了出去，穿上棉鞋，拎著箱子就往院牆那邊跑。跑到了院牆底下，我剛把一個旅行箱放到牆頭上，就發覺有人來了，我趕緊趴在草地上。

來的人是剛接哨的哨兵，他發現了我，讓我起來，我央求他說：「讓我走吧。」他不放我走，讓我跟他回隊裡去。這時又過來一名哨兵，他們兩人把我帶回隊部。路上我們經過一個鐵門時，我看機會來了，便掙脫他們爬上鐵門要逃走，被他們兩人從鐵門上拉了下來，最後被帶回到了隊部。

在隊部裡，指導員和排長看著我，排長見我渾身是血，就找來乾淨的衣服和鞋子讓我換上。當屋裡只剩指導員時，我從褲兜裡掏出剛從李沛瑤家偷來的幾百塊錢塞給他，求他放了我，他不肯收。後來我趁大家不備，從隊部逃出，全排的人都來追我，又把我抓了回來。

置身險地　屢不設防

聽到這裡，我真是唏噓感慨，一樁案件的發生和發展都是太多個可能和巧合所組合和推動的，可是在這個震驚中外的重大案件中，任何一個可以阻止案件發生和惡化的因素都沒有發揮作用，反而是推動案件發生和惡化的因素自始至終都在起著作用，最終釀成了的慘禍。

當李沛瑤聽見動靜，從臥室裡出來查看發現張金龍時，他並沒有意識到張金龍是進來偷東西的，作為長期在警衛戰士保護下生活的國家領導人，對警衛戰士是高度信任的，絕不會想到警衛戰士中也會有「壞人」。從他的問話來看，他的第一反應應該是誤認為一時疏忽，自家的大門沒鎖好，值勤的警衛戰士責任心很強，巡邏中發現了，順便進屋來查看，還提醒把門鎖上，這種事情過去很有可能就發生過。設想如果張金龍能敏銳地意識到這一點，迅速轉念，穩住心神，並心平氣和地說：「是的，首長您家的門沒有鎖好，我進來查看一下，沒有什麼事情吧？」這樣做非但不會釀成慘劇，他還有可能因此而立功授獎。

或者當李沛瑤問張金龍叫什麼時，張金龍隨口編一個名字蒙混過去，第二天查不出這個人來，有可能認為是有人冒充武警戰士，汲取教訓，加強警衛也就是了，即便請李沛瑤辨認，他也未必能從一大群剃成青皮的年輕戰士中認出他來，雖然根據值勤的時間能推出誰的嫌疑最大，但是沒有確鑿證據，再加上本人抵死不認，這事恐怕也很難定論，最多是調離警衛崗位罷了，總之，慘劇也不會發生。

但是這一切卻都沒有發生，對於一個十九歲的青年人來說，顯然沒有這種審時度勢、準確判斷和反應敏捷、見機行事的能力，作賊心虛的他，自己先慌了神，暴露了偷盜意圖，事情的性質明瞭了，接下去的急驟惡化就不可避免了。

再設想，如果李沛瑤讓張金龍離開後，自己沒有跟下樓，而是迅速地躲進一間屋子裡，緊鎖房門，無論他能不能及時以電話報警，都會保全自己的性命。再退一步說，即使跟張金龍下樓，不說「可要知道後果」之類的帶有威脅的話，也不會激怒張金龍，等到張金龍離開後再做計較不遲。雖然這些都是後話，但是血淋淋的教訓告訴我們：如何在危急情況下妥善地應對，避免自己受到傷害，不僅是老百姓面臨的問題，也是高層領導人應該知曉和意識到的。我覺得，也應該給領導人上上自我保護的課程，但在當時的歷史條件下，可不是一件容易的事。

其實任何事情的發生和發展都不是偶然的。張金龍說：

當了一年新兵，受了一年約束，老兵們退役後，自己終於成了老兵，跟部隊領導也混熟了，思想上就放鬆起來，誰也不放在眼裡，感到自己無論幹什麼都沒有人敢管了。一次副班長批評我，我就想動手打他，膽子越來越大，真是什麼事情都敢幹了。

站崗時間久了，我發現別的首長出門和回來都是前呼後擁的，只有李沛瑤時常一個人出出進進，每次回來警衛把他送到家門口就走了，對李沛瑤的事也不怎麼管。我暗中觀察，覺得李沛瑤這個人不錯，一個人在家住，家裡沒有警衛也沒有保母，買菜做飯都是自己來，連垃圾都是他自己出來倒。

今年元旦過後，一次我站早上四點到六點的崗，在哨位上站著感到挺沒意思的，就想起以前曾見過李沛瑤家養了一隻懶猴，是一種能在家裡養的小猴子，我覺得他家肯定有很多好玩的，就想到他家去偷些好玩的東西，開始時還真沒有偷錢的想法。我蹬著他家的窗戶爬上陽台，覺得挺容易的。進屋看見李沛瑤正在睡覺，呼嚕打得特別響，連我進屋他都沒醒。

我從床頭櫃上檯燈旁邊偷了一塊手錶。雖說一開始沒想偷錢，後來看見他家的錢就放在明處，忍不住還是偷了，出來一數一千九百五十元，還偷了一個打火機。在樓上偷了一件上衣和一條褲子，從樓下掛著的衣服口袋裡偷了一個ＢＰ機（編按：即BBCall），從冰箱裡偷了二十個膠捲。下崗後，我覺得手錶的黑皮錶帶太舊了，就在北太平莊一個小商店門口的個體攤上，花十五塊錢換了一條新的黑皮錶帶，再到北太平莊郵局把手錶給我爸寄去了，寫信告訴他說是我花錢買的。

事後李沛瑤沒有聲張，也就沒人知道。有了這第一次後，我又利用站崗的機會，爬進去過一次，偷走了一個索尼牌的「隨身聽」，和與它配套的小音箱，還有其他一些小東西。

有一次我站白天的崗，在哨位上待著沒事，就到處溜達，轉到李沛瑤家的十一號樓門前時，我從屋外看見門廳裡有一個暖氣井，有人正在維修暖氣，當時他的警衛也在，我連忙問他，需不需要我幫忙，那個警衛說不用了，我就走開了。這樣我便知道了他家的門廳裡有一個暖氣井，後來就把李沛瑤的屍體藏在裡面了。

張金龍最後說道：

第一次偷東西之後，就又想偷第二次，第三次，真的，做了這些事，自己也特別後悔，爸媽養我這麼大不容易，我能參軍還是費了好大的事，非常不容易，我已經快要退役了，卻幹了這樣的事情。這件事的影響挺大的，給武警部隊帶來的影響一定是挺壞的。

聽著張金龍輕描淡寫地說著，我們心中一陣陣緊張，試想，國家領導人在戒備森嚴的自家睡榻之上安睡，竟有一名犯罪分子在他的家中肆無忌憚地幹著盜竊的犯罪勾當，這一幕是多麼危險和可怕，現在已無法知道是李沛瑤根本不知道家中被盜還是知道了不說，正是因為這一次次「危險的盜竊」沒有被揭露出來，也就沒有機會採取任何補救措施，最終釀成了驚天大禍。

混入武警　禍起腐敗

這麼一個文化程度不高、盜竊成性、劣跡斑斑的犯罪分子，怎樣順利通過入伍的層層關卡混進了武警部隊，又怎麼能到多名黨和國家領導人的居住地來值勤呢？

入伍的第一關是報名關。按照規定，機關、團體、企業事業單位和鄉、民族鄉、鎮人民政府負責對本單位或本地區已登記應徵公民進行體格目測，病史調查和政治、文化的初步審查。張金龍要入伍，就首先要經過他所在的長治市鐵三局居委會和鐵三局街道辦事處的初步審查，由派出所和原在學校簽署政審意見，加蓋公章。張金龍的父親知道自己的兒子無法通過這一關，就託長治市郊區長北辦事處一名代主任，送給潞城市人民武裝部辦公室一名副主任三千塊錢，這名副主任兼任市徵兵辦公室宣傳政審組的負責人，濫用職權，違反規定，在沒有居委會和辦事處推薦審查，沒有初審表的情況下，同意張金龍報名登記，使張金龍順利通過了應徵入伍的第一道關卡。

第二關是文化關。張金龍初中二年級沒有上完便輟學在家，在社會上胡混，為了過這一關，張家分了三步走。首先，張金龍原來就讀的鐵三局一處中學初中班主任將該校一張一直沒有領走的一九九二年畢業生的初中畢業證給了張金龍。其後，張金龍的父親親自動手，塗掉了初中畢業證上的

「初」字，用鉛字印了一個「高」字蓋在上面，又用「消字靈」（編按：即立可白）塗去了原畢業證上的名字，自己用毛筆填寫了「張金龍一九九四年畢業」等字樣。最後，當年負責徵兵審驗畢業證書的兩名工作人員在審驗時，沒有履行職責，不辨真偽，在體檢表的右上角加蓋了徵兵辦公室的公章，使張金龍順利混過了文化審驗關。

第三關是體檢關。收受張金龍父親賄賂的那位副主任，親自帶張金龍到體檢站體檢，負責體檢驗證的市人武部工作人員發現張金龍沒有體檢品質登記表，拒絕給張金龍體檢，並且向負責徵兵的市人武部長報告，這位部長兼任徵兵領導組副組長和徵兵辦公室主任。收受賄賂的副主任見狀不妙，主動找到人武部長，為張金龍說情，謊稱張金龍政審合格，請其安排參加體檢。這位人武部長不堅持原則，當即表示同意。副主任親自為張金龍填好體檢表，告訴原來拒絕的工作人員說，人武部長同意讓張金龍體檢，使張金龍又成功混過了體檢關。

第四關是政審關。收受張家賄賂的副主任將本來應該由組織派專人調查，並填寫的《綜合情況調查表》和《應徵公民入伍審查表》違規交給了張金龍的父親，讓他自己填寫和辦理。

對張家來說，這一切就都好辦了。張金龍在鐵三局一處中學只就讀過一年多時間，班主任對他退學後的情況並不瞭解，張金龍的父親找到班主任後，一番花言巧語，班主任就在《綜合情況調查表》上簽註了一堆表揚性意見，同意其應徵入伍。

接著，張金龍的父親找到學校黨支部書記，書記輕信這位班主任的意見，在綜合表上加蓋了學校公章，使張金龍獲得了就讀學校的證明。

張金龍的父親是鐵三局的老職工，手續辦到鐵三局自然不是問題。鐵三局一外辦公室主任和經營計畫科長兩人和張金龍的父親曾經是上下級關係，就超越職權，為張金龍在《應徵公民入伍審查表》

上簽署了意見，加蓋了公章，使張金龍入伍之路又進了一步。

張金龍的父親拿著《綜合情況調查表》找到了鐵三局居委會，居委會黨總支書記並不瞭解張金龍，但是他看到表上簽的都是「同意」，張金龍父親又是老住戶，想都沒想，就在表上又加上了「表現較好，同意應徵入伍」的意見，加蓋了居委會公章，使張金龍通過了居委會的審查。

負責徵兵政審的主管部門是潞城城關派出所，所長平日工作忙，為了不耽誤老百姓辦事，他對管理公章的內勤人員交代說：「我不在時，只要符合規定，你們就可以簽字蓋章。」當張金龍的父親拿著表來到派出所時，碰巧所長不在，內勤人員看都不看，直接在張金龍的《綜合情況調查表》上簽署了「政審合格」，加蓋了派出所公章，至此張金龍入伍政審的主要關卡就基本通過了。

第五關是複審關。按照規定，要對應徵入伍的人員進行複審走訪，這次又是由收受張家賄賂的副主任幫的忙。他自己帶著武警部隊北京支隊接兵人員親自複審走訪。走訪期間，他們不但違反規定，乘坐張金龍父親租來的汽車，還接受了張金龍父親的宴請，最後這位副主任在張金龍的審查表上簽署了「審查合格」的意見，加蓋了徵兵辦公室的政審專用章。公安機關派到徵兵辦公室負責政審的政保副科長不但沒有發現一系列造假，也沒有發現張金龍入伍前九次偷盜的嚴重問題。張金龍就這樣混過了政審和複審這極其重要的兩道關卡。

第六關是定兵關。預定和終定入伍人員是徵兵過程中最後的兩個決定性關口，直接決定著能否入伍。在這個關鍵環節上，那位收受張家賄賂的副主任再次出馬，不斷鼓譟，人武部長不僅在私下表示同意，在定兵會議上，親自拍板定兵，批准張金龍入伍，為張金龍混入武警部隊再開綠燈，使他混過了應徵入伍的最後一道關卡。

由於這些經辦人員有章不循，徇情辦事，濫用權力，甚至收受賄賂，吃吃喝喝，嚴重違法違紀行為，使張金龍混入武警隊伍，最終造成了嚴重後果。在充分調查取證的基礎上，最後對收受賄賂的人武部辦公室副主任、市人武部長、派出所內勤人員和張金龍父親張俊有追究刑事責任，其他涉案人員也視情節大小，分別受到黨紀和行政處分。

鐵證如山　精益求精

偵查辦案往往是這樣，雖然有些案件極其重大，性質極為惡劣，但是由於情節並不曲折，偵查過程也不複雜，在各方面的高度重視下，很快就獲取了大量人證、物證，查明李沛瑤是在住所內被擔負其住地警衛任務的武警值勤哨兵張金龍圖財殺害的。

我們看著李沛瑤家高高的陽台，雖然陽台下的牆上有明顯的黑色鞋底蹬踏攀爬的痕跡，但是對照張金龍並不健壯的中等身材，他真的能爬上去嗎？為了辦成鐵案，確定張金龍真的能從這裡爬上去，我們進行了現場實驗。

偵查中經常用到現場實驗，主要是在模擬案件發生時完全相同條件下，驗證能不能聽到、看到、做到等一系列的主觀感受和完成動作的可能性。

我們找來一位和張金龍年齡、身高、體重、發育、入伍時間和訓練基本相當的武警戰士，不借助任何攀登工具，從張金龍供述和攀爬痕跡所示往陽台上攀爬。第一次讓他穿著武警配發的黑底軍用膠鞋攀爬，從地面蹬著牆攀爬到二樓陽台用了六秒鐘，原路返回用了四秒鐘，第二次讓他穿著武警配發的黑底軍用棉鞋攀爬，爬上用了七秒鐘，返回用了五秒鐘，我們對整個實驗過程進行了記錄和錄影，現場還請了兩個見證人作證。實驗證明，從李沛瑤家沿著牆徒手攀爬到二樓陽台上是可以完成的。

實驗完畢，我問這個小戰士：「這麼高這麼陡的牆，又沒有什麼可抓的、可踩的，你是怎麼爬上去的？」戰士把頭一昂，不屑一顧地回答我說：「我們練的就是這個。」一句簡單的話，真讓我們無言以對。

參照去年辦理王寶森自殺案件的經驗，以王寶森案的語境規格和品質標準，我草擬了呈報中央的結案報告，然後和北京市公安局的負責同志和辦案人員一道，帶著全部證據材料向部裡分管刑偵工作的部領導彙報了全案的情況。

領導聽完彙報後，對案件的整個偵辦過程表示滿意，對已掌握的全部證據也沒有表示質疑和補充。領導指示我們，前一個王寶森案，重點是自殺還是他殺，一定要把這個弄清楚，才能辦成經得住歷史考驗的鐵案。李沛瑤被害案，重點是張金龍一個人所為還是另有同夥，必須把這個弄清楚才能結案。我們辦案人員對此早有準備，草擬的報告也是按照這個思路，其證據明確指向張金龍是利用值勤期間，單獨作案。

沒想到領導對此並不滿意，他毫不留情地批評我們沒有抓住重點，讓我們拿出筆來，領導口述，一邊說還親自用筆在草擬的報告上逐條勾畫。我們急忙逐條記錄下領導認為的十三條線索和八條主要認定依據。俗話說：幹活不由東，累死也無功。領導定了調就一定要不折不扣地執行，否則便白幹了。

從領導那裡回來後，我馬不停蹄地按照領導的要求，重新全面改寫報告，因為前期工作扎實，證據亦非常充分，以領導的口述作為引領，重新堆砌證據，再加上一些文字調整和格式改動，沒有費太大力氣，報告就改好了。按照公文運行程序，逐級上報，逐級審核，逐級簽批，最後以公安部的名義向中央報告。經過這麼一折騰，對照前面辦王寶森自殺案件的作法，我心中倒有一絲不踏實了。

將近十天過去了，幾位中央領導同志的批示下來了，沒有對案件的偵辦過程提出任何異議，但是一位最重要的領導人批示道：「可否將報告寫得更簡明扼要，而且要有邏輯性，張金龍的血型經過檢驗與現場發現的犯罪血型相吻合要點明。」在這個批示後面，另一位中央領導同志增加批示道：「請公安部按照批示將報告改寫後重報，要簡明扼要，重點明確。」

公安部接到這一系列略帶批評口氣的批示後，部領導們立即批示辦理，毫無疑問，還是由我來執筆改寫報告。

看了中央領導的批示，我立即領會了領導的意圖，拿出草擬的第一稿，幾乎沒做什麼改動就重報上去。我的理解是草擬的第一稿中沒有所謂的「十二條線索」，因為領導人不是專業人員，有時候很難區分什麼是線索，什麼是依據，弄不明白就容易發生混淆和誤解，這就是為什麼領導人說「要有邏輯性」。

重新上報的報告分為前言部分，主要簡述了公安機關的工作過程和張金龍的主要犯罪事實，以及張金龍係一人所為，並且已對殺害李沛瑤供認不諱，現已預審終結，被依法拘留和逮捕。

報告的第一部分先簡單介紹了張金龍的基本情況和案件發生的全過程，重點敘述了張金龍的主要犯罪事實。

第二部分是認定張金龍作案的主要依據。第一，藏匿李沛瑤同志遺體的暖氣井口上壓著的紙箱上頭有兩枚血指紋，分別係張金龍左手中指和右手食指所留，是張金龍搬動紙箱掩蓋藏屍的暖氣井時留下的。

第二，現場遺留的灰塵鞋印係張金龍穿的棉鞋所留，穿襪的血腳印亦係張金龍所留。

第三，現場除發現李沛瑤同志的血跡外，在家具、衛生間、被翻動和被劫走的物品上發現的血跡，經檢驗係張金龍血跡。

第四，現場發現兩把沾滿血跡的菜刀，經比對認定是殺害李沛瑤同志的兇器。經血型檢驗，菜刀上除有李沛瑤同志的血跡外，其中一把菜刀上還有張金龍的血跡。

第五，張金龍被抓獲時，頭和雙手均有刀傷，並在他所穿武警制服上檢驗出了李沛瑤同志的血跡。

第六，從張金龍的褲兜內搜出一個菜刀的黑色塑膠柄，經痕跡檢驗，與現場發現的無柄菜刀原為同一整體。

第七，從張金龍褲兜內搜出李沛瑤同志家的鑰匙五把。

第八，張金龍對所犯入室盜竊、殺人、搶劫罪行供認不諱，所供述的作案過程，藏匿作案工具、屍體的地點，劫取的財物和進出李沛瑤同志家的途徑、方式等全部情節，均與現場勘查和調查結果相符。

第九，現場除發現張金龍作案所留的痕跡外，未發現其他人參與作案的痕跡；對張金龍的交往關係、家庭和社會關係進行調查，也未發現與其他人合夥作案的線索，證據表明此案係張金龍一人所為。

向中央寫報告，首先要清楚，中央領導最關注的是，這是一起刑事案件還是有政治背景的案件，這是核心中的核心，一定要說清楚才算完成任務。其次要清醒地意識到審閱報告的領導人並不是專業人員，他們會根據自己對事物的判斷和經驗對案件做出思考、分析和結論，所以單純從技術角度寫是不行的，領導人一時沒有看明白，就會產生各種不同的解讀和疑問，撰寫報告的人也沒有機會能當面向領導人說明和解釋清楚，弄得不好，甚至會產生誤解。另外，報告也不能寫成白話式的描述，讓領導人感到缺乏技術含量，使我們嚴謹的工作在領導人的心目中大打折扣，過於直白的表述會讓領導人不信任我們的工作和結論。

九條認定依據的特點是技術證據與案件事實相吻合，結論性意見和案件情節相吻合，雖是環環相扣，但也點到為止，不需贅述。達到不需任何其他解釋，在領導人自己思考的基礎上就能一目了然的程度，才是真正講清了案件事實和我們公安機關的工作。

為了全面、歷史地認識張金龍這個人，這九條認定依據後面緊接著的是張金龍家庭情況，和小時候在山西時曾兩次因盜竊自行車受到治安處罰的前科情況。家庭情況表明他沒有任何政治背景，而前科則解釋了他集盜竊、搶劫和殺人於一身的膽量和能力。再後面一段是當年他和他的家庭是怎樣弄虛作假混入武警隊伍的，相關責任人已分別被追究刑事責任和受到黨紀政紀處分。這樣完整的表述，基本上解開了領導同志對此案的全部思考和疑慮。

第三部分是處理意見，更加簡明扼要。

第一，張金龍的行為已構成故意殺人罪、搶劫罪、盜竊罪，事實清楚，證據確鑿，應依法嚴懲。北京市公安局已於一九九六年四月四日移送北京市人民檢察院分院審查起訴。

第二，張金龍作案兇器等物證已隨案移送。

第三，張金龍所竊李沛瑤同志家的財物已經家屬辨認，返還被害人家屬。

第四，擬解除對李沛瑤同志寓所的封閉，交民革（編按：即中國國民黨革命委員會的簡稱）中央和李沛瑤同志家屬處理。

如此驚天大案，只用仿宋三號字，不到四頁A4紙便交代清楚。同樣再經過逐級上報，逐級審核，逐級簽批，最後以與前件相同的日期和公安部文號再向中央報告，據說「兩文一號」是公安部從來沒有過的。

又是將近十天過去了，幾位中央領導同志圈閱和同意的批示下來了，這次才是真正地沒有任何異議了。我終於鬆了一口氣。

消除影響　做好善後

作為建國以來首次國家領導人遇害，案件在海內外引起了軒然大波，愛國人士紛紛表示震驚，對李沛瑤的不幸去世表示哀悼和惋惜，認為李沛瑤不幸遇害不僅是「民革」的重大損失，也是我黨統戰工作的重大損失，還是國家的重大損失，認為以李沛瑤的身分和地位，他的逝世將對香港的順利回歸乃至祖國的統一以及共產黨和台灣國民黨的談判，造成重大影響。

李沛瑤同志是一九三三年六月一日出生於香港，是著名愛國將領、民主革命家、中國國民黨革命委員會創始人李濟深先生的第五個兒子，自小就受父親的薰陶，特殊的家庭背景影響了他的一生。在父親的支持下，他並沒有走官場老路，而是報考了清華大學航空系，想成為掌握現代科學知識的新中國建設者。隨著八〇年代改革大幕的拉開，加上與民革的淵源，李沛瑤投身政治，一路升遷，一九九三年三月當選為全國人大常委會副委員長，成為國家領導人。

一些人氣憤地說，堂堂的國家副委員長被歹徒所殺，實在讓人難以理解和接受，反映了北京治安狀況極度混亂，特別不應該的是國家安全保衛工作沒有做好，中央領導和人大、政協領導人的警衛工作狀況令人擔憂，給中國共產黨和社會主義制度抹了黑，讓中國人在世界上丟了臉，對台灣回歸造成了不利影響。

有人公開表示，政治素質這麼差的人怎麼能招進部隊，又怎麼能讓他擔任國家領導人的警衛？一個十九歲的武警戰士入伍不久就做出這種害國害民的事，這是部隊政治思想工作的重大失敗，在商品經濟大潮面前，部隊應該始終把講政治放在首位，嚴格把好政審關。

有人一針見血地說，近年來各級領導並沒有真正重視治安工作，社會上弄虛作假的風氣給公安工作帶來了嚴重影響，從上到下搞數字遊戲，案件不破不立，一級騙一級，致使上級領導不能正確分析治安形勢，決策頻頻失誤。現在不少案件，公安機關只記錄一下，根本沒人去查，熱中於各級層層簽訂治安責任書，硬逼基層單位說假話，透過李沛瑤遇害案件，這血的教訓應該引起各級領導對社會治安工作的高度重視了。

由於資訊的不公開和情況的不透明，社會上謠言四起，有人散布說，這不是一起刑事案件，而是一起政治謀殺案，在兩岸關係正處於敏感的時期，不能排除這是一起海外敵對勢力有組織的暗殺行為。有人甚至懷疑是台灣搞台獨的李登輝派人來幹的，前幾天的一個會議發言中，李沛瑤剛剛譴責了李登輝搞台獨，藉此挑撥共產黨和民主黨派的關係。還有人說，這是中國高層政治鬥爭的結果，甚至猜測說李沛瑤與陳希同是不是一夥的，有沒有牽連？還有少數人借題發揮攻擊現行的制度，說：「李沛瑤的死是共產黨的腐敗造成的，民主黨派在中央的地位不高，也就是擺擺樣子，沒有實權，連人身安全都沒有保障，現在還講什麼國共合作、台灣統一、參政議政。」

李沛瑤遇害後，他的親屬非常震驚，由於他的許多親屬僑居美國，中國駐洛杉磯總領事館及時用特急電傳轉發來了他們的信。

尊敬的江澤民主席、喬石委員長、李瑞環主席、李鵬總理：

驚悉沛瑤在京遇害，我們萬分震驚和悲痛！兩個月前，我們回京參加紀念李濟深誕辰一百一十周年活動時，沛瑤與全家一起歡聚，是何等的生龍活虎！當我們依依不捨地分別時，怎樣也想不到這竟是永訣！沛瑤年富力強，正是勤勤懇懇為國家為人民奉獻的時候，卻突遭橫禍，我們痛失親人的錐心之痛是難以用語言和筆墨來表達的！

我們在美國的家屬強烈要求，懇請領導一定要徹底清查。要求有關部門採用專業偵查方法及現代科學手段，徹底搜查現場，搜集資料證據，力求真相大白。

即使兇手現已承認犯罪事實，還要追查犯罪動機及背景，去偽存真，在背後是否有陰謀，是否有主使及同夥，切勿輕易槍決。兇手如此殘暴，刻意要置沛瑤於死地，絕非僅是一般入屋盜竊，被發覺而殺人滅口。

此案若發生在普通民眾身上已屬駭人聽聞，而如今竟發生在國家領導人身上，實屬不可思議！難道首長們的保安工作竟是如此薄弱?!懇請各位領導引起高度重視，要吸取血的教訓，指示有關部門認真檢討，消除隱患，堵塞漏洞，絕不能讓這類事件再在其他黨政軍領導人身上重演。

我們要求立即回京奔喪，請責承（成）中國駐洛杉磯領事館、中國民航等，在我們辦理入境簽證和返國乘機等事務上給予照顧，提供協助。

生命對於每一個人都是寶貴的，親人對於每個家庭都是重要的，我們痛失親人，您們痛失親密合作夥伴，祖國痛失忠誠的兒子，這是全國人民的損失，也是整個社會主義中國的悲劇。我們再次懇請各位，一定要徹查此案，嚴懲兇犯，為沛瑤申（伸）張正義，絕不能讓沛瑤的血白流！

謹祝大安！

沛瑤的母親梁秀蓮、兄李沛全、弟李保和、妹李筱樺、李筱林、李筱莉及全體在美國親屬

一九九六年二月三日

親屬們在信中一口氣用了六個驚嘆號，可見其悲憤之心無以復加。

李沛瑤在美親屬的信寄到國內後，中央和公安部的領導紛紛批示，要求我們在案件偵辦和審理中，注意家屬來信所提出的問題和建議。

按照中央領導的指示精神，二月十日，全國人大常委會辦公廳在民革中央會議室主持召開向李沛瑤家屬通報會，公安部負責刑偵工作的副部長率領北京市公安局主要領導、公安部和北京市公安局的刑事偵查、技術人員參加。

會見家屬　巾幗坐鎮

會前，我為部領導準備了一份「說帖」。「說帖」是一種現在不常用的公文格式，但是它的變種現在卻應用得很廣泛，比如用於請人參加活動的請柬，就是由「說帖」演變來的，還有通知、建議書、外交照會等都來源於「說帖」，其中最多見的是告示、啟事類。我為領導準備的「說帖」就是向李沛瑤家屬通報情況的備忘錄。

下午三時前，我們一行人早早地來到民革中央會議室。會議室不大，不一會兒，圍著會議桌滿滿當當地坐了一屋子人，我向工作人員詢問得知，參加通報會的除全國人大常委會和民革中央的領導外，還有中共中央統戰部、國務院國家機關事務管理局的有關領導，趕緊把這個情況向部領導做了彙

報。

毫無疑問，參加會議的都是重要領導，特別是會議室中央一把空椅子，沒人敢碰，我想這一定是最重要的領導人坐的地方。我們知趣地在會場最外邊一圈找了個旮旯坐下來。部領導見狀，把我叫過去，讓我坐在離他最近的地方，這樣我就正好坐在了這把空椅子的正後方。

一會兒，李沛瑤的親屬們身著素服，面色凝重地來了，我一數，一共二十三位。我早有準備，立即拿出一張白紙，請他們中的一位幫忙寫下每位親屬的名字和與李沛瑤的關係，我還記錄下了參加會議的各單位領導的姓名和職務，一共是十三位。一通忙碌後，會議還沒開始，我想一定是我前面的空椅子還沒有人坐。

又過了一會兒，會議室的兩扇門朝兩邊打開了，中共中央統戰部的一位女領導一陣風似地走了進來，北京二月的天氣是乍暖還寒，這位女領導已然穿上了一條長裙子，這在滿會議室的男性官員面前顯得特別顯眼。只見這位女領導毫不猶豫地徑直走到空椅子前坐了下去，會議就立即開始了。

主持人講了幾句開場白後，先由公安部領導發言。這位領導拉長了聲音，一字一頓地說，首先對李沛瑤副委員長的不幸遇害表示深深的哀悼，代表公安部向親屬們表示深深的歉意。接下去，由北京市公安局的領導詳細介紹了李沛瑤副委員長遇害一案的偵破工作中，現場勘查、技術檢驗鑑定、現場調查走訪和審訊案犯等情況。

參加會議的領導和親屬們都默不作聲地聽著，聽到駭人聽聞的地方，幾位老年女性親屬在低聲抽泣，可以想像他們聽著這些畫面感極強的描述，此刻的心情是何等沉痛，但是他們強壓悲痛，依然彬彬有禮地認真聽完了介紹。他們其中的一位代表全體親屬表示，感謝組織上的安排，使他們有機會直接瞭解案件詳情。為了進一步弄清情況，經過認真思考，他們提出了一些問題。

比如，張金龍作案時，為什麼其他值勤崗哨沒有聽到李沛瑤副委員長的呼救聲？有沒有流動哨？流動哨是不是在流動巡邏？鄰居們有沒有聽到呼救聲？李沛瑤同志的遺體到底是何時發現的？親屬們表示，如果當時有人聽到聲音，或是張金龍被抓獲後，能立即發現其殺人罪行，及時地搶救，李沛瑤同志有可能獲救。

再如，一般犯罪分子為盜竊而來應該會選擇家中無人的時候進去，為什麼張金龍幾次入室行竊，李家均有人，他的真實目的是什麼？

還有，二月二日早上四到六時，張金龍值勤時作案，他一個人殺人、盜竊的全過程大概需要多長時間？是開燈作案還是沒開燈？

再有，張金龍盜竊被李沛瑤發現後，已經答應放他走了，他應該趕快離開，但他非但沒走，反而行兇殺人，殺人後應該盡快逃離現場，但他卻從容行竊，甚至還將李沛瑤副委員長的遺體拖回隱藏，這一過程令人無法理解。

親屬還提出，張金龍的津貼不多，家庭經濟情況也不是很好，他買的許多東西明顯超過了他的實際收入，在戰士中會表現出來，部隊上是否注意到了這一點？張金龍有盜竊前科，當兵時何以政審合格？……

親屬們說，李沛瑤副委員長遇害的新聞報導在社會上引起了許多議論，一是說李沛瑤副委員長家中特別有錢，盜賊才去偷的；二是說李沛瑤副委員長為了點財物與案犯搏鬥被殺，值得嗎？我們親屬對這些說法十分氣憤，李沛瑤同志一生簡樸，應公布案犯張金龍劫去的物品種類和數量，還有李沛瑤同志生前的經濟情況，說明李沛瑤副委員長是與犯罪分子英勇搏鬥犧牲的，不是為了錢，應定為烈士。

親屬們認為，全國人大常委會開會時沒有對李沛瑤副委員長的不幸遇害默哀，黨和國家領導人到民革中央布置的靈堂來弔唁李沛瑤同志，也未做新聞報導，應該將真相盡早公布，大白於天下，爭取在今年人大、政協開會前公布，消除在國內外的惡劣影響，黨組織盡快從政治上對李沛瑤副委員長做出結論，這樣才能讓各民主黨派看到共產黨與他們肝膽相照。

親屬們說，案件情況已基本清楚了，希望能有個機會，就有關問題與今天來的統戰部的領導單獨談談心。

親屬們最後表示，感謝公安部、北京市公安局在偵破李沛瑤副委員長被害案中做的大量工作和今天的情況介紹。

面對親屬代表提出的諸多問題，公安部的領導首先表示，代表公安機關感謝親屬們提出的問題，認為這些問題對公安機關進一步開闊辦案思路很有幫助，並表示今後一定要記取教訓，搞好治安，打擊犯罪，大力加強和改進警衛工作。講完這些話，部領導說，親屬們提問中涉及偵查和技術的問題，由我們的專業人員來解答。

話說到這個分兒上，領導點了將，北京市公安局的領導也不好再講了，我就責無旁貸地站了起來，自報家門地說道：「我是左芷津，在公安部刑事偵查局工作，我的專業是法醫學和刑事技術」，然後根據我剛才的記錄，依據偵查和技術獲得的線索和證據，對親屬們提出的問題一一耐心細緻地進行說明和解答，盡量把專業用語講得讓家屬們能聽清，能聽懂，有時親屬還追問幾句，我也都一一作答。

最後，我跟家屬們講道：「我們是專業幹這項工作的，您想到的我們也都想到了，您沒有想到的，我們也都想到了。」親屬們聽了這話，安下心來。

講著講著，我前面的統戰部女領導轉過身來，看著我，插話道：「這回才把事情徹底說清楚了。」得到了今天會上最高領導的肯定，我們公安部的領導馬上說：「這是我們公安部的博士。」統戰部女領導贊許地點點頭，慢慢地回過身去繼續聽我的發言。就這樣，直到親屬們表示沒有新的問題為止，我才坐了下來。

最後發言的當然是統戰部女領導了。她用平緩的口氣說道：「今天，我代表中共中央……」話音未落，我不由一驚，我們帶隊的部領導也只敢和只能代表公安部黨委，人家一張口就代表了中共中央。只聽得她侃侃說道：「李沛瑤副委員長遇害後，當天中央召開了會議，研究決定了三條意見，一是……二是……三是……」我心中暗想，能代表中共中央的領導就是厲害。

更加驚人的還在後面，只聽她繼續說道：「中央的哪幾位領導來民革中央設立的靈堂弔唁，截至今天中午一共來了多少位領導，其中常委有幾位，政治局委員有幾位，哪位領導是在出國訪問去機場的路上先繞道到靈堂弔唁的。」這下子把李沛瑤的親屬們聽愣了，剛才還要求公開報導黨和國家領導人前來弔唁的情況，原來一切都在黨中央的掌控之中，親屬們再也不說什麼了。

女領導的話不長，最後對我們公安機關表示了感謝，還特別提到剛才回答問題的「公安部博士」。

會議一直開到晚上七點多鐘才結束，經過這場考驗，我的心才徹底地放回肚裡。

終極伏法　告慰逝者

時間過得很快，一晃到了三月。我們接到中共中央統戰部轉來的一份簡報，內容是李沛瑤的妹妹向統戰部反映李沛瑤同志親屬們的要求。信上說，沛瑤不幸遇害事件發生後，我們親屬決心以他為榜樣，從維護國家利益著想，顧全大局。儘管許多海外記者不斷打聽情況，雖然我們對案件還抱有一些疑問，但始終沒有講過不利於國家形象的話。在後事辦理過程中，也沒有向組織上提過任何過分的要求，盡量配合組織做好工作。

前些天，在美國的親屬聚集在洛杉磯，我母親的情緒十分激動，痛哭失聲，結果心臟病發作，緊急送進醫院搶救，病情剛剛平穩。親屬們對兇手張金龍遲遲沒有得到處理感到不解，懷疑是不是還有些新的情況？如果有，請盡快向親屬通報。親屬們一致要求：一、盡快按照國家法律嚴懲兇犯；二、親屬們希望及時瞭解案件的審理情況，目前已經進行到哪一步了？三、允許親屬代表旁聽法院對張金龍的審理和宣判。

從簡報看得出親屬們有些不滿意了。好幾位最高領導都在簡報上做了批示，要求抓緊辦理。我看這些批示中沒有涉及公安機關的，因為案件已經進入審理階段。

一九九六年五月二日，殺害全國人大常委會副委員長李沛瑤的兇手張金龍，經北京市第一中級人民法院和北京市高級人民法院一、二審審理終結，被依法判處死刑，執行槍決。

法庭審理查明，現年十八歲的張金龍，原係李沛瑤副委員長住所附近的武警值勤戰士。一九九六年二月二日凌晨四時許，張金龍利用值勤之機，潛入李沛瑤的寓所行竊，被李沛瑤發現。張金龍唯恐罪行敗露，即起殺人滅口歹意，持菜刀向李沛瑤頭部等處猛砍。李沛瑤奮勇搏鬥，終因身體多處受傷，急性大出血死亡。張金龍作案後攜帶竊得的人民幣六百餘元以及價值人民幣二萬六千元的照相機、皮衣、手錶、首飾等物品逃跑時，院內的另外兩名武警值勤人員發現情況異常，當機立斷，將其扣留並移交公安部門。

法庭認為：張金龍以非法佔有他人財產為目的，多次入室盜竊，數額特別巨大；罪行敗露後又故意殺人，犯罪性質極為惡劣，手段兇殘，應依法予以嚴懲。依照《中華人民共和國刑法》和全國人大常委會《關於迅速審判嚴重危害社會治安的犯罪分子的程序的決定》的規定，以故意殺人罪，判處死刑，剝奪政治權利終身；以搶劫罪，判處無期徒刑，剝奪政治權利終身；以盜竊罪，判處有期徒刑十五年，剝奪政治權利三年。三罪並罰，決定執行死刑，剝奪政治權利終身。

二月二日殺了人，整整三個月後就被終審判處死刑並執行，這是我辦的案件中最快的了。在我的印象裡，從破案抓到人開始到執行死刑要一年半的時間，快的也要一年，可見此案的辦理力度有多大了。

不管怎麼說，到此，這個驚天大案總算是畫上了句號。

空難人寰

一九九二年「七三一」南京空難全景

一九九二年七月十八日，我從北京市公安局調入公安部，在刑事偵查局大要案件偵查處工作，兩周後，活兒就來了。

七月三十一日下午，公安部值班室接到江蘇省公安廳的緊急報告，一架飛機在南京大校場機場起飛時發生空難，造成重大人員傷亡。處長帶上我，直奔首都機場。

到機場後被告知，南京機場關閉，是啊，出了這麼大的事故不關閉才怪呢。不料隔沒多久，又通知說南京機場已開放，可是沒有去南京的機票，我們立即找到民航公安局想辦法。民航公安局也派出工作小組前往南京，我們和他們兩撥兒併一撥兒，在最近一趟班機上找到空位。我這才知道，原來每個航班上都會預留幾個空位，以備不時之需。

飛機臨近南京降落時，我想既然是飛機在機場出事，沒準兒能在空中看到，飛機下降過程中，無論我怎樣瞪大眼睛，始終沒見到出事的影子。

飛機平穩降落，江蘇省公安廳派員迎接我們，我們從機場直接去了失事現場。雖然發生了重大傷亡事故，機場周圍氣氛緊張，車來人往，但是一切都顯得井井有條，道路通暢。

災降南京

素有長江四大火爐之稱的南京，盛夏的七月驕陽似火，熱浪滾滾，在經歷了持續十多天高溫之後，三十一日依舊是陽光強烈，萬里無雲。機場上熱氣蒸騰，氣溫直逼四十度以上，祖祖輩輩在這裡繁衍生息的南京人，似乎早已熟悉和適應了這種天氣，在他們看來，一年中沒有這麼熱的幾天也是不正常的，儘管天氣炎熱，人們依然按部就班地工作著，生活著。

當天早上七時十一分，中國通用航空公司的一架前蘇聯製造的雅克42GP-2755號飛機滿載旅客，從山西太原機場起飛，執行太原—杭州—廈門—南京—廈門GP7552次航班任務。

九時十一分，飛機準點在杭州機場落地，上下旅客和例行機檢、加油、清潔後，十時十四分從杭州機場起飛。

十一時二十分，在廈門機場正常落地，同樣經過一番忙碌後，十二時三十九分從廈門機場起飛。

十四時十九分穩穩地降落在南京大校場機場上，旅客們下機後，機場地面工作人員進入飛機，按照工作程序對飛機做例行檢查，發現飛機發動機狀態正常，操控系統靈活有效，電子系統正常無預警，油路密封無滲漏，機艙氣密良好，電力充足穩定。加油車匆匆馳來，為即將返回廈門的飛機補充好燃油，和每天一樣，一切都是那麼平靜和正常。機組人員辦理好過站手續，並按照規定留存了加油的油樣等一系列樣本和資料後，飛機準備飛往廈門。

十四時五十九分，機長向塔台調度報告，一切準備完畢，請求啟動滑行，準備起飛。

十五時零二分，經塔台指揮調度安排，飛機滿載著一百一十六名乘客和十名機組人員，開始在輔助跑道上滑行。

十五時零四分，機長和駕駛員在跑道的東側盡頭將飛機對準起飛跑道，他們不約而同地抬頭向跑道上望去，只見跑道上潔淨、空蕩，空無一人，也沒有任何其他障礙物，跑道上空灼熱的乾熱空氣在刺眼陽光的折射下，形成氣流上下飛舞擾動，使遠處的景象變得有幾分扭曲和猙獰。

十五時零六分，得到塔台准予起飛的指令後，機長和駕駛員果斷地加大油門，迅速提升發動機轉速，到達起飛功率後，鬆開飛機煞車，開始逐漸加速起飛滑跑。客艙裡響起了空姐甜美的聲音：「歡迎乘坐中國通用航空公司GP7552航班，本次航班由南京飛往廈門，空中飛行一小時四十五分鐘，飛行距離……」

飛機起飛滑跑了九百六十米後，達到每小時二百零四公里的決斷速度，一切正常。據說，由於受一般機場跑道長度的限制，低於這個決斷速度時，想要煞車停飛還來得及，高於這個速度再要煞車停飛就止不住了，飛機會衝出跑道。

飛機繼續加速，滑跑到一千零一十八米時，達到了每小時二百一十五公里的抬前輪速度，通常情況下，達到這個速度後就可以操作拉桿，抬起飛機前起落架的輪子，飛機機頭會向天上翹起，再繼續加速，由於沒有了前輪和地面的摩擦阻力，飛機提速會更加迅速，瞬間飛機就能衝向天空，順利離地起飛，可是今天不知怎的，速度到了，拉桿拉了，飛機的前輪卻遲遲沒有抬起來，在原因不明的情況下，飛機此時只能繼續加速向前滑跑。

飛機繼續提速滑跑到一千一百九十八米時，達到了每小時二百三十公里的離地速度，這標誌著正常情況下，飛機達到這個速度後，就可以脫離地面騰空而起了，可是這架飛機卻沒有離開地面，仍然在跑道上急速滑行。

機長感覺情況有些不對，來不及做出其他選擇，繼續加速滑跑到一千九百六十八米時，飛機達到了每小時二百七十公里的地面最大速度，飛機仍然牢牢地黏在跑道上，始終沒能離開跑道，此時，飛機距離跑道盡頭只有一百七十八米了。經常搭乘飛機、有經驗的旅客感到飛機滑跑的速度挺快的，可是好像到了通常該離地的時候沒有離地，滑跑的時間和距離長了點兒，看到窗外已接近機場和跑道盡頭，他們隱約感到有點不對勁，但是大部分旅客卻依然沉浸在乘坐飛機的新奇和興奮中。

瞬間，十五時零八分，悲劇發生了，一眨眼飛機就衝過了跑道盡頭，飛速地滑過跑道盡頭六十米長的安全通道，撞毀了一連串大大小小的航標燈後，飛機在顛簸中衝過了三百六十米寬的環場草地，在草地上留下了三條略帶彎曲的起落架輪胎的清晰壓痕，前面是一條環機場公路，飛機橫衝過公路，公路外是七、八米寬、一、二米深的排水溝，時速二百一十公里的飛機躍溝而過，受到了劇烈的顛簸。

飛機繼續向前衝去，一頭撞上機場最外圍的一道高約三米的防洪堤，飛機前側的起落架被撞脫落，巨大的衝擊力推著飛機頭高高翹起躍過防洪堤，機腹和機尾猛地撞到了防洪堤上，剛剛加過油的飛機受到強烈撞擊後，立即引起劇烈爆炸和猛烈燃燒，飛機開始解體。

在巨大的慣性作用下，一團巨型火球似的飛機連滾帶撞地向前衝去，飛機的中後段首先斷開，尾翼和飛機後半段掉落在防洪堤外深兩米的護場河和與護場河比鄰的魚塘裡，飛機頭部和前半段機身躍過護場河和魚塘繼續向前衝撞，左側機翼脫落，隨後右側機翼也脫落燃燒，飛機隨之解體，部分旅客被甩出破損的機艙，一時間屍橫遍野，殘骸遍地，最後失事飛機的殘骸終於停了下來，機艙內外傳出倖存者微弱的呼救聲和哭喊聲，如此巨大的災難竟然是在短短的幾秒鐘內發生。

緊急救援

飛機失事的現場是在南京機場跑道西側末端的場區外，這個地方是南京市雨花台區紅花鄉東風村音子山。現場周圍是幾家鄉鎮企業的廠房，工人們早已習慣了飛機整日在他們的頭頂上轟鳴著飛來飛去，但是他們感到今天飛機的轟鳴聲與往日有所不同，後來竟聽到了巨大的爆炸聲和衝撞聲，驚慌的工人們害怕飛機砸到自己的頭上，急忙跑出廠房，立即被眼前的慘況驚呆了。

只見從燃燒著的飛機殘骸中爬出一名身著航空制服的機組人員，一時看不清楚他身上有傷沒傷，只看見他還能動能跑能說話，後來得知他就是機長，在這次空難中竟然毫髮未損。

機長向這些呆若木雞的工人們大聲喊道：「我命大，死不了，快去救他們！」工人們這才回過神來，連忙撲向著火的飛機殘骸，有的在殘骸中尋找還有沒有活著的人，有的回廠裡拿來滅火器，朝著著火的飛機殘骸一通猛噴，還有的從廠裡拿來了斧子、棍棒，甚至是菜刀，七手八腳地砍開飛機殘骸，用棍棒撬起殘骸，救出一個個倖存者，幸虧這些工人們搶救得快，否則死亡人數還會進一步增多。

飛機失事，機場警報聲隨即響起。消防車、救護車、警車、摩托車等各種車輛一起向失事地點衝了過去。守衛南京機場的三十名武警戰士以最快的速度，跨溝躍坎，泅水渡河，一路飛跑，第一個趕到出事地點。

隨後，民航、駐軍、公安、消防、武警、醫療衛生等部門的人員，以及附近鄉鎮企業和田間的農民兩千多人，還有在機場等客的計程車，甚至機場周圍行駛的私家車輛，也沿著崎嶇的田間小路迅速趕到出事現場，全力搶救倖存者，搜尋遇難者。

大家能抬的抬，能抱的抱，把倖存者、遇難者從現場救出來，送到路邊，等待轉運去醫院搶救。驕陽如烈火一般無情地烘烤著這片災難土地上等待被救和救人的人，有十幾名救人者因酷熱和脫水，體力不支昏了過去，醒來後又蹣跚著繼續投入到救援行列中。

江蘇省政府總值班室接到事故報警後，立即啟動應急處理程序，在省政府和南京市政府的統一指揮下，南京社會各界都在第一時間做出積極反應。空難發生後僅四分鐘，南京救護總站的八輛救護車就風馳電掣地駛向出事地點，不到半個小時，三十三名傷患先後被送到南京市第一人民醫院、南京軍區總醫院和南京鼓樓醫院，立即由專家、醫生、護士和工人組成了急救隊伍，空難傷患大都為嚴重顱腦外傷、內臟破裂、大面積和深度燒傷、多發性骨折、擠壓傷和複合傷，傷情危重，從下午四時到深夜十一時，開放所有手術室，甚至在停放於手術室走廊裡的病人推車上展開了清創、止血和縫合搶救，連續工作了生死攸關的七小時。

十五時十二分，南京市公安局指揮中心接到江蘇省民航局調度室的電話報警，報警人被巨大的災難驚駭地只說出兩句話：「南京機場出事了，請快支援。」南京市公安局緊急抽調全局十七個單位一千五百五十名民警，迅速集結現場投入救援、搶救和警戒。消防支隊火速出動七個中隊，二十八輛消防車，二百二十餘名消防戰士，十分鐘內趕到機場，很快控制住火勢。交警支隊在接到命令後的半個小時內，在失事現場和趕赴現場的沿途，布下了五百多名交通民警，指揮和疏導救援車輛和兩千多名救援人員安全有序地進出現場。公安局通訊處迅速組成臨時通訊網絡，及時保證了各種資訊的傳遞和救援指令的下達。

十五時三十分，省長陳煥友趕到失事現場，當時現場救援一片混亂，陳省長登高一呼：「我是省長陳煥友，請大家聽我指揮……」隨後，部隊、武警、消防、民航、公安、當地群眾都按照省長的部署，有序地開展救援工作，爭取了寶貴的時間。

從十五時二十二分到十八時十分，在失事現場共搶救傷患三十三名，從飛機殘骸下及魚塘中找到遇難者屍體七十五具，其餘十八具屍體在現場不同地方陸續找到，搶救速度之快，是我國歷次重大傷亡事故中所沒有的。

最後核實，該次航班共有乘客一百一十六人，機組人員十人，由於搶救及時，十九人得以生還，一百零七人遇難，無地面人員傷亡。

當晚由國家勞動部牽頭，組成了民航總局、高檢院、監察部、公安部、全國總工會、江蘇省政府、南京市政府的事故處理指揮小組。空難調查和處置是項綜合性和專業性都很強的工作，參與的部門多，人員也多，每個參與事故處置的單位要依據各自的職能，承擔不同的任務。

因考慮到空難的最大可能是屬於生產中的安全事故，所以由負責安全生產的勞動部牽頭。民航是個高度專業化的行業，所以民航總局是技術調查的主責單位。勞動部、民航總局派來參與事故調查和處理的人員中，有一大批國內外著名的專家，他們見多識廣，事故調查的經驗極其豐富。高檢院和監察部主要針對事故中有無怠忽職守和失職瀆職現象進行查處，也負責依法監督事故調查處置過程。全國總工會主要是為保護事故中受傷或死亡的勞動者的權益而來。因為事故出在南京機場，乘客也多是江蘇或南京本地人，江蘇省政府和南京市政府責無旁貸地配合事故調查和善後工作。公安部門的任務很多，從現場救援到事故調查，從遇難者身分識別到善後工作，以及遇難者的家屬工作等全都要參與。

指揮小組下設現場救援、醫療搶救、事故調查、家屬接待、新聞發布、善後處置、後勤保障、情況彙總等八個小組。民航總局的一位副局長和專司飛行安全的領導領銜事故原因調查組，這兩位領導同志都是國家一級飛行員，不僅能駕駛波音七四七這樣的大型客機飛越五大洲，還是飛行事故分析的專家。事故調查小組中又分公安組和民航組，公安組主要是由我們公安部裡來的人和江蘇省公安廳和南京市公安局的人員組成，我們的主要任務有三條，一是組織和指揮失事現場的勘查和記錄，搜尋與失事有關的物證。二是在失事原因調查中，發現、確認和排除人為破壞的因素。三是搜尋遇難者遺體，完成死亡人員的屍體檢驗和身分識別，協助做好善後工作。

現場慘象

我們到達現場時，天已經不早了，在暮色中匆匆看了看現場，天就完全黑了。這空難現場的第一眼就給我留下了深刻的印象，平日裡看到的飛機猶如龐然大物一般，可是摔在地上也只不過是一堆垃圾，平日裡飛機滿載旅客，翱翔藍天的雄偉身影，一旦摔在地上，就只剩殘骸支離破碎，狼藉遍地。我們到空難現場的第一項工作就是核實傷亡人數，乘客人數、機組人數、死亡人數、倖存人數都要絕對吻合，地面人員有無傷亡，不能有任何遺漏。當時現場遇難者的遺體已全部找到，傷患也全部救出，運往醫院，人數對得上，我們決定明天天亮再來現場工作。

第二天，我們全面展開現場勘查，因為遇難者遺體已全部運出現場，我們已經不可能對遺體在現場的分布進行復位了。現場勘查中發現，失事飛機的殘骸主要分成三大堆，散落在現場約五千平方米範圍的河溝、菜田和魚塘中。破碎的機頭與掉在魚塘裡的機尾相距有一百一十米遠，飛機的一個艙門飛離機頭五十五米遠，起落架的輪子距離機頭十五米遠，左右機翼被嚴重燒毀，機身前部損毀嚴重。眾多遇難者的屍體伴隨著飛機爆裂的殘骸散落在周圍的田野、防洪堤、護場河和魚塘，飛機後半部的遇難者被殘骸裹挾著沉入水底，溺水而亡。

我在現場發現有燒得半焦的鰻魚，一開始還以為是飛機掉入魚塘中，將塘裡的鰻魚砸飛出來，再被飛機的燃油燒焦，後來見到燒焦的鰻魚越來越多，我向參加調查的民航人員瞭解飛機貨運情況，原來是廈門人喜歡吃鰻魚，當地的價格貴，南京附近地區鰻魚養殖業很發達，價格便宜，魚販們將鰻魚裝進加厚的塑膠袋子，加水加氧空運到廈門去賣，保證是活的，就能賺到錢，結果飛機失事殃及鰻魚了。

我還發現：機場跑道末端地面上飛機主起落架輪胎的痕跡很清晰，說明飛機在跑道上的這段滑行還是平穩的，飛機衝出跑道後，在環場草地上留下非常清晰的兩個主起落架輪子和前起落架輪子的壓痕，基本是直行的，沒有拐彎，胎印深淺一致，沒有間斷，表明整個起飛過程中，飛機的起落架輪胎根本就沒有離開過地面，駕駛員也沒有做轉向、規避等操作。跑道和草地上也沒有發現起落架輪胎煞車時摩擦地面的痕跡，表明整個滑跑過程中，駕駛員根本沒有煞車減速。

排除人為破壞的可能主要是看飛機和乘客、機組人員有無爆炸、槍擊、縱火、破壞等損壞和損傷跡象。我們在現場上對殘骸進行了認真細緻的觀察，各個殘片斷面呈現扭曲、撕裂、折斷、捲曲的痕跡，沒有發現有槍彈擊、爆炸、異常燃燒等痕跡。從殘骸中提供了用於檢測爆炸殘留物的檢材，送到江蘇省公安廳和公安部法庭科學的實驗室中，進行物理化學檢驗分析，檢驗結果沒有發現爆炸殘留物的痕跡。

我們對乘客和機組人員的屍體進行檢驗，沒有發現爆炸所形成的特徵性炸碎傷，從而排除了飛機被人為爆炸的可能，也沒有發現有槍擊和其他兇器襲擊致人死亡的跡象，表明空難發生時，飛機上並沒有發生過打鬥等現象。

飛機上縱火一般需要助燃劑，我們對殘骸的化驗中沒有發現助燃劑成分，屍體檢驗中也沒有發現異常的煙燻痕跡，排除了縱火導致事故的可能。

我們和民航總局的專家仔細檢查了飛機殘骸，沒有發現有人對飛機的電線、油管、重要連接等關鍵部位進行破壞的跡象，最終我們向事故調查組報告，有證據排除人為破壞導致飛機失事的可能，這應該是一起事故。

空難事故的調查除了認真勘查現場，仔細地檢查和拼接飛機殘骸外，主要是依據有飛行事故「見證人」之稱的黑匣子。失事飛機的大部分殘骸散落在地面上，尋找黑匣子並不是一件難事，事故第二天上午九時三十分，黑匣子就從失事飛機的尾部殘骸中找到了。

這是我第一次見到黑匣子，其實黑匣子並不是黑色的，而是醒目的橙黃色，便於在空難現場識別和發現它。黑匣子實際上是駕駛艙音記錄器和飛行資料記錄器。艙音記錄器記錄駕駛艙內機組人員間的交談，機組人員與地面飛行控制指揮機構間的通話，以及機艙內任何可能聽到的聲音。資料記錄器記錄飛機的各種飛行參數，如飛機的航跡、磁角、姿態、水平速度、垂直速度、加速度、壓力、高度、供油、供電、電子設備和發動機工作狀態等九十九個重要的資料和曲線。黑匣子要送到專門的檢驗測試機構去解讀裡面的資料，必要時還要送回俄羅斯的原廠去檢驗。

按照國際慣例，發生飛機事故，飛機生產國的航空運輸官員和飛機製造專家就要來參加事故調查。俄羅斯的官員和專家也到了南京，他們親自查看現場，直接檢查殘骸，參與事故原因的調查和分析。

一開始他們也弄不清是什麼原因使飛機飛不起來，曾一度認為是雅克四二型飛機不適合在南京這樣的高溫下飛行，當時機場地面溫度高達攝氏四十五度，跑道上太陽直射部位高達攝氏五十六度，在這種高溫下，飛機發動機的推力會自行減弱，駕駛員應對不足，操作抬輪時，前輪抬不起來，便猛地拉桿，反而不能騰空，這種缺乏客觀證據的推論是失事的真正原因嗎？

雅克四二型飛機是前蘇聯雅克夫列夫飛機設計局設計製造的民用三發動機的中短程噴氣式客機，主要設計目標是結構簡單，使用可靠，經濟性好，能在氣象條件差別很大的邊遠地區使用，使用溫度在攝氏零下五十度到五十度，主要用於西伯利亞幹線向南北兩側延伸的中短程航線。飛機全長三十六點三八米，飛機高度九點八三米，翼展三十四點八八米，機身直徑三點八米，載客定員一百二十人，駕駛艙內並排兩名駕駛員，飛機巡航高度九千六百米，航程三千九百公里，最大起飛重量五十六點五噸，裝載燃油九噸，起飛時速二百二十公里，需用跑道長度一千八百米。

由於尾翼設計不良，雅克四二型飛機在前蘇聯民航服役初期便發生了數次意外，前蘇聯民航當局曾一度勒令雅克四二型機隊停飛。對飛機進行改造後，一九八五年重新投入服務。一九九一年蘇聯解體後，為了進入國際市場，按照美國聯邦航空條例進行了改裝。雅克夫列夫飛機設計局是前蘇聯一家老牌的飛機設計製造部門，據說在第二次世界大戰中，它設計製造的飛機曾為戰勝德國法西斯而威震長空，立下赫赫戰功。

一九九二年一月，總部設在太原的中國通用航空公司從前蘇聯購進一九九一年生產的六架雅克四二型飛機投入客運，由於購進的時間短，失事時尚未過了保險期。

善待亡靈

飛機失事後，十六時，江蘇省公安廳緊急電召揚州、鎮江、常州、無錫、蘇州的二十七名法醫人員火速趕到南京，會同省公安廳和南京市公安局的一百餘名刑偵技術人員，立即投入勘查、清理、記錄現場和對遇難者屍體進行檢驗和個人識別工作。我們的到來，讓他們感到放心了許多，因為我們能從更大的範圍調動更大的資源協助他們。

南京不愧是一個歷史悠久的大都市，突然間增加的一百多具屍體竟沒能難倒這裡著名的石子崗殯儀館，顧大局、識大體的殯葬工人密切配合事故調查善後工作，連夜把原來存放的屍體全部轉移到其他能停放屍體的地點，騰出所有的冰櫃存放空難遇難者遺體，遺體集中存放，便於法醫檢驗，也便於家屬認領。我們結束了現場勘查後，立即趕到這裡和法醫會合，換上隔離服，套上雨靴，戴上手套，指導和參與屍體檢驗工作。

死亡者的個體識別就是要確認這個死者是誰，把無名死者變為有名死者，也就是說要證明某人確實已經死亡，最好的辦法就是確認了某人的屍體。因為人活著的時候享有法律賦予的各種權利，死後一些權利隨著生命終止而中止，但是也有一些權利並未因為生命的逝去而結束，死者也合法地擁有一些權利，所以一定要確定死者的身分，對於遺產繼承、知識產權、產權物權、合同約定、產業註冊的變更、賠償等一系列民事責任，甚至崗位、職位的重新任命等，都有著十分重要的意義和作用。隨著社會的進步，人死後的權益越來越受到重視和保護。

死亡者的個體識別一般分為三個層次，第一個層次主要靠肉眼識別，利用生前照片直接與屍體進行比對，直白了說就是像不像，還可以利用死者的基本資訊，如身高、體型、性別、髮型、頭髮顏色、大致年齡、衣著等進行大致區分和識別，再利用人體特徵，如痣、瘊、瘢痕、紋身、畸形等。屍體檢驗中要詳細記錄每具屍體的體表特徵，對屍體全身拍照和體表特徵拍照，死者生前隨身攜帶的物品，特別是證件，也能起到識別身分的作用，乘坐飛機都要攜帶身分證、登機卡，這些都是個體識別的重要依據，一旦發現，那就是法醫的運氣了。在這個層次上，往往會請家屬協助提供一些特徵資訊甚至直接參加辨認。

個體識別的第二個層次需要借助一定的技術手段，如捺印死者指紋與生前指紋比對，血型比對檢驗，提取牙齒及義齒的特徵與牙科病歷檔案進行比對等。顏面部軟組織損壞嚴重的或是焚燒過的屍體，可以利用顱骨與生前照片進行顱像重合檢驗，以確定死者身分。

個體識別的第三個層次就要用到DNA技術，DNA技術能在分子層面上區分人與人的不同，如果達到比它更深的層次原子上，人與人都是相同元素構成的，不具備個體識別的作用，比它粗淺的層次，比如人體組織層次，人與人也基本相同，所以DNA是區別人與人不同的最後一道也是最重要的界限。我們投入精力最多、耗費時間最長的，就是利用多層次進行死亡者的個體識別。

殯儀館沒有能容納這麼多法醫工作的夠大場地，大部分屍體不得不擺放在殯儀館的告別大廳裡進行檢驗。當時正值南京最熱的天氣，為了延緩屍體腐敗，大廳中擺放了許多緊急調運來的大冰塊。一百多人在密閉的空間裡同時忙碌著，通風不良，加上檢驗照明燈光的灼烤，頃刻間融化的冰水、腐敗的血水、屍體帶來的泥水四溢，空氣污濁，氣味難聞，悶熱潮濕，令人窒息，工作環境極為惡劣。我連忙叫人搬來幾台電扇，照著冰塊一個勁兒地猛吹，讓空氣流動起來，大廳裡的溫度才逐漸地降了下來。

法醫、照相加上一個記錄，三人一組，爭分奪秒，汗流浹背，一刻不停，連夜苦戰，從七月三十一日下午到八月一日凌晨一時，我們完成了全部遇難者的首次檢驗，記錄下了遇難者主要的特徵，為家屬辨認做好了初步準備。

工作結束後，疲憊不堪的我們帶著一身屍臭離開殯儀館返回賓館途中，突然間烏雲驟起，狂風大作，電閃雷鳴，一場特大暴雨裹著樟腦球大小的冰雹劈頭蓋臉從天驟降，我們正行駛在路上，躲沒地方躲，藏沒地方藏，慌忙中把車停在一家工廠的門口，借人家窄小的雨棚暫避一時。

我們無助地困在車裡，車外暴雨滂沱，車內屍臭彌漫，只聽得冰雹反覆砸在車頂上發出的駭人聲音，足足二十幾分鐘，暴風雨才過去，車頂上、發動機蓋子上已是「雨打沙灘」了。半夜三更突發的冰雹和暴雨讓大家驚駭不已，沒有人說什麼，心裡卻都很明白，且不管失事的原因是什麼，男女老少百餘條鮮活的生命戛然逝去，蒼天哪能不發一點兒威怒呢？

為了慎重起見，稍事休息，八月一日上午我們又回到殯儀館，從八時起再到半夜，對全部遇難者遺體複檢一遍，進一步採集了個人識別資訊。

同時，我們透過家屬接待組，請遇難者家屬填寫遇難者人體特徵表和隨身攜帶物品和佩帶飾物的特徵表，和我們屍檢中發現的特徵進行比對，先確定了一批遇難者的身分，邁出了第一步。

八月二日，我們協助家屬開始辨認和認領屍體，最前面的六個人還算順利，一經確認，立即通知善後組，按照遇難者家屬的要求準備料理後事。

家屬接待組立即指派專人領著家屬去挑選入殮的衣服，不料老年人要穿壽衣，年輕人要穿時裝，家屬之間、家屬與接待組之間經常因樣式和價格發生爭執。晚間例會上，我建議家屬接待組去找一家南京的大百貨商店帶著各種西裝、襯衫、鞋帽、內衣什麼的，再找家大的壽衣店直接到接待家屬的酒店來設攤，便於家屬挑選和接待組統一結算，還節省了時間和接待力量。第二天這麼辦後，效果很好。

隨著越來越多的屍體能夠請家屬辨認了，我們發現對家屬來說，辨認屍體說起來容易，做起來可不那麼簡單，由於屍體損壞得太厲害，血肉模糊，面目變形，恐怖猙獰，十分怕人。平時大部分人都沒見過死人，更沒見過破壞得這麼嚴重的屍體，這回不但要見到死人，還要仔細去看，辨認清楚是不是自己死去的親人，這太難為家屬了。

大部分家屬都不敢去辨認，現場多次發生家屬因悲痛而昏厥過去。為此，從八月三日晚間到四日清晨，我們對遇難者遺體再次進行清洗，整容，重新拍照。看來在遇難者身分識別和家屬辨認上光搶時間，力爭快速完成是不夠的，還要考慮到家屬們的感受和所能承受的程度。

還有，屍體在事故中受到損毀或是因為腐敗，家屬們提出的一些特徵在法醫檢驗中沒有發現，我們就根據家屬們提供的特徵，重新檢驗，徹底弄清楚，一個都不能錯。比如一位遇難者家屬告訴我們，她的丈夫曾做過痔瘡手術。但是我們認為是她丈夫的那具屍體的屍檢記錄中，卻沒有痔瘡手術瘢痕的記載和描述，我們再次檢驗了這位遇難者遺體，終於發現了這個不起眼的小小瘢痕，從而確認了遇難者的身分。

總體來看，好在此次空難中飛機始終沒離開地面，屍體損毀不十分嚴重，許多旅客的身分證件完好無損地放在衣服口袋中，佩帶飾物變形、損壞的程度也不大，家屬辨認進行得還算順利。只是有十九具遺體由於飛機起火焚燒嚴重炭化，給個人識別增大了難度。

雖說焚毀嚴重，但有時透過常規檢驗也能解決，關鍵在於一定要充分利用一切可資辨別的條件。比如有一位遇難者全身燒焦，面目全非，可是脖子上的金項鏈仍然閃閃發光，憑藉這條粗大的金項鍊，順利地確認了這位遇難者的身分。

經過逐一的研究檢驗，部分遭焚毀的遇難者身分也得到確認，最後只剩下幾位遇難者，什麼可資利用的條件也沒有，徵得遇難者家屬的同意，我們對屍體進行解剖檢驗，確定這些死者的年齡、性別、身高以及其他特徵，再和這幾位家屬提供的情況比對，最終採用了當時還不普及的DNA檢測技術，進行了身分確定。

確認了焚毀嚴重的幾位遇難者身分後，我向家屬們建議道：「我們已經確認你們的親人在此次空難中不幸遇難，確認了他們的遺體，由於遺體燒毀得很嚴重，建議你們不必去看了，告別時我們會用白布把遺體包裹好，你們也不必細看，免得太刺激，發生意外，直接火化就行了，只是你們不幸的親人要被燒二回了。」悲痛欲絕的家屬們無奈，只好同意了我們的善意。

到八月十日下午，在各方面通力合作下，遇難者遺體的辨認、領取和火化全部完成。

不是尾聲

記得八月一日上午，正在緊張地勘查、清理現場時，突然通知我們有重要領導要到現場視察，指導事故調查處理工作，現場列隊後，讓我們公安部來的人往前站。

一會兒，只見一連串小轎車中間夾著兩輛一塵不染貼著深色太陽膜（編按：即隔熱紙）的中巴車駛來。車門一開，一股冷氣噴射而出，國務院副總理朱鎔基走下車來，大家能在災難事故現場見到中央領導感到很興奮，人群中爆發出熱烈掌聲。

朱副總理看著立正站在最前排的公安民警和武警戰士，揮揮手說：「現在這個關鍵時刻才看出你們公安的作用了。」我們大家一聽，覺得這話有點兒不對勁啊，難道平常我們就沒作用嗎？全場頓時鴉雀無聲，也不知這話是表揚我們還是批評呢。

朱副總理似乎也感到了此話不妥，連忙改口說：「你們在這裡搶險救援，就是用實際行動落實小平同志南巡講話的精神。」顯然這後面的官話不是由內心自然流露的，大家也就心知肚明了。

給我印象最深的除了這句話外，朱副總理在四十多度的高溫下站著給我們講話，居然一滴汗都沒有，也真絕了。

料理遇難者善後時，還出現了這麼一段小插曲。遇難的一百零七人中，僅有四十七人購買了航空意外險，買了保險的人可以獲得六萬元的保險賠償，再加上民航部門賠償的，人人有份的二萬五千元，其餘沒買保險的六十人，就只能拿到民航部門的賠償，相較之下，僅多繳十元保險費的死者，無意中卻給家人留下一筆巨大的撫恤金，不怕一萬，就怕萬一，可見保險是多麼重要，後來航空保險全部包含在機票中，這個問題也就解決了。

經過多方面的努力，最後認定，「七三一」南京空難的性質是機組人員違章操作造成的重大責任事故，根本原因是機組人員沒有按照該機型《飛行操作指南》進行操作，飛機駕駛艙內應急煞車手柄未鬆解，全動式水平尾翼的角度處於錯誤狀態下起飛，飛機根本不可能拉起來，機組人員在滑跑初期錯誤地消除了起飛警告，失去了糾正的機會，直到飛機滑跑到跑道後段時仍無法拉起離地才意識到，但已為時過晚。因此其直接原因就是未把飛機全動式水平尾翼調整到與飛機重心相適應的角度起飛，致使該機始終未能離開地面。

震驚中外的南京七三一空難已載入史冊，但空難本身和救援善後工作卻給人們留下無盡的思考，如果機場跑道前端的地形不是這樣複雜，沒有排水溝、防洪堤、護場河、魚塘這些磕磕絆絆的障礙，或許飛機也就是衝出跑道，不會發生如此慘烈的空難；如果飛機能設計得更安全一些，在容易發生錯誤的地方增加一些報警提示或是容錯措施，或許就能避免機毀人亡；如果飛行員訓練得更加嚴格一些，能杜絕不當操作，及早發現問題，加以糾正，或許飛機就能平安抵達廈門，而不會在南京就飛不起來。

但是世上的事情就是這樣，這麼多的「如果」中，也有相反的力量保佑著另外一部分人的平安，如果機場跑道前是一馬平川，飛機繼續向前衝，撞到廠房上，不但機上人員死亡數目不減反增，還不知道有多少工廠工人非死即傷，後果更加不堪設想。

事故調查中，我們曾向倖存者瞭解事發過程，回答竟是沒有人記得失事過程，全部倖存者的回憶中都是一片空白，什麼也記不起來，只是眾口一辭地說，「當我醒來時已被人救起」，可謂生死一瞬間，陰陽兩隔斷，災難當前，誰死誰活，全在命裡。

南京空難過去十二年後，二〇〇四年七月三十一日，當年搶救傷患的南京市第一醫院全體同仁在醫院外樹起了一堵使命牆，上刻銘文：

搶救一九九二年「七三一」空難傷患使命牆銘文

壬申仲夏，七月流火。風雲倏變，蒼穹起禍。民航折翼，傷員苦多。吾院天使，當代華佗。臨危受命，緊急組合。領導有方，醫護忘我。訓練有素，處置穩妥。分流及時，上下奔波。奪秒爭分，團結拚搏。就地搶救，常規突破。多台手術，同時操作。夜以繼日，無人退縮。鎔基總理，蒞院審度。詳察傷情，殷殷囑託。十九傷員，終起沉痾。曠世奇蹟，煌煌碩果。情感天地，氣震山河。不辱使命，可泣可歌。譽馳中外，英名遠播。功垂史冊，永世楷模。

我看了這篇銘文後深受感動，這不僅是紀念和歌頌參加搶救空難傷患的醫護人員，也是對全體參加救援和事故處置人員的紀念和歌頌。

一九九四年「六六」西安空難揭祕

一九九四年五月下旬，陝西省西安市興平縣的一個村裡發生一起特大爆炸案，一聲巨響，犯罪分子將一個碩大的農家院子夷為平地，幾間住房裡的一家人無一幸免。陝西省公安廳向公安部緊急求援，刑偵局派我率領一支技術專家工作組到現場開展工作。

現場很大，剛開始幾天在一片廢墟裡辛苦搜尋，一無所獲，談笑風生的大夥兒也漸漸沒了生氣，第四天晚上臨要收工時，突然在廢墟深處發現了一段導火索，全隊人馬頓時來了精神，經過一番緊張而細緻的現場清理和勘查後，最終將導火索、起爆裝置全部找到，順藤摸瓜也找到了犯罪分子進出現場的痕跡，透過這些技術發現，確定了炸點位置、引爆方式、炸藥種類和藥量，推斷出作案過程和可能的人數，便把這些線索轉交當地偵查部門。

現場工作結束了，六月初我們才回到西安。

由於工作關係，陝西警方中熟人特別多，他們見我們在現場連續工作了兩個多星期十分辛苦，就以西北人特有的熱情請我們留下來玩幾天。那時周末休息分大、小禮拜，大禮拜就是周六和周日休息兩天，小禮拜只休息周日一天，大、小禮拜隔周輪換，趕上那個周末是個大禮拜，考慮到我們離開了，當地的警方朋友也可以喘口氣，於是便婉言謝絕了好意，六月三日晚上帶著一幫歸心似箭的專家匆匆返回北京。

無一幸免

剛過去個「大禮拜」，六月六日是個星期一，我到部裡正常上班，剛向領導彙報完興平爆炸案件的技術工作和偵破進展，公安部總值班室裡來了緊急通知：中國西北航空公司一架客機在西安市長安縣失事墜毀，命令刑事偵查局迅速派員，組織相關技術專家，搭乘下午專機前往出事現場參與現場勘查、屍體檢驗和事故原因調查工作。

鄰近傍晚的時候，我們乘坐的飛機在西安機場降落，正逢天降大雨，在機場接我們的當地警方朋友見到我就是一句：「讓您不要走，在西安過個周末，今天直接幹活兒，還省得來回飛呢。」

從北京來的各路人馬上了一串兒中巴車，冒著大雨向出事現場駛去，不明方向的我們先從機場到西安城，直穿過西安城又到鄉下，路上看到幾輛前往現場的車因下雨道路泥濘，滑進了路邊的溝裡，心想還真得小心才行。中巴車的後部堆著一大堆雨衣、雨靴、手電筒，我想，這陝西的工作還真細緻周到，我們趕緊換裝，車子行駛了一個多小時才趕到現場。

到了現場，雨更大了，我們大家站在雨中聽現場指揮部的簡單情況介紹：失事飛機是中國西北航空公司的蘇制TU154B-2610號客機，當日在執行西安到廣州的WH2303航班飛行任務時，八時十二分由西安咸陽機場起飛，三分鐘後機組呼叫地面指揮塔台：「機身抖動，要求立即返航」，塔台當即同意，並迅速指揮機場各方面做好應急返航準備，七分鐘後飛機與地面失去聯繫，墜毀在陝西省西安市長安縣鳴犢鎮境內，機上一百四十六名乘客、十四名機組人員全部罹難。

按照國務院領導的指示，立即成立了由勞動部牽頭的事故調查組，下設公安、飛行、航行、運輸、適航和總體結論六個專家工作小組。我們公安專家小組先期到達現場的人員已開展現場搜索、現場勘查、現場警衛、現場疏導、現場急救和防疫工作。

我問現場指揮部介紹情況的同志，目前遇難的一百六十人的遺體找全了沒有？他說，現在還沒有找全。空難現場的處置中弄清楚機上人數、機上遇難人數、倖存人數、地面傷亡人數是最重要的，現已確知機上人員無一幸免，一定要逐一找到每具遺體才行，絕不能有遺漏。

我立即召集痕跡、法醫、照相、錄影技術人員，講了清理和勘查空難現場的重點和方法，當務之急是抓緊尋找遇難者屍體和記錄現場情況。我發覺，現場空氣彌漫著濃重的汽油味，就特別強調說，由於下雨，空氣濕度大，風力小，失事飛機裡的汽油揮發得很慢，現場一定要禁止吸煙，那個時候國內剛有手機，用的人也不多，為防萬一，我反覆強調說，有手機的全都關機。還說，誰的皮鞋底上打了鐵掌就要換鞋，以免踩到石頭上擦出火星造成危險。然後我們把現場劃分區域，大家按照專業分工，組成小組，投入現場和飛機殘骸的勘查和取證，並且搜尋、記錄和清理遇難者的遺骸和遺物。

殘骸說話

「六六」空難事故現場位於西安市城南三十公里的長安縣鳴犢鎮東北、咀頭村西北，東臨白鹿塬，西靠少陵塬，在滻河與庫峪河交會的地方，周圍沒有高大建築。白鹿塬，好熟悉的名字，讓我想起了陳忠實的同名小說，白鹿原。

我環顧四周，仔細看看什麼是塬，就是黃土高原原先是高高的平平的高台狀高原，經過千萬年雨水沖刷形成的許多溝壑相互交錯，現在看是頂上平坦，四周陡峭的高台狀山貌。陝西的同事不無得意地告訴我，陳忠實寫的就是這個地方，可我想，他老人家筆下這個人傑地靈的地方，竟然剛剛發生了中國歷史上死亡人數最多的空中慘案。

飛機失事墜落後沒有著火，數千塊飛機殘骸主要分為機頭駕駛艙部分、機身中後段帶發動機部分、左機翼、右機翼、尾翼、方向舵六大部分，連同一百六十具屍體及其他行李物品都胡亂地散落在東皋村以東、二聖宮村以西、東皋堡以南到咀頭村西北的東西長約五公里，南北寬約三公里的廣闊區域內，分布範圍這麼大，正是飛機空中解體的重要特徵。

現場上兩河交會處的東南側沙坎上，是坐北朝南的「長安縣鳴犢鄉水泥預製板廠」的廠院，院外東側有一個長六十米，寬二十米的固化水泥預製板的曬場。當時公安機關還沒有配備地面衛星定位系統（GPS），只得借用西安測繪大隊的定位儀器，可是他們的儀器精度也不高，相差幾十米甚至上百米也不足為奇，時常是我們肉眼看著殘骸明明是掉在河的這邊，用GPS定出位來，再標到地圖上，就跑到河的那邊去了。

為了獲得空難現場的完整圖像，我和民航總局的照錄相專家老楊一道，背著沉重的器材，爬上高高的塬，從空中鳥瞰了現場全貌。老楊是我的老朋友，我們原來同在北京市公安局工作，他在海澱分局當技術員，我在市局刑偵處當法醫，後來他調到民航公安局。一九九二年南京空難時，我們就在一起工作，他非常敬業，而且經驗豐富，我們相互協助，一同參與處理了許多重大案件和事故。對於照相錄影專業來說，在這種荒郊野外工作，最重要的就是電池，只見他穿著一件攝影馬甲，前後兜裡裝滿了重重的電池，爬山的辛苦可想而知了。

我們的勘查工作是從裝有發動機的機身中後部分開始的，這塊巨大的殘骸位於兩河交會夾角的一個魚塘右側八米的地方，機身傾覆，機腹向上，距離這塊殘骸二百米的麥田裡，散落著機頭駕駛艙部分的殘骸。

當我看到機頭殘骸時感到十分詫異和不解，一是機頭殘骸掉在一塊剛剛被收割過的麥田裡，也就是說殘骸沒有污染糧食。後來我按照這個思路觀察現場，發現失事飛機各個部分的殘骸都掉落在收割過的麥田裡，有的一塊麥田裡部分麥子已收割，還有部分麥子沒有來得及收割，殘骸就剛巧掉落在收割過的空地上。

二是這塊巨大殘骸距離最近的民房僅有六十、七十米，如果這塊機頭殘骸繼續向前衝，撞到村民住宅上肯定會造成房倒屋塌，導致地面人員的二次傷亡，對於失事的飛機來說，六十、七十米又算得了什麼呢。我不知道這是駕駛員最後一刻做出的決斷和採取的措施，還是拜上天所賜，非人為所致。雖然依據我的經驗和判斷，飛機失事時處於高速和失控狀態，一般情況下，駕駛員已無法按照自己的想法控制飛機，更無法控制殘骸墜落的方向和地點，但我寧願相信這是駕駛員最後的壯舉。

駕駛艙殘骸損壞極為嚴重，現場搶救人員已將駕駛艙風檔玻璃以上部分全部切割開來，艙內多數儀錶、開關、手柄嚴重扭曲變形，大部分儀錶上的原始讀數和各種開關、手柄的位置都很難辨認，只有小部分可以辨認出失事時的原始狀態。我們從這塊機頭殘骸中發現了六具屍體，全部是機組人員，從制服上看，一種是飛機駕駛人員、領航員和機械師，另一種是空姐，因為飛機正在起飛，為了安全起見，空姐也要在靠飛機前端坐下。

帶起落架的左機翼殘骸墜落在距離機頭殘骸一百二十米的河床內，翼尖部分從上向下折斷，看了這塊殘骸我才明白，巨大的飛機機翼是透過機翼根部的一排一個挨一個的螺栓（也可能是鉚釘）連接在飛機身上，機身裝載重量，機翼產生升力，原來升力就是透過這些螺栓或鉚釘托起飛機，在空中飛翔，現在這些螺栓或鉚釘全部從上往下地被撕開了。

距離左機翼五百米的麥田裡散落著垂直尾翼的殘骸，尾翼與機身連接處的龍骨架扭曲斷裂，斷端規則，飛機蒙皮斷離的邊緣向左捲曲，尾翼上的水平升降舵和活動翼向上翻起，在距它八百米有破碎斷離的方向舵一塊，在更遠的一千五百米處是另一塊方向舵的殘片。

右側機翼從中間斷開，翼尖的一塊落在距離尾翼五百七十米的水塘裡，翼根的一塊落在滻河東岸，距發動機五百八十米的地方，兩塊殘骸都從下向上方斷裂，翼根連接飛機機身的螺栓或鉚釘顯現從上往下地被折斷分離。

小時候看書，我總不相信飛機翅膀裡面是空的，能把燃油裝在裡面，整個翅膀裝滿油得多重呀？個頭這麼巨大，形狀這麼複雜的翅膀難免有個小縫什麼的，油會不會漏出來呢，這次看清楚了，飛機機翼裡面是乾乾淨淨的，被漆成了奶油黃色，支撐條帶把機翼裡的空間分成一格一格，油已經漏掉了或是揮發了，這麼乾淨的地方還真應該是裝燃油的。

我們對六大部分飛機殘骸進行了反覆觀察檢驗，這些殘骸上除了飛機殘骸接觸地面時撞擊變形的損壞痕跡外，各主要部件的斷緣和其他各小件殘片的斷面都比較規整，折斷痕跡明顯，所顯現出折斷、拉斷、撕裂、扭曲等痕跡特徵十分典型，表面觀察沒有發現彈擊、爆炸和燃燒等異常痕跡，這些斷離部位上也沒有發現爆炸所形成的煙暈和炸藥殘渣痕跡。

我們按照常規提取了斷離部位和客艙內壁上的附著物質，送到陝西省公安廳和西安市公安局的刑事技術實驗室，進行物理化學分析，沒有檢出有機炸藥和無機炸藥的殘留成分。這些痕跡特徵檢驗和化學分析結果表明，TU154B-2610號飛機是空中解體墜落，可排除炸藥爆炸所致。

送別冤魂

遇難者遺體散落在出事現場的稻田、麥田、果園、荒地、河灘上，現場彌漫著濃烈的血腥氣味。現場遇難者屍體血肉模糊，支離破碎，慘不忍睹，有的遺體仍困在飛機殘骸中，特別是坐在飛機前部的乘客。當飛機撞擊地面時，猶如煞車時的慣性，飛機裡所有的座椅都會從地板上拔起，向前衝去，前面的乘客也就被疊壓的座椅壓死在裡面了。有的是飛機出事後，即將墜落到地面時被甩出客艙，這些屍體損毀不太嚴重，損毀嚴重的多是在飛機空中解體時就被甩出的，從半空中直接墜落的遇難者，身上的衣服已經被高空的氣流剝脫，有幾位乘客直接摔在了水泥預製廠的預製板上，頓時粉身碎骨。有位空姐直挺挺地插進水田裡，我們幾個人費了好大的勁兒才把她拔了出來。

據最先到達現場的搶救人員說，他們曾在預製廠附近發現了唯一的倖存者，當時已經失去了知覺，但還有微弱的脈搏，幾分鐘後他的心臟就永遠地停止了跳動。

平時法醫比較多見的高空墜落是跳樓，同樣是高空墜落，稍加比較就會發現，從幾千米高空掉落下來的空難罹難者屍體的損毀程度，反而沒有通常我們見到的從十幾層或幾十層樓上墜落致死者來得嚴重，這是因為人從幾千米高空墜落時，由於有上升氣流的托頂，人在空中會隨著氣流飄浮一段時間，而不是按照重力加速度直接向下墜落，上升氣流大時，甚至還會向上飄浮，當飄落到一定高度後，氣流托不住了，才開始加速向下掉，但是這個過程並不像跳傘似地那麼瀟脫和飄逸，因為遇難者被高速甩出飛機的瞬間，一般也就死亡了，沒有死的也瀕臨死亡了，加上高空缺氧，早已失去了知覺。一般的高樓也就是幾十米，最多也不過百十來米，從高樓上跳下，沒有上升氣流的托頂，人直接就朝地面砸下去，屍體上的損毀就特別嚴重。

突然間出現的大量罹難者屍體讓西安市有些手忙腳亂，大部分屍體被運到西安市殯儀館，殯儀館臨時騰出一個大廳，供停放屍體和檢驗用。雖說是大廳，但是相對於這麼多屍體也顯得地方不夠大，只得把屍體摞起來，整整摞了三層。正值六月，氣溫高，地方小，人多，燈多，又比較密閉，我趕緊請市局協調，緊急調運來大冰塊，再擺上多台電扇一個勁兒地猛吹，降溫。

空難的屍檢工作重點要解決兩個問題，一是死亡原因，確定是因空難死亡的，排除人為破壞飛機造成事故災難的可能。二是採集個體識別的重要人體特徵和物品特徵，確認遇難者的身分，最終由家屬認領屍體。第一個問題比較好辦，第二個就比較繁雜了。

指揮部迅速調集全西安市十一家醫療機構中從事病理學檢驗的醫務人員，會同陝西省公安廳和西安市公安局的法醫，一同進行屍體檢驗和個體識別工作。我們意識到可能有外籍人員和港澳台人士在空難中遇難，外籍人員好辦，碧眼金髮一眼就能認出，港澳台人士光從長相上可不容易區分了。

在檢查到一位中年男子的時候，我從他褲子口袋中摸出了他的回鄉證，從而認定了他的身分，後來確認只有一位台灣籍男士遇難，我們也就放心了。

記得有一次抬上來一位皮膚白皙，一頭金髮，眉清目秀，身材修長的外籍小女孩，看樣子也就七、八歲，閉著眼睛，非常安詳，像睡著了似的，等我掀開孩子的頭皮，一側顱骨上相當於太陽穴的位置有一個拳頭大小的洞歷歷在目。從這個損傷可以再現失事當時的情景：孩子總是對乘坐飛機充滿好奇，他們特別喜歡透過舷窗觀看外面的景象，這個損傷應該就是孩子正在向外看的時候，由於飛機劇烈搖擺或顛簸，孩子的頭重重地撞到飛機內壁上，形成顱骨上巨大的孔狀骨折，顱骨和腦組織遭受到劇烈的、有可能不止一次的撞擊，形成嚴重的顱腦損傷，這個孩子應該在飛機墜落失事前就已經死亡了。

我們邊檢驗著遺體，邊推斷和再現一個個現場悲劇。冰慢慢融化，長時間的工作，大家的腳一直浸泡在冰水裡，冰冷刺骨，可是膝蓋以上又是高溫烘烤，我們忍著上熱下冷的雙重感覺，有條不紊地工作著。

最終確認，遇難者共一百六十人，其中男性一百二十人，女性四十人。外籍人員九人，六男三女，分別來自義大利二男二女、美國三男、英國二男、澳大利亞一女。還有香港三男、台灣一男。機組人員十四人，男十人，女四人。遇難者中有兒童五人，其中外籍兒童一男一女。

檢驗發現，一百六十名遇難者中頭部損傷是最多見的，共有一百四十四人頭部有傷，一百二十三人四肢有傷，一百一十八人胸部有傷，五十六人腹部有傷，還有三人軀幹橫斷，屍體完全毀損。罹難者的損傷分布廣泛，多是複合損傷，就是說同一具屍體的頭部、胸部、腹部和四肢等幾處都有損傷，損傷類型多樣，主要是全顱崩裂、顱骨開放性骨折、腦組織外溢、閉合性顱腦損傷、多發性肋骨骨折、胸腹壁破裂、內臟外溢、多發性肢體骨折等，這些損傷表明死者生前曾遭受巨大外力作用，人體受力面積大，受力部位多，具有高墜、衝撞形成的典型多臟器聯合損傷特徵。任何一具屍體上都沒有發現爆炸傷、火藥燒灼傷、火藥及煙塵附著物，也沒有發現槍彈傷、刀斧類兇器形成的砍創以及人為形成的刺創、切創，因此我們排除了飛機上有人傷害乘客或是機上人員間發生搏鬥的可能。

人證物證

雖然我主要負責技術工作，但是作為代表公安部來指導和參與空難事故調查工作，在技術工作之餘，也參與了一些其他的調查工作。

公安組還有一項重要任務是對安檢和航空護衛人員的調查。我們派出專門力量，對負責地面安全保障的六十七名工作人員進行調查，發現飛機在地面停放警衛監護期間，沒有任何無關人員接近飛機，更沒有無關人員登上飛機。各通道口的把守人員也沒有發現未佩戴通行證的人進入停機坪，接近飛機。旅客交運行李的安檢、人身及隨身物品安檢中都沒有發現槍枝彈藥、管制刀具和其他易燃易爆危險品，總之沒有發現任何可疑的情況。

對地面負責運輸工作的五十七名工作人員進行調查，客運、貨運各部門沒有異常情況，機場服務處在核對登機人員時，沒有發現外來人員或其他旅客登上這架飛機，機務人員在起飛前與警衛人員按程序進行了交接，其他如機上配餐員、加水員、加油員、機上供應員、清潔隊等地面服務人員中，都沒有發現問題，總之，以上涉及七個單位十五部門的一百二十四人中，都沒有發現任何危害飛機安全飛行的跡象、人員和線索。

我和民航總局，還有西安市公安局的偵查人員一同開展現場調查走訪。我們走村串寨，直接到現場周圍咀頭村、東皋堡、東皋村的二十二名目擊者家中調查訪問瞭解情況。我們趕到一個村裡時，已是中午，我第一次看見幾個陝北老鄉在黑黢黢的泥屋裡，每人手捧一只小臉盆大小的粗瓷大碗，裡面盛著據說是一整根腰帶寬的麵條，雙腳踩在一個長條凳子上蹲著，吃得正歡。我們說明了來意，熱情好客的西北老鄉請我們先和他們一同吃麵條，我們明知擺在面前是個能吃到道地陝北風味麵條的難得機會，但是想到肩負重任，哪裡敢怠慢，不敢答應，只好說謝謝。

說起飛機出事，老鄉們七嘴八舌地說開了。有的說，當天早上八點多鐘，聽到空中「喀喳喀喳」一陣聲響，趕緊跑出屋來一看，先是飛機尾巴然後是飛機身子斷開掉了下來，還看到許多人和物品一同掉在了滏河周圍。有的推測說，飛機在大概一千米高的地方破碎，掉下來的，機身落在了東皋村、東皋堡、咀頭村、二聖宮村的農田、果園、魚塘和河灘上，哪裡都是。還有的說看見飛機在空中斷開，掉在魚塘後冒出白色煙霧，後來煙就散了。

真是看熱鬧的不怕事大，老鄉們越說越興奮，無意中說出飛機摔到地上後，他們曾到現場撿拾過東西，有的老鄉在自家門口拾到了許多隨風飄來的百元大鈔，紙幣殘缺不全，破損嚴重，幾乎沒有一張完整的，也不知道還能不能用。我們聽到這裡不由得喜出望外，請他們把撿到的錢拿來看看，一開始他們不願意拿，我們說，這些錢不能再花了，一拿出來花就會被政府發現。他們將信將疑，還是不想拿出來，生怕被我們要了去。民航公安局的老楊見狀說，你們給我一張五十元的，我就給你們一百元的，你們給我一百元的，我就給你們兩百元，老鄉們聽罷，立即把幾張現場撿拾到的破損紙鈔拿了出來。人民幣的紙質非常結實，但是我們驚訝地發現，這些錢已經被撕爛了，破損邊緣犬牙交錯，絕非人力能撕成，也不是利器切割、剪鉸形成的，可見高空氣流的力量是多麼巨大。從老鄉手裡買到了飛機失事的證據，而且是極為特殊和難得的證據，我們滿載而歸。我把幾天來參與現場勘查、屍體檢驗、安全檢查、調查訪問的情況，彙總寫成「六六空難事故調查公安組報告」，證明TU154B-2610號客機是空中解體墜落，可排除人為爆炸和破壞因素，呈交事故調查組。

我的任務基本完成。放鬆下來後，我也用點時間瞭解瞭解事故調查的其他各小組的工作，長點學問和見識。

飛機的殘骸都在地面上，黑匣子很快就找到了，分別送往成都和烏魯木齊進行解讀。飛行調查小組主要負責對黑匣子進行調查，首先對艙音記錄器中的錄音進行辨聽，從中瞭解事故過程和原因線索，還負責核實飛行人員的技術檔案、飛行簡歷、技術能力和培訓情況，以及他們的身體情況。他們還透過解讀黑匣子中飛行資料記錄器中的資料，繪製了飛機航跡圖和資料曲線圖，從技術角度重現了事故過程。結論是，飛行人員的身體符合中國民航飛行人員體檢標準，均持有有效執照。

航行調查小組主要負責調查航空管制人員在指揮飛機起飛過程中有無異常現象，起飛時氣象條件是否適宜飛行，通信是否暢通清晰、導航是否正確，設備運作是否正常、雷達是否正常開機，圖像顯示是否正常。

起飛前有一個程序是簽派，是指當日起飛、降落、備降機場和航路天氣都適合航行，飛機油量正常時，機組人員要到簽派室填寫飛行放行單，調查發現整個過程均無異常。結論是，各環節工作人員均持有有效執照，當日值班管理員口令清楚，措施符合規定，氣象預報和實況相符，為適航天氣，通信導航和雷達運行正常。

運輸調查小組主要負責調查失事飛機是否超載，飛行和飛機載重是否符合平衡要求，經過取證、調查、覆核、計算，失事飛機上共有成人旅客一百四十一名、兒童四名、嬰兒一名，按照標準計算，合計重量一萬零三百零四公斤；行李五十二件，合計一千公斤；貨物一百七十二件，合計二千四百六十四公斤；郵件四十四件，合計一百九十一公斤；以上合計裝載重量為一萬三千九百五十九公斤，低於飛機最大載重量一萬五千三百二十一公斤。失事飛機起飛重量為八萬九千零三十八公斤，低於飛機最大起飛重量一萬公斤。飛機重心平衡符合飛機操縱的配載平衡要求。結論是：事故原因中不存在商務超載，也不存在裝載平衡不符合要求的現象，完全可以排除運輸部門的責任。

適航調查小組主要負責調查失事飛機和發動機的生產歷史，維修和保養狀況，有無適航證及是否在有效期內，飛機殘骸分布和機體斷離損壞情況，解讀和分析殘骸中各種儀錶的讀數、開關、手柄的位置、燃油和滑油化驗分析，在這些個環節中發現了一些問題。

這次事故調查中特意邀請了兩位飛行員參加，我想，可能是請他們從操控飛機的專業角度，判別失事飛機上飛行員在整個失事過程的分析、判斷和處置措施是否正確、及時。還有一層意思就是直接聽取飛行員的意見，最大限度地維護失事飛機飛行員的權益，即使一旦認定是飛行員的責任，也要澄清事實，釐清責任。

TU154B客機是前蘇聯設計製造的，三、四名俄羅斯專家也來到西安參與事故原因的調查，我看見其中一位穿著一件T恤，胸前畫著一隻展翅高飛的雄鷹，一看就知道是與飛行打了一輩子交道，將飛行視為生命的人。

奪命時刻

隨著各方事故調查的深入，失事的全過程逐漸清晰起來。

六月六日七時，西安咸陽機場上空風速每秒三米，能見度一千四百米，雲層高度六十米到三百米，下著小雨，有輕霧，地面溫度攝氏十七度。TU154B-2610號客機配備了雙機組，飛行員五人，乘務組九人。機長到簽派室填寫飛行放行單。

七時二十分，機長在駕駛艙右座，副駕駛在左座就坐，領航員和機械員在各自座位上就位，按照飛行檢查單分開車前、開車後、滑行中和起飛前四階段對飛機進行安全檢查。

八時，風速每秒三米，能見度一千五百米，仍下小雨，有輕霧。塔台值班員通知飛機使用零五號跑道。

八時十三分四十秒，飛機開始滑跑起飛，途中方向上出現大約五度的偏移，飛行員蹬了一腳方向舵糾正了過來。飛機繼續滑跑提速，達到離地速度，抬前輪離地，飛機離地後，收起起落架，起飛過程未發出情況異常的報告。塔台按照正常程序向飛機通報起飛時間和進入航線的爬升和轉向方法，飛機未予回答。此後，塔台兩次呼叫，飛機均未回答。艙音記錄器的錄音中能聽到不很清晰的「抬輪」口令，但是參加調查的兩位飛行員始終堅持說，聽不清這個口令。我清楚，他們在事故原因沒弄清楚之前，想竭力也略帶盲目地護著飛行員。

八時十四分零四秒，飛行員向塔台報告：飛機發生飄擺。艙音記錄器裡傳出明顯的「呼呼」響聲。所謂飄擺，就是飛機在空中發生左右側滑和左右傾斜，形象地表述就像一片樹葉在空中隨風大幅度飄動、飛舞的樣子。飛行員用操縱桿操縱飛機，以正常馬力保持每小時四百公里的速度緩慢上升，盡量爭取高度，但是飛行姿態仍然掌控不住。為保持通信通暢，塔台立即指揮其空域內的全部四架飛機與區域空中管制進行聯絡，同時向空軍通報2610號飛機發生的異常情況，暫停放飛其他飛機，開放空域協助搜索，通知周圍備降機場做好準備。

八時十四分十秒，飛機的方向舵和副機翼的舵機操控桿發生來回的振盪擺動，一個擺動周期是六秒，與飛機左右飄擺的周期一致。飛行員手工操縱副翼和方向舵進行修正，但仍穩定不下來。

八時十六分二十四秒，飛行員報告：飛機以二十度坡度來回飄擺，幅度越來越大。艙音記錄器裡的飛機異常聲音也越來越大。

八時十六分四十三秒，機組斷開控制飛機飛行方向的三個舵機電門，接通自動駕駛儀試圖穩定飛機姿態，仍不能穩住機身，五秒鐘後隨即斷開。據說這個操作是停在地面的另一架TU154B飛機上的飛行員聽到2610號飛機與塔台的通話後，主動建議2610號飛機先關閉三個舵機電門，然後再逐個開啟，從而檢驗出是哪個舵機出了問題，機組試了一下，效果不好也就作罷。

八時十六分五十八秒，飛行員報告：飛機飄擺繼續加大，達到三十度，機上多次出現「傾斜過大」的警報聲。

八時十七分零六秒，飛行員報告：飄擺越來越嚴重，兩個飛行員都掌控不住飛機。飛機自行偏離爬升航路，向右側做不規則的轉彎。

八時二十分，飛行員報告飛機高度是三千六百米，塔台指示繼續上升。

八時二十分三十二秒，塔台通知航空公司領導和技術人員緊急趕到塔台參與處置。

八時二十分五十三秒，正駕駛換下了左座上的副駕駛，與機長共同操控飛機。艙音記錄器中沒有聽到機組人員按照飛行手冊中處理飛機飄擺程序的指令對話，機組要求地面給予幫助，地面也沒有辦法，此時駕駛艙內各種對話響成一片，機組已陷入慌亂之中。沒有人想得起處置飄擺和改出狀態的程序和方法，因為機組人員從來沒有進行過這類培訓。

八時二十二分十三秒，飛行員報告，儀錶顯示飛行速度是每小時四百公里。

八時二十二分二十七秒，飛機出現自行抬頭現象，仰角達到二十度，高度是四千七百一十七米，發動機工作正常，速度為每小時三百七十二公里。機上持續響起失速警報後，飛機突然向左翻滾並向下俯衝，俯衝速度不斷加快，達到每小時七百四十七公里，超速警報大作。

八時二十二分三十秒，駕駛艙裡機組人員大聲呼叫：「失速了」。

八時二十二分三十六秒，飛機與塔台失去聯絡。

八時二十二分三十九秒，飛機急速下降，平均每秒下降一百五十三米，機身無法承擔超速俯衝帶來的巨大壓力。

八時二十二分四十二秒，飛機高度是二千八百八十四米，開始在空中解體，艙音記錄器錄下了飛機解體的「哐哐」兩聲巨響，緊接著是「啊」的一聲，一位飛行員發出的預示著生命終止的淒慘絕望叫聲，結束了艙音記錄器上的所有聲音，只剩下死一般的寂靜。飛機解體，機艙內與機艙外的大氣壓力差消失，壓力記錄成為一條直線。飛行資料記錄器隨即停止記錄，飛機墜毀在距咸陽機場四十九公里的地方，機上人員全部遇難。

魍魎畢現

失事原因調查在緊鑼密鼓地進行中，我們公安調查小組排除了人為破壞的可能後，從事故發生的過程看，這應該是一起機械事故。

一天晚上，調查組例會後，我們照常回賓館休息，等待新的任務。突然來了一道密令，由調查組中檢察、監察部門的領導牽頭，抽調當地的檢察、監察和公安人員配合，連夜到機場家屬區抓捕相關涉案人員。

一夜行動，無一失手，抓人不是我們專家組的活兒，但是我明白，此次抓捕由檢察、監察牽頭，想必與職務犯罪有關，隨著涉案人員的落網，失事原因也陸續浮出水面。

事情要追溯到六月初的幾天，2610號飛機出現故障，檢查發現是減震交換平台有問題，這個平台實際上就像我們日常生活中常見的插銷板，許多插頭插在上面，各種電訊號通過平台進行轉接、連通、交換。

六月四日早，執行飛行任務前更換了有問題的減震交換平台。晚上，飛機返航落地後，機組反映新更換的交換平台不好用。當晚由一名工段長帶領兩名無操作證人員再次更換了交換平台。

更換交換平台時，先要把插在平台上的插頭一個個拔下來，更換後，再把拔下的插頭一一插回到新平台上。這天在換完平台把插頭插回去時，操作人員把七號和八號插頭相互對調插錯，七號插頭插進了八號插座，八號插頭插進了七號插座。TU154B飛機的減震交換平台和自動駕駛儀系統的設計中沒有防錯措施，七號插座與八號插座相鄰，外形尺寸相同，連接方式相同，插頭裡線數相同，只是用不同顏色的油漆在插頭和對應的插座上各漆了一圈，相同顏色的插頭和插座要一一對應插牢，這種方式要求用肉眼對顏色進行對應檢查確認，極易出錯。現代飛機設計中，透過各個插頭和插座的形狀、直徑不同進行區分，從根本上杜絕了誤插的可能。

當晚，維修人員只是把手伸進機艙裡，逐一摸了摸插頭和插座是否插牢，並未把頭伸進機艙中查看插頭和插座的顏色是否一一對應。更換完畢後，開通自動駕駛儀控制系統的故障搜索程序進行通電檢查，但是由於飛機設計上的缺陷，內檢和自檢程序均無法檢查出錯插故障，反而顯示正常，埋下了悲劇的隱患。

六月五日全天，2610號飛機沒有飛行任務，未起飛。

六月六日早上，起飛前機組人員安全檢查時，發現自動駕駛儀控制系統有一次沒有接通，地面儀錶員再次通電檢查後顯示正常，機組人員再次通電檢查，同樣顯示正常，錯插沒被檢查出來，2610號飛機就帶著七號和八號錯插故障起飛。

飛機的自動駕駛儀中有兩個陀螺，一個是傾斜陀螺，負責感受飛機左右傾斜和搖擺的變化，正常情況下，它產生的信號通過七號插頭傳送給飛機機翼上的副翼舵機，操縱副翼偏轉，保持飛機穩定，防止飛機過度傾斜和搖擺。另一個是航向陀螺，負責感受飛機偏離航向的變化，它產生的信號通過八號插頭傳送給飛機尾翼上的方向舵，操縱方向舵偏轉，保持正確航向，防止飛機偏航。

由於2610號飛機的七號插頭和八號插頭相互對調插錯了，使得傾斜陀螺感覺到的傾斜變化信號傳送給了尾翼上的方向舵，而航向陀螺感受到的偏航變化信號傳送給了機翼上的副翼舵機，其危險後果可想而知。

此外，正常情況下，當飛行員下壓駕駛盤時，副翼會隨之運動，方向舵不響應不運動，錯插情況下，副翼仍會正常運動，運動的方向也正確，但本不該動的方向舵由於接收到了原本只傳給副翼的信號，也跟著偏轉，使飛行姿態變化異常，飛行員感到莫名其妙，無法理解，更無法控制。

2610號飛機在起飛滑跑的後半程，飛行員發現飛機滑跑方向有些偏向，應該就是插錯的結果，但飛行員並不知，蹬舵糾偏，正常情況下蹬舵只是方向舵轉動，由於插錯，造成飛機機翼上的副翼與方向舵聯動，蹬舵時不僅方向舵轉動，飛機副翼也發生偏轉。副翼是飛機機翼邊緣的一片或幾片能活動的機翼，負責保持飛機穩定和不發生左右傾斜和搖擺。在空中時，副翼的偏轉能通過飛機的傾斜和搖擺感覺到，但滑跑中的飛機仍「站」在地面上，由於有地面的支撐，飛機不會傾斜和搖擺，飛行員自然也就感覺不到。等到飛機離地後，沒有了地面的支撐，活動異常的副翼很快就使飛機產生明顯的飄擺，這就是七號插頭與八號插頭相互對調插錯，所產生的嚴重後果。

隨著飛行時間加長，飛機飄擺越來越大，最終在向左翻滾急遽墜落時，速度和壓力都大大地超過飛機的強度極限，飛機開始空中解體。據說來自俄羅斯的專家聽了失事過程介紹後，到現場上徑直找到減震交換平台，用手朝左一扒拉，向右一擭擼，清開覆蓋在上面的殘骸碎片後，撲通一聲跪倒在地，仰面朝天，頓時淚流滿面。這個舉動表明，他們不可能不知道他們設計製造的飛機上存在的致命缺陷，應該說他們對此次空難負有不可推卸的責任，相較之下，波音飛機上絕對不會出現兩個相同的插頭。

圖-154（Ty-154）是前蘇聯圖波列夫設計局研製的三發動機中程客機，與美國的波音七二七、英國的三叉戟客機相當。一九六六年開始設計，一九七一年投入客運，二〇〇六年停產，共生產九百三十五架，大部分供給前蘇聯以及俄羅斯民航使用，也有部分出口。

圖-154機身尾部裝有三台發動機和「T」型尾翼，結構穩固，推進力大，特別適應惡劣天氣，能在凹凸不平和積雪的跑道上起飛和降落。飛機全長四十七點九零米，飛機高十一點四零米，翼展三十七點五五米，機身直徑三點八零米。駕駛艙內有正、副駕駛員和飛行工程師三個座椅，必要時可增加領航員座椅。飛機巡航高度一萬一千九百米，最大巡航速度每小時九百五十公里，最大航程三千七百四十公里，實用升限一萬二千一百米，最大起飛重量一百噸，載客量一百五十至一百八十人，最大載油重量三十九點七五噸，燃油全部儲存在機翼內的六個整體油箱內。圖-154的安全記錄比較差，服役以來一共有六十二架因各種原因失事，佔全部飛機的七％。我國自一九八五年開始從前蘇聯引進這款客機，二〇〇二年民航總局決定全面停飛這款客機。

我曾多次乘坐過圖-154飛機，我的感覺是這種飛機飛行速度快，飛行高度比波音高，就是飛機的噪音很大，客艙封閉不嚴，降落時飛機外雲霧會像煙一樣飄進來，飛機的內飾比較粗糙，而我們一般人看不到的致命缺陷卻是釀成了這起大禍的真兇之一。

在最後的事故調查報告中，對事故的過程、原因與結論做出了這樣的表述：

一、更換減震交換平台時，七號和八號插頭相互對調錯插。

二、自動駕駛儀自檢系統查不出錯插故障。

三、2610號飛機帶著錯插的七號插頭和八號插頭起飛。

四、飛行資料記錄器顯示起飛滑跑的後半程已出現異常，但由於有地面的支撐，飛機無法飄擺，飛行員察覺不到。

五、飛機起飛離地後，很快發生飄擺。
六、飛行員在空中保持飛機的飛行狀態非常困難。
七、飛機飄擺繼續加大。
八、短時斷開三個舵機，逐個恢復未見成效。
九、飄擺繼續加大，保持飛行狀態極為困難。
十、飛機翻滾和俯衝，超過機體強度極限，飛機空中解體。

飛機失事的原因弄清楚了，毫無疑問，這是一起嚴重的責任事故，飛機設計缺陷、維修管理漏洞、機組培訓不足，正像人們說的，若干個可以避免的小錯誤疊加在一起，就形成了不可避免的大錯誤，正是這兩個小小插頭的錯插，最終竟奪走了一百六十條鮮活的生命。

由於掌握了鐵一般的證據，調查組對事故原因的認定意見是一致的，各單位參加事故調查的領導紛紛在厚厚的事故調查報告上簽字。我也經授權代表公安部在上面簽上了我的名字，轉念一想，咱位微言輕，居然要在這麼重要的、將要載入歷史的報告上簽字，我就像在醫院裡做實習大夫一樣，在我的名字後面加上一個「代」字，心裡才踏實多了。

事故調查結束了，親眼目睹了空難的種種恐怖，大家的心情並不輕鬆，那時候還不懂得為我們這些一線人員做適度的心理輔導或減壓，為了舒緩情緒，民航總局安排了最安全的飛機載著我們返回北京。登機後，總局領導為了表達他們的謝意，讓參與事故調查的每個單位派一人坐進頭等艙，我便有了這個榮幸。

頭等艙裡，能和民航總局領導們坐在一起，含酒精和不含酒精的飲料，葷的和素的餐食，各色琳琅滿目甜的鹹的小點心，不分季節的新鮮水果自然不在話下，空姐們個個靚麗，笑容甜美，服務周到，熱情有加，我的心情自然也好了不少。

沒想到在首都機場著陸時，飛機像飄擺似地忽忽悠悠地下降，最後重重地砸向跑道，在地面反作用力的影響下，飛機又搖擺著反跳起來，再次砸了下去，接著又輕跳了一下，這麼一折騰，滿飛機的人都驚呼起來，我連忙偷偷看了看那些身經百險的民航總局領導們，只見他們個個伸長了脖子，睜大了眼睛，驚恐地望著四周，大聲責問：「怎麼回事？」我瞬間明白了，空難，對誰都一樣。

一九九九年「二二四」瑞安空難一瞥

難忘旅途

一九九九年二月二十四日臨近下班的時候，局裡通知說，今天下午浙江瑞安發生一起空難，民航總局的領導已搭乘專機前往現場，讓我率領專家組立即趕到首都機場，先坐民航班機去上海，再轉乘專機前往溫州。

我們一行人趕到上海後，天已經完全黑了，民航總局的人把我們送上一架小飛機。這架飛機真小不說，裡面除了兩個駕駛員的座椅外，沒有其他座椅，飛機裡全是大大小小、固定在飛機地板上的鐵箱子，一打聽才知道，這個飛機是專門用來檢測新建機場飛機起降的空中走廊的，大小鐵箱子裡裝的全是各種儀器。這種「專機」平常哪有機會坐，怕把人家的儀器弄壞，我們只敢虛虛地坐在大箱子上，或者在箱子間的縫隙裡蹲下來。

和飛行員閒聊中得知，剛才民航總局的領導就是坐這架飛機從北京去溫州的，我想幸虧沒讓我從北京就坐上這個飛機，否則這一路折騰死人了。

關上飛機艙門，結果「滴滴滴」自動報警器響了，飛行員反覆檢查，不知問題出在哪裡，他們抱怨說，今天飛的時間太長了，太累了。這讓我心裡一陣緊張，心裡直嘀咕，坐這種飛機有保險嗎？萬一有事怎麼辦？去偵辦空難的人自己千萬不要再遇上空難。

最後檢查發現是艙門沒關緊，飛行員虛驚一場，我們大家也是一身冷汗。飛機終於起飛了。小飛機沒有單獨的駕駛艙，這回能讓我把飛行員怎樣開飛機看了個清楚，站著還是蹲著沒關係，好歹上海距離溫州不遠。

到溫州降落時，遠遠地看到地面上由燈光組成的跑道輪廓，還沒看清楚飛行員怎麼操作，飛機就對準跑道穩穩地落了下去。

天黑沒有辦法看現場了，指揮部先開會，浙江警方的工作非常正規，會議一開始，先發給我們每人一個帶「二二四」字樣的工作證，方便我們進出現場工作。

我們聽取了簡要情況介紹，失事的飛機又是蘇制圖-154，我心裡一驚，暗想，這種飛機總是出事，估計又是什麼地方出了問題，真是不能讓它再飛了。會上按照處理空難現場的工作程序做了分工，強調了重點，指揮部決定大家先休息，明天再上工。

爭分奪秒地出空難現場，結果什麼事都沒幹就先休息，我這個做現場勘查和法醫檢驗的總是不放心，因為確定飛機失事的性質是第一位的，性質的確定主要靠技術工作提供的證據。

去賓館的路上，我問司機，這裡離現場遠不遠，他說不遠，現場離瑞安市很近，我說能不能繞到那裡先讓我看一眼，他說行。車子離開主要道路，沿著崎嶇不平的土路開到一處，一下車，迎面吹來陰冷帶海腥味的風，顯然這是到了海邊。

只見這裡萬籟俱寂，漆黑一團，伸手不見五指，一點兒也不像剛有飛機掉下來，死了幾十人的失事現場。我心中十分詫異：還是浙江人見多識廣，沉得住氣，不然在哪裡出了這樣的事都得是人聲鼎沸，挑燈夜戰。

我蹲下身子，藉著車燈的光亮，貼著地皮看出去，只見地面凹凸不平，沒有看到飛機殘骸和遇難者屍體。我們擔心，深一腳淺一腳地破壞現場，就離開了。這一趟起碼瞭解了現場地形不複雜，心裡踏實許多。

血灑灘塗

事故的經過是這樣，二月二十四日下午二時三十五分，中國西南航空公司一架前蘇聯製造的圖-154 M型2622號民航客機，從成都雙流機場起飛，執行成都—溫州的SZ4509航班任務，原定下午四時五十分抵達溫州永強機場。下午四時四十分，當飛機飛到距離溫州機場二十餘公里的浙江省瑞安市閣巷鎮附近時墜毀。機上旅客五十人，機組人員十一人全部遇難。

據當時在菜田裡勞動的農民介紹，平時這個地方不常有飛機經過，今天他們看見一架飛機飛得特別低，離地面也就只有幾十米高，搖搖晃晃地飛了過來，還聽見飛機發出「吱吱吱」的聲響，突然飛機機頭向下，垂直地朝地面掉了下來，一頭栽進了菜田裡，發出一聲震天動地的巨大爆炸聲，隨即一股濃煙騰空而起，燃起了熊熊大火。

著火的飛機碎片四散飛去，有一塊碎片朝一個女菜農飛了過來，嚇得她撒腿就跑，拚命跑出十幾米才停下。還有一對菜農夫妻就沒那麼幸運了，他們兩人都被飛出的飛機碎片擊中，丈夫的褲子被燒著，腿部被燒傷，妻子的腳後跟被碎片砸中，兩人立即被送往醫院救治，好在傷勢都不重。

據說有一對準備結婚的男女正在現場附近拍婚紗照和錄影，背景中錄下了飛機失事的全過程，當地公安人員得信兒後，立即組織人員查找，但是直到事故處理的最後一刻也沒找到這對新人。

第二天，我們先查看了飛機墜落現場。現場位於瑞安市郊閣巷鎮塘頭村飛雲江畔的菜地裡，飛雲江直接通向大海，墜機現場就是在沉積的海灘上，遠處有一道江堤或稱作海堤，把這裡和大海或大江隔開。海灘的地面表層是一層硬殼，二、三米下去就是黑灰色的爛泥。

農民在這塊海灘地上種植了當地特產榨菜，成熟的榨菜收割後，就直接在田裡挖個大坑，用塑膠薄膜襯墊在坑底和坑壁，把新鮮榨菜堆填在坑中，就地發酵醃製，所以現場到處都可以看到這樣的榨菜坑。原來只知道四川盛產榨菜，其實浙江的榨菜也很有名，不同的是，四川追求的是香辣，浙江追求的是鮮香。

海灘上有一個小廟，不知裡面供奉著何方神聖，但是南方建在海邊的廟，多半供奉的是媽祖。小廟距離飛機衝撞地面之處很近，不過百十米，可是出了這麼大的事，小廟竟毫髮未損，我想明年這個廟的香火一定會旺起來。

失事飛機撞在地上形成一個直徑五十多米，深六、七米的大泥坑，在巨大衝擊作用下，地面像水面被投下一顆石頭一樣，從撞擊點向外周呈現漣漪狀的同心圓波浪樣起伏，爆炸產生的衝擊波，把方圓幾百米的菜都燒烤焦了。

飛機已徹底破碎解體，機頭和機身的主要部分相距有三、四百米遠，飛機頭深深地扎進泥坑裡，地下滲出的水和飛機漏出的油積蓄在深深的坑底。三個發動機都脫落了，其中一個發動機竟不知去向。一側機翼掉落在大坑邊上，另一側機翼飛到了一百多米遠的地方，機翼飛出時不斷地切削著田埂，把田埂都削平了。

現場到處散落著飛機殘骸、衣物、行李的碎片和遇難旅客殘缺不全的屍骸。我看見一隻張開的手從一個土包中伸向天空，彷彿在向蒼天求救，抓住這隻手向上一拉，只到前臂，後面的上臂和身子都沒了。我還看到一具殘缺的屍體套在紅白條紋的襯衣碎片中，外面裹著紫紅色的外套碎片，顯然是中國西南航空公司空姐的工作服，整個現場找不到一具完整的屍體，慘不忍睹。

失事現場緊挨著瑞安市，這裡人口稠密，民航總局的朋友告訴我，據他猜測，飛機發生故障後，有可能是飛行員為了避開人口稠密地區，選擇了比較開闊的海灘迫降，迫降過程中發生了墜機。我聽了以後，寧願相信他的猜想是真的。

我們按照常規勘查，把現場劃分為不同區域，逐個區域搜尋遇難者屍骸、遺物、飛機殘骸和其他物品。由痕跡、照相、錄影、化驗人員組成勘查取證組，負責勘查和記錄現場和飛機殘骸，提取殘骸上的微量物質，進行理化檢驗，排除人為爆炸因素。

我們在現場找到一份旅客清單，進一步確認了旅客人數和姓名。法醫、照相、錄影三個技術人員組成一個屍檢組，這樣有多少個法醫就組成多少個屍檢組，每個組單獨編號，各幹各的，互不干擾，工作進度明顯加快了。

為了協助法醫工作，調集來大批武警戰士幫忙搬運和清理屍塊，這些武警戰士也就是十七、八歲，有的可能更小，稚嫩的臉上閃爍著純潔無瑕的眼神，他們精神抖擻地排著整齊隊伍來到現場，哪裡見過如此慘烈的現場，一下子就驚呆了，一地屍體殘骸嚇得他們你推我讓，紛紛往後躲，誰都不敢伸手。我對他們說，你們膽子這麼小，能打仗嗎？他們被我說得面面相覷，默不作聲，但仍不敢下手，後來我一想，也難怪，武警不打仗，只站崗啊。

這次飛機失事遇難人數並不很多，加上我們有了處置空難的經驗，現場勘查和清理工作的進度還是比較快的。工作到第三天上午，現場基本清理完畢。從飛機殘骸上取得的各種檢材，送到寧波市公安局的刑事技術實驗室，我們北京來的專家一同參加檢驗，結果沒有發現爆炸的痕跡和殘留物，排除了人為爆炸墜機的可能。

陰陽喊話

第三天下午，我接到指揮部通知，遇難者家屬已經到瑞安了，他們要求到現場實地查看，寄託哀思，祭奠他們的親人。就我個人意見來說，是不主張讓家屬到現場來，家屬們觸景生情，生理和心理上都無法承受親人驟然逝去的巨大悲痛，在現場上非常容易發生意外。

再有家屬們群情激憤，一呼百應，極易失控，弄不好在現場上會有異常衝動的行為。還有，家屬們知道了現場位置，如果每年都到這裡來祭奠，也會給當地帶來許多不便。但是，鑑於當時家屬的情緒和做好善後工作的需要，硬是不許他們來現場顯然也是不行。我的任務就是維護好現場秩序，不要發生意外，不要發生過激行為，不要破壞現場。

下午五點剛過，已是夕陽西下，現場被落日的餘暉鍍上了一層金紅色，工作已經停止，人員也撤離了，現場一片寂靜。一會兒，老遠就聽到一陣陣撕心裂肺的哭喊聲，遠遠看見一隊家屬全部是黑色裝束，有的手捧鮮花、遺像和其他一些祭奠品，稀稀拉拉地排成隊，相互攙扶著，步履蹣跚地緩慢走過來，夕陽勾畫出他們的輪廓，儼然是荒野上行走的一支送葬隊伍。

隨著他們離現場越來越近，哭嚎聲、呼喚聲越來越大，越來越淒涼，有的家屬一眼看到墜機的大坑就昏了過去，我連忙叫武警戰士用準備好的擔架把人抬走。有的腿軟走不動了，癱軟在地，現場備了輪椅，攙扶著坐上輪椅，由武警戰士推著走過現場。

有膽大的跳到斷裂的機翼上，一邊用腳使勁跺著，一邊操著濃重的四川口音喊道：「我讓你坐那個波音，你不坐，偏偏要坐這個爛飛機！」更多的是泣不成聲，默默地走過現場，他們獻給故去親人的鮮花在夕陽的映照和海風的吹拂下，無力地顫抖著。

我無助地看著他們，雖然我參與過多次空難事故的處置，各種各樣的遇難者和家屬都見過，但這是我第一次在空難現場看到悲痛欲絕的家屬，真是太震撼了！真正地感到空難帶給家庭的巨大摧殘，我的心情久久不能平復。

屍體檢驗和DNA血樣的採集和檢驗比對工作也在緊鑼密鼓地進行。

飛機的黑匣子找到了，立即送去解讀數據，對事故原因進行進一步的分析和驗證。出事飛機是中國西南航空公司於一九九〇年十月從俄羅斯引進，已經使用了九年，由於這種飛機機型老舊，事故頻繁，當時國內僅西南航空公司和聯合航空公司仍在使用這種飛機。

現場勘查和清理得差不多了，搜遍了現場，一具飛機的發動機卻仍然不知去向，別的地方不可能有這具發動機了，唯一可能就是在失事飛機砸出的大坑裡。

我們專門調來了大型挖掘機，照著大坑挖下去，在挖掘機長臂能夠到達的範圍內，始終沒發現發動機的蹤影，我不免有些著急，向民航總局飛行事故專家請教說，一定要把發動機挖出來嗎？專家告訴我，發動機上保留著許多涉及發動機工作狀態，特別是異常和失事的資訊，是空難原因分析的重要證據，現在找不到了，估計有可能是重達十三噸的發動機在巨大衝力作用下，像炮彈一樣射穿了地表一層硬殼後，深深地鑽入下面的淤泥中，下面的淤泥有可能是流動的，發動機會慢慢地隨著淤泥的流動離開原來墜落的地方，那樣就很難再找到它了。我說，我們能不能先用金屬探測或是磁力的方法，看看它到底在哪裡，然後再深挖。專家說，如果扎得太深，恐怕就探測不到了。

經過一系列的工作，最後認定的事故原因是：由於設計缺陷和技術失誤，飛機在工廠大修時，升降舵操縱連桿裝配錯誤，飛機自檢系統、日常保養維修和例行檢查中又未能發現錯誤，該機持續帶錯飛行。失事當日，飛行中升降舵操縱連桿突然脫開，致使升降舵系統失靈，飛行員無法操控飛機做俯仰運動，飛機才失控急遽下墜，失速墜地，猛烈撞擊，飛機解體。

我聽到這個事故的原因，與一九九四年「六六」西安空難何其相似。

一九九九年「四一五」上海大韓航空公司貨機空難前後

外航空難　任務不同

一九九九年四月十五日十六時零一分，大韓航空公司一架麥道MD-11型編號HL7373貨機，從上海虹橋機場起飛，執行上海—漢城KE6316貨運航班。升空後僅三分鐘，就墜落在上海閔行區莘莊莘西南路的一處建築工地上。飛機上兩名駕駛員和一名機械師遇難，另外還造成地面人員傷亡和建築物破壞。公安部指揮中心向刑偵局通報後，當天並沒有派我去上海工作。

事故發生的第二天，我奉命前往上海協助工作。上海公安的技術力量比較強，失事的是貨機，死亡人員不多，所以我沒有按照慣例帶上幾位技術專家一同前往。我知道，此次我的任務與以往有所不同，代表公安部刑偵局，協調和指導好處置空難事故的技術工作只是工作的一部分，更重要的是外航失事，肯定有大量的與國外官員和專家溝通、協調、研究等方面的工作。

我到達上海後，立即趕到墜機現場。

墜機現場位於上海市閔行區莘莊鎮莘西南路區域的一處在建工地上，距離上海虹橋機場跑道十一點六公里。我爬上正在蓋的樓房構架上，從空中觀看了現場全貌。飛機沒有直接砸中地面在建的樓房，機頭在地面上犁出一道深深的溝，表明飛機頭部向下俯衝墜落地面時，不是完全垂直地扎到地面上。

現場土質地面和浙江瑞安海灘上的現場一樣，在飛機墜地的巨大衝擊力量作用下，呈現出漣漪狀的同心圓波浪樣起伏。飛機墜落地面後，發生巨大爆炸，四處飛濺的飛機殘骸幾乎覆蓋了整個莘西南路和周圍的民房和空地。三具發動機脫離機體後飛向不同的方向，最遠的一個飛出四百米遠，兩側機翼和尾翼也被撞脫落，機艙解體，機上貨物散落一地。我翻看了一下，有電腦硬碟、電腦顯示器和床上用品。

現場周圍的房屋在衝擊波破壞下，遭受不同程度的損壞。距離最近的一號房屋，整幢房屋結構嚴重受損，房屋外牆被飛散的飛機殘骸擊中污損，外牆的裝飾瓷磚和粉刷大面積破碎、脫落，鋁合金窗和鋼窗框架嚴重變形損壞，不能開合，門窗玻璃破碎，水管斷裂，空調機等設備嚴重損毀。室內裝修徹底損壞，內牆面粉刷開裂，破碎，脫落，水泥樓板及屋頂水泥板出現條形通透性裂縫。

失事飛機上三名韓國機組人員當場死亡，飛機墜地後造成現場居民五人死亡、四十二人受傷。

麥道MD-11型飛機由美國麥克唐納—道格拉斯公司生產，是配置三具發動機的寬體飛機，主要用於客貨運輸，也可根據需要改裝為客機。這款飛機一九八六年開始研製，二〇〇一年停產，共生產了兩百架。飛機全長六十一點二四米，飛機高度十七點六米，飛機翼展五十一點七七米，貨艙容積一百九十四立方米，最大商載五十一噸，最大起飛總重二百七十三噸，設計航程一萬二千二百七十公里。二〇〇三年下半年，在中國飛行了十二年的MD-11型飛機全部退出國內客運市場，少量改裝後留作貨機。

大韓航空公司是世界第十三大航空公司，擁有一百一十一架飛機，經營十六條國內航線、五十八條國際航線，共有十七架貨運飛機。公司成立三十多年以來，共運送乘客二億五千多萬。公司擁有波音、空中巴士、麥道等十四種型號的飛機，型號繁多為飛機的維修和保養增加了難度。記得有一次我去美國，搭乘的就是大韓航空公司的班機，不過型號是波音七四七。

據上海市地震局提供的監測資料，四月十五日十六時零四分三十五秒，監測到失事飛機猛烈撞擊地面，撞擊強度相當於一點六級地震，可見衝擊力之猛烈和爆炸之劇烈。

根據在現場工作的幾位綠化工人介紹，當天下午，他們在現場附近的路上種樹，後來下雨了，他們幾個人就在路旁的一堵牆邊躲雨。突然，看見一架巨大的飛機飛得極低，直向他們這個方向衝了過來。慌亂中不知是誰大喊一聲：「哇！飛機掉下來了……」話還沒說完，只聽到一聲巨響，飛機就撞在地上了，他們馬上趴臥地面。

一個工人沒來得及趴下，被飛機強大的氣浪拋了起來，在天上翻了幾個跟頭，再重重地摔到地上，馬上就斷了氣。還有一位工友也沒來得及趴下，胳膊和腿都被強大的氣浪吹斷，頭被飛來的飛機殘片擊中，當場死亡。更可怕的是，他們眼睜睜地看著一名七、八歲的小女孩被燃燒著的飛機殘片擊中，立即滿身著火，接著被氣浪高高捲起，遠遠地拋出，摔在地上，一會兒就燒焦了。幾個驚魂未定的工人，雖然保住了性命，但胳膊、腿上和腰上也都被飛機碎片擊中，皮開肉綻，還有的骨折了。

當地警方介紹說，現場附近有一所小學，當時正值下午放學時間，大量學生準備離校，正巧下雨了，好心的老師怕學生淋濕了，就讓沒人接的學生先在學校內避雨，凡是家長帶著雨傘來接的，就可以離校回家。飛機就在這個時候掉下來，留在學校避雨的學生逃過一劫，傷亡的學生都是有家長來接，提前離校的，如果不下雨，還不知要死傷多少學生，真是老天有眼。

我們的工作程序還是老樣子，上海市公安局的技術人員認真勘查和記錄了現場，從多處飛機殘骸上提取的附著物，經氣相色譜、液相色譜及化學方法做了認真的檢驗分析，結果未檢出任何炸藥殘留物成分，排除了人為爆炸導致墜機的可能。

從現場看，飛機殘骸分布比較集中，表明飛機沒有在空中解體，是完整地撞到地面上才爆炸解體的。任何一片飛機殘骸，不管它飛落到哪裡，都可以找到它與飛機失事現場的直接聯繫。另外飛機墜地後產生了極為強烈的地震震級，也是飛機整體墜落的證據。

地面遇難者遺體全部運到了殯儀館，重傷患正在醫院裡搶救，由於是貨機，作為法醫工作的損傷檢驗和個人識別，不是這次空難中最大的工作量和難點。

首次會晤　溝通順利

按照國際民航約定，在中國領土上發生的空難，理應由中國民航總局負責此次空難的原因調查。由於麥道飛機由美國生產，美國國家運輸安全委員會（ＮＴＳＢ）派來了一位副部長級的女官員，韓國交通部和民航局（ＫＣＡＢ）也派出官員和專家參與事故調查。

第二天晚上，我從現場回來，在賓館舉行了首次中、韓、美三國官員和專家參加的事故調查協調會。一張長條的會議桌，美國女副部長率領的團隊和韓國駐上海的柳總領事率領的團隊同坐在一側，中間為界，各把一端，中國團隊由民航總局一位領導率領，坐在另一側。會談開始前，各團隊客客氣氣地介紹各自人員、專業背景及負責的工作，交換了名片。

坐定之後，美方官員先一本正經地介紹了美國的空難調查程序。我敏感地意識到這隱含著美國人看不起咱們，嫌咱們不懂規矩，要拿美國人的調查程序「教教」咱們，否則你美國人是不是應該先問問我們情況如何，我們是怎麼幹的，不滿意的地方你再提出你的要求來，怎麼一上來不問青紅皂白，就先說按照美國的要求應該怎樣做呢。但是不管美國人是善意還是惡意，從專業角度來說，有機會聽聽美國人介紹也是個好事。

聽完美國人的介紹，咱們中國官員也沒有提出多少新的意見和建議，我估計考慮到外航出事，事故調查又要求我們盡可能與國際上通行的方法和程序接軌，只要與我們中國的空難調查出入不大，我們也沒有必要多說什麼。

接下來就輪到我代表中方事故調查組的公安組發言了，我先表明身分，再一次強調教育背景和專業，不管怎麼說，最起碼咱的醫學博士學位和一口流利的英語，就得讓美、韓兩國的官員對中國警察另眼相看吧。

禮節性的幾句話說過後，我簡單介紹了現場情況，我強調說，大韓航空的麥道飛機墜落，造成地面人員傷亡和房屋財產損失。中方死亡人員的身分已經確定，受傷人員正在醫院搶救，會不會還有傷重不治的目前還不好說。我們對死者進行檢驗，得出明確的死因結論，也會對傷者進行檢驗，確定傷情的程度。隨著調查的進展，還會對損毀的房屋也做出損毀程度的鑑定，為今後死亡和傷殘人員的賠償，以及受損房屋的修復和賠償提供證據。

我說到這裡停頓了下來，環顧對面兩方，主要想看看美韓官員對我所說的有什麼反應，我的意思是當著美國人的面，表明美國人製造，韓國人開的飛機掉下來了，傷了我們的人，毀了我們的物，他們得認帳，也為善後處理打下基礎。我不知道這樣的會談後，要不要簽署紀要，但是我看到有人在做會議記錄，只要他們承認就會被記錄在案。

看到我停下來，正看著他們，美國女官員和韓國總領事互相對望了一下，朝我微微點了點頭，我的理解是美韓雙方都承認了，沒有異議。

我便接著說，我們正在勘查和記錄現場，從現場和飛機殘骸上提取附著物進行理化檢驗，以便確定是否有人為爆炸導致飛機失事。我們公安組負責的調查部分一旦有結果，將會立即通知美、韓方面。上海是我國最大、經濟最發達的城市，上海市公安局的刑事技術歷史悠久，水準一流，擁有一批技術專家和先進的儀器設備，我們完全有能力承擔檢驗任務，得出正確結論。我這番話要表述的意思是，我們自已有能力排除人為破壞的可能，在刑事管轄上不用他們插手。我又一次停了下來，期待得到他們的再次點頭認可，果真，這次他們的點頭來得快多了。

得到美韓兩國官員的兩次認可，我心裡踏實許多，看來他們對我們還是比較友好的，我放緩語氣接著講了下去。目前現場搜查工作正在進行中，飛機殘骸量多且分布廣泛，全部清理完畢還需要一段時間。另外到現在為止，我們還沒有發現飛行員的遺體，在這樣巨大衝擊力的破壞下，飛行員的遺體能否找到，我們說不準，也可能已經粉碎了，這種情況在空難中並不罕見，我們中國警方人員一定本著人道主義的精神，全力工作。講到這裡，我原來想好要講的三層意思全都講完了。

美國團隊對我的發言沒說什麼，這位女官員聽說我是負責技術工作的，而且本人就是法醫，大加讚賞，氣氛立即緩和許多。韓國人提出請我們在現場勘查中注意發現飛行員的遺體，並且協助韓方做好飛行員的身分識別工作。我告訴韓方，尋找和發現飛行員遺體是我們現場清理中的一個重點，我們會特別注意。為了節省時間，我希望韓方能提供飛行員身分識別方面的協助。

談到法醫本行了，我更加有自信。我說，一是請飛行員家屬提供飛行員的體表、飾物和衣著特徵，以便與遺體進行比對。二是請家屬提供能夠確認是飛行員的生前用品，牙刷最好，可以和遺體的DNA進行對比。三是請韓方提供與飛行員有血緣關係親屬的DNA樣本。

韓國的柳總領事問，DNA是個專門的知識，請問要取飛行員什麼樣親屬的樣本？

我說，權重排序是父母第一，配偶和子女第二，兄弟姐妹排第三。我強調說，父母和子女一定要是生物學意義的父母和子女，不能是養父母和養子女，也要注意婚生和非婚生的特殊情況。

柳總領事回答說，這個可以理解。

我瞥見美國女官員咧咧嘴，臉上滑過一絲不易察覺的狡猾微笑。

我接著說道，四是如果飛行員家屬來華處理後事，我們需要提取他們的DNA樣本與遺體比對，屆時將請韓國總領事館協助。五是請韓方提供飛行員例行體檢資料。

柳總領事真是沒有處理過這種事，忙叫隨員把我說的全部記下來，生怕漏掉了什麼。

大韓航空的代表向我們簡要介紹了機組人員情況，三名機組人員都是男性，兩名飛行員，一個五十四歲，另一個二十七歲，還有一名機械師，四十二歲。韓方說，明天將有一位韓國航空醫學專家從漢城趕來，希望能與我們一同工作。

我說，沒問題，很期待與他合作。

三方人員再客氣幾句，會談就結束了。

我走出會場，陪我參加會談的上海市公安局官員和技術人員都興奮起來，雖然他們基本沒有聽懂我講的英文，但是他們看到我滔滔不絕，心裡就踏實多了，再看到我發言後，老外們只是點頭，沒有提問刁難我，自然也就明白了。

我從一九九三年起便擔任國際刑警組織刑事技術大會的技術協調員，我知道在這種場合上，外國人不瞭解你，一般沒有理由歧視你或是故意為難，當然也有個別心存偏見的，要想讓外國官員和專家信服你，全靠你的現場發揮。首先你自己要心裡有底，所謂「有底」就是有自信，自信來自過硬的技術和靈活使用技術的能力，如果自己不自信，別人就更不會相信你了。

第二是表達的邏輯性要強，一定要讓人家覺得人家想到的你都想到了，人家沒想到的你也想到了，人家做到的你做到了，人家沒做到的你也做到了，這就差不多了，一旦這種信任建立起來，後面的溝通和工作就好辦了。

第三是對外國人講話就要按照外國人習慣的表達方式，比如先講自己是誰，是幹什麼的，對美方、韓方官員來華表示歡迎，對發生空難表示遺憾，對遇難飛行員表示哀悼，請轉達對家屬的慰問，對三方合作處理好空難充滿希望等。千萬不能小看這些客套話，我們在國內講話往往習慣直奔主題，但是外國人，特別是歐美發達國家的人，這些客套話是人家文化中的一部分，是免不了的，客套話一講，雙方的距離就近了許多，正事還沒開始講，認可與信任就建立起來了。

第四是語言一定要流利，可以講得慢一點，但是一定不能結巴，因為涉及許多專業內容，所以講得越慢，發音越清楚，反而讓老外們感到親切，讓人家覺得你是在努力想讓人家理解和明白，對聽者是尊重的，否則人家不是認為你的語言不行，而是認為你的技術能力不行，當然語言也是能力的一部分，有時還是很重要的一部分。老外們特別推崇幽默，的確幽默是緩和氣氛、拉近距離的重要手段，講話中加入一些幽默元素往往會起到事半功倍的效果，雖然空難當前，太幽默了並不恰當，但要看你怎麼用，比如，表示歡迎時，可以說，希望下一次不要在這樣的時刻歡迎你們來中國等，可以起到同樣的效果。

血型檢驗一波三折

第三天是個陰天，我率領上海市公安局的法醫和DNA檢驗人員，集中力量在現場搜尋飛行員的遺體。下午天快黑的時候，在散落於一處廢舊房屋廢墟上的飛機殘骸中發現了一片人背部的皮膚，皮膚上端起自項部，下端只到臀部上方，只是薄薄的一片人皮，沒有肌肉等軟組織，更沒有臟器、肢體、骨骼與之相連，也沒有血跡，大家十分詫異，人怎麼會變成這樣。

現場上，我解釋說，這是空難死亡者的一個特徵性屍體改變，也就是說，只有在空難中才會見到這樣的屍體變化，人就只剩這一片皮膚了。當飛機從空中高速墜落時，機體急驟地壓縮了墜落方向上的空氣，在機體前形成一個高壓氣團，飛機墜落到地面之前，這個高壓氣團先接觸地面，繼續下墜的飛機與地面相互擠壓氣團，使高壓氣團內部的壓力進一步升高，達到最大，飛機墜落到地面後，速度變為零，對氣團的壓力消失，在氣團內壓力的作用下，氣團內被壓縮的空氣急驟向外膨脹，發生劇烈爆炸，這種爆炸不是炸藥引起的爆炸，而是高壓氣體的爆炸，像氣球被打爆了一樣，爆炸後，氣團內的氣體在壓力作用下，急速向四周飛散出去，在慣性作用下，氣團中心的氣體被抽走，使氣團中心形成負壓，甚至是真空，飛機裡的人正處於氣團中央，人體內是有氣體的，人體內的氣體處於正常大氣壓，高於外周的負壓或真空，瞬間引起人體自身的爆炸，頭顱、胸腔、腹腔等中空性腔隙都會爆炸，骨骼，包括四肢骨的內部是骨髓腔，也是空心的，全身的骨骼也會爆炸，臟器也是一樣，人身內部的氣壓就把自己炸得粉碎，最後就只剩下這塊皮膚了。

我說，既然發現了一位，另外兩位也不會太遠。果真，我們在附近陸續發現了另外兩片人皮，形狀和大小基本相同。

這天晚上，韓國的航空醫學專家來了，我和他舉行了一對一的會談。他主要強調飛行員身體上的一些情況，我不是做航空醫學的，只負責法醫和刑事技術工作，主要強調屍體檢驗和個人識別方面，我們雖不是雞同鴨講，也是各談各的。

我們連夜對三片皮膚進行了檢驗，一片皮膚的上端有幾絲黑白相間的鬈曲頭髮，結合皮膚的粗糙程度和膚色，我推斷應該是那位五十四歲的飛行員。有一片皮膚比較細嫩，在腰部的位置上掛著一小條Lise Charmel短褲的褲腰殘片，年輕人喜歡名牌，飛行員收入普遍比較高，有能力消費得起世界頂級的內褲，所以我認為這應該是那位比較年輕的飛行員。另外一塊皮膚就應該是那位中年人的。

我們提取皮膚做了ABO血型檢驗。老的是A型，年輕的是O型，中年的是AB型，還好三個人三個型。做DNA檢驗需要一定時間，當晚我們先帶著這個結果約見了韓國柳總領事。

因為是第二次見面，少了許多客套。我把遺體發現的時間、地點、數量、過程、遺體狀況、遺體特徵性改變的原因、檢驗結果、對可能對應飛行員的推測和血型檢驗情況，一一做了通報，柳總領事極為認真地聽著，他的助手認真地做著記錄，我能體會到他們對他們的國民是非常認真負責的。我告訴柳總領事，飛行員遺體已存放在殯儀館，韓方人員隨時可以去看，事先與我們聯繫就行了。柳總領事聽完介紹，禮節性地表示了感謝，大家便散去。

雖然這次空難的工作不算太複雜，工作量也不算大，但是由於涉外，大家還是格外小心，忙了一夜，好歹是基本完成了任務，一顆心算是落了地。

第四天上午，韓國柳總領事約見我，向我轉交了韓國方面發來的三位飛行員的體檢資料，語氣深沉地告訴我，年輕飛行員的血型是O型，中年的是AB型，上歲數的是B型，與中方提供的血型檢驗結果不一致，請中方認真研究，加以解釋。

我一聽，暗叫不好，我們的血型檢驗與韓方提供的不一致，我腦子飛快地考慮著。一般來說只有幾種可能，第一種可能是臨時更換了飛行員。第二種可能是機上還有其他人，我們沒有把遺體找全，韓方也沒有提供全。第三種可能是韓方提供的資料有誤。第四種可能是我們檢驗錯誤。

我當即把這四種可能轉述給韓方，希望他們與我們一同逐一排除。我轉過身來，問陪同我見韓方的上海市公安局主管刑事技術的陳總，他向我保證說，我們上海做個普通的ABO血型還是有把握的。我還不放心，請他們更換技術人員重新再做一遍，務必做到萬無一失。

時間到了下午，韓國柳總領事再次約見我，這回他老人家一臉嚴肅地告訴我，經韓方調查，飛行員沒有更換，機上也沒有其他人，經核實韓方資料無誤，就剩我們檢驗錯誤這一種可能了。我聽了以後，感到問題複雜了，我平靜地告訴柳總領事，我們組織另一批技術專家重新進行了血型檢驗，到目前為止沒有發現檢驗錯誤，為了穩妥起見，我們會再次檢驗，也請韓方再次核實，確保資料準確無誤，雙方遂不歡而散。

這次會見後，我和陳總不敢大意，立即趕到實驗室和技術人員討論這個異常情況，認真研究分析可能發生問題的各個環節，推測發生這種情況的可能性，結果顯示因為是涉外案件，各個環節都做得非常認真規範，沒有發現任何問題。沒有別的辦法，我請陳總負責，再換一批技術人員，調用新鮮試劑，再做一遍檢驗。

當天晚上，韓國柳總領事再次約見我，這已經是我們之間的第四次約見了。他告訴我，經韓方反覆調查核實，未發現任何問題。他用結論式的口氣說，血型對不上，一定是中方檢驗出了問題。他直截了當地提出解決辦法，一是將檢材交給他們檢驗。二是由他們派人參加我們的檢驗。

對於他的說法我是不能同意的。在我國領土領空上發生的空難，理應由我方負責調查事故原因，我方負責技術檢驗，在沒有超出我們的技術能力範圍之下，還輪不到韓方動手，即使超出我們的能力範圍，也要由我方先請求才行，這些都涉及主權問題，我們不能輕易讓步，更何況是一個極為普通的ABO血型檢驗。

為了緩和氣氛，不把合作關係搞僵，我只能客氣地請韓方再次核實。我向韓方提出，如果韓方不相信中方的檢驗結果，堅持要自己檢驗，請透過外交途徑正式向中方提出請求。他們可以前往殯儀館查看遺體，可以拍照，但未經我方同意不得提取檢材，我們也將再次核實。

第五天上午，韓國柳總領事第五次約見我，這次他的態度可沒有那麼和藹了，話語中已能明顯地感覺到他的不滿。他再次向我重申，韓方經過核實，沒有錯誤，希望中方認真考慮和對待韓方提出的要求。

經過反覆檢驗，我心裡已十分有底，這點血型檢驗我們已組織三撥專家，用了兩個批次的試劑，反覆檢驗了三次，結果全部相同，這是我們所有參加檢驗的人親眼見到的結果，應該不會出錯。我平靜地告訴柳總領事，我們三次檢驗的結果始終沒變，我認為一定是韓方的資料出現了錯誤，資料輾轉傳送到這裡，中間容易發生問題和差錯的環節很多，所以煩請韓方再次核實。

柳總領事聽後，鐵青著臉，眉頭緊鎖，看得出來，已經是非常不高興了。他重複又肯定地說，韓方已經反覆核實，沒有任何問題。突然，他提高嗓門說道，大韓航空發生空難，韓國飛行員不幸遇難，韓國政府肯定會非常認真，不會發生錯誤。你們中方為什麼不能把檢材交給我們，你們要對檢驗結果負責，要對事故調查負責，要對韓國負責。

話都說到這個分兒上，總領事他老人家連外交形象都顧不上了，還能有什麼餘地呢。我也沒有什麼好辦法，該做的咱都做了，該說的咱都說了，咱們就拖著吧。時間一分一秒地過去，會見陷入僵局，大家都是一籌莫展，誰都不知再說什麼好，會場一片沉默。

雙方正僵持著，總領事的一位助手拿著一張紙急匆匆地走進來，他徑直走向總領事，緊貼他的耳朵小聲地說著話。我不知發生了什麼事，只能目不轉睛地盯著總領事的臉。只見隨著助手嘴唇的急促開合，總領事的臉色突然變了，眉頭也鎖得更緊，他若有所思地略微點點頭，忙站起身來，也沒有顧上跟我打招呼，就跟著助手匆匆離開會議室。

我雖然不明白發生了什麼事，但看得出來肯定是有事情發生，我猜想最大可能就是飛行員家屬那邊有事了。因為領事管轄權主要是針對本國國民，至於飛機因為什麼掉下來，大概不關總領事的事吧。我回頭看了一眼陳總，他滿不在乎地一聲不響地坐在那裡，我們交換了一下眼神，不管發生什麼情況，咱們就靜等著吧，以不變應萬變。

幾分鐘後，神情平復的總領事回到會議室坐下，他不失風度地承認，非常抱歉，是韓方搞錯了。韓方剛剛發來資料說，歲數大的飛行員的血型是A型，中方的檢驗結果是正確的。說罷，總領事鄭重地站起身來，向我們中方人員一鞠躬。

這個突如其來的變化應該不出我們所料，我問道，那原來傳過來的資料是怎麼回事，總領事先生，您可不能隨便變啊！總領事如釋重負地出了一口氣說，他們原來提供的資料是從大韓航空提供的體檢報告中摘抄下來的，先期的核實也只是資料對資料，剛才直接與家屬進行核實，家屬說，公司體檢資料上的記載是錯的，應該是A型，上次家屬發現體檢報告上的血型錯誤後，公司承諾回頭一定給改過來，看來一直沒改。韓方再次向大韓航空公司核實家屬提供的情況，公司承認過去體檢是錯過一次，後來查明是A型，以為資料上的錯誤已經改了，但實際上一直沒改。

我和我的上海同事們這才真正地鬆了一口氣。雙方你來我往地，一個上午就過去了，問題已全部解決。我最後對總領事說，經我請示我方事故調查組長，飛行員家屬可以把遺體領回了，請總領館協助善後。總領事告訴我，三位飛行員的家屬都決定不到上海來了，委託總領館和大韓航空公司將遺體運回。我請陳總準備好法醫檢驗鑑定意見書、死亡通知書等相關文件，等待總領事館派員來認領遺體。

我們處理這起空難的工作就基本結束了，我帶人向總領事一行人握手致意後，走出會議室。上車後，發現陪同來的上海市公安局一名小夥子還沒有來，以為他去洗手間了，稍等一會兒他來了，幸災樂禍地對我說，他走在我們後面看到，對我們一向溫文爾雅的柳總領事等我們離開會議室後，實在忍不住了，對著總領館的官員和其他在場的韓國人暴跳如雷，大發脾氣。我問他能聽懂韓文嗎，他說，聽不懂，但能看懂。

空難原因　不出所料

我回到北京後聽說，由於飛機撞擊毀壞得太過嚴重，很難獲取有效資料，給再現事故全過程和分析事故原因造成了極大困難。

一九九九年四月二十七日，中國民用航空總局、美國國家運輸安全委員會（ＮＴＳＢ）和韓國民航局（ＫＣＡＢ），就四月十五日大韓航空KE6316航班在中國上海墜毀事故，聯合發布了初步調查結果，空難的過程和原因是這樣表述的。

一九九九年四月十五日十六時零一分三十五秒，上海虹橋機場塔台指令，大韓航空公司麥道MD-11型編號HL7373貨機，從十八號跑道滑跑升空。

十六時零二分四十二秒，自動駕駛儀被斷開，飛行員手動操控飛行，先左轉，然後平飛，再左轉，再爬升，迅速達到九百米高度。

十六時零四分十五秒，飛機上升至一千三百一十米高度（四千三百英尺），按標準離港程序及塔台指令，該機保持在九百米高度飛行及左轉過程中，應上升至一千五百米（四千九百英尺），至此，飛行基本正常。

十六時零四分十九秒，飛機從最高點一千三百七十米（四千五百英尺）突然急遽下降，從雷達螢幕上消失。

十六時零四分十九秒至十六時零四分三十五秒，駕駛艙內的中央音響警告系統（ＣＡＷＳ）先後出現飛行高度提示音和「地形……地形……」和「喔……喔……拉起……拉起……」的警告音。

十六時零四分三十五秒，上海地震局測得飛機猛烈撞擊地面產生的地震波。

調查顯示，這架貨機在撞地之前沒有發生爆炸，沒有發現發動機故障記錄，也沒有證據表明有人為破壞的跡象。

機組和空管指揮的對話正常，所有空管指揮程序都是正確的。機組人員沒有向空中交通管制部門（ＡＴＣ）通報飛機上有任何故障，也沒有要求返航著陸，或報告機上有緊急情況。

在排除了人為爆炸、天氣條件、機械故障、結構受損、裝載配平、暴力劫機等原因後，最終認為，該航班飛行員混淆了上海虹橋機場的離港高度單位，把米誤認為英尺，在離港過程中，機長根據副駕駛的錯誤高度指令，採取了錯誤的飛行操縱，是導致本次事故的最大可能原因。

漢城—上海航線是大韓航空公司唯一一條使用米制高度單位飛行的航線，公司要求飛該航線的飛行員必須牢記這個情況，並懂得單位轉換，失事機長是第二次飛這條航線，副駕駛是首次，對此都不很熟悉，機組間對話時，「米」和「英尺」一直在混用，極不規範也很危險。

在飛機按照航管指令向一千五百米高度爬升時，副駕駛突然提出高度有問題，機長匆忙中把爬升到一千五百米的指令誤認為是爬升到一千五百英尺，此時飛機已爬升到將近四千五百英尺，高出指令三千英尺，處境危險，必須盡快回到一千五百英尺，因此，粗猛推桿，飛機以三十五度俯衝角度急速下降，駕駛艙中央音響警告系統（CAWS）先後發出「地形……地形……，喔……喔……拉起……拉起……」的警告，此時飛機的高度仍在兩千英尺以上，如果當時能發現高度單位錯誤，全力拉桿爬升仍可避免事故發生，但是較低的雲層影響了機組對實際高度的判斷，機組始終未能意識到高度單位錯誤，未採取任何措施，繼續推桿下降，直到墜地前幾秒鐘，機長似乎意識到離地面太近，才發出「拉……」的指令，但已為時過晚，飛機以每小時七三七公里的速度、二十至四十度的俯衝角度劇烈撞擊地面墜毀。

當我得知這個空難的原因時，既感到震驚也感到正常，一個飛行員的血型都會搞錯的航空公司，弄錯高度單位，又有什麼奇怪的呢？

法國瑣事

第一篇　辦公室的故事

走近神祕

國際刑警組織總祕書處大樓坐落在法國里昂市的羅納河（編按：即隆河）畔，離市中心大約三公里，周圍綠樹掩映，環境安靜優雅。一九八九年以前總祕書處位於法國巴黎的遠郊，後來發生了一次小的爆炸襲擊，雖然並沒有什麼實質性的傷亡，炸彈只是毀壞了建築物外面的小樹林，但是出於保護敏感國際組織的考慮，當然也不願意殃及巴黎的安全，總祕書處才決定遷址。

除里昂外，法國南部最大城市馬賽也想讓國際刑警組織總祕書處搬去該市，但是里昂市的動作更快，不僅拿出一塊河邊的「水景地」無償租借給總祕書處九十九年，還耗資兩千萬美元，幫助總祕書處建起了大樓。

總祕書處大樓靠近法國著名的金頭公園，雖然這座公園建在里昂，但它卻是一座英格蘭風格的公園，佔地很大，奇花異草，大樹參天，步行一周有八公里，公園裡還有一座動物園，老虎、獅子、大象、長頸鹿一應俱全。公園中心是一座湖，湖裡有黑白天鵝、灰棕色的鴨子、紅紅的火烈鳥和各種五顏六色的歡樂水鳥，浪漫的法國人把一支箭綁在一隻白天鵝的身上，遠遠看去就是一隻受傷垂死的天鵝，讓人心生憐憫。

總祕書處大樓是一幢灰褐色大理石和玻璃帷幕作為外表的五層立方形內天井式大樓，樓頂上密布著各式各樣奇形怪狀的天線，一看就是須臾不可斷地與外界聯繫的機構。大樓地下室是車庫和印刷廠等輔助設施，在資訊時代以前，總祕書處每年要印刷三十多噸重的紙質文件。

正方形的大樓浸泡在一個圓形的淺水池中，只有大樓正面和背面兩個方向上有小橋通過，據說這樣做是為了安全，如果有人來襲擊，襲擊者首先要蹚過沒膝的水，有點像我們中國古代的護城河，後來時間長了，地基發生變形，水池開始朝地下室漏水，沒辦法，只得把水放掉，填進土壤，種起了花草，好在一直沒有襲擊者敢來。

大樓外環繞著一道高高的花牆和鐵柵欄，柵欄上架設著各種監控設備，各個方位上都有攝影探頭不停地搖著腦袋，大樓內外的情況一覽無遺。大樓警衛室的造型像個警察戴的大簷帽，一端高一端低地審視著來訪者，「大簷帽」邊上就是進入大樓的柵欄門，工作人員刷卡進入，來開會的或是來訪問的，事先要上報名單，安保部門提前做好胸卡，核對身分無誤，並通過類似機場安檢後，才能由工作人員帶入。

大樓中心是個天井，一層大廳由沙烏地阿拉伯贈送的黃色石材和沙漠植物裝飾成熱帶沙漠風格。大廳正中地面上有一個用彩色馬賽克拼成的國際刑警組織巨型標誌，標誌中間是一把利劍，自上而下穿過以巴黎為中心的地球，象徵著警察的作用和組織的首腦機構設在巴黎，組織的輻射力遍及全球。地球兩側是天平托盤，象徵著公平執法。外面有橄欖枝圍繞，象徵著組織的宗旨是維護社會安定和人類幸福。

這個巨大的標誌旁邊立著一塊小牌子，上面寫明標誌是美國贈送的，這樣但凡來總祕書處開會或參觀的人士，和標誌合影時，也就把美國的影響帶回去了。天平的兩個托盤是純金的，表示公平像金子一樣貴重。為了保護它們，標誌周圍用軟繩索攔起來，不得入內，新來的祕書長是美國人，感覺這樣太小氣，美國能缺這點兒金子嗎？就把軟繩撤掉了，於是大家的皮鞋可以在純金上踩來踩去。一樓四周分布著大小會議室、培訓教室、商務中心、餐廳、紀念品店、咖啡廳，外來開會和訪問者可在一樓自由活動，如果要到二樓以上就要由專門的工作人員帶領，否則無法打開通往各樓的電子門鎖。

二樓到四樓是各個部門的辦公室和一些設施用房。整個五樓是祕書長的辦公室、會議室、會客室和他的住家。五樓是單獨的電子門鎖，一般工作人員的門卡是打不開的。

五樓有一間大廳被命名為「中國廳」，因為這裡擺放著我國捐贈的一整套紅木家具，據說當年把這套家具運到法國來，可是花了大價錢。雖然祕書長本人、各國來賓和執委們非常喜愛這套家具，但是除他們之外，幾乎沒人看得見，更不要說享用它們了。我在那裡工作三年，也只陪著來訪的國內部級領導在那紅木椅子上坐過一次。不像美國送的禮，端端正正地鋪裝在一樓大廳裡，人見人愛，人愛人拍。「中國廳」呈V字形，一端為祕書長餐廳，另一端為貴賓會客室及執委會議室，平時用屏風隔開，後來隨著來訪貴賓和在五樓舉行「祕書長內閣會議」的參加者不斷增多，單用一端開會已顯得不夠了，祕書長決定將兩端合併，並對周圍部分房間進行合併，重新裝修，把個「中國廳」擴大了。

初來乍到

二〇〇〇年十一月中，我初到國際刑警組織總祕書處工作時，在年會上新當選的祕書長諾布林也剛來兩周，他的當選終結了英國人肯德爾領導國際刑警組織十五年的歷史。他的到來給國際刑警組織帶來一股改革之風。

國際刑警組織是政府間的國際組織，它的專業性質使它的活動僅限於刑事警察事務，國際刑警組織章程規定：「嚴禁本組織進行政治、軍事、宗教或種族性質的干預或活動」，所以它是一個刑事警察的全球性合作組織，它以觀察員的身分參加聯合國的活動，新祕書長到任後，按照美國人的思維對這個組織施加影響，比較積極地推行它向非政府組織轉化，以便在不受主權的制約下，盡可能地拓展組織的話語權、管轄能力和活動空間。

國際刑警組織由一名主席、三名副主席、九名執行委員、每年一次的全體成員國大會、執行委員會、祕書長、總祕書處、各地區中心局、各國家中心局組成，全體成員國大會是最高權力機構，執行委員會主要負責監督大會決議的落實、籌備年會、討論及批准預算及工作計畫、監督祕書長行政工作等。祕書長和總祕書處是國際刑警組織的常設行政協調機構。

我到國際刑警組織工作前，沒有經過任何培訓，今天還在國內工作，明天就要到總祕書處報到，國內環境和國際環境差別很大，開始時實在不摸門（編按：即沒有頭緒的意思）。報到當天，人力資源部門給我一本厚厚的手冊，裡面寫明了工作人員應遵守的各項規章制度和享有的各種權利。西方和國際組織在制度和規章的設計制定上，是基於「人沒有自覺性」來設計的，窮盡人的各種劣性才能設計出最嚴密的制度和規章，但是在制度和規章的執行上，是按照「每個人都會自覺遵守」來執行的，在西方的邏輯中，每個人都沒有任何道理不遵守制度和規章。

比如，在總祕書處上班，著裝是有明確規定的，如果你沒有按照規定著裝，一、兩天沒人管，不過三天，你的電腦裡就會收到行政部門來的一封郵件，郵件說，我們是國際組織，依靠各成員國的會費運行，每天大樓裡都會有許多成員國的參觀者或是參加會議的代表，每位工作人員的形象就是組織的形象。現在向你重申本組織的著裝規定：男性工作人員在大樓內一律穿著西裝和襯衫，繫領帶、穿深色皮鞋，室內或夏季可著襯衫，繫領帶。任何休閒服裝，如T恤、夾克、牛仔褲、短褲、運動鞋、涼鞋、拖鞋均不被本組織所接受。總祕書處對女性的著裝沒有規定，西方女性沒有正裝一說，女性禮服就是晚禮服。在炎熱的夏天，我們男士一個個衣著整齊，襯衫扣子扣到下巴，領帶繫得緊緊的，而許多女士們得意地穿著小吊帶（編按：即小背心）、小短褲、甚至露臍裝、露背裝就來了，好像她們要誠心氣氣男士們，可是繽紛豔麗的女士著裝也為這個嚴肅有餘、活潑不足的組織增色不少。

一次早上剛上班，我的中國同事老朱急匆匆來到我的辦公室，說，今天早上走得匆忙，忘繫領帶了，今天他有會，讓我把我的領帶借給他用。救場如救火，我二話不說，馬上把領帶解下來，交給他。一會兒後，我的外國同事見到我，吃驚地問我，Jin，你怎麼了，怎麼沒有領帶，你今天下午要去休假嗎？我不好意思地說，不是。這一天，我感到非常彆扭，別看只是沒了這條領帶，結果是整個人失去自信，因為人家都衣著整齊，紮著領帶，而我卻和大家不一樣。以後我專門把一條領帶和一件西裝上衣放在辦公室裡備用。每年兩次執行委員會開會時，中午總祕書處全體人員聚餐，祕書長和執委們挨桌敬酒，感謝大家的辛勤工作。這種場合裡，別管是什麼季節，都必須穿西裝紮領帶出席。總祕書處每年春天舉辦一次迎春酒會，每年深秋新酒上市還要舉辦一次酒會，酒會的通知裡倘若明確說可著便裝參加，大家才敢脫去一本正經的西裝，平時一起工作的女性們都會穿上高雅性感的晚禮服。

剛到總祕書處上班，最怕的是接電話，因為國際刑警組織有一百九十八個成員國，遍布世界。雖說能去國際組織工作，我的外語也是不錯的，要是講起各國的英文名字，或者說是各國首都的英文名字又能說出多少呢。人家成員國電話打過來，但張口就說我是誰，是哪個國家，我聽都沒聽過，更不要說聽明白是哪個國家了。開始時，電話鈴一響我特別緊張，接電話沒有聽懂時，就跟人家說，請再說一遍，人家倒也客氣，誰都知道國際組織來的人是世界各地的，可以理解，人家的語調馬上就變慢、變清晰了。還有一招就是接電話時，重複人家說的話，不時地請來電的人確認我的理解對不對，打來電話的人一定配合，因為他認為接電話的人特別認真。咱們中國人最不缺的能力就是學習，我發現這個問題後，立即找來一張英文版的世界地圖，掛在辦公室裡，沒事的時候就趴在上面一個地方一個地方地記，還按照咱們中國人的學習習慣列出表來，先是各洲、各國、各國首都名、有的國家有好幾個首都，都得一一記下。經過八、九個月的努力，才過了這關。

神通廣大

隨著時間推移，我也漸漸明白了如何在國際組織中工作，和國際刑警組織有哪些本領。世界上的犯罪活動就涉及的區域來說，分為三種：一種是整個犯罪過程，包括結果僅在一個國家內；第二種是犯罪過程，包括結果可以在一個國家內，又可以跨國的；第三種是犯罪過程，包括結果一定是跨國的，國際刑警組織的最大本事就是針對跨國犯罪，不跨國的它不管。第一種只涉及一個國家或者一個國家能解決的事，國際刑警組織就不管，比如，雖說殺人是最惡劣的犯罪，但是國際刑警組織中就沒有負責管理、協調偵破殺人案件的部門，因為跨國殺人案件太少見了。第二種中，國際刑警組織只負責跨國的部分，比如拐賣人口和盜竊名車，國際刑警組織主要負責跨國販賣人口和跨國盜竊及販運銷贓的；第三種才是國際刑警組織的重點工作，也是它的長項，因為長期以來它積累了豐富的經驗，擁有多種協調手段，佔有海量犯罪資訊，比如反恐、走私核材料和走私武器，涉及到兩個國家以上的案件，都有相關的部門和官員負責管理、協調、指導和支援。

首先是傳遞和交換犯罪資訊和情報，這個功能最重要。國際刑警組織各成員國和總祕書處間建立了通訊網絡，可以利用電子郵件、密碼無線電、電傳和傳真等，一天二十四小時向成員國傳遞各種資訊情報，每年都有幾百萬件，同時國際刑警組織歷史悠久，沉澱了海量犯罪情報，成員國可以向總祕書處提出查詢請求，一般幾分鐘就能給予答覆。

向國際刑警組織各成員國發布國際通報，也是總祕書處重要功能之一，主要用於緝捕、警示犯罪嫌疑人以及查找無名屍體或失蹤人員。電影和小說中常說的國際刑警紅色通緝令，準確地說應該是紅色通報。紅色通報用於請求逮捕、羈押並遞交犯罪嫌疑人，成員國接到紅色通報後，如在其國內發現應予以逮捕，並遞交給通報的請求國。但是紅色通報也不是威力無邊，能不能起到作用，全看這個國家認不認這個帳，如果這個國家不認這個紅色通報，死活不幫忙，國際刑警組織也沒有任何有約束力的辦法。

比如，二十世紀末，我國東南沿海地區發生的建國以來最大走私案件的主要犯罪嫌疑人，出逃到北美某國後，國內給我們來電，要求我們立即協調總祕書處，以最快的速度發出紅色通報。雖然按照國際刑警組織章程的規定：祕書處工作人員不得請求或接受本組織以外的任何政府或當局的指示，但是我們在國際組織中工作也要配合國內打擊犯罪，再說這也不會影響我們在總祕書處的工作。負責編發紅色通報的部門和我同屬警務行動支援部門，一位漂亮的法國女警察負責這類事宜，平常送人家幾件中國小禮物，彼此間就熟悉了。我到她的辦公室，看到辦公桌上一大堆等著發送紅色通報的各國請求，正整整齊齊地排著隊，她見我來了，知道有事，笑著起了身，拿起水杯到辦公室門口去喝水。我也不客氣，趕緊在這堆資料中找到中國的這一份。按照國際刑警組織的要求，發出紅色通報應包括嫌疑人的姓名、性別、出生日期及地點、嫌疑人父母姓名、嫌疑人個人身分證件、體貌特徵、正面或側面照片及指紋、犯罪事實、所觸犯的法律條款及可能判處的徒刑、國內通緝令等。我趕緊檢查一遍，基本項目樣樣齊全。我也不說話，只是把這份資料從最後面移到了最前面，這位女警對我說，我可什麼都沒看見。後來紅色通報在總祕書處收到中國請求的當天就發出了，但是抓獲犯罪嫌疑人並押解回國卻拖了十幾年。還有一次，我國華東某省建設廳的一名「女貪官」外逃，國內指示盡快發出紅色通報。我又故技重施，結果發現國內的請求上，連她的護照號碼、照片都沒有，這叫人家怎麼抓。我想這應該不是一般的疏漏，就沒好意思請人家「加塞兒」（編按：取巧插隊的意思）。我轉身回到辦公室，抓起電話緊急請示國內火速補充資訊，結果一直沒收到答覆。請求急著發通報，結果自己的資訊不全，說淺了是不專業，讓人家笑話，說深了就不知為什麼了，我也不好再讓人家幫忙，能辦成什麼樣就什麼樣吧。

在各樣通報中，跟我的工作直接有關的是黃色通報和黑色通報。黃色通報是用於查找失蹤者，黑色通報是用於提供不明身分的屍體資訊。每年這樣的通報大約發出幾十份，最多也就是一、二百份，這和全世界的失蹤者和無名屍相比，實在是太少了，但是這些失蹤者和無名屍體都是跨國家，各成員國國內失蹤人口和無名屍不算。

國際刑警組織還有幾種通報沒有紅色通報那麼顯赫，藍色通報是協查通報，主要目的是查詢搜集有關人員的情況，如身分、居住地、體表特徵、犯罪前科等資訊，也可以要求幫助查找嫌疑人。綠色通報是犯罪嫌疑通報，主要是通報跨國犯罪分子的情況，提醒各成員國對其嚴加預防，可採取監控手段，防止其進行犯罪活動造成危害，但是如果沒有捲入犯罪活動則不必逮捕。白色通報是查找失竊物品，主要是珍貴物品，比如珍貴文物、藝術品、宗教品、名車等。紫色通報用於向各成員國通報最新的或特殊的犯罪手段。

國際刑警組織還有擔負著協調各成員國協查犯罪事實，搜集和轉遞犯罪證據，協助引渡罪犯，以及警察培訓、國際研討、調查研究、情報分析、技術合作等許多基礎性工作。

我的任務

我在國際刑警組織總祕書處負責災難死亡者的個體識別和DNA兩個方面的工作。具體主要是：向各成員國搜集和交流個體識別的新技術和重大死亡案件個體識別工作的資訊，保持與各成員國的電訊聯繫，回答各成員國的技術諮詢，所以我每天要寫許多郵件、傳真，我還代表國際刑警組織出席成員國舉行的專業會議並做演講；

組織每年一次的災難死亡者個體識別國際會議，會期三天，一般有來自三十幾個國家的近百名代表出席，以及會前的籌備小組會議，我負責擬定主題、遴選演講者、聯繫特約代表、確定會議日程等以及會務的各項協調事項。國際刑警組織的會議是不負責接送、食宿等的，到點開會時，人好像一下子從地底冒了出來，會後又一陣風似地散了，但是在我負責的三年裡，每年大會的第二天晚上都組織一次各自付帳的集體晚宴，增加與會者間的交流。雖然里昂是法國的美食之都，但多是僅能容納一、二十人的小型餐館，要找到一個能容納幾十人甚至上百人一同吃飯的餐館很不容易，最後在市中心老城區裡，找到一家裝飾成海洋和船艦風格的二層樓餐廳，幾年來一直都是在那裡，後來安排集體晚餐竟成了總祕書處召開國際會議的一項程序，這家餐館也成了大家喜愛和經常光顧的地方；

組織災難死亡者個體識別的國際援助，我每天都要特別關注世界上哪裡有恐怖襲擊，重大事故如空難、海難，自然災害如地震、海嘯、滑坡等，我把組織國際援助的內容形成範本，可以在最短的時間內，代表國際刑警組織發出郵件，通知事發國國際刑警組織可以並願意組織國際性援助，當事發國需要時，我負責協調組織技術援助；

參與和組織成員國專家制定個體識別和DNA資料庫的技術標準，並向成員國推介，這是一件專業性和協調性都很強的工作，制定技術標準除了要有技術專家的參與，也要考慮到全球不同的情況，否則國際合作就是一句空話；

籌劃國際刑警組織的DNA資料庫，當時總祕書處還沒有這個資料庫，正在參照美國的標準研討和籌建中，主要是請各成員國把他們的DNA資料庫按期報給總祕書處，彙集成全球最大的DNA資料庫，對此歐美國家的積極性很高，他們的技術先進，資料庫建設起步早，進展快，深知資料庫不達到一定的規模就發揮不出作用；

籌劃和組織跨國的技術培訓，出版技術參考物，進入資訊化時代後，紙質印刷品少了，我們在國際刑警組織的主網頁上，專設了災難死亡者個體識別的鏈結，裡面放置了指導性文件和個體識別的標準表格。我專門申請在電腦上裝了光碟燒錄軟體，將一些文件和表格燒成光碟，透過郵寄送給需要的成員國，總之是千方百計擴大國際刑警組織專業技術的影響和作用，幫助成員國解決實際問題和困難；

接待各成員國代表團和個人的來訪，幾乎每周都有，公關部門先發來一郵件，通知來訪者是什麼人，幾點到哪個部門參觀，參觀多久，陪同者是誰等，到時候我只要準備好就行了，主要是向他們介紹和說明災難死亡者個體識別的技術標準，國際刑警組織的國際援助，贈送印刷品和電子出版物等，我也順便瞭解和搜集來訪者國家的死亡者個體識別情況；

保持與國際相關組織的聯繫，應邀出席它們的會議並做演講，如國際民用航空組織、國際紅十字會、歐洲刑警組織、前南地區及波黑戰爭中死亡者個體識別委員會等；

籌備和組織國際刑警組織每三年一次的法庭科學大會，這個會議是國際上最大和最權威的法庭科學大會，會議涵蓋了法庭科學的各個學科，每個學科指定一個技術相對好的實驗室作為總協調實驗室，實驗室負責人要在會上報告近三年來全球的學科進展，大會和組委會主席由國際上知名的法庭科學專家輪流擔任，不得連任，出席會議的代表多達二百多人，會期三天，是國際刑警組織的大型會議之一，我是會議組委會成員兼任國際技術協調官，主要工作是組織召開兩到三次組委會會議、遴選大會演講、編寫各種會議文件、出版會議紙質和電子出版物、協商醞釀下屆組委會人選，會議期間協助主席主持會議，處理各項會務和代表的需求等。我組織的會議照例是有集體聚餐的，可是會議代表太多，里昂找不到足夠大的餐館，最後就在總祕書處一樓餐廳舉行集體聚餐，費用按照餐廳日常價格結算，省了代表們不少錢。

酒吧值日

工作歸工作，在這幢神祕的大樓裡也有閃亮生活的一面。大樓的一樓有一間很大的酒吧，每天下班後開放兩個小時，周末再加一個小時，原先法國的交通法規中規定，血液中的酒精濃度不超過規定的數值，就不視為酒後開車，許多人都喜歡回家吃晚飯前先去喝點酒，聊聊天，放鬆一下。在酒吧裡喝酒是要付錢的，一般不論是什麼酒，一歐元一杯，烈性酒就是一小杯，啤酒就是一大杯。大樓裡的工作人員自願排班值日充當酒吧服務生，值日沒有報酬，但是酒吧裡的各色美酒值日的人可以隨便喝，而且是能喝多少就可以喝多少。

我挺喜歡在酒吧值日，倒不是饞人家的酒，主要是平時上班大家都挺忙的，而且一本正經，有機會放鬆地聊聊家長里短，才能瞭解大家，當然有機會嘗嘗各色洋酒也不錯啦。

我們中國人對林林總總的外國酒知道得不多，就像外國人也分不清我們的麴香、醬香、清香白酒一樣，所以要能勝任酒保一職，一定要找個外國人幫忙，幾次下來，我一般都和一位叫愛娃的德國女警察搭檔值日，合作得很愉快。我先學會了打啤酒，在歐洲文化中，喝啤酒時，講究一杯酒中三分之二是酒液，三分之一是泡沫，他們認為泡沫是酒的一個部分，而且是最精華的部分，常常看到一口酒喝下去，鬍子上掛著白白的泡沫，如果是滿滿一杯酒，沒有泡沫，他們一般是不會喝的，因為沒了精華。可是在自己付錢的酒吧裡，個個外國警察同事都要求我給打得滿滿的，看來在腰包和文化間，還是腰包要緊，液體酒和泡沫之間還是液體酒來得實在。在我的建議下，每次值日，愛娃帶來德國傳統音樂，我帶來中國絲竹管弦，整個酒吧就成了中德文化的天下。

後來法國交通管理嚴格了，允許飲酒開車，但不得醉酒開車，血中酒精濃度不得超過每升零點五克，相當於兩杯啤酒或是一杯紅酒或一小杯威士忌。為了防止大家興起超量，酒吧照常開，只是不再供應含有酒精的飲品了，結果「生意」大減，幾乎沒人去了。為了「拯救」酒吧，總祕書處規定：每次國際會議開幕的當晚，可以在一樓酒吧搞個酒會，免費供應法國香檳、紅酒和啤酒等，前提是會前要由組織會議的官員寫個備忘錄，也就是請示，報給祕書長批准。對於這等好事，祕書長沒有不批的。從此，但凡有會議，各部門的官員都把報批酒吧作為會議準備的一項重要內容，總祕書處每年組織一百多個會議，酒吧又恢復了生機，只是誰組織會議誰就值日，不再輪流了。

形色群體

當人們看到國際刑警組織總祕書處大樓人來人往，各種人員步履匆匆，進進出出，充滿了神祕感，不禁要問：什麼人才能在這裡工作，在這裡工作需要什麼樣的能力和素質呢？我也是懷著這樣的疑問接近這個組織的。

我在到國際刑警組織總祕書處工作之前，就與總祕書處有過一段淵源。一九九二年十一月，我國警察技術代表團參加國際刑警組織三年一屆的國際法庭科學大會，在會上當選為下屆組委會成員，團長順理成章地成為組委會委員。回國後，正在興高采烈之中，總祕書處致電中國公安部，提出擔任組委會委員要精通英語，具備能夠獨立地出席國際會議和擔負國際性任務的能力，要求我國確認團長的外語水準。團長的外語水準達不到人家的要求，參加國際組織自然就要按照人家的規矩辦，經過公安部領導的批准，組委會委員就換成了我。這樣我前後四次到總祕書處參加國際刑警組織法庭科學大會的籌備會議和大會，成為第一位單獨出席國際會議的中國警察，在國際法庭科學界結交了一大批朋友，也在國際刑警組織內部打下了專業基礎。

到國際組織中工作，精通外語是最基本的。我認為在我們國家裡，一個人從上大學到博士畢業，只有一門功課是發自內心學的，那就是外語，因為覺得它真有用。學習外語的時間最長，自覺性最強，下的工夫也最大，其他功課都是為了攢學分，挑選學分高的，容易過關的學。研究生時期我的一位好朋友對我說，「外語是能給人帶來運氣的」，這話還真應驗了。我從大學一直到研究生，英語的學習從沒停過，經過考碩士、碩士畢業、考博士、博士畢業等幾個台階的跨越，英語能力已有了相當的水準。

當研究生時，我有機會幫助我的導師、中山醫科大學第一副校長祝家鎮教授起草給國外的回信，經由導師耳提面命，受益匪淺。特別是取得博士學位調到公安部後，依然鍥而不捨地學著。那時候工資也不高，我報名參加外師授課的培訓班，每一分鐘就是好幾塊錢，我的辦法就是課前早去一會兒，和老師聊聊，課後再找老師多問幾個問題，這樣前後就能多加個二十來分鐘，算是打個九五折吧，老師還覺得你認真好學。參加這樣的班不要追求一對一，和外師一對一沒有那麼多的話說，一個班上四、五個人最好。當上刑事技術處長後，因工作的關係時常有應酬，我婉拒道，我沒有時間，晚上要去上外語課。朋友們說，你都是博士了，還要去上課學習。我說，這個班很貴，我不能不去。朋友們有的是做生意的，說，這點錢我們替你出了。我說，如果你們替我出錢，我就不會認真學了，肯定是三天打魚，兩天曬網，只有自己身上割下來的肉才真知道心痛呀！最後，這種不知目標、不明未來、不講功利的不懈努力，終於等來時機。

國際刑警組織總祕書處的工作人員按照身分不同分為三種類型：一種是由各國調任的警察，英文叫seconded，大概有一百四、五十人，來自四、五十個國家，構成了總祕書處的主體，也是國際刑警組織履行職能的主要力量。調任人多的大都是歐洲一些國家，比如德國、英國、義大利，它們有的十幾人，甚至二十幾人。大部分國家都是一名到兩、三名的樣子，亞洲中韓國來的人比較多，大概有四、五個，日本也來了兩、三人。

我們在國際刑警組織部總祕書處工作就屬於這種身分，從嚴格意義上講，從我國調任的是三個人，我和老朱來自大陸公安部，任期是三年，還有一位來自香港特別行政區，任期是兩年。我們在不同的部門工作，我由於專業特長的關係，在警務行動支援部門工作，具有警察身分和承擔警察的工作，定期到總指揮室執行帶班任務。老朱學的是通訊，他選擇去通訊部門工作，通訊部門屬於保障部門，不是警察部門，因此他雖是中國警察，但是他在國際刑警組織總祕書處內部並不屬於警務人員，所以值班之類的事都沒有他的份兒。香港警察的工作選擇是有明確目的的，他們都選擇在區域合作部門中的亞洲組工作，香港是個國際化程度很高的地區，警務工作與國際接軌更加緊密，他們把來到國際刑警組織總祕書處工作看作是一種培訓，所以輪換得比較快。透過幾年的工作，熟悉亞太地區的警察合作，也能網織起一定的人脈。我們大家相識是朋友，相互間客客氣氣的，但是從不牽扯大陸與香港間的工作，嚴格履行互不隸屬、互不干涉的原則。我覺得如果台灣地區也以這種形式參與國際刑警組織總祕書處的工作，應該是沒問題的。

雖然調任人員的工資都由各自國家支付，條件好的可能還可以領到一些類似出差補助，但是按照國際刑警組織的規定，調任人員屬於國際刑警組織總祕書處的官員，不代表本國在組織內活動，沒有完成本國當局和警方交予任務的義務。由於是各國發薪水，調任人員待遇上的差別很大，有些大國給的倒少，有些小國給的反而多，特別是一些非洲國家，能派到這裡來工作不說是皇親國戚，也得是七姑八姨類的，都不是一般人，所以他們的待遇都特別好。

最好的可能要數美國來的一位，一次閒聊中，他不無得意地對我說，他租下的是里昂最好的房子。我不解地問，哪裡是里昂最好的房子，他說，就在總祕書處附近，鳥瞰美麗的金頭公園的二百多平米的空中豪宅，就是里昂最好的房子。美國人的實力和生活方式略顯一斑。我覺得就我接觸到的美國人來說，他們非常喜歡和羨慕在歐洲生活，我想很可能是歐洲的歷史、價值觀和生活方式更適合他們的胃口，美國是個移民國家，歷史短暫，意識形態和生活方式多樣化是與歐洲最大的不同。

法國警察到總祕書處工作也算是調任，他們也非常喜歡這裡，主要考慮的是法國美食世界聞名，里昂美食又是法國第一，在美食界的地位相當於中國的食在廣州，美食之都誰不喜歡呢。法國各地發展得很均衡，經濟和環境上的差別不大，美食就成為選擇居住地的一項重要依據。考慮到在法國實際生活的需要，國際刑警組織總祕書處按月付給調任人員一部分生活津貼。

調任人員一般都有固定任期，任期屆滿後回國工作。但是也有個別的人調任總祕書處工作後，由於各種原因，原來國家基本上就不再理會他們了，加上主管領導人的更替，好像是把他們忘了一樣，一下子過去十年、十幾年的也有。人家一家人在法國生活時間長了，按照法國的法律，連續居住達到一定年限後，可申請加入法國籍，他們一旦獲得了法國籍，與原來所在國的法律關係就發生了變化，這一問題如何解決，一直也沒有個說法。

調任人員的選拔和決定權在所在國家手中，原則上對人員沒有特殊要求，要精通國際刑警組織英語、法語、西班牙和阿拉伯四種工作語言之一，成為了唯一條件。調任人員中也有不會這四種語言的，據說有一位非洲來的警察，他就只會講自己國家的語言，但是調任他來是人家國家定的，工資是由所在國家支付的，人家沒犯什麼錯誤，總祕書處也不能把人家退回去，只得單獨給他安排一間小辦公室，讓他一個人在裡面待著，愛幹點什麼就幹點什麼好了。

公安部決定調任我到國際刑警組織總祕書處工作後，需要先把名單報到總祕書處，獲得認可後，總祕書處要求我填寫個人情況的表格，其中有教育背景和專業技能，我當然要填上醫學背景、法醫學專業和刑事技術。當時總祕書處從協調國際警務合作出發，正想設立一個專職的災難死亡人員個體識別國際協調員，苦於總祕書處工作人員中沒有專業人士，對我的專業背景很有興趣，徵求我的意見，我就這樣邁進了國際刑警組織總祕書處的大門，成為總祕書處的第五級官員。

第二種人員的身分英文叫 detached，在中文中還真不好找到對應的詞，從他們的身分來說，有點像我們國內的借調。他們多是一些從事專門性工作的人員，比如負責網路和通信系統的技術人員是從法國電信借來的，這類人員的工資由總祕書處支付，所以人員數量控制得特別緊，一共才二十九位，他們一般都幹到退休，退休後回到原來的單位領取養老金。

第三種人員是合同制人員，英文叫 under contract，多是些祕書和行政人員，大約有二百二、三十人。這類人先到里昂的職業介紹所投放簡歷和工作要求，總祕書處需要人手時，就到職介所去招聘，他們與總祕書處簽下工作合同，就可以在這裡工作了，他們的薪金當然是由國際刑警組織總祕書處支付的。剛開始的工作合同有個試用期，通常是半年，半年後可以簽下正式工作合同，然後幾年一簽，隨著服務時間的延長，合同的年限也隨之延長。鑑於警察工作的特殊性和專業性，以及安全方面的考慮，總祕書處希望聘用的人員，經過幾年工作考察，認可其表現後，他們能在總祕書處服務比較長的時間，因此當一個人連續在這裡工作十幾年或二十多年後，有可能簽下終身合同。

合同制人員的工資與法國同等情況相比僅屬於中等，甚至個別的還偏少，但是在這樣一個聲名顯赫的國際組織中工作的職業榮譽感和穩定感，彌補了工資偏少的不足，況且總祕書處工作人員的工資享有免除所得稅的優惠，也增加了這份工作的吸引力。能在國際組織中工作的人員素質都很高，做祕書的都要取得祕書執照。我們小組的祕書伊莎白拉女士就非常出色，單說語言，法語是她的母語自然不成問題，她還精通英語、半通西班牙語，粗通阿拉伯語。她負責我們全組的祕書工作，頗有些我們內勤的味道。

國際刑警組織總祕書處能高效地運作，首先是它依靠制度管理著一群高素質的人，這群人認真負責地管理著全球打擊犯罪活動的事，工作程序中要求提前制定計畫與預算，計畫和預算確認後一般不得有變，職責明確減少請示與審批，各負其責互不交叉以外，擁有一個有效的祕書系統也是個重要原因。

所以，在這幢大樓裡工作的人，既不像影視作品、文學小說中描述的個個身懷絕技，飛天入地，無所不能，也不是呼風喚雨，揮手即來，抬手即去。他們都是些普通人，只是受過很好的職業教育，形成了很好的職業養成罷了。

彈性掌控

國際刑警組織總祕書處的工作時間實行彈性制，也就是說沒有規定每天什麼時間上班和下班，只是按照法國的法律規定，每人每週需工作三十五個小時。在前任祕書長肯德爾時期，他要求每天上午十時到下午二時是剛性時間，所有工作人員務必在崗，他的意思是如果各部門有事，或是祕書長有事，在這個時間裡能保證全體人員都在。新的祕書長諾布林上任後，取消了這一規定，既然是彈性時間管理，就要真正有彈性，不再設什麼沒有實際用途，又約束人的剛性時間。實際上，總祕書處除去每年組織眾多的專業性國際會議外，自身幾乎從不召開我們國內幾乎天天要開的傳達、學習、動員、部署、通知、檢查、總結之類的以管理為主要內容的會議。有什麼要讓大家知道的事，直接一個郵件發到每個人的郵箱中就行了。

我記得三年中只有兩次與國際刑警組織專業無關的會議，一次是新任祕書長上任一年後，總祕書處進行了一次機構改革，通知全體人員到一樓大會議廳開會，會議廳坐不下這麼多人，許多人乾脆就站在會場周邊的走道上，可見會議時間長不了。會議開始，沒有人主持，沒有介紹，直接是祕書長上台用個PPT介紹了機構改革方案，講完散會，前後不過十五分鐘。另一次是我們部門新來一位工作人員，組長讓・馬克突發奇想讓我們開個小會，我故意問他，以前也經常有人員輪換，這回怎麼還要開個會？他討好地說，會上每個人都要講幾句，只是介紹一下自己，你可以講五分鐘。我說，不，一分鐘就OK。他湊近我補充說，他買了一瓶香檳，已放在文件檢驗專業用的冰箱裡了，還請他太太做了一個法式蛋糕要請我們嘗嘗。果真，什麼介紹會，最後很自然地變成了喝香檳吃蛋糕的聚會。以後每逢耶誕節或是其他法國重要節日，我們部門都在我們幾間辦公室間的小空地上舉行聚會，各自拿來本國的傳統美味，請大家分享。我家出的是排叉（編按：一種油炸的長方形薄麵片食品），太太用法國麵粉做的，又香又脆，就著香檳很合口味。

國際刑警組織是警察組織，但是它自身的安保工作卻是轉包給專業的保全公司負責，最要緊的門衛就是由保全公司負責，保全人員身著制服，雖與警察不同，但是式樣、顏色和標飾也差不多，我們這些警察也必須服從人家的管理。

總祕書處供人進出的門是鐵柵欄轉門，門又高又狹窄，沒有人進時是鎖死的，進門時，把胸卡在門旁的讀卡器上一刷，鎖死的柵欄門就鬆開了，用手一推，轉過一個一百八十度後，剛好能放一個人進去，門「咔嚓」一聲又鎖死了，再要進去一個人就要再刷卡，誰要想在刷卡的人後面趁機擠進去，是根本不可能的。離開總祕書處出大門時也要刷卡，否則門同樣打不開，不放人出去。這樣一進一出，你今天在大樓裡的時間就被記錄下來了。

進門刷過後，如果沒有出門，這卡就不能再次進入，以防一張卡被反覆刷，變成一卡多人。通過鐵柵欄門之後，工作人員直接進入總祕書處的院子，然後進入大樓。開車來上班的，車到大門口時，開車的人把胸卡朝門旁的讀卡器一刷，巨大的鐵門就開了，車進院子大門後，要立即停下，一名保全人員拿著檢車鏡檢查你的車底盤，看看是不是被人掛上了炸彈，你要配合保全人員檢查，在車裡拉開開啟發動機艙（編按：即引擎室）和後備廂（編按：即行李廂）的扳手，保全人員確認沒有危險後，你才可以把車開進總祕書處的地下車庫。九一一事件以後，為了預防恐怖襲擊，總祕書處要求各國工作人員把車上的國際組織牌照一律換成法國牌照，不願意換的，就不能停在總祕書處的地下車庫，以免一旦發生不測，殃及整幢大樓。

世界各地來開會的代表在會議之前要報名，總祕書處掌握他們的名字後，提前替他們做好胸卡，代表抵達總祕書處後，只要出示護照，核對照片無誤後，就可以領到自己的胸卡。國際刑警組織一年要在總祕書處召開一百三、四十次會議，有時一天就有好幾個會議，不同的會議胸卡的顏色也不同，每個胸卡上都有與會者的姓名和會議日期，會議結束後，卡就無效了，要求與會者會後離開時務必將胸卡交回，否則大門不開不放行。

國際刑警組織總祕書處的臨時會議胸卡上印著國際刑警組織的標誌，九一一事件以後，為了安全起見，不再印國際刑警組織的標誌，也沒有會議日期了，只有由會議名稱的字頭組成的簡稱，這樣即使胸卡丟失，撿拾者也不知道這個胸卡是幹什麼的，是哪個組織的，是什麼時間的就不會給組織帶來威脅。

領到會議臨時胸卡的代表要站到一個高高的玻璃圓桶前，圓桶前側的門打開，人進去，門關上，人在裡面來個全身大掃描，檢查完畢，圓桶另一側的門打開，人就可以進去了。帶著的文件箱或是行李，就要放在安檢傳送帶上進行透視檢查。

工作人員進門時一刷卡，就算是工作時間了，英語叫clock in，中文翻譯成「走錶」最合適，出門時再一次刷卡，工作時間就停止了，英語叫clock out，中文叫「停錶」最合適。說得極端一點，只要是在大樓裡，就是睡覺也算工作時間，只是沒人這樣做。

總祕書處規定，每天四十五分鐘吃午飯時間自動從工作時間中扣除，不需要人工去clock out，停錶，除此之外，在大樓裡有幾種情況是要自己去clock out的。大樓底層有一個健身房，中午許多人不吃午飯去健身，健身房門上裝著電子鎖，進健身房時刷卡，算是clock out，停錶，從健身房出來進入辦公大樓時要再刷卡，算是clock in，走錶，又算是工作時間了。大樓一樓有一個很大的酒吧，按照規定，和健身房一樣，進酒吧要clock out，停錶，出酒吧時要clock in，走錶，不管你進去是喝東西，還是做酒吧的義務值日生，都要刨時間（編按：扣除時間的意思）。工作人員們習慣在午飯後，進去喝杯咖啡聊聊天，酒吧不像健身房好管理，沒有大門，雖然入口處牆上裝著讀卡器，但是沒有人自覺地在那裡刷進刷出。

刷卡計時，時間的管理精確到秒，每個月初，電腦裡會收到一封郵件，上面清楚記錄著上個月的每一天，你是幾點幾分幾秒刷卡進入的，幾點幾分幾秒刷卡離開的，你實際工作了多少小時多少分多少秒，平衡下來，你比法定的三十五個小時多了，還是少了，如果多了，你積攢了多少時間，如果少了，就是欠了多少工作時間。年底時，如果你攢的時間不夠一百五十小時，就可以全部挪到第二年，如果超出一百五十小時，那就只能挪一百五十小時到第二年。積攢的時間累計達到一百五十小時時，可以換取三十天假期，當然也可以一天少幹幾個小時慢慢用掉。如果一段時間內臨時有什麼事情，你可以欠下工作時間，甚至可以到負值，以後再慢慢補。早來晚走和值夜班的時間全部計入個人的工作時間，彈性支配，可攢可用，主動在手。有了這樣的時間管理，你完全可以根據你的實際需要安排你的工作時間，什麼時候你有事情不能來上班，可以提前把工作時間積攢下來，或者以後多幹再補，這是一種真正的自我掌控的彈性時間。

按照法國法律，每人每年有三十天的帶薪假期，國際刑警組織總祕書處身處法國，理所當然地照此辦理，但略有不同。總祕書處除了這三十天外，考慮到工作人員來自世界各國，增加了一天國慶日假，就是你的國家的國慶日那天你可以放假，還增加了一天宗教假，信奉不同宗教的工作人員可以在他的宗教節日時放假。中國警察沒什麼宗教，我們就把這個假用在了過春節。新任祕書長來了以後，為了體現體恤下屬，收買人心，又增加了兩天假，美其名曰祕書長假，這樣我們每個在總祕書處工作的人，不分膚色、不分男女、不分國籍、不分身分，一年可以享有三十四天假期。此外，總祕書處還規定了許多附加假，比如婚假三天，喪假是根據逝者的關係遠近而有所不同，喪偶是三天假，父母去世是兩天，岳父母去世是一天等。

各司其職

國際刑警組織總祕書處內部的分工很嚴格，每個人負責一攤事情，別人不會參合，更不會干預，這樣才能保持高效率。我主要負責災難死亡人員的個體識別和三年一屆的國際刑警組織刑事科學技術大會的籌備工作，在我負責的領域裡，我有權以國際刑警組織總祕書處的名義向各成員國發電，要求他們如何如何，不需要報批，也沒人批。

我的身分是警察，在總祕書處的工作單位也是警務行動部門，因此我要參加總指揮室的值班工作。開始時大概兩、三個月才值一次班，警察值班主要是帶班，不必一直待在指揮室裡，白天在各自的崗位上照常工作，只是手中拿著總指揮室的電話，晚上要等到八點以後才能下班走人，回家時手中一直拿著這個電話，如果總指揮室有事會直接打到這個電話。我帶班時，還真有幾次半夜三更電話打了進來。第二天早上八點交班。按照總祕書處的規定，值班期間，帶班警官有權代表祕書長對成員國做出回應，但是好像沒有哪個帶班警官代表過祕書長，後來手機普及了，祕書長到哪裡都帶著手機，即便在海濱和家人度假也拎著手機，我們帶班的就更沒有機會代表他行使職權了。

總祕書處大樓裡的分工嚴密體現在各個方面。比如室內綠植（編按：即盆栽）護理，在國內辦公室裡也都養一些綠植，大家都朝裡面澆水，特別是喝剩下的茶葉水，連茶葉帶茶湯一股腦地倒了進去，在總祕書處大樓裡可不許這樣，你怎麼知道那些花花草草就需要你喝剩下的茶葉，說不定你喝剩的水和茶葉對花草有害呢。有專門的綠植公司負責打理這些花草，人家弄得很專業，什麼部位栽什麼花、種什麼草都是有講究的。

每隔一周，最多兩周時間，綠植公司的工作人員就會來，他們穿著象徵他們職業的綠色工作服，爬進花草的縫隙裡，鬆土、澆水、除雜草、施肥、殺蟲、移栽，忙得不亦樂乎，有的花草種在半空中的平台上，他們要從樓內的窗戶翻出去，冒著危險去收拾花草，樓內的工作人員沒有人特別注意這些，能在他們鑽窗時主動讓一讓就很讓他們感謝了，因為這一切都是他們分內的事。

我剛到那裡時，在三樓的一間三人辦公室，後來機構調整，我搬到大樓二樓轉角的一間單人辦公室。搬辦公室很有意思，首先有一名負責搬辦公室的工作人員發來一封郵件，問我什麼時間方便搬動，我確定好時間後，他先用手推車推來兩只大塑膠箱子，讓我把文件、書籍、資料和一切雜物都放進去。半個多小時後，他又來了，負責把我的所有東西運往新的辦公室，我只把一件西裝外套搭在肩上，跟著他走就是了，完全不用動手。

到了新辦公室，裡面胡亂地放著一張呈「L」型的桌子，他問我，桌子放在什麼地方？

我問，你有什麼建議嗎？

他說，你的辦公室透過窗子外面就是隆河，再遠翻過一座小山坡就是老城區，風景很好，我們法國人的習慣就是要對著窗外，對著河。

我說，那好，就對著河。

他就按照我說的，把桌子的長邊擺放在窗子下面，短的一邊順著牆放好，身高馬大的他腆著大肚子鑽到桌子下面去，用螺絲把桌子固定好。我看見桌子上有點土，剛想動手擦，他說，不，我來。打開他推來的小車，拿出一瓶清潔劑，對著桌子「哧哧」地噴起來，然後再用抹布一擦，鋥明瓦亮，還散發出檸檬的清香味道，我不由得感歎道，幹什麼都是專業。

幹完這些，他又問道：電腦放在哪裡？

我問，你有什麼建議嗎？

他說，桌子對著窗子了，電腦就應該放在右側靠牆邊，這樣你左側有窗子，視線開闊，不擋風景，桌子的大片面積也在左邊，工作起來很方便。

我說，好，就這樣放。

放好電腦後，他又問我，電話放在哪裡？

我問，你有什麼建議嗎？

他說，你通常接電話用左手還是右手？

我說，用右手多。

他說，那我就把電話放在你的右手邊，你接電話很方便。

我說，好的。

辦公桌的位置固定了，電腦的位置固定了，電話的位置固定了，辦公室基本布置完了，他就走了。

過了一會兒，又來了一位，他進來後，問了我一句，電腦就放在這裡了？我說，是的。他二話不說，直接鑽到桌子底下去接電腦的各種連接線。一會兒他汗流浹背地鑽了出來，說，好了，你試一下。我打開電腦，一切正常，他就走了。

又過了一會兒，又來了一位，他進來後，問我，電話就放在這裡了？我說，是的。他也二話不說，直接鑽進桌子底下去接電話線。一會兒接好了，他抓起電話話筒，撥了一個號碼，對方應答了，他說，行了，就走了。

外人乍一看到這種工作過程，感覺太煩瑣了，以為這些人，每人只負責這麼一件「小」事，也太清閒了，其實不然，負責搬家的，一個人要負責國際刑警組織總祕書處中三、四百人搬家的事，負責電腦的，一個人要負責整個國際刑警組織大樓裡幾百台各式電腦的連接、調試，負責電話的同樣是一個人要負責幾百人的電話，所以他們一人管一大攤，都是很忙的。他們的身分有點類似我們機關中的工友，但是人家不一樣，有一次下班時我見到幫我搬家的那位，他脫去了滿是污漬的工作服，換了一身時尚的衣服，鑽進一輛寶石藍的大寶馬裡，衝我眨眨眼睛，一溜煙地開跑了。在國外就是這樣，工作沒有高低貴賤之分的背後，體現的是人格上沒有高下的不同，下了班到了私人時間，張揚的個性就是人家自己的事了。

無人報銷

國際組織的官員出差是少不了的。國際刑警組織總祕書處的工作人員出差多是出席各種會議，按照資助不同，一般分為兩種情況，一種是國際刑警組織總祕書處派出的，這取決於是否列入年度預算，只要列入預算，到時間就儘管去，經費由國際刑警組織總祕書處支付。如果沒有列入預算，除了九一一這樣百年不遇的事件，其他的雖說可以寫備忘錄，報祕書長批准，但是好像基本上沒有人願意找這個麻煩。另一種是應邀出席其他國際組織、國際刑警組織地區機構會議或者成員國會議的，甚至包括一些商業性的會議時，經費由邀請者出，這種情況國際刑警組織總祕書處明確支持的，因為對於一個國際組織來說，任何一個擴大自身影響的機會都是要緊抓不放，人家出錢，讓國際刑警組織出名，何樂而不為。

準備出差時，要在網上填寫一個出差表格，內容主要包括個人基本資料，出差時間，要去的地方，去的目的，講什麼語言，對方有沒有資助，特別要註明出差期間你是否休假，這是因為有的國家去一次不容易，出差的人可以在會前或會後，利用自己的年假在那裡多待幾天，這時候食宿就得自理。表格中特別要強調的是，與會者將代表國際刑警組織在會上做演講，表格上還要求說明不參加可能會給國際刑警組織帶來的後果，並提示：「不能說不利於組織形象一類的話」。表填寫好了以後，從網上傳到部門領導那裡，部門領導證實的確是列入預算的，他簽完意見後，就直接傳到總祕書處一個專門管理出差的部門。

填表時，你只要把會議開幕時間、閉幕時間告訴人家，全部行程就由他們設計了，他們有全世界所有商業機場到城中心的距離，計程車所需要的時間，他們負責設計行程，機票是由他們預訂的，保證時間夠用，不會耽誤會期。

等全部安排好後，也快到出發時間了，我就會收到郵件通知，讓我去領錢和機票。我到出差部門後，先領到一張機票的行程單，確認一下有沒有問題，然後負責出差的部門會給我一張單子，上面寫著這次出差我可以領到多少錢，同樣確認無誤後，我到隔壁的財務部門去領錢就行了。

國際刑警組織總祕書處出差沒有報銷一說，按不同地區的標準包乾費用（編按：即固定配額支付）。比如在歐洲出差，不論去哪個國家，一律一天一百八十歐元，住店、吃飯、乘車、小費都從這裡面支出。也就是說，你在馬路上站一宿，那住店的錢就歸你了，如果你再一天不吃，一百八十歐元就全歸你了，其實這一百八十歐元主要應是酒店住宿費，在西方，人們認為，吃飯是要自己出錢的，因為不管什麼理由，反正飯是吃到自己的肚子裡，組織沒有天天請吃飯的義務。這種包乾式的出差費用管理不需要回來報銷，實行起來非常簡單，還去除了假發票之弊，出差的人也倍感方便。

有一次我出差，因為是邀請方出資，例行公事地填寫出差表格後，便不再理會這事。出發前接到了出差部門的通知，要我去領取費用，我很奇怪，以為人家弄錯了，就到出差管理部門去說明情況。負責出差的官員對我說，他們知道經費是由邀請方出的，但是國際刑警組織仍然要按照原來出差標準的三分之一給我出差費用。我問為什麼呢？她說，雖然邀請方提供了國際旅費、住宿費，但是仍有許多費用人家是不管的，比如，你到一個國家打電話，電話費要你自己出，人家邀請方肯定不會替你出電話費，這個電話費就成了你出差的額外支出。再比如說，你住酒店要付小費給清潔工，如果你不出差，就沒有這筆開銷，這些錢人家邀請方也不會替你出，所以雖有資助，但組織還要提供一定數額的經費給你。這些管理方式既體現了周到體貼，又以高效率為標竿，非常方便。

一次我要到西班牙開會，會議的組織者是西班牙國家警察總局的災難死亡人員調查隊，我找到總祕書處裡的一名西班牙警察說，能不能幫我預訂酒店。西班牙人很像中國人，特別好客，得知我要去他的國家，還請他們幫忙，非常高興，連忙說沒有問題。為了節省經費，我說，我出席的會議在西班牙國家警察總局舉行，我喜歡步行，能不能在警察總局步行範圍內找一家酒店？他說，沒有問題。過了幾天，臨出發前，他發郵件通知我，他在馬德里市中心最熱鬧的地方給我預訂了一家非常古老的著名酒店。我心想一定很貴，他說，一天六十歐元。我心裡一驚，怎麼這麼便宜，他解釋說，這個價錢是給警察的優惠價，你也是警察，就應該享受這個優惠價。

我到負責出差的部門去領錢，負責出差的女官員對我說，行程和費用是按照下飛機後搭乘計程車去市中心安排的，但是你千萬不要搭計程車，馬德里堵車非常嚴重，直接搭乘地鐵，又快又方便，她還詳細地告訴我怎樣找到地鐵站，

當我的飛機降落在馬德里時，才發現機場離市中心非常遠，好像馬德里的機場修建在另外一個城市裡，我按照女官員給我指的路很快找到了地鐵站。我先後一共搭乘了四條地鐵才到達馬德里市中心，其中第一條地鐵開了半個多小時，中途一站都沒停，可見距離之遠。

辦完手續進入房間，我驚呆了，原來人家預訂的是國王套房（King Size），六十歐元住進國王套房，真是太棒了！房間裡全是精美的歐洲古典家具，帶著流蘇的厚重窗簾和我們在電影裡看到的一樣，巨大的床只要一躺上去就再也不想起來。客廳、臥房、書房、衛生間、浴室這麼大的空間裡，我感覺我待在哪兒都不合適，警察優惠價也太優惠了。

第二天麻煩就來了。早上我下去吃早餐，餐廳門口的服務生說，你的房間是不包早餐的，我說，行，我自己另付。我像往常住酒店一樣，享受了一頓酒店慣常供應的大陸早餐，飯後服務生讓我簽單，我痛快地簽好，留了一個心眼，想看看到底多少錢。我要來帳單一看便傻了眼，僅一個煎蛋就要

二十二歐元，敢情早餐的價格也是國王級的。

總祕書處規定，出差回來要寫一份備忘錄，規定用十號字在A4紙上寫一頁半，多了也不行。前面是會議的一般資訊，最重要的是兩條：第一是出席會議對國際刑警組織有什麼益處，這個地方又有一個提示：「擴大本組織的名聲和影響一類的話不許寫」，第二是會後需要國際刑警組織做什麼，這個部分是重點，一定要多寫幾句，例如支持會議的決議，或是在今後的工作中注意會議所涉及的內容等。

年度總結

在國際刑警組織總祕書處工作每年也要進行總結，準確地說，應該叫作年度評估（Assessment）。每年十一月下旬，會從電腦裡收到一個標示我名字的文件，列印出來就有七、八頁厚的年度評估表。這個表的第一行是一道選擇題，題目是：你願意做年度自我評估嗎？選擇項是兩個，一個是願意做，另一個是不願意。如果選了不願意做，只管把這一摞空白的表格全部交上去就行了，直接進入下一個程序，選擇不願意做的人不會受到任何歧視和刁難。等部門領導簽署了評估意見，再回饋回來給你，你可以不同意他的評估意見，寫出自己的理由。等祕書長簽署了意見後，還有一次回饋給你的機會，如果不同意，還可以再提自己的理由，總之沒有糊弄人的地方，也沒有背著你的地方。

咱們中國人每年都做年度總結，好像不總結一下這一年就像是白幹了一樣，所以我們很習慣這個，考慮到今後回國這些評語都很有用，因此我和老朱每年都選擇參加評估。

評估要求把自己一年的工作分為三個部分總結，第一個部分是一年來做了哪些分內工作，第二個部分是一年來做了哪些分外工作，第三個部分是對組織有什麼要求？要求全部自我評估部分用十號字寫，全長不超過Ａ４紙一頁半。

第一部分我只要按照「職位分析」去寫就是我一年的工作了。「職位分析」是國際刑警組織總祕書處為了準確高效地設置機構和崗位，專門邀請第三方公司的專業人員，對總祕書處內部的機構和每個崗位進行分析，拿出機構設置合不合理，需不需要調整的建議；崗位設置有沒有必要；崗位上官員需要何種能力；官員的級別與崗位是否匹配等意見，因為崗位上的官員是輪換的，所以並不涉及崗位上現任官員是否稱職。第三方公司只對祕書長負責，因此祕書長對這件事非常重視，對他們的意見照單全收。

我記得，在他們的分析報告中，曾提到有一位官員與他的崗位相比，他的級別偏低，估計是崗位很重要，對於這樣的意見通常用兩種辦法來解決，一是提升現任官員的級別，當然就要看他的運氣了。二是這一任就這樣了，等任期滿了以後，找一個級別高的官員接任，最後還不錯，現任的得到了提升。如果他們的報告提出沒有必要設立某個崗位，處理起來也是這一任就這樣了，等任期滿了以後，不再找人來幹就是了。

機構和崗位評估時，國際刑警組織總祕書處先請人家進駐，安排好辦公室，配置好電腦，和組織內部人員毫無二致，總祕書處行政部門給我們每人發來郵件，說明當前祕書長決定進行機構和崗位的評估分析，務請全體人員支持和配合。

接下來，這些第三方公司的人員就開始在大樓裡活動，機構怎樣分析我不知道，崗位的分析涉及我們每一位工作人員，所以大家都很在意。一天，我從網上接到通知，問我什麼時候方便接受崗位評估，給了我幾個時間選擇。然後通知我需要準備的東西，總的原則就是能反映我所在崗位的重要性和必要性的任何資料，和我的工作對成員國起到作用的資料，特別註明要我提供我在專業會議上所演講的PPT稿。

到了約定的時間，一位中年女士來到我的辦公室，相互問候後，沒有多餘的客套，直接進入話題。我講了我負責的工作：組織國際專業會議；推廣國際刑警組織災難死亡人員個體識別表格在成員國間的應用；組織國際援助；籌備國際刑警組織法庭科學大會；協助建立國際刑警組織總祕書處DNA資料庫；與其他國際組織保持聯絡等。她聽得很認真，用一支很少見的綠色墨水的鋼筆做著筆記，最後我把各種資料，比如《國際刑警組織災難死亡人員個體識別指南》、《國際刑警組織不明身分死者通報》、《國際刑警組織失蹤人員通報》、《不明身分死者資料登記表》、《失蹤人員資訊登記表》等許多資料提供給她，還講了許多案例給她聽，咱是當警察的，引人入勝、扣人心弦的案例有得是，我還把我在國際刑警組織召開的災難死亡人員個體識別大會上發言的PPT一併提供給她，原定與我交談四十五分鐘，最後竟談了兩個多小時，看著她收穫頗豐地走了，我心想，這下子我的崗位保住了。

第二部分要寫分外的工作，這項內容比較敏感，原因是你為什麼會幹那麼多分外的事呢？難道你把別人的事也幹了？其實一個人的成功，不在於分內工作幹得怎樣，因為分內工作幹得再好也是應該的，分內工作的標準就是你能達到的最高標準。分外就不是這樣了，分外本不是你應該完成的，但是如果你能去幹，而且能幹好，成功的機會就不遠了，所以任何一個人的成功都是在分外上出了彩兒。

分外工作我一般填寫兩項，一是接待來總祕書處開會的中國代表團。我在法國的身分是國際刑警組織總祕書處的官員，只代表國際組織，不代表中國工作，不承擔國內任務，所以我沒有接待中國代表團的任務和義務。但是從調任一開始，我和老朱就達成共識，來的都是客，我們還是按照中國人待客的傳統，好好伺候他們。他們中的許多人一輩子就來這一次，而且對於刑警來說，國際刑警組織是他們心中最神聖的刑警聖殿，無比嚮往。

他們中的絕大多數是首次來法國里昂參加國際刑警組織的會議，因為語言不通，他們會遇到許多困難，我們有義務幫助他們。事實也是這樣，在我們去總祕書處工作以前，中國代表團去開會幾乎全部是啞巴會議，在會上只聽不說，其實不懂外語，聽也聽不懂，只是在那裡裝裝樣子罷了。我們在那裡工作的三年中，要求去的代表團一定要在會上發言，我們積極與會議的組織者協商，安排中國代表團在大會上發言，語言不通的，請他們提供中文講稿，我們在那裡翻譯成英文，還替他們到大會上去宣讀，總之我們追求的是要發出中國的聲音。國際刑警組織的各種會議是總祕書處裡各個部門組織的，這樣主動參與的效果非常好，等於支持了其他部門的工作，我們在總祕書處裡特別受歡迎。

三年累計下來，我們一共接待了六十三個中國代表團，三百零六人在我們家裡吃過飯，上自部級領導，下至普通警察，接待標準一視同仁。一般是這樣安排，我和老朱先開著自家車到機場接代表團，當晚先在我家吃晚飯，最常吃的是牛肉餡餅，用國內帶去的電餅鐺（編按：即烙餅機）烙的，香氣撲鼻，國內自家已經不常費事自已做了，所以特別受代表團的歡迎，甚至傳為「到里昂開會，吃左博家餡餅」的佳話。

考慮到坐了十幾個小時的飛機，最後一道一定是肉絲、白菜、榨菜湯麵，一碗湯麵在國內是最普通不過了，但是在法國就不一般了，肉絲還好辦，白菜要到中國城去買，買到的是西班牙種植的中國白菜，樣子和味道與中國產的完全一樣，榨菜只有中國城才有得賣，當然全部是中國貨，法國人根本不吃這東西，所以細算起來，一碗麵條價格也不菲。

還有就是人家來一趟不容易，要請他們吃些印象深刻的法國美味，比如法國乳酪世界著名，光算品牌就有四百多種，也就是說一天換一種，一年不重複，我家常年備下幾種乳酪，別管喜不喜歡這個口味，請大家嘗嘗。法國啤酒也很好，特別有趣的是好啤酒，看著酒瓶蓋封得緊緊的，實際上一擰就開，而國內都是要用開瓶器開啤酒瓶，國內同志看了特別新鮮，就衝著這種開瓶方法也要多喝一瓶，有時也會開瓶法國紅酒，大家品嘗品嘗，但是大多數人都不太習慣這種酸澀味的乾紅。

會議上通常組織一次集體晚餐，這種晚餐是各點各的菜，各付各的帳，唯一體現聚餐的是酒錢分攤，我們寧可自己往裡搭錢，也要陪同中國代表團參加，為的就是要讓他們多和國際上的同行交流。如果是三天會，中間我們再在中餐館請他們吃一餐飯，最後一天是到老朱家吃的，飯後就直接把他們送上馳名世界的法國高速火車的一等車廂，直奔巴黎而去。三年來，反覆演奏這樣的三部曲，實在是辛苦了兩位太太。

除了吃飯以外，陪代表團購物也是一件很有意思的事。國內代表團買得最多的是化妝品，其中又以著名的法國香水最多。我告訴代表團的同志們，買什麼樣的香水關鍵是要看給誰用，如果是給家裡人買，就一定要買你聞著比較舒服、受得了的味道，因為你們一天到晚生活在一起，味道不對是個麻煩。如果是給單位領導、同事買，就要買味道越怪的、越難聞的越好，哪怕是臭的，因為如果你買回去的香水味道大家都熟悉，人家會問，你這是法國的嗎？只有味道怪怪的，才能表現出這是法國買回來的，誰讓人家法國就是這個洋味兒。其實法國還有許多讓日常生活變得更加簡便快捷的東西，比如手搖甩乾機，能把洗過蔬菜上的水分充分甩乾，還有手搖切菜機，不是電動的，構造極為簡單，清洗起來非常方便，這些不在法國生活是發現不了的，我們也向代表團推薦了不少這類東西，深受歡迎，往往是先買一個給自家，過會兒想想再買一個給爸媽，最後想想不對，再買一個送岳父母。

許多代表團裡有我們的朋友，他們來里昂之前，透過各種管道問我們需要什麼，我們最需要的，就是國內電視劇的光碟，還有就是二兩裝的小瓶白酒，送給外國同事作為禮物最合適不過了，一整瓶人家一下子喝不了，二兩的量最好。代表團同志們怕到法國沒茶喝，總是帶許多茶葉，結果發現法國酒店裡沒有開水，還是沒辦法喝，最後就都留給了我們，所以，我們家裡煮茶葉蛋的茶葉都是大紅袍。公安部刑偵局的同事來里昂帶得最多的就是蔬菜，法國雖然不缺蔬菜，但是咱們中國人常吃的，不是沒有就是味道不對，國內的黃瓜、萵筍、豆角、茴香全都來過，好在法國海關不管這事，託運、手提，您隨便帶。

這些事情我一股腦地寫進分外的工作中，我的組長讓・馬克每次看我寫接待中國代表團一項都很感動，法國人也是很好客的民族。

分外工作的第二項是協調成員國辦案。由於近年來，中國人透過各種管道到歐洲生活的越來越多，無論是中國人犯罪，還是中國人被犯罪侵害，反正是涉及中國人的案件越來越多，外國警方辦這類案子時，常因語言不通，無法溝通，有的嫌疑人明明已在歐洲生活多年，遇到事了，也說自己不會外語，弄得警察一籌莫展。我到過愛爾蘭辦案，還協助英國警方和奧地利警方辦案。雖然我們是國際刑警組織，我個人也是刑警，但是就我在總祕書處的崗位職責來說，並沒有協助辦案這一項，因此這項也成了我分外的工作。

我們這個部門有位來自奧地利的警官，叫舒爾茲，這個傢伙能力很強，聰明過人，幹警察多年，工作很出色，名氣也很大，他好像不太願意在總祕書處工作，因此有點目中無人，平時不苟言笑，不太好接觸，我協助他籌建總祕書處DNA資料庫，一直是小心翼翼的。一次他接到奧地利警察的通報，說在維也納發生一起兇殺案件，聚居的中國人間起了糾紛，一人被殺，兇手將被害人屍體藏於床下，就逃走了。當然，兇手肯定不會逃回中國，誰都知道那等於自投羅網。案件發生後，奧地利警察向周圍的中國人瞭解情況，這些人怕惹惱了黑道上的人，不敢配合警察，但是又不敢明著得罪警察，怕警察追究他們的身分，所以配合不是，不配合也不是，他們向警察提供的情況都是半真半假的。

調查中，有一位女士向警察提供了被害人在中國的家人電話，可是任憑奧地利警察不分晝夜地撥打這個電話，總是無法接通。舒爾茲請我幫忙試試，並且明確說，打國際長途電話的費用算他的。在國際刑警組織總祕書處裡，每個人的電話都可以撥打國際長途，每月有個額度，超過了要寫備忘錄，說明理由，大家都盡量不超額，所以才有了請我幫忙，額度算他的一說。我說，幫個小忙，沒有關係。我拿過電話號碼來一看，國家代碼是對的，區位號碼也是對的，這的確就是中國的電話，心想這還不容易嗎，隨手撥過去，那邊一點回音也沒有，再試一次，還是這樣。我想，不對，一定是電話號碼有誤。我踏下心來（編按：即靜下心的意思）仔細研究電話號碼，區位號是775，一查是廣西玉林，好像沒聽說有多少廣西人到歐洲，到奧地利去謀生活呢，再一想，到歐洲來的最多是浙江人，對比之下，775與浙江溫州的區位號碼577很接近，再仔細看，當時全國地級市中只有溫州的電話號碼升為八位數，而這個電話就是八位數，我判斷這個電話號碼很可能是浙江溫州的，就把775變成了577再試試，一撥過去，正好就是死者家裡。死者的家人已從老鄉嘴中隱隱約約得到了出事的消息，但是一直沒有得到奧地利警方或者中國警方的正式通知，人家正守在電話邊等著哩，我把情況核實一遍，那邊頓時陷入嚎啕大哭。

我十分得意地告訴舒爾茲，是這位中國女士怕得罪你們，不敢不說，又不願意你們利用她提供的線索找到被害人的家，故意把電話號碼說顛倒，害你們找不到，以後如果發現號碼錯了，她可以推說外語不好說錯了，你們拿她也沒辦法。舒爾茲高興極了，哪裡顧得上這些，馬上打電話告訴奧地利警方，那邊立即發來一份調查題綱，要我繼續向被害人家裡瞭解情況。這一次通電話的時間就長了，我告訴舒爾茲，這回的電話額度可真要算他的了。

我足足用了四個多小時，才把題綱上的問題全部弄清楚，還翻譯成英文。舒爾茲一直陪著我，雖然已是半夜，我們兩人非常興奮。舒爾茲不知從什麼地方弄來一瓶酒，我們就在辦公室裡你一杯我一杯地慶祝起來，要知道總祕書處是禁止在辦公室裡喝酒的，不過工作到這麼晚，結果又是這麼好，晚飯都沒吃，情有可原，但下不為例。

滿臉興奮的舒爾茲指著他桌子上的奧地利國旗開玩笑地對我說，這是我們奧地利的國旗，我們的國旗比美國的好，比德國的好，也比你們中國的好。

我問道，為什麼這麼說呢？

他說，你看，我們奧地利國旗是上下兩條紅色，中間夾著一條白色，這樣我們奧地利人喝多了以後，不會把國旗掛倒了。原來這個傢伙也挺開心的。

第三部分是對總祕書處的要求，我一般寫上希望得到進一步培訓的機會。國際刑警組織總祕書處的工作很多，門類廣泛，又是在完全的外語和法律環境下工作，許多領域相互間距離較遠，不完全懂，因此為了能應對多種複雜情況，盡快熟悉各部門工作，總祕書處每年都主動提供多種培訓機會，希望大家能積極參加，掌握更多情況和工作能力。

我本來也就是簡單地寫上培訓，結果當天下午，我的組長讓・馬克一臉嚴肅地來找我，問我具體需要什麼培訓，馬上就要為我安排。我告訴他，我在指揮中心擔任帶班警官時，複雜的國際刑警組織網路系統總讓我發懵，好歹弄懂了以後，由於兩次值班的時間間隔太長，下一次值班時又忘了，希望能透過系統培訓，真正達到熟練掌握國際刑警組織網路的水準。問題提得越具體，讓・馬克越高興，總祕書處馬上安排，加上我一共有四個提出網路培訓要求的人集中兩天時間接受培訓，這次時間長，培訓是由網路工程師講授的，效果很好。

自我總結後，把評估表交給組長，組長只要給個評估等級就行，不需要寫評估意見。過了幾天，讓・馬克找我商量說，今年我給你「好」（Good），明年我再給你「優秀」（Excellent），這樣讓你有一個逐年進步的過程，好不好？我說，行。然後簽上名字，表示同意他給我的評估。

下一步年度評估表就報到處長那裡去了，處長要寫評估意見。過了幾天，讓・馬克找我，拿出評估表給我看，後面填寫評估意見的地方，堆著一大堆龍飛鳳舞的法文，法語我不懂，手寫的就更不懂了，讓・馬克幫著給翻譯成英語，也都是一些好話，我再一次簽下名字。接下去評估表要報到祕書長那裡，然後存檔。

國際刑警組織總祕書處雖然有年度評估，但是沒有任何評比、獎勵。我在那裡得到的最高獎勵，一次是二〇〇一年九月十一日美國遭受系列恐怖襲擊後，我迅即在成員國範圍內組織起二十四支能獨立承擔死難者個體識別任務的國際支援隊伍，時刻準備開赴美國。事後，時任紐約市長朱立安尼先生給國際刑警組織總祕書處來電，認為這是真正的實質性國際援助。還有一次是我到愛爾蘭參與偵破中國人被殺的案件，圓滿結束後，愛爾蘭警察當局給國際刑警組織總祕書處來電，盛讚了我的貢獻。祕書長諾布林在這兩封來電上批道：「All the best.」（好極了。）這也就是最高的獎勵了。

細想起來，還應該有一次真正的獎勵。我即將結束在總祕書處的任期，一天下午臨下班時，接到祕書長的女祕書來電，請我到祕書長辦公室。我想，告別的時候到了。就拿了一條從國內帶的海藍色真絲領帶，上面的圖案是中國書法，極具民族特色。我把包裝領帶的扁盒子塞進西裝上衣的內口袋中，走進祕書長辦公室。祕書長迎上前來，與我握手，然後說，我剛聽說你要走了，你在這裡工作得很出色，你的專業知識和能力都很好，我祝你回國後繼續成功。說罷，他讓女祕書拿出一條帶有國際刑警組織標誌的領帶送給我。我從西裝口袋裡拿出我的禮物回贈過去，祕書長哈哈大笑地說道：You organized.（你早有準備。）這條國際刑警組織的領帶成了我在那裡工作的珍貴紀念。

雖然沒有評比獎勵之類的舉措，但是一旦出錯，國際刑警組織的處罰是合理、合法和嚴厲的。記得有一次我們到匈牙利去開國際刑警組織年會，當地選派最漂亮的匈牙利女警擔任會議接待工作。我們總祕書處的一位東歐警官一時沒有把持住，在電梯中把手伸進人家內衣裡。接到投訴後，祕書長先請法律顧問室研究他觸犯了哪條規定，應該受到什麼樣的懲罰，然後研究如何解決才能達到既處分了不良行為，又不至於被被處分人告上法庭。國際刑警組織是個國際組織，需要面對和應對許多法律問題，所以總祕書處裡有一個法律顧問辦公室，裡面人不多，才五位，但都是高薪聘用的國際法律界的高人。

研究明白後，要召開國際刑警組織執委會討論，執委們表決通過處理決定後，再找當事人來談，主要是說按照本組織的規定，你違反了哪條，接著就開出條件，處理是把你開除出國際刑警組織，退回你的國家，但不以此事由通知你的國家，同時付給你兩個月的補貼，條件是這事就這樣了了，今後你不得把國際刑警組織告上法庭。對於國際刑警組織來說，雖然發生這種事情純屬個人行為，但如果因為這種事鬧上法庭，損失最大的還是國際刑警組織。事情到了這個分兒上，當事人沒有不同意的，雙方要簽下合同，事情就了結了。

對於過失犯錯就不能這樣嚴厲了。總祕書處裡有一位亞洲某國來的警官，他的級別很高，相當於我們公安分局長一級，年歲自然也就比較大了，他的英文水準實在不敢恭維，我們平常與他交談都挺困難的。一次他在指揮中心值班時，一個成員國來電話請求幫助，他沒有聽懂，稀里糊塗地把人家對付過去，結果耽擱了人家的事情。第二天，馬上接到成員國投訴，內部一查就知道是誰在值班。這位警官的語言能力不行，但是主觀上並沒有過錯，總祕書處也沒辦法，只是以後不再安排他值班了。他自己自知無趣，過沒多久就要求國家把他調回了。

詐彈風波

國際刑警組織以打擊犯罪為天職，在國際上享有很高的聲望，所以時常被各種別有用心的人鎖定為襲擊的目標。

記得那是二〇〇一年六月二十五日上午十一時五分，我正在辦公室工作，老朱走了進來，與我聊了幾句。總祕書處的午飯時間是中午一點，距離吃午飯還有一段時間，他就又回辦公室工作去了。

他剛剛離開，突然樓內天花板上的喇叭傳出像青蛙一樣的「哇哇」叫聲，這聲音並不響亮，但是讓聽到的人有一種說不出來的不舒服感。我起初並不知道這是什麼意思，同辦公室的德國女警說，是警報響，咱們趕快離開。我跟著她們一同離開辦公室。路過隔壁辦公室時，一個老美正在裡面堅持工作，我走進去，衝他喊道，警報響了，趕快走吧！他笑咪咪地盯著電腦螢幕，一邊打字一邊對我說，這是演習，沒事。

我走過電梯門口，電梯門大開著，已自動停駛，我從樓梯飛奔下樓，一想，老朱剛剛離開我的辦公室，不知他聽到警報沒有，我就跑到二樓，此時各樓層的大門已全部自動打開，我衝進老朱的辦公室裡一看，裡面早已沒了人影，老朱同志早已逃之夭夭。我放下心來，飛快地跑出大樓。

到了樓外的空地上，大家停下腳步，相互調侃著。有的說這是索馬利亞恐怖分子搞的鬼，有的說這是朝鮮派人來幹的，還有的說是伊朗人幹的，這個說，你們情報部門怎麼沒有事先截獲情報，那個說，你們行動部門這會應該待在樓裡面，總之矛頭都指向世界上的熱點地區和國家。里昂的六月下旬已是挺熱了，大家擁擠在樹蔭下，說說笑笑地等待著警報解除。

不想一會兒，總祕書處負責安保的官員來了，他說，我們距離大樓太近了，要我們遠離大樓，走到院子外面去，我們這些總祕書處的官員大部分是警察，見怪不怪，伴隨著一陣起鬨，然後順從地出了大門，沿著河邊向前走去。他還通知說，你們可以到總祕書處旁的希爾頓酒店去，需要吃午餐的、喝飲料的，隨便點，總祕書處一併結帳。大家聽了又是一陣開心的哄笑。

走出院子，才意識到事態嚴重。我發現大樓周圍的街道停滿了警車、警用摩托車，旁邊站著身著各種不同制服的警察，相當大的範圍內已被戒嚴封鎖，總祕書處附近的金頭公園、電影院和博物館也都緊急關閉，疏散遊客，只有將近一公里外的希爾頓酒店敞開門，等著我們去吃喝。

過了一會兒，又來人通知，說大樓裡發現了可疑物品，辦公大樓將被管制到下午二時，全體人員可以回家，今天按照每人工作到下午五時計算工時，如果沒有新的通知，明天正常上班。我在人群中找到老朱，我們只得回家吃午飯了，飯後還睡了一個午覺，在法國工作從來沒有午睡，今天可太舒服了。

出於當警察的職業嗅覺，遇到這種事情機會實在難得，豈能就這麼完了，我和老朱約好下午晚些時間再回大樓看看。我們開著車朝總祕書處大樓駛去，沿途的警察已經撤走，道路已恢復正常，下午三時四十五分，我們兩人悄悄地走進總祕書處，一向熙熙攘攘的大樓裡，這會兒空空蕩蕩的，一點聲音都沒有，我們的腳步聲顯得格外響亮，說話聲都帶著回音，真讓人有點毛骨悚然。我們正想四處看看，迎面來了總祕書處的行政主管塔薩先生，我們趕緊問他是怎麼回事。

他說，上個星期五，也就是六月二十二日，總祕書處收到一個寄自美國邁阿密的包裹，上面的收件人是「國際刑警組織祕書長肯德爾先生或其繼任」，因祕書長出差，就把包裹存放在郵件室裡，沒有拆開。這幾天天氣特別熱，到了今天星期一，上午發現這個包裹發出異味，懷疑是危險物品，特別擔心是生化武器，立即通知全樓人員進行了緊急疏散，現在已經處理完畢，沒有危險了。我們知道已經安全了，便大著膽子到辦公室匆匆看了一眼，趕緊離開這個瘆人的地方。

第二天，總祕書處向全體人員發出郵件，說明情況，加上大家的議論，整個事件逐漸地清晰起來。當天發現包裹有異味後，在我們緊急疏散的同時，總祕書處向里昂市警察局報警。里昂市警察局派人到現場一看，做出兩條決定，一是立即疏散，二是向羅納省警察局報告。羅納省警察局有排爆專家和排爆機器人，他們披掛整齊，進入總祕書處大樓處置。

經過現場儀器透視檢測，沒有發現定時和其他的引爆裝置，排除了隨時爆炸的可能，因為懷疑是生化武器，羅納省警察局決定將可疑物品送到距離里昂一百公里的一家著名的生化實驗室進行檢測。據說全球這類的實驗室只有四家，其餘三家隸屬軍隊系統，幹的就是研究和對付生化武器的活兒，只有里昂的這一家是民用的。路雖不遠，但怎麼運過去呢，按照法律，運送這類危險物品要請專門運送危險品的公司派出專用車輛和人員承擔運送任務。等到公司的人和車來了以後，人家提出，誰能保證途中不發生意外？這個誰也不敢保證，對方就不運了。別看人家是專門運送危險品的，在不能保證安全的情況下，絕對不能貿然行事，這也是一種負責。後來沒辦法，警察派了兩輛警車，一個在前面開道，一個在後面斷後，這才慢悠悠地上了路，開了四個小時才到了那個實驗室。

除此之外，全世界刑警的最高殿堂豈能容他人隨便搗亂，總祕書處立即發揮專業優勢，透過國際刑警組織美國國家中心局迅速查到了寄件人。寄件人是個中年男性，他承認是自己搞的惡作劇。多年前，他曾想在國際刑警組織總祕書處謀得一份差事，但沒能成功，他便懷恨在心，多年以後，他窮極無聊，用廁所中的污物製作了包裹，然後投寄過來，由於已經過去了好幾年，他不清楚原來的祕書長肯德爾是不是還在位，就在收件人一欄中加上了「或其繼任」。

實驗室檢測的結果完全證實了這名惡作劇男子的話。

第二天，法國媒體報導了這件事，因國際刑警組織的特殊性，在社會上引起了一定的反應。總祕書處強調雖為一場虛驚，但表明針對國際刑警組織的危害活動確實存在，保衛部門正在研究和採取相應措施，同時告誡全體人員務必注意自身安全，強調按照總祕書處工作人員規定（Staff Regulations）第二十八條第一款和工作人員條例（Staff Rules）第七十一條第一款規定，總祕書處工作人員必須購買人身保險。我們向國內寫報告，國內一直沒有批准我們購買保險，總祕書處逐人核實購買保險的情況時，我們只能推說國內已為警察統一購買了。

這是我第一次在國外遇到這類突發事件，後來有一次從倫敦回里昂，在希斯洛機場候機時，廣播通知候機大廳發生火警，全體旅客緊急疏散。聽到廣播，人們沒有驚惶，沒有失措，秩序井然地在機場人員的指揮下撤離，我隨著人流疏散到指定區域，大家都靜靜地等在那裡。這時遠遠地看到幾位消防隊員從空出來的通道上走來，現場也沒聞到火場常有的焦糊味，又過了一會兒，廣播通知警報解除，平靜下來的機場瞬間恢復了往日的喧囂，旅客們提著行李各奔東西，好像什麼都沒發生一樣。

第二篇　速度與激情

「老大」誕生

在國外生活，汽車是家庭生活的必需品，且不說假期外出遊玩，單是許多大型超市，近的離城七、八公里遠，遠的就有十來公里了，對於北京來說，雖然也不能算是特別遠，但要命的是，根本就沒有公共汽車去那裡。再加上雖不是我們的任務，但屬於義不容辭的接送來國際刑警組織總祕書處的國內代表團，更是需要汽車。

二〇〇〇年十一月十四日，星期二，我和同事老朱離京赴任，當天晚上到達里昂。第二天一早就到國際刑警組織總祕書處報到，完成註冊登記等一系列手續後，通知我們下周一，也就是十一月二十日正式上班。距離正式上班還有兩天工作時間，我們要加緊辦理銀行開戶、租房、開通電話和網路、更改水電帳戶等一系列在國外生活必需的手續，去買一輛汽車也是任務之一。

我們的前任之一，老王家的雷諾車沒有賣掉，因為他的兒子在法國生活，他準備把車子留給他，可是講究生活品質的兒子還真看不上老爸留下的舊車，老朱沒費多大事，就把車買了下來。另一位前任早就把車子賣掉，我只得另尋買車。趁著他們還沒走，趕緊請他們幫忙，否則我們剛到法國，兩眼一抹黑，買車這耗資巨大、技術含量高的事就比較難了。

在法國買二手車一般是透過幾個管道，第一種是街上常會看到有些車子擦洗得乾乾淨淨，車窗上貼著一張白紙，上寫電話號碼，這就是車主要出售這輛車，你如果有意，儘管直接打電話過去商量。第二種是在一些舊貨交易市場裡定期舉辦二手車拍賣會，誰要賣車就把車開過去，會上大家舉牌競價，出錢多者便得。我們的一位留學生朋友曾去參加了一次，本想試著玩玩，一輛舊車報出底價來，朋友心想哪能那麼巧就輪到我了，湊熱鬧般地胡亂舉了一下牌子，結果全場的人好像約定好一樣，全都不再舉了，結果這輛老破車就歸她了。稀里嘩拉地開回來仔細一看，那叫破啊，車門的鐵皮都已經鏽蝕成洞了，沒辦法，只得先湊合著開吧。車輛不多，不舉辦拍賣會時，有些舊貨市場裡有專門的場地，賣車的人可以把車開過去，停在那裡，等人來挑選講價。第三種就是到二手車店，這種店雖然是賣二手車的，但是店堂裡照樣窗明几淨，一塵不染，地面上一滴油污都沒有，所售車輛擦洗一新，有的甚至還打了蠟，店裡賣的二手車品牌都不錯，車況也都挺好的，由於是坐商，售價當然也稍高，但是各方面都比較讓人放心。

十一月十七日是個星期五，下午我們一行人東轉西轉，找到一家舊車行，進去一看有一輛外觀八、九成新的義大利產愛快羅密歐155型汽車。首先愛快羅密歐是飛雅特公司製造的世界名車，這款車是轎跑車，深灰黑色金屬漆，三廂車子很大，適合接送國內代表團，整車線條流暢剛毅，底盤極低，車頭呈扁錐形，動感十足，車尾高挑，稜角分明，由於是「轎跑」，車身的鋼板很厚，前後保險桿粗大，看著就是那麼結實可靠，車門密封嚴實，一關門只聽得「噗」的一聲悶悶的氣密聲，沒有國內車子關門時慣常的「乒」的漏氣聲，粗大的運動型排氣管高高翹起，巨大的出氣孔足足能塞進去一個成人的拳頭，一轟油門，車子就發出「轟轟」的怒吼聲，引來街上眾多的回頭率。加速時的推背感極為明顯，車子的操控性能也很好，既不像歐美汽車那樣沉重僵硬，也不像日韓汽車那樣輕飄無根，特別是掛檔時，只要推到位，好像檔位上有一雙手伸出來，將檔把輕輕地拉進檔位，十分流暢輕盈。

四個車輪裝的是跑車輪胎，寬寬的胎冠，窄窄的胎壁，輪轂就像是快要碰到地面似的。里程表上顯示這車跑了九萬出頭，國外的二手車十萬公里是道坎兒。

這輛內外都充滿了誘惑的車子，真讓我心動。一打聽價格，要賣四萬六千法郎，實在拿不出這麼多錢來。來法國時，我們把這幾年來透過各種途徑攢的美元全帶上了，也不夠這個數。既然是二手車肯定是能砍價的，意想不到的是，還沒等我們砍價，店家主動把價格降到了三萬九千法郎，三萬九千咱們也買不起呀，我們的前任老王是大學的法語教授，全仗著他再砍價，又砍掉了三千法郎。砍完價，老王對我說，這車這價，值了。當時一個法郎兌換人民幣一元七分，按說這麼好的名牌車可真是不貴，可是咱剛到法國三天，基本上是什麼都不摸門就花上三萬多塊買輛車，有點不敢，當天就沒買成。老王他們也建議再看看。

法國的周六有許多露天集市，就像我們的自由市場，什麼都有賣，舊車店也開門，我們一行人又逛了幾家舊車店，還專程去了幾個露天的舊車市場，相比之下才知道，前一天看的那款車實在是物美價廉。刻不容緩，趕緊回頭買車，人家已經打烊下班了。周日人家休息。周一去買，結果人家因為周六開門了，周一要繼續休息。我們有點兒不安，千萬別讓他人買了去。老王安慰說，只要人家不開門，誰也買不走。好不容易等到周二，下午提前一些離開辦公室，我們一行人再次來到這家車行，好在車子還在，一塊石頭落了地。老闆見我們又回來了，就明白我們是看中這輛車了，原來談的價格死活不肯再降了，最後只好成交。剛到法國，信用卡還沒辦好，國內的卡又沒有聯網，只得付現金給人家，老闆樂不可支，手寫了一張「發票」了事。

車子買到手，先由我的同事老朱開著，他是學物理的，汽車、電腦樣樣精通，先讓他幫著把把關，因為二手車只包修一個月。開車回家的路上，正好路過國際刑警組織門前時，突然莫名其妙地熄火了，車在慣性作用下，向前滑了幾十米，老朱再次打火，車又打著了，繼續前行，這是為什麼？不由得在我心中留下一個陰影。

車子徑直開進我家車庫，我家汽車的「老大」就「誕生」了。

店小事大

「老大」有了，雖然還沒有「改名換姓」，更換新的牌照，但是也要提前去辦一件非常重要的事，就是購買車險。為了方便起見，我們是在同一家銀行集中辦理開設帳戶、申請信用卡、申領個人支票、繳費、購買房屋、車輛保險等全部與金融有關的事項。去銀行前，必須先要預約個人銀行服務，英語生硬的銀行職員會把我們讓進一個小房間，一對一地逐項地辦，真正體會到「私人銀行」的感覺，這個過程下來，怎麼也得一、兩個小時。這麼做除了方便以外，更重要的是安全，在歐洲銀行裡有反洗錢監控系統，如果一個帳戶一日內突然湧進了大量外匯，就會自動報警。我們在這家銀行中專門開設了外國人帳戶，開戶登記時說清楚，我們從中國來，在國際刑警組織總祕書處工作，中國將向我們匯來生活費用，大概是每年的什麼時間匯來，每次匯來多少錢，人家全部記錄在案，就不會再惹上報警的麻煩了。

我和老朱一同去買車險，銀行職員問我是什麼車，我說，是愛快羅密歐155，他說，你的車太棒了，你有什麼證據證明你的車是愛快羅密歐155型汽車？我說，我沒有，車剛買到手，車輛的證件還沒有做好。他看見我手裡車鑰匙上拴著一個小鐵牌，上頭用記號筆潦草地寫著155三個字，就說，行，有這個就行。他笑咪咪地對我說，你要比他付錢多，因為你的車子更加有勁。法國購買車輛保險的價格是不同的，主要取決於出交通事故的機率大小。比如，二十六歲以下的年輕人購買車險就要多付錢，因為年紀輕，心智和技術不成熟，容易出事；等到人老到一定年齡，保險費又升上去了，因為人老了，反應慢，手腳不靈活，也容易出事。車齡越長，保險費越高，因為車子舊了，機件老化，也容易發生事故。還有，動力強勁、速度快的車，也要多付錢，這個道理就顯而易見了。我很不解，他居然只看了一下車鑰匙鐵牌上的數字，就認定我的車是愛快羅密歐155型汽車，他不怕我實際擁有的是更加強勁的車嗎？事實上，歐美人認為，人是不會撒謊的，除了宗教的約束外，在這種與自身利益密切相關的事上更不可能，也沒有必要撒謊，如果撒了謊，現在省了錢，將來一旦出事，只要車、人對不上，保險公司就不負責賠付，吃虧的只能是撒謊者自己，所以沒有人撒謊，也就不需要什麼證明。

過了幾天，里昂市所在的羅納省警察局通知我去領行車執照，法國俗稱「灰卡」，就是一張淺灰色的比半張A4紙略小的紙，上面列印著車的各種資訊和我的身分資訊。我走進警察局大廳，裡面人聲嘈雜，都是來辦理有關車輛的各種手續。我按照通知上到二樓找到窗口，裡面坐著一位身著淺灰色套裝的女性，我說明是來取「灰卡」的，把通知單遞進去，她二話不說，就把一張「灰卡」遞出來，我說了聲謝謝，問要付錢嗎？這位女士瞪大眼睛，不解地說，不用，你可以走了。就這麼簡單，在我們這裡，辦車的手續幾乎是每一步都要交一筆費用。我趕緊跑出大廳，生怕她變了主意似的。後來才知道，在歐美國家裡，只要政府給了這個部門預算，也就是說，這個機構是由政府財政供養的，辦任何事就都不收錢，因為政府已經給錢了，不許再收老百姓的錢。

從「灰卡」上看出，車到我的手裡，已是第三手了，前面還有兩位車主，也都住在里昂，車齡七年，四缸，排量一點八升，點火系統很特殊，是一種叫雙火星塞點火方式（twin spark）。車上有兩處讓我感到特別奇怪，一是車子有暖氣沒有空調，歐洲氣候好，冬天不冷，夏天不熱，人家家裡、辦公室裡都沒有空調，車裡當然就更不會有了。二是車裡沒有收音機。我再仔細檢查，發現原來這車曾經配裝過很好的音響，車主人在賣車前特意拆走了音響，車子可以賣掉，音響卻要拆了拿回去，可見這套音響的品質是多麼的好。我到超市花了九十九法郎買了一個中國造的汽車收音機，插進這世界名車上裝收音機的槽裡，一擰開關，照樣嘰里呱啦地想聽啥兒就有啥兒。

有了「灰卡」，下一步就是要去做牌照，法國警察不管汽車牌照的製作和發放，警察只負責給個牌照號碼，號碼列印在「灰卡」上，不許車主挑選號碼，給什麼就是什麼。令人意想不到的是，管做牌照的竟是街上修理拉鎖、皮帶打孔、保養皮鞋、修鎖配鑰匙的那些雞毛小店。

我在住家附近找到一家這樣的小店，因為我是外國人，又在國際組織中工作，因此我的車牌照與法國本國人汽車的牌照不同，法國人汽車牌照的左端有表示法國的Ｆ字母和藍色的歐盟旗子，車前掛的牌照是白底黑字，車後掛的是黃底黑字，我的國際組織牌照是綠底銀白金屬色字，前後都一樣。

我一進小店就先問人家能不能做綠色的牌照，老闆說，能。我把「灰卡」遞給他，他看了看名字和號碼，很有責任感地要去了我的法國特殊居留證核對了一下。然後在一個人力的壓力機上，像擺積木一樣整齊地擺好一個個鐵製的數字和字母，拿出一塊毛坯牌照放在上面。毛坯牌照由上下兩層鐵皮構成，底下一層是銀白金屬色的厚鐵皮，上面黏著一層綠色的薄鐵皮，老闆握住長長的手柄用力向下一壓，綠色薄鐵皮上的字母和數字就被鏤空了，露出了下面厚鐵皮的銀白金屬色，一塊牌照就壓好了，又做了相同的一塊。老闆問我要裝在車上嗎？我說當然了。老闆拿起充電的電鑽，走到停在店外的車前，「吱吱」幾下子鑽開了固定舊牌照的鉚釘，拆下舊的他隨手要扔了，舊牌照是多層有機玻璃製成的，十分精緻，價格比我買的貴多了，可見原來車主是個講究的人，我說留給我做個紀念吧，他看我是外國人也就交給了我。老闆又在前後保險桿上鑽了幾個新孔，手腳麻利地裝上了新牌照，仔細檢查，發現新打的孔和原來的孔有點兒錯位，牌照有點兒歪，老闆左調調右調調，就是不行，索性把新牌照一把扯下來，一折，扔了，又重新做了一塊，裝上，這回端正了。我在旁邊看著，心想這老闆還挺有個性的。牌照製作一百二十法郎，幫著安裝一下二十法郎，我想這裡也沒有買牌照送安裝一說。

新的車牌照裝好了，保險也買了，「老大」與我們一家的幸福生活就此展開了。可是剛滿月的「老大」就開始「犯病」了，像買回來那天一樣，熄火後，「老大」會不定時地突然就再也打不著了。看到我們家「老大」有「病」了，老朱信心滿滿地說，沒關係，我去取工具。老朱喜歡自己動手修修補補，剛到法國，就不顧老婆反對，先買了一套製作精巧的工具，隨時準備派上用場。工具取來了，打開機器蓋子，老朱頓時愣住了，人家這車造得嚴絲合縫，全部機器都罩在罩子裡，根本沒有下手的地方，老朱也沒了法子，胡亂比畫了幾下，拎著工具回去了。最氣人的是，每次花錢拖到修車廠後，它又乖乖地變好了，反覆去了好幾回，每次花去六、七百法郎，人家給檢查、修理了一番，據說還用了電腦查找問題，卻一直沒有找到病根，車子時好時壞。

有一次一群朋友約好去爬阿爾卑斯山，興高采烈的人和吃喝玩樂的物都上了車，結果「老大」突然不高興了，死活發動不起來，請修理廠來人解決，人家一口咬定是電路出了問題，但是是什麼問題他找不到，師傅就是師傅，他說，別急，我給你想個辦法，保證能開走，照樣爬山。他從電瓶上接出一條電線，再從汽油泵上接出一條電線，兩條線一接通，不管發動機轉不轉，汽油泵都能轉動，開始泵油，這時要馬上打著發動機，否則時間長了，汽缸就被汽油灌滿了。停車熄火時，要先斷開這兩條電線，否則汽缸又滿了。汽油泵在電瓶的直接驅動下轉速是恆定的，所以車子開不太快。一路上停車以前，老朱先加速衝到前面，停下他們家的車後，趕緊衝過來，等著我們的車，然後用最快的速度斷開電線，把兩個線頭包裹固定收藏好，不能讓它們再碰上通了電。開車前，老朱先來幫我們接好電線，我們馬上發動車子出發，他們再追上來。就這樣「老大」載著我們晃晃悠悠地爬上了歐洲最高峰：阿爾卑斯山。

後來「老大」的「病情」加重，居然惡化到了拔出鑰匙，發動機依然不熄火的程度，我開著拔出鑰匙後，發動機依然飛轉的「老大」在里昂街上飛馳，畢竟是手動檔，終歸還是能停住的，但是內心的恐懼和異樣感覺是不曾經歷的人很難想像的。毛病越明顯，也就越好發現和解決，這次去修理廠終於找到了毛病，繼電器中的一個模組一開始是接觸不良，現在是徹底壞了。修理廠連夜傳真通知義大利原廠，請他們送只新模組來。每天都有一輛大貨車，載著義大利原廠產的汽車零件從義大利到法國，我們需要的一只第二天也隨車來了，換上了新模組，我們一家和「老大」的幸福生活才真正開始。

治好了「老大」的「病」，回想當初這麼好的車卻賣得這麼便宜，想必是原車主知道這個毛病，但又修不好，只得賤賣了。

法國「鏟事」

開車上路就難免有違章（編按：即違規的意思）的時候，尤其在一個陌生的國度裡。第一次違章是我剛買車不久，由於「灰卡」還沒有領回來，我和老朱開著我家掛著舊牌照的車，到機場去送來里昂參加國際刑警組織會議的一名中國代表。這位代表在刑偵局的國際刑警聯絡處工作，我們是老熟人了，他的愛人即將臨產，法國的嬰兒產品特別好，我們就連買帶送地幫他買了一大堆紙尿布、奶瓶、奶嘴什麼的。到了機場託運時超重二點五公斤，我們跟值機小姐軟磨硬泡，她說，她只有兩公斤的權力，超過了就要找機場的值班經理，我們好不容易找到值班經理，歲數稍大的女經理眼看起飛的時間就要到了，也就是半公斤，我們又都是外國人，就放他進去了。經過這一通兒磨蹭，我和老朱出來開上車就往家走，剛上高速公路，突然覺得前擋風玻璃上有什麼東西迎風擺動，車停路邊，一看原來是一張違章停車的罰單，我們剛來法國一周呀，真是不知道該怎麼辦。

第二天上班，找到一位法國警察，他一看說，這是罰單，你停車違章了。

我說，是的。

他說，怎麼會罰你呢？國際刑警組織人員的車一般不會罰的。

我說，我剛買的車，還沒來得及換牌照。

他再仔細一看，罰單上寫著違章地點是機場，就問，你這是在機場收到的罰單？

我說，是的。

他又問，你到機場幹什麼去了？

我說，全是你們辦的培訓班，我去送參加你們培訓的中國代表了。

他說，你送中國代表應該算是出差（mission），不能讓你自己出錢。如果你的車停在超市外，停在電影院門口，你和你的女朋友去逛街、去吃飯、去看電影，我可就幫不了你呢。

說著，他拿起電話直接打給機場，說明了情況。放下電話後，他拿出一張印有國際刑警組織總祕書處抬頭的紙，寫了一封信列印了出來，然後用手指著，讓我在這裡簽名，把罰單和這封信一同寄回機場了事。

這次違章總算是應對過去了，可是以後沒準兒還會有的，我就勢向他打聽一般情況下收到罰單應該怎麼辦。他說，在法國如果收到罰單，不必找警察，也不必去銀行，只要在街上隨便找個賣香煙、明信片、鮮花、報紙、糖果的小雜貨店，到裡面買與罰單上等值的印花稅，貼在罰單的背後，投入郵筒就行了，因為稅收是國家的，不是哪個人的，也不是哪個組織或部門的，買印花稅的錢直接就進了國庫。或者就去郵局，買等值的郵票，貼在罰單的背後，投進郵筒就行了，因為郵政是國家的，買郵票的錢也直接進了國庫。通常遇到這事，不管是小店老闆，還是郵局職員，一看到你拿著罰單來，立即送你一個帶點同情又有點兒幸災樂禍的微笑，說這裡，他咧咧嘴，聳了一下一邊肩膀，接著說，然後不用你張口，他就會把一切都替你做好，直到替你把它投入郵筒，你只管交錢或是刷卡就行了。真是難以想像，我努力理解著，這種作法極具公信力，徹底去除了政府或是警察雁過拔毛、近水樓台的任何嫌疑。

第二次違章是參加中國駐馬賽總領館在里昂舉辦的國慶招待會。中國在法國除了在巴黎的大使館外，還有兩個總領事館，一個駐在特拉斯堡，歐盟三大機構之一的歐洲議會每月都要在那裡開一次會，駐在那裡的政治作用更大。另一個駐在馬賽，負責法國南部廣大的區域，里昂屬於駐馬賽總領事館的領轄區。法國在華有一個大使館和四個總領事館，按照對等原則，法國還欠咱們兩個。原來以為領事館是大使館的派出機構，歸大使館領導，其實不然。大使館與總領事館雖然級別不同，但是兩者間並沒有上下級的隸屬關係，領轄區裡的事務由領事館全權負責，大使館不再介入，使館負責的事務，領事館當然也不會管，也就是說，大使館和總領事館各幹各的。

馬賽距離里昂有三百五十多公里，里昂有多所大學，有很多中國留學生在此就讀，科研機構也多，有很多來自中國的訪問學者，里昂是法國第二大城市，在此定居的華人也很多，每年國慶日前後，駐馬賽總領事都要到里昂來舉行國慶招待會。剛到法國時，駐馬賽總領事以節儉為主，總是租一些特別簡陋和偏僻的場所舉辦國慶招待會，要知道每次里昂市長都會出席。後來這位總領事調到一個小國當大使去了，外交部派了一位禮賓司的領導來當總領事，禮賓司的官員當然知道國慶招待會應該怎樣招待了。這一年國慶招待會就被理所當然地安排在里昂市中心最好地段的一家跨國奢華酒店——索菲特酒店（Sofitel）裡。

酒店檔次上去了，停車可就難了，我開著車在酒店周圍轉啊轉，怎麼也找不到可以停車的地方。透過酒店一樓的大玻璃窗，我看見燈光下，這位美麗典雅的女總領事身穿海藍色的繡花旗袍，笑容可掬地正站在宴會廳門口恭迎嘉賓。我在國內工作中就認識了這位領導，能在異國他鄉相遇肯定會特別高興。我期待著老朋友重逢的時刻，可就是找不到車位，眼看著時間快到了，一會兒人家就要上台致詞了，我還沒有進去，招待會開始後再找到人家，怎麼說也是個遲到，太不禮貌了。萬般無奈，我看見公共汽車站旁還有一個小空位，就把車硬塞了進去，前輪稍微探進了一點兒公共汽車站的黃色格子區裡，黃格子區很大，綽綽有餘，根本不妨礙再停上一輛大公車，我拉上太太就朝酒店裡跑。

見過總領事握了一下手，還沒來得及高興和寒暄，我急忙說，對不起，我的車停得不是地方，我先見您一面，報個到，馬上就要去挪車。總領事笑著說，快去！快去！

說著我飛也似地跑出酒店，遠遠看見一個穿著淺灰色西裝、斜挎著皮包的人填好了罰單，正要撕。我大喊一聲，住手！可是已經晚了，他手中的單子已經撕下來。

我對「灰西裝」說，今天我們中國大使在這裡舉行國慶招待會，我是客人，實在沒有別的地方能停車了。我也不知道他懂不懂「總領事」是什麼人，索性說大使好了。

「灰西裝」說，這裡不能停車。罰單只要撕下來就不能不罰了，說著就把罰單夾在我車子的雨刷器上。

我把邀請函拿給他看，繼續說，我人就在這裡，也就是進去和中國大使打個招呼便回來了，最多才一分鐘，你這是故意為難我！

「灰西裝」咧咧嘴說，那也不行，你如果再快一點，在我沒撕罰單之前還有可能。

我假裝不明白，就說，行，你已經給我票了，我就不必挪車了。

「灰西裝」急促地說，不行，這不是停車票，這是罰單，你要繳錢，但不是停車費，是罰款！

這時酒店的工作人員來幫我，他破例打開了酒店地下車庫的大門，讓我把車停了進去，因為美國九一一恐怖襲擊事件發生後，歐洲也加強了安保措施，為了防止爆炸案的發生，地下車庫絕對不會對外來車輛開放。

第二天上班，這回我有經驗了，將國慶招待會的請柬複印好，請柬上的時間和地點與罰單上的時間地點完全吻合，正好說明我是「因公」。我琢磨著，這次不能再找上次幫忙「鐽事」的那位法國警察了，要不然人家說你怎麼老違章。

正在猶豫中，突然看見祕書長的警衛兼司機走了過來，我立即迎了上去。我對這位唯一能在國際刑警組織總祕書處裡帶槍的法國警察講明了昨天的遭遇。他聽罷，二話不說，把罰單和請柬的影本揣起就走了，這回簡單了，既不用寫什麼情況說明，也不要我簽什麼字了，看來辦公室裡赤手空拳的警察和出外勤帶槍的警察就是不同。

接下來，我一直在等他的消息，我想事情辦得行不行，你總要告訴我一聲吧。幾天過去了，什麼消息都沒有，我也沒再見到他。三個星期過去了，還是始終沒能見到他，也不知道他在忙什麼，這位仁兄也不透過內部郵件系統發封郵件什麼的給我，我不免有點兒著急，因為在法國接到罰單後，要在三十天內去繳交罰款，逾期不繳就會翻倍累積，當罰金增加到五百歐元後才不再增加。

一天下班後，我正在總祕書處酒吧中值日。只見他來了，我馬上問他，我的罰單怎樣了，沒想到他早把這個事情忘了個一乾二淨，想了半天，終於想起來了，說，早就沒事了，我說，你肯定，他說，你放心吧！我說，我請你喝一杯。他說，不用，我自己來。這位行伍出身的還真不含糊。

第三次是我們任期即將屆滿準備回國時，兒子喜歡繼續留在法國讀書，我們要在離開前，替他租好一處房子。一天下班後，我開車接上兒子，沿著路邊緩慢地前行，一邊留意街上的房屋仲介公司。看到一家仲介公司，我叫兒子趕緊下去看看，我把車停在路邊，坐在車裡等他。

這時我透過後視鏡看到身後路口的紅綠燈後面，一名全身披掛的警察正騎在一輛巨型警用摩托車上等紅燈。我心想他大概不會是負責交通的警察吧，因為在法國三年幾乎就沒見過專門負責交通的警察。不料，綠燈一亮，他猛地一加油直向我衝來，車把一拐，車子正好停在我的車頭前，把我的去路擋了個嚴嚴實實。我只得乖乖地從車裡下來。我說，我剛剛停在這裡，幾分鐘就走。可是不論我怎樣解釋，他就是不聽，原來我把車停在了路上專門劃出的自行車道上。

法國道路上原來沒有自行車道，只有機動車道，後來整個社會崇尚健康和環保，越來越多的人騎自行車出行，為了安全，就在本來已不寬的機動車道的最外側劃出一條大概一米寬的自行車道，因為我佔用了自行車道停車，就意味著逼迫自行車要走到機動車道上去，等於我把騎自行車的人置於危險境地。法國就是這樣，你的違章對別人的安全造成了威脅就一定要受到懲罰。

法國對於嚴重的交通違章，儘管沒有造成事故，處罰還是很嚴厲的。闖一次紅燈，收到的不是罰單，而是直接收到法院的傳票，違章者要按照傳票上通知的時間去輕罪法庭出庭。法庭上法官的眼皮連抬都不抬，就問一句，你認罪嗎？人到了這個分兒上，誰還敢不認罪，趕緊說，認罪。法官嘴巴一努，一邊兒繳罰款去。這樣一上午下來就能「庭審」幾百號人呢。罰多少錢呢？通常要罰二千八百歐元，按當時的匯率計算，大概相當於二萬八千元人民幣。更不得了的是，有過這樣一次嚴重違章，就算是有了「前科」，以後找工作、辦居留、申請入學等等，都會受到「污點」的影響。

這次我真是遇到麻煩了，這名警察執法嚴格，鐵面無私，我實在沒辦法脫身，他只講法語，我也不知道最終他要怎樣處置我。突然我一低頭，看見上班時的胸卡還掛在脖子上，靈機一動，馬上對這位警察說，我也是警察，我在國際刑警組織總祕書處工作。這話還真靈，這位警察的臉色馬上緩和了許多，他充滿狐疑地問我，你真是警察，我說，是啊，我當警察已有近二十年了，我是刑警，專門負責偵破案件。說著我把胸卡遞給他，他看了看胸卡上的國際刑警總祕書處大樓的圖案和下面我的名字，問我，你叫？我趕緊說出我的名字。他又問，國際刑警組織大樓在哪裡？我說，就在河邊上，挨著金頭公園。他把胸卡還給了我，說，別在這裡停太久。然後跨上車，一陣風似地開走了。一陣摩托車的廢氣騰空而起，我驚魂未定，心想好不容易逃過一劫，兒子你慢慢地看房子，我得趕緊開走了。我開著車在周圍轉了一大圈回來，兒子剛好站在路邊等我。

險入監獄

剛到法國時，法國的高速公路沒有速度限制，後來法國有了，晴天最高時速一百三十公里，雨雪天最高一百一十公里。法國高速公路精緻安全，路旁風景如畫，許多路段是水泥路面，道路平整，表面粗糙，車速一快，輪胎摩擦地面的聲音特別響亮，對駕車人是個提醒，修路時故意造了許多彎道，讓駕駛充滿樂趣，也防止長時間駕駛帶來的疲勞和倦怠。後來義大利也有速度限制了，但是義大利的公路特別直，幾乎沒有彎曲，天氣好的時候，一眼能望出十公里以外，你腳踩油門儘管朝前直跑。義大利公路路面多是柏油質地，品質很差，有的地段甚至坑坑窪窪，凹凸不平。德國仍然沒有速度限制，據說德國人認為，世界上最好的車和最好的路都在他們那裡，隨便你怎麼開都不會出事，所以沒有任何限制。

買了車後不久，一位部領導帶隊訪問英國，我們建議他們順道來法國看望我們，領導欣然同意，責成我們到巴黎彙報工作。我和老朱商量，兩家都開車去，他們家先我們一天去探探路，我們第二天一大早出發，中午兩家一同在巴黎吃午飯。

第二天陽光燦爛，萬里無雲，第一次開著我家的「老大」，帶上全家，跑長途，直奔巴黎而去。一家人的心情和天氣一樣好極了，有機會全家人一同馳騁在法國廣袤的土地上，真是一件非常愜意的事情。

里昂距離巴黎五百多公里，沿途全是平原，沒有山地，土地肥沃，農產豐富，藍天綠地，美不勝收。我們遠遠看到典型的法國農村人家：在廣闊的農田或是草場中，孤零零地站著一幢房子，房子頂上裝著電視衛星天線，想必一家人就住在裡面，旁邊有一個大大的倉房，牛羊圈在裡面，近旁還有一座高高的圓桶狀穀倉，穀倉旁散亂地停放著幾台農機，附近圍攏著幾個高高的草垛。不用說，周圍大片的土地就是這戶人家的了。在法國鄉間旅行，少不了看見許多一望無際的葡萄園，滿綠的葡萄藤葉把一排排半人多高的葡萄架子纏繞得像一條條毛茸茸的綠色大蟲，首尾不見地趴在地上，蜿蜒伸向遠方。里昂北側的隆河河谷和勃艮地地區是法國十大著名葡萄酒產區之一。我們還看到了氣勢磅礡的核電站，一百幾十米高的巨型雙曲線散熱塔傲慢地吐著白煙，法國的核電技術世界領先，面積僅比我國四川省稍大的法國就擁有十九座核電站，五十八個反應堆，里昂就有功率強大的核電站，據說我們家裡用的電就是核電，不僅從來不停電，也沒聽說過有核輻射外洩。

既然是轎跑，速度一定慢不了，我試探著加速，先輕柔地加到時速一百公里，挺好的，在國內很少開到這個速度，感覺很興奮。再緩慢地加到時速一百二十公里，感覺依然很好，這種車的擋風玻璃是那種所謂的減速玻璃，就是車開快了以後，你透過玻璃向前看去，並不覺得車的速度快，不會感到眼花撩亂。再快點到時速一百五十公里，還是穩穩的，這種車按跑車設計，抓地性能特別好，速度快了以後，高速掠過車身的氣流會產生一種向下的力量，將車子壓向地面，再加上車的自重就有兩噸多，所以越快越穩。再快點兒，到了時速一百八十公里，仍然是穩穩的，車輛很好控制，一點兒也不發飄搖擺，方向盤不僅不飄不抖，手上反而有了些沉重感，耳邊是發動機均勻的轟鳴聲和輪胎與粗糙路面摩擦的刺耳聲音。再加速，到了時速兩百公里，車子依然很穩，我心裡非常高興，這車的性能真好，給了我從來沒有的感覺和經歷。我再緩慢地加油，車子最終達到了時速二百三十公里，此時我看了一眼發動機轉速錶，指針離錶盤上的紅區不遠了，我聽著發動機也微微有些喘氣不勻了，車子倒是依然很穩定，就退回來一些，把速度穩定在時二百二十公里上，穩穩地均勻一致地向前跑著。跑高速公路就是這樣，一定要耐心而持久地保持在一個較高的速度上一段時間，路程就能一公里一公里地跑出來，沒有任何討巧的辦法。

中午時分，我們準時把「老大」開進繁華美麗的巴黎城，圓滿會師。有了這次經歷，對車輛和自己就都有了信心。在後來的三年時間裡，我們一家人先後開車去過法國的許多地方，還多次去過瑞士、義大利、梵蒂岡、摩納哥等國家。我父母來法國探望我們時，我請他們周一到周五好好休息調整身體，每個周末都開車帶他們跑上幾百公里，去不同的地方遊覽觀光，對車子的熟練掌控和對歐洲路況的逐漸熟悉，使得開車出遊成為我們在法國和歐洲生活的家常便飯。

有一次，我們到法國著名的盧瓦爾河谷去遊覽眾多歷史悠久的宏大城堡，返回時途經巴黎，稍作停留，下午的晚些時間我們便從巴黎開車回里昂，五百公里的路程耗時兩個小時五十分鐘平安到家。

第二天正常上班，組長讓・馬克見到我，連忙問，你不是去巴黎了嗎？

我說，是的，昨天下午我就回來了。

他問，怎麼這麼快？

我說，不到三個小時就從巴黎回來了。

讓・馬克挺嚴肅地告訴我，你有麻煩了。

我知道他說的一定是超速，就問他，會怎樣？

他說，如果被警察查到，你會收到法院的傳票。

雖然當時法國的交通管理並不是很嚴格，我想起，曾經有一次我們行駛在法國北部的丘陵地區，正想藉著下坡的力量加速衝上前面的一個高坡，我的前面有一輛摩托車，摩托車手騰出一隻手來向我做了一個向下壓的手勢，我明白這是讓我減速，我雖然不瞭解為什麼要減速，但是想到人家肯定是好意，就減了下來，當我跟在摩托車後面衝上高坡時，看到一名警察藏在路邊，手持測速儀正在對來來往往的車輛測速，摩托車手坐得高，看得遠，沒有他的提醒還真會有麻煩。

我想到此，連忙問，收到傳票後會怎樣？

他說，你會被投進監獄度過六個月。

我一聽，壞了，我從中國到國際刑警組織總祕書處工作，結果把我投到監獄中又算怎麼回事，再說我一共在法國工作三年，六分之一的時間在監獄中度過，豈不是成了天大的笑話。我心中也有些著急，每天回家都先緊張地打開信箱看看有沒有傳票，自己也做好準備，一旦真收到傳票的話再想辦法。

熬過一周，傳票沒來。周一上班，我問讓・馬克，什麼也沒收到。他說，一周還太早。我就又忐忑不安地度過了一周，還是沒收到讓・馬克所說的傳票。周一再上班，我再問讓・馬克，兩周過去了，什麼都沒收到。讓・馬克聳聳肩膀，雙手一攤說，警察可能睡著了。

雖然這次僥倖沒有收到讓・馬克說的傳票，但是從此以後，再也不敢了。

後來才懂得，並不是警察睡著了，原來一九七二年法國政府和國際刑警組織締結了一項協定，賦予國際刑警組織總祕書處人員享有外交使團人員相同的豁免與特權，其中包括不受侵犯、不受法律訴訟、通訊不受干擾，以及在兌換外匯和免稅方面享有優惠等。

義大利「脫險」

在法國還好辦，因為國際刑警組織駐在這裡，我們畢竟在這裡生活，比較熟悉，到其他國家旅行情況就不同了。一次我和老朱帶著各自家人一同去義大利，到了藝術之都佛羅倫斯後，我們開著車無阻無攔地就進了老城。佛羅倫斯的老城區非常古老，街上全是裝飾豪華的世界名品店，有再多的錢都能在那裡花出去。街邊的房子都是石頭砌的，街道是用一塊塊花崗岩鋪的，每塊石頭看上去是正方形，比半塊磚頭略小一點，可千萬不要認為石頭就這麼大，每塊石頭實際上就是一根一米多長的石柱子，石柱的截面積才是我們看到的比半塊磚頭略小一點的正方形，石柱一根挨著一根豎著深深地埋入地下，所以這裡的街道實際上就是一條厚達一米多的純花崗岩路，結實的程度可想而知，已歷經了上千年的人踩、馬踏、車輪碾壓，仍然堅固耐用，不塌不陷，不鼓不空。由於是老城區，街巷越走越窄，剛剛能過去一輛車，我越開越緊張，心想如果對面也來一輛車可就不好辦了，誰先朝後退呢？退到什麼地方才能錯車呢？好在連一輛對面的車也沒遇到，好不容易到了市中心，才鬆了一口氣。

市中心是個很小的廣場，旁邊有一個小教堂。小廣場地上畫著停車線，停著幾輛車，旁邊還有一個空車位，我忙叫老朱把車子停在這裡，我帶著兒子再去找其他的停車位。我們轉了一大圈，也沒找到車位，擔心他們等得著急，就先回來了。一看，在老朱的車前正好空出了一個車位，忙把「老大」停在這裡，兩家人歡天喜地地遊玩去了。

玩到下午，返回市中心的小廣場準備離開時，遠遠地望見「老大」，我遲疑地對老朱說，我家車上好像有一張粉紙。老朱笑著說，我的好像也有。估計可能是罰單什麼的，反正不是好事。我悄悄地對兩家人叮囑道，咱們這樣，先假裝這車不是咱的，要若無其事地走過去，走到車跟前以後，太太和孩子們的動作一定要快，趕快上車，趁現在警察還沒來，咱們上車就開跑。大家說，行。離車還差一步時，我們用遙控器打開車鎖，大家一擁而上，拉開車門，一躬身鑽進去，我剛要發動車子，就看見一隻戴著白色皮手套的手伸進我的視野裡，敲了敲我這一側車門上的玻璃，我知道，完了，警察來了。

我鑽出車來，看見一男一女兩名義大利警察站在我面前，真不知道他們剛才藏在哪兒了，在需要他們出現時動作這麼快。這兩位警察外穿深藍色呢料制服大衣，繫著寬寬的白色皮腰帶和窄窄的斜皮帶，頭戴高翹的警帽，腳上穿著長及膝蓋的鋥亮黑皮靴。我認為，義大利的警服是最漂亮的，材質精良、設計大氣、裁剪合體、縫製細密、佩飾適當、威武陽剛。不僅如此，在國際刑警組織總祕書處裡，義大利警察的西裝也是最漂亮的，再配上義大利男人雕塑般的英俊面容和挺拔堅實的身材，實足的羅馬人的范兒。

警察對我說，這個地方不能停車，佛羅倫斯市中心根本就不許汽車開進來。

我這才明白，為什麼進城來時，一輛對面的車都沒遇到。我指指旁邊的車說，這裡停著好幾輛車呢，怎麼他們能停，我就不能停。

警察說，他們是殘疾人士，有證件。

我過去一看，果真，在人家車子的擋風玻璃下方放著一張畫著輪椅的殘疾證件。原來是這樣，這下沒話說了。

兒子下車湊了過來，我開玩笑地悄悄對他說，你去告訴朱叔叔，我纏住他們，讓朱叔叔趕快開走，咱們假裝和朱叔叔不認識。一會兒兒子跑回來站在我身邊，我問他，朱叔叔怎麼不跑呢？他輕聲說，朱叔叔說，他們都帶著槍呢。

我對警察說，我們從法國來，不知道有這樣的規定，所以才把車開進來，停在了這個地方。

警察問我，你有駕照嗎？

我說，有。

國際刑警組織和法國有個約定，總祕書處的工作人員不必考法國駕照，也不必考國際駕照，只用本國駕照就行了，遇到檢查時，只需出示國際刑警組織總祕書處的證件。去法國工作前，我留了個心眼，把我的駕照進行了公證，公證書是中英文雙語的，這回可派上了用場。

我把國際刑警組織總祕書處的胸卡、法國的特殊居留證、中國護照、中國駕照原件、中國駕照的公證書等證件和文件遞給義大利警察，他們逐頁地仔細查看，還指著中國駕照上的中文不停地問這問那，我估計他們過去也沒見過中國駕照，看著挺新鮮的。

我腦子裡不停地想，這兩個義大利警察會怎樣處置我呢？把我押到警察局去，像電影裡一樣，被一盞明明晃晃的燈照著再審訊我一番？或是把車子扣了？甚至拘留我幾天？還能有什麼呢？總不至於坐老虎凳灌辣椒水插竹籤子吧。這些事情應付起來本不複雜，但是會耽誤我們的行程。按照行程，今天晚上我們要趕到比薩去過夜。

等到他們交頭接耳地把所有證件和文件研究完，時間已經過去半個多小時，期間他們還不斷地用電台呼叫，一定是向警察局報告這裡有兩個自稱是國際刑警組織的外國警察，竟然膽大妄為地把車子擅自開進佛羅倫斯老城中心，嚴重違章的情況，保不齊還會透過義大利警察當局向國際刑警組織總祕書處核實是否真有這兩個人。全都查驗完了，他們拿出一個像體育老師常拿的夾子，上面夾著一摞印著表格的粉色和黃色相間隔的紙，我想這一定是違章記錄單了。只見女警把我證件上的資訊抄在上面，中間還寫了一大段，最後要我在最下面一欄簽字。

我有點謹慎了，這是什麼就要我簽字，我要求義大利警察逐項地用英文講給我聽。義大利警察態度還挺好的，可能他們執法中經常會遇到不懂義大利語的外國人。他們耐心地把每一條都翻譯了一遍，除了我個人的資訊，就是今天在佛羅倫斯違章停車，備註欄裡還註明了我是國際刑警組織官員，原來是中國警察。我這才放心地在他們指定的位置上簽下名字。

外國沒有「坦白從寬」，我以為我「服了罪」一定會被重重處罰。我問，你們要拿我怎麼辦？他們說，罰款三十五歐元。我一下子鬆弛下來，心想，要錢，有數就好辦，你們倒是早說呀。我掏出錢來遞給他們，他們把粉色的一頁表格撕下給我算是處置完了。

轉過頭來該處置老朱了，老朱只帶著中國駕照的影本，沒有原件，也沒有駕照的公證書，當然也就沒有駕照的英譯文了，他帶著中國護照，連國際刑警組織的胸卡也沒帶，義大利警察可不輕饒他。我趕緊過去，讓警察對照著我的駕照上的中文和英譯文，去解讀老朱駕照上的內容，最後讓他們明白，這兩本中國駕照除了照片、名字、號碼不同外，其他內容全部相同。我還指著我車上的綠色牌照對照老朱車上的綠色牌照，說明我們同是國際刑警組織的人，義大利警察終於同意收取老朱的罰款了。

前前後後一個多小時過去了，站得我雙腿痠脹難忍，好在事情總算結束了。我心情輕鬆、神采飛揚地準備開車上路，兩個太太不解地問我，繳了罰款怎麼還這麼高興？我說，咱們兩家出來旅遊，單程就是兩千多公里，一路上沒災沒病，一切都很順利，一點兒磕絆都沒有，還不得繳點買路錢，討個好彩頭嘛！

終於被撞

任期快結束了，我們家準備最後一次出遊，號稱法國第三大城市的馬賽還沒去過，就把它選為目的地。

我們在法國旅遊通常是先設計一個大致路線，假期有多久，想去幾個地方，重點想看什麼定下來以後，就在網上根據大致的路線來具體安排行程。一般來說，一天開個二百公里還可以，要是開上三百公里的話，就顯得有點多了，即使是高速公路，跑三百公里也要三個小時，遊玩的時間就短了。

利用互聯網設計出行路線時，網路會給你許多選擇，你可以選擇全程高速公路的，或是過路費最便宜的，或是路途最短的等等。我們一般都選全程高速，安全快捷，標示明顯。選擇和設計好路線之後，直接列印出來，裝訂成冊，重點的地方再用記號筆標出來，一路帶著，隨時查看，很像賽車手的路書。

然後就在網上預訂賓館，我們一般選擇一家人能住在一起的家庭式酒店，這樣的酒店大部分是一張大床在下面，供大人睡，大床上面像橋一樣騎跨著一架單人床，是孩子睡的，房間裡浴室、衛生間一應俱全，衛生絕對沒問題。

預訂酒店時，需要輸入我們的信用卡號碼，之後預訂酒店系統就會給出一個密碼，憑這個密碼就可以按預訂的時間到這家酒店去住宿，此時信用卡裡的錢並沒有被刷走。當我們到達酒店時，門口沒有任何警衛或工作人員，把門的只是一把電子密碼鎖，你把預訂酒店時得到的密碼輸進去，門就自動開了。走進酒店大廳，其實很小，只有亞洲的酒店有巨大氣派的大廳，歐洲、美洲的酒店幾乎沒有大廳。前台並沒有值班人員等在那裡，這時需要到大廳中的自動付款機上，插入信用卡，輸入密碼後，住店的錢就被刷走了，接著機器吐出一張小條，上面寫著我們的房間號碼和門鎖密碼。找對房間後，在電子門鎖上輸入密碼，門就打開了。汽車要停到酒店的車庫裡，車庫也是電子門鎖，把我們房間的密碼再輸一遍，車庫的門就開了。只要沒到退房時間，這些密碼就始終有效。第二天早上，酒店大廳裡供應免費早餐，大家吃完走人，自始至終見不到一個酒店的服務人員。

我們先到馬賽玩了兩天，一大早去了著名的魚市碼頭，再乘船去關押基度山伯爵的小海島，碼頭上排隊輪到我們時，海上風浪驟起，人家停航了，只好作罷。沿途還遊覽了許多歷史古蹟，印象最深的是古羅馬人修建的石頭引水槽，其工程之浩大，絕不輸給我們的萬里長城。

回里昂的路上穿過一個鐵路涵洞，涵洞口正好有一個紅綠燈，我看到紅燈亮了，就減速停了下來，剛剛停穩，就聽得「咣噹」一聲巨響，車身一震，我大叫一聲，不好，撞車了！回頭看去，只見一輛輕型摩托車撞到我們的車後部，摩托車已經飛在半空中，再重重地砸在車的後備廂蓋子上。

一切來得那麼突然，我下車查看，後保險桿已經被撞彎，排氣管被撞嚴重變形，耷拉在地上，後備廂的蓋子被砸了一個大坑，幸虧車子結實，損壞還不太嚴重。再看摩托車的騎士也傷得不輕，身上多處擦傷、挫傷，手還破了，摩托車前輪和前半部的結構完全毀損，不能要了。

兒子衝下車來，一把抓住騎士，生怕他跑了。我也趕過去幫著兒子牢牢地抓住這名男子。騎士是個二十來歲的年輕男子，不是法國人，從黝黑的皮膚和相貌看應該是北非人，馬賽坐落在地中海北岸，隔海相望是非洲，所以從非洲偷渡來歐洲的北非移民常雲集於此，社會治安也比較混亂。

騎士掙扎著說，放我走吧，我有保險，你們不會有損失的。

兒子說，不行，光聽你說不行。不許你跑！

我擔心馬上要離開法國回國了，不想惹麻煩，反正有保險，又是追撞，就想算了，找保險公司賠吧。

兒子說，不行，咱們一定要報警。

看到兒子這樣堅決，我放棄了原來的想法，說，行。

兒子問我，報警電話是多少？

我說，是１８。

兒子打了過去，用法語和那邊的人講了半天，掛斷了電話，對我說，號碼錯了，報警應該是１７。原來法國有兩個涉及緊急情況的電話，１８是類似我國的火警電話，只是除了單純消防滅火外，管事的範圍更廣，屬於應付各種突發情況的特勤援救，如果要報警就是１７。

兒子撥通電話，那邊人問我們在什麼地方。

涵洞不遠的地方有個加油站，兒子把加油站的號碼報了過去，我們就在原地等著。騎士一看我們是兩個人，想跑也跑不掉，也知道我們報警了，索性不跑了，和我們一道等警察來。

幾分鐘後，聽到警報聲由遠而近，一輛掀背式警車閃著警燈開了過來，停在我們身邊。兩名警察跳下車來，他們很專業，沒有容得開口就一把抓住騎士，生怕他跑了似的。

警察問騎士，你有身分證嗎？

騎士答道，我有。

警察再問，拿出來。

騎士說，沒帶。

警察再問，你有保險嗎？

騎士答道，我有保險。

警察檢查了他的摩托車，看到已經撞壞了的前叉子旁黏著一個小標籤，上面有保險號碼。警察回到警車上，打開掀背式的後蓋，裡面有一個小工作台，上面固定著一台筆記型電腦，警察在電腦上忙碌了一陣子，轉過身來告訴我們說，這個人有身分證，不是非法移民，這個保險號是假的，但是這個人確實購買過保險，沒有問題，你們不用擔心。

在法國遇到車禍時，要是沒有人員傷亡，常常自行處理，購買保險時，保險公司就會給一種表格，裡面有許多欄目，比如時間、地點、雙方駕駛員的基本資訊等，還有汽車的前面、側面和後側的圖，可以標出車上撞壞的部位，還附有座標紙，可以畫出出事時兩車的相對位置。表格無炭複寫一式兩聯，事故主責任方，是A方，表格是藍色的，事故次責任方或無責任方，是B方，表格是黃色的，雙方協商填寫，填畫好後，各自拿一聯郵寄給各自的保險公司。

這事雖然不難，但畢竟咱是第一次遇到，既然警察已經來了，何不請他們幫忙，他們經常處理這種事，經驗多，一定是既準確又規範。我就對這兩名警察說，我是中國警察，現在是國際刑警組織的官員，第一次被撞，不熟悉這些程序，請您幫忙填寫好這些表格。

警察說，我的職責只是確認一下事故，看看雙方有沒有合法的身分，有無購買保險，如果有糾紛處理一下，填表不是我的事。

我知道，在法國不買保險就開車上街是違法的，警察只管違法的事，但是我仍然不依不饒地請他們幫助。

我說，要不然，我請我的法國同事跟你說說，請你來幫我一下。

警察說，不用了，我來幫你。他三下五除二地填好事故表格，叫來騎士簽字，也叫我簽了字。我說你也要簽字，還要記下你的警號，如果以後索賠時遇到麻煩，要找得到你，你可要給我作證。

警察苦笑著說，這些都不是我的事，與我無關。

我說，那也不行，以後索賠時，如果遇到麻煩，一查，是哪位警員，哪個警局的，什麼時間出警，遇到了什麼情況，才叫證據確鑿。

警察說，你真是做刑警的，想得太多了，如果需要找我瞭解，我可以作證，但是人家不找我，我不會主動上門。

我說，不想多點兒可不行，你們法國人有一句名言：「任何可能都會發生」。

警察被我纏得不行，簽下了自己的名字和警號，然後他把筆遞給另一位警察，說，那你也簽一個吧。我心滿意足地拿到了我中意的事故記錄單。

程序上規定的事項已經超額完成了，我一再感謝兩位警官，祝他們好運，他們便駕車離去。

我把排氣管子往回扳了扳，好歹不拖在地上了，其他損壞並不影響行車，我們一家人就這樣叮叮噹噹地回到家。

按照法國的規矩，我們把黃表格摺疊起來，露出早已印好郵寄地址的一面，貼上郵票，給保險公司寄去了。

兩天後收到保險公司的回信，我忙叫已經在法國學校學習近三年的兒子給翻譯出來，裡面詳細地描述了我家車子的受損情況，這封回信顯示，當初請那兩位警察幫著填寫事故記錄單是非常應該和必要的，我們用中文填寫都不一定能寫清楚，更何況用法文填寫，更是一頭霧水，不知所云了，遠不及他們填寫得那麼專業、詳實和準確。回信通知，如無異議，要求我們在某一天，把車子開到某個停車場，然後交出鑰匙就可以離開了，保險公司的估損員將在那天的某個時刻去估損。

我照做了，車子停到了指定的停車場，晚上再去開回來，估損員在哪裡也不知道，估計是來過了。

過了幾天，保險公司又來函了，除了詳細地說明車損外，還有修復車損的大致費用，如果同意，就請在指定的時間，把車開到指定的修車場，進行修理。

我們是被撞，賠也用不著我們，所以我們決定毫無猶豫地修車去。

到了指定的那天，我把車開到離我家不遠的一家比較大的修車廠。人家電腦裡早已有了我們的資料，打出工單來，讓我兩天後去取車。我想，車子損壞得這樣嚴重，特別是要做鈑金，膩子找平（編按：即車身填補打磨修整），重新噴漆，需要的時間長，兩天就夠了？但又一想，不管他，兩天就兩天。

兩天後我去取車，車子還沒修好，修車廠老闆告訴我，後備廂上的大坑兩天修不好，讓我們再等兩天，一定修好。

兩天後，我再去取車，儼然是一輛全新的車，我仔細觀察，後保險桿和後備廂蓋子是新換的，人家根本不做鈑金，什麼零部件壞了，重新換一個，再噴一遍漆就行了。我問修車廠老闆，是不是全換新的，他說，是的，晚了兩天不是修理耽誤的，而是後備廂蓋子從義大利運來需要多一點兒時間。排氣管被撞壞，當然也換成新的。

修車廠老闆把車鑰匙交回到我手中，我剛想謝謝他，開車回去，他說，請你到辦公室來一趟。

我想一定是車修好了，要簽個字驗收什麼的，好開走車子。

進去後，老闆從電腦上列印出一紙帳單，對我說，你要付一百二十六歐元。

我問，為什麼？我是被撞的。

老闆說，因為你的排氣管是舊的，已經用過一段時間，這次給你換了一根新的，你就要付錢。

我沒話說，只得付錢。在法國就是這樣，表面看起來是修車廠老闆要我付錢，實際上這後面都有法律規定，沒有人能夠矯情、講價，甚至抗拒不付，不過人家說的也對，排氣管已經使用了兩年多，此次換成全新的，自己是應該承擔一部分。

第三篇　陽光燦爛的日子

兒子打工記

我們的兒子和其他孩子一樣，是獨生子女，從小就在二（爸爸、媽媽）加三（爺爺、奶奶、姥爺，姥姥在他出生前就去世了，可憐兒子從沒受過姥姥的疼愛）的呵護中無憂無慮地生活著。對照我們這一代人的經歷，我擔心他們過慣了衣來不願伸手、飯來不願張口的日子，為了孩子的將來，雖是獨生子女，也要讓他們養成自己動手的習慣。

記得在他上小學三、四年級的時候，我把家中經常性的家務活兒都明碼實價地標出來，比如，洗一周的碗掙五角錢，倒一周垃圾掙兩元錢。那時樓房的樓梯上都有一個通向樓下垃圾箱，用於傾倒垃圾的垂直通道，通道口上有一個蓋板，掀開蓋板就可以把垃圾倒進去，這樣不用下樓，垃圾就倒進了樓下的垃圾箱。後來二〇〇三年鬧非典（編按：即SARS），為了防止病菌在空氣中傳播，才把所有樓房的垃圾道全部封死。由於各家的垃圾大小不一，有的垃圾體積太大，有的垃圾七長八短的，所以垃圾道經常被堵住，那時沒有物業管理，一旦發生堵塞，大家約個時間，每家出一個人，大家一同掏垃圾，捅垃圾道，倒也是一件十分熱鬧的事。

我們規定如果兒子去參加清理垃圾道，一次就能掙到十元，不過規定是規定，實際上一次也沒讓他去過。雖說各項家務活兒都定了價，但是有一條，兒子到爺爺奶奶家無論幹什麼活，都必須不計報酬，完全免費。這樣做，一來培養了兒子敬老尊老的品德，二來防止爺爺奶奶藉給勞務費之機，名正言順地給孫子額外塞錢。規矩是定下了，兒子也真的同意了，我們一家人就這樣執行了起來。

二〇〇〇年我們到法國後，兒子剛過十五歲。他作為國際刑警組織總祕書處官員的家屬，在法國的生活和學習一直比較順利。我感到，別人留學不容易，要讓兒子也感到不容易才行，勤工儉學是必須要經歷的，這才能真正體會到留學的艱辛和生活的不易。留學生幹得最多的就是餐館打工，我想兒子也不能例外。

我在法國工作時間，時常接待到國際刑警組織總祕書處參加會議的國內警察代表團。按照規定，我們在法國的身分是國際組織的官員，算是國際刑警組織的人，不算是中國官員，並不代表中國，所以我們根本沒有負責接待他們的任務。但是，在上世紀末和本世紀初，雖說改革開放和對外交往在公安機關已經相當普遍，出國的機會多了起來，各地公安機關的經費又明顯好轉，但是能到一趟法國，特別是能到一趟國際刑警組織總部是多少中國警察夢寐以求的事。我和我的同事老朱都在社會上闖蕩多年，又有在基層公安機關工作的經歷，對中國文化中「來者是客」體會得特別深，到法國後，我們意見一致地承擔了來里昂的全部國內代表團的接待任務。

為了有一個熟悉的中餐館方便接待國內代表團，我們剛到法國時，就認識了一對開中餐館的浙江溫州夫妻，男的叫金鳳，是餐館的大廚，女的叫施盈，負責大廳和管帳。在國外有個規矩，大家認識了就是朋友，有困難都可以明說，人家能幫忙一定會幫忙，但是要記住「英雄不問出處」，大家之間絕不能問你們是怎麼出來的，怎麼搞到「紙張」（永久居留證）的，怎麼掙到錢開了餐館的。因為這裡肯定隱藏著大量的違法和違規、見不得人的貓膩兒（編按：這是阿拉伯語轉音出來的詞彙，意指不正當的事）。

要給兒子找一個打工的地方，我自然而然地想到金鳳家的餐館，倒不僅為的是熟人好關照，主要是因為當時兒子不夠十八歲，不到法國法律規定的打工年紀，在餐館中工作屬於打「黑工」，只能靠熟人幫忙，一旦被查出來，就說是自家親戚來店裡玩，不拿工錢。我找到金鳳和施盈，講了我的想法，我告訴他們，不是為掙錢，就是要讓孩子知道錢來得不容易，今後掙錢不是件輕鬆的事。

金鳳他們都是一路打拚過來的，非常理解我的想法。我告訴他們，不要覺得咱們是熟人，我又常來照顧你們的生意，就特意照顧他，你們一定要把店裡最苦最累的活兒給他幹。他們說，店裡最苦最累的活兒，一個是洗碗，一個是過油。這兩件活兒都不用他去幹，店裡專門僱了個越南留學生洗碗。至於在國外的中餐館幾乎做每個菜都要先過油，客人一進門，剛剛點完菜，桌上就擺了一盤炸蝦片，至於其他的肉菜、魚就更不用說了，所以過油的活兒特別多。過油是個比較危險的活兒，隨時可能被濺出的滾油燙傷，在法國一旦出現工傷，會有許多難處理的糾紛，所以他們店請了金鳳的老父親來幹這個活兒，自家人燙一下也就忍了。他們說，你兒子會說法語，讓他做前台，可以練練法語，還能學著和法國人打交道。他們告訴我，你們家兒子肯定不會在餐館永遠幹下去，許多留學生都是這樣，先在餐館落腳，完成學業和積攢能力，再尋找機會自己慢慢發展，但是這個階段是萬萬不能省的。

這番話也表明了這對浙江夫妻的遠見卓識，多少浙江人就是靠這種長遠眼光和腳踏實地，在孤立無援的國外走上了成功之路。打工的事情就這樣定了下來，雖說不是為了錢，我們雙方還是為兒子商量了一個「工資標準」。和金老闆夫妻的這番商量，自然是要背著兒子的，回到家裡，把這件事和兒子一說，起初他不願幹，我們分析：一是他人還小，有點害怕，不敢去；二是剛到法國，才開始在全法語環境的法國學校裡學習，怕打工耽誤了學習。我告訴他，不會影響學習，他只在餐館裡幹周五和周六兩個晚上，法國學校周五下午沒課，你上班時間是下午四時，到了後先吃晚飯，然後整理餐館環境和桌椅準備接待客人，法國晚餐一般是八點到八點半開始，餐館一般要營業到半夜十二點以後，客人才陸續離開，大家再稍事打掃整理後，就能回家了，周日晚上不去打工，在家早點休息，準備周一上課。經過我和太太的軟磨硬泡，兒子自己也對到餐館打工有些好奇，終於抱著試試看的態度同意了。

很快迎來了第一個周五，我告訴兒子，你到餐館是打工去了，不是去當老闆，我不能開車送你去打工，打工就要有個打工的樣兒，你必須自己步行到餐館去上班。他顯然覺得我說的有道理，不假思索地說了聲行。我還告訴他，晚上下班後，他要自己走回家，我們不去餐館接他。從我家到金鳳的餐館步行要二十五分鐘，里昂是個小城市，二十五分鐘步行路程就顯得很遠了。第一次上班，不好意思就到人家店裡吃飯，在家胡亂吃了幾口，我和太太陪著他走到餐館去，看著他走進餐館，我們才惴惴不安地回到家中。作為父母，我們也是第一次，除了不放心還是不放心，整個周五晚上我們坐立不安，滿腦子都在不停地設想兒子打工的情景。

雖說已經和兒子說好下班後不去接他，但是等過了十二點，我們還是忍不住出了門。我們步行到餐館門口，離得遠遠的站定，不能讓金鳳夫妻看見，因為只要人家一看見我們肯定要拉進去，喝上一碗北京湯，其實就是我們的酸辣湯，雖然一碗湯只要四十五法郎，但那也是佔人家的便宜，況且兒子還在人家那裡打工，白吃白喝看上去也不好。

我們躲在一棵樹下耐心地等著，透過餐館的玻璃窗看見裡面依然燈火通明，知道是客人們還沒有走。隨著時間逝去，餐館裡的燈漸漸暗了下來，估計客人走得差不多了，餐館快關門打烊了，又等了很長時間，最後連餐館外面的招牌燈也關了。大約到一點多鐘時，突然看見兒子從餐館出來，只見他頭也不回地朝家走去。我們趕緊跟了上去，從後面追上兒子，他見到我們，問道，老爸開車了嗎？我說，沒有呀。聽罷，只見他頭也不回，邁開雙腿，大步朝家走去。我和太太不知就裡，看他這副不開心的樣子，自然也就不敢多嘴，只好在後面緊緊跟上。

回到家裡，緩了口氣，我們大著膽子問兒子，怎麼了？他略帶哭腔說道，今天我刷了幾百個杯子啊！我們這才明白，原來是幹活累著了。他說，我再也不去餐館打工了。我們趕緊連哄帶勸，不去怎麼行，都和人家說好了，哪能去一天就不去了，咱們到法國來生活，你來這裡留學，打工是留學生的一個重要經歷，一定要堅持下去。看得出來，兒子心裡還是挺不願意的。一會兒，施盈打來電話，告訴我們今天他還不錯，幹得挺好的，就是見到客人還不太敢大膽主動地上前打招呼，說有一次客人來了，施盈讓他上前打招呼，他說我已經招呼過人家了，施盈說，聲音太小，我沒聽見就不行，再去！

施盈告訴我們，按照法國餐館的規矩，明天上班要穿上長袖白襯衫、黑褲子、黑皮帶和黑皮鞋。另外她還讓他明天到店裡去吃晚飯，大家可以多交流，多熟悉。我們感到一向客氣可親、女人味十足的美女老闆，在生意和要求員工上還真是不含糊。我們趕緊謝謝他們，說對這樣的孩子必須嚴格管理。第二天是周六，兒子睡到中午才懶洋洋地爬起來。

周六，照例是要去餐館打工的。這次兒子自己走去餐館，沒有要我們送。這回我們也學乖了，半夜一點多鐘，開上車直奔餐館接打工的兒子去了。我們將車停在離餐館一、兩百米遠的一處停車場，坐在車裡靜靜地等著。將近兩點鐘時，只見一個小夥子上穿雪白襯衫，下穿筆挺的黑西褲，一蹦一躍地從餐館出來了。兒子從小就是一身休閒衣褲，腳上永遠是運動鞋，今天上班去，特意穿上我的白襯衫、黑西褲和我的（他穿稍小一點）黑皮鞋，當看到這個完全不同的「正裝」兒子時，覺得兒子真是長大了。

我閃了幾下車燈，兒子一下子就發現了我們，特別興奮，飛快地跑過來，一拉門鑽進車裡，特別高興地對我說，老爸發錢了。原來是昨天幹得很辛苦，但是不知道什麼時間能拿到錢，拿多少錢，心裡沒底不高興，今天錢到手了，人也就踏實了。由於打的是黑工，錢拿得比較少，每天掙十五歐元，小費單算。這個周末幹下來，工錢給了三十歐元，小費加在一塊兒九歐元。一路上，兒子興致勃勃地計畫著這將近四十歐元要怎麼花。我們一家人沉浸在兒子人生第一次透過自己辛勤工作掙了錢所帶來的歡樂中。

我們問他，晚飯吃的是什麼，他一下子又來了精神，說，吃了油燜大蝦和咕咾肉，餐館肯定比家裡吃得好，平時家裡顯然不可能常吃大蝦和這麼多汁鮮美的肉菜。我和太太暗自明白，行了，這個工能打下去了。回到家後，聽到他給奶奶打電話時委屈地說，我把我這輩子用的杯子都洗出來了。

經過一番思考，兒子決定，將四十歐元分成每十元一份，分別給爺爺、奶奶、爸爸和媽媽買價值十歐元的禮物，他讓我幫他出主意，都買些什麼。我們看著他，感到真是沒白疼他。最後，我們在參觀法國一個古老城堡時，用六歐元給奶奶買了一個蝴蝶的胸花，又用大致相同的錢給媽媽買了一個蜻蜓的胸花，在里昂一個老牌子的玻璃製品店裡，花四點五歐元給爺爺買了一個非常精緻的小玻璃杯。我知道兒子掙點錢不容易，難得他有這份孝心，就沒再讓他給我買什麼。

時間過得很快，兒子在中餐館裡工作了一段時間，對員工和活兒都混熟了。我們問他，你在餐館裡都幹什麼活兒呀？他說，他的任務是客人一進門，就要主動上前打招呼，先問人家吸不吸煙，吸煙的話要請他坐在吸煙區，不吸煙的當然就在非吸煙區了。然後給客人拿來菜單，如果是熟客，就要想想人家喜歡什麼，同時帶一盤炸蝦片來，然後等客人點菜，等客人點好菜後，他再給客人調好一杯餐前酒。上菜有專門的服務員，一般不用他幹，實在忙不過來時，也要去幫忙幹跑堂的活兒。他接下去的活兒就是刷卡結帳，送客人走後，把客人用過的酒杯、飲料杯拿回前台的酒吧裡清洗乾淨。

他像透露祕密似地對我說，其實洗杯子就是用洗滌劑把杯口人嘴接觸的地方洗一圈就行了，特別是女人塗口紅，口紅會沾在杯口上，一定要清洗乾淨。實際上法國飯店裡的杯子洗得並不乾淨，用過的杯子用法國洗滌劑洗過後，飯店員工不必用清水把杯子上的洗滌劑沖洗乾淨，只是在水裡涮一下就拿出來，再把杯子倒掛在酒吧檯台上頭的架子上，讓洗滌劑自然滴答乾淨就行了，由於洗滌劑裡有類似矽油的物質，這種物質能把玻璃杯上細小的劃痕掩蓋掉，所以玻璃杯看起來特別晶瑩透亮，如果用清水把洗滌劑全部沖洗掉了，細小的劃痕沒有洗滌劑的遮蓋就會顯露出來，玻璃杯反而發烏，看著就不那麼透亮了。如果實在有什麼髒東西沒有洗淨，再用布擦一下。兒子說，老爸你每次去陪客人吃飯，你還用杯子有滋有味地喝啤酒，那杯子都是我涮的，你知道你喝下去多少洗滌劑嗎？下次你再請代表團的人吃飯，如果能讓我去，我一定洗幾個真正乾淨的杯子給你用，保證沒有洗滌劑。聽到這些，並不是杯子乾不乾淨，而是作為一個孩子，初入社會，為自己發現了一點社會上通行的小祕密的那種興奮勁兒，和追求徹底洗淨杯子的社會責任感，實在讓我感動：兒子對社會上的事有了自己的看法和批評，這應該就是打工的成果。

每個周末都去打兩天工，一個月也有一百多歐元進帳，隨著兒子的小金庫日漸豐滿，我們允許他可以自己支配，但是大額支出要先和我們打個招呼。我們規定，他的學費、書費、學校的伙食費、服裝費等日常開銷都由我負擔，不用他出錢，但是有時候老師讓他們到書店裡去買一本兩塊半歐元的書，那就由他自己先墊上，類似的零碎開銷多了，加在一起，我就開一張支票一併還給他。他把我給他的支票交給銀行，入在他的帳戶裡就行了。父子間的這種交付方式即使在現在的中國也不多見。

人在一起的時間長了，難免會產生一些矛盾，即使地處國外的中餐館也是一樣，兒子回來就把這些事兒講給我們聽，我們給他分析，餐館裡打工人的矛盾不外乎兩種情況，員工之間的矛盾肯定是為誰幹得多，誰幹得少，員工與老闆的矛盾肯定是為工資高低。在餐館裡打工的人裡，你的歲數最小，大家都會寵著你，你什麼矛盾也別攙和，誰跟你說什麼，你聽就行了，千萬不要搭腔，誰叫你幫忙，你就爽快地馬上去，這就是你應該做的。咱們是金老闆的朋友，人家冒著僱黑工被查處的危險讓你在那裡工作，別的員工肯定知道這層關係，所以我們要特別謹慎，千萬不能給金老闆一家帶來麻煩。

果真，兒子就是這樣辦的，一直和店裡的其他員工保持著很好的關係。後來兒子上了高中，因為功課忙，就不再去那家中餐館打工了。幾個月後，一次我在那裡宴請國內代表團，一個亞裔模樣的小夥子跑過來，用帶越南味的法語連比畫帶說地和我講了半天，然後從身上掏出一個巴掌大小的塑膠袋，裡面裝的全部是硬幣，原來他們有時打烊晚，幹活累了，來不及分小費就先攢著，然後再找時間分，這是兒子的那一份。我特別感動，兒子離開那裡已有一段時間了，人家分小費時還想著他，可見他的人緣還真不錯，這些員工也真挺夠意思的。

我們家與金老闆一家一直保持著美好的友誼。在我們即將回國前，金老闆一家為我們送行，飯桌上我們拜託金老闆照顧好兒子，我們說，孩子從沒離開過我們，將來一人在法國上學，最大的困難是孤獨。金老闆胸脯一拍，說沒問題，包在他們身上。他說，你兒子是個好孩子，我肯定能幫你們關照和管教好他。但是我要叫他來我這裡請他吃飯，他也不好意思總來，這樣，我的老婆新開了一家服裝店，讓他每個周日上午過來打半天工，一是能增加一點兒收入，更主要的是和我們聊聊，我也替你們看著他。聽到這裡，我們連忙答應下來，心中暗想，兒孫自有兒孫福呀！兒子也意識到我們回國後他一個人的孤獨日子，很爽快地答應了。回家後他知趣地說，別人千方百計地找工作還找不到，工作主動找到我來了，一定得好好幹。

兒子有過餐館打工的經歷，人畢竟又大了一些，打工更加主動了，用北京話來說，「會來事了。」兒子又開始了在服裝店打工的日子，他的主要工作是在服裝店一進門的地方，看管顧客存放在那裡的包，因為服裝店和我們的超市一樣，是不許帶包進去的。服裝店來的顧客三教九流，什麼人都有，這個活兒也不好幹，據他說，一次一位顧客的東西不見，硬說是在店裡被偷了，兒子心平氣和地解釋著情況，特別是提到了證據，證明這位顧客進店前就沒帶這個東西，顧客後來想起是落在車裡了，妥善地解決了這個糾紛，這也提醒了兒子，工作中必須集中注意力，一刻也不能大意。除了看包，兒子還幫著老闆幹些雜活，卸個水果，修剪花園，裝修幫工，搬個中國運來法國賣的瓷器什麼的，有的活兒老闆是要另外付錢的，有些是不要錢的，算是幫忙，兒子已經能靈活地處理好這些事了。

我們回國兩年多後，據說這對夫妻因為丈夫金鳳沾染上賭錢惡習，欠下巨額債務，扔下生意和家人跑路了，妻子一個人帶著三個年幼的孩子艱難地維持著餐館、服裝店，還可能有其他的生意，實在是力不從心，最後兩人離了婚，過油鍋的老父親也被趕回國。施盈可能改嫁給一位生意上的法國夥伴。隨著兒子準備進入大學學習，也就離開了服裝店。但是毫無疑問的，兒子的兩次打工經歷伴他度過了初到法國和獨自一人在法國的時光，也給他的一生留下了一筆寶貴的財富。

兒子留學記

兒子從小的聰明勁兒往往讓我們出乎意料。幼稚園時，兒子首次參加慶六一舞蹈表演，他跳會以後就半真半假地在家發燒，直到演出前夜老師打來電話，說他是「台柱子」，這才大搖大擺地去了。上小學時，學校舉行運動會，原本只是坐在跑道邊拍拍巴掌的兒子，因參加跳繩比賽的小選手臨時生病，老師無意間挑中他去「救火」，結果兒子不跳則已，一跳就拿了個年級冠軍。按照現在的育人目標，這些聰明勁兒總沒有很好地用到學習上，各門功課老是跌跌撞撞的。

二〇〇〇年我受公安部委派，到位於法國里昂的國際刑警組織總祕書處任職三年，到國外工作和生活最要緊的是與家人在一起。我先太太和兒子一步到法國，千辛萬苦地完成租房、繳費、上網、手機、座機（編按：即室內有線電話）、郵箱、買車、保險、開戶等一系列國外生活的諸多必需中，兒子讀書也是件大事。法國有家專門教外國人學法語的學校，叫「法盟」，有點兒像我們的「新東方」，我就去給他報了名。當時只是個初中生的兒子便有了留學機會，他十二月底到法國，一月進校，學習八個月，然後九月一日新學年開始，就到法國普通中學跟班上課。「法盟」的學習以月為單

INK PUBLISHING

讀者服務卡

您買的書是：______________________________

生日：　　年　　月　　日

學歷：□國中　□高中　□大專　□研究所（含以上）

職業：□學生　□軍警公教　□服務業

□工　□商　□大衆傳播

□SOHO族　□學生　□其他 ______________

購書方式：□門市 _____ 書店　□網路書店　□親友贈送　□其他 _____

購書原因：□題材吸引　□價格實在　□力挺作者　□設計新穎

□就愛印刻　□其他 ______________（可複選）

購買日期：_______年_______月_______日

你從哪裡得知本書：□書店　□報紙　□雜誌　□網路　□親友介紹

□DM傳單　□廣播　□電視　□其他

你對本書的評價：（請填代號　1.非常滿意　2.滿意　3.普通　4.不滿意）

書名_____　內容_____　封面設計_____　版面設計_____

讀完本書後您覺得：

1.□非常喜歡　2.□喜歡　3.□普通　4.□不喜歡　5.□非常不喜歡

您對於本書建議：

感謝您的惠顧，為了提供更好的服務，請填妥各欄資料，將讀者服務卡直接寄回或傳真本社，我們將隨時提供最新的出版、活動等相關訊息。

讀者服務專線：（02）2228-1626　讀者傳真專線：（02）2228-1598

舒讀網「碼」上看

廣	告	回	信
板橋郵局登記證			
板橋廣字第83號			
免	貼	郵	票

235-53

新北市中和區建一路249號8樓

印刻文學生活雜誌出版有限公司　收

讀者服務部

姓名：＿＿＿＿＿＿＿＿　性別：□男　□女

郵遞區號：＿＿＿＿＿＿＿＿

地址：＿＿＿＿＿＿＿＿

電話：（日）＿＿＿＿＿＿＿＿（夜）＿＿＿＿＿＿＿＿

傳真：＿＿＿＿＿＿＿＿

e-mail：＿＿＿＿＿＿＿＿

INK

元，每月底考試一次，合格者升級，不合格者重讀，當月學費也就泡湯了。每個月學費是一千八百法郎，如果一次繳清八個月的學費，可以優惠兩個月，我毫不猶豫地拿了優惠。

與我一同在國際刑警組織工作的中國同事老朱有個女兒，孩子們的到來讓兩個家庭充滿了歡樂。第二天孩子們就要到各自的學校裡去上學了，頭一天晚上我們兩家舉行了一個小小的聚餐，慶祝小留學生的海外學習生活開始。我一臉正經地跟孩子們說，我來教你們一句最有用的法語，他們都很興奮，睜大了眼睛，充滿了期待。結果我居然教他們說「廁所在哪裡」，兩家的家長們都圍過來，異口同聲地說這太有用了。我說，在法國學校裡，你可以用鼻子找到餐廳，但絕對難以用鼻子找到廁所。

兒子大了，也感覺到了每月學費的壓力。出國時，他法語的讀說聽寫譯全部是零，第一次月底考試竟然神奇地順利通過，真不知道他這第一個月是怎麼過來的。一天我聽見他給國內的奶奶打電話，委屈地說，「奶奶，我除了睡覺，其他只要是醒著的時間腦子裡想的都是法語」，想必電話那頭的奶奶早已是淚水漣漣。八個月八次考試，也偶有不通過的，我們就趕緊安慰他：「這個月的內容重要，咱們再學一遍，學得更加扎實。」

八個月極其艱苦的法語學習結束了，萬惡的法語實在是太難了，比如說，英語的動詞變位也就是上百種，法語竟有二十六萬種之多，光是這個法語動詞變位就是一本專門的詞典。再比如說數數，我們中文表達時，按照數字的正常順序數下去就行了，英文也是如此，法語可不成，比如說八十五，硬要說成是二十乘以四，再加上五，真不知道法國人的腦子是怎麼長的。

兒子終於可以到法國的普通中學讀書了。出國前他在國內讀的是初三的上學期，我們想，加上補習法語佔用了初三下學期的時間，到九月開學時就應該讀高中了。人家法國學校真是不含糊，你出示的國內學歷證明是上到初三，到法國就只能繼續上初三。兒子鬱悶到不行，目光黯淡地回到家裡，我們又趕緊安慰他：「沒關係，你到法國來，功課沒問題，難的是語言，如果你現在上高中，功課是新的，語言也是新的，對你多麼困難，如果重上初三，功課在國內已經學過，不再難了，只有語言是新的，比較難，兩難變一難，好不好。」兒子勉為其難，滿臉不樂意地點了點頭。

法國是嚴格地按片兒上學（編按：類似按學區分配），兒子上的這間學校是中小學合校，離我家不遠，我們給他買了月票，但是擔心他整天忙於學業，無暇鍛鍊身體，按照我家的老規矩，與他講好，如果能步行上學，這月票錢就節約歸己，所以他只頭幾個月乘車上學，後來一直都是走著去的。這間學校裡除了我兒子以外，一個中國人都沒有，這非常符合我的心意，我清楚，像他們這麼大的孩子，如果再有一位中國學生，因為語言的關係，這兩個人會一天到晚待在一起，對兒子的學習和與人交往一點好處也沒有，這回可好，掉到法國人堆裡了，沒有退路了。

第一天上學回來，兒子對我說，法國同學都很友好，有的同學對中國人挺好奇，問兒子一個人來法國學校讀書害不害怕？本來有些害怕的兒子被人家一問，反倒不怕了，他說，有什麼好怕的。送兒子上學時，我發現法國學生，特別是男生，小小的年紀，個頭也不高，但是他們的頭髮都弄得特別酷，修剪得非常講究。時隔不久，兒子也變了，原來從小一貫制的小平頭不要了，比照法國同學的樣子留起了自已喜歡的髮型，每根頭髮都要豎起來才行，每次要拉他出門，總要提前三十分鐘通知他，否則不夠他捯飭（編按：即整理）那點兒頭髮。

每天早上到學校，法國學生一見面，男生會禮貌地握握手，男女生見面要行貼面禮，就是兩個人的臉頰相貼，自已的嘴裡發出「叭」的一聲，好像是親著人家了，其實是自已出的聲，一般是左邊一下，再右邊一下算完事，也有回到左邊再來一下的。有一次兒子在體育課上翻筋斗，不慎扭了腰，我們帶他去診所，大夫說先要拍個片子，看看骨頭傷著沒有，在法國拍張X光片可真貴，相當於在國內拍十張的錢了。拍完片子出來，我們一家三口正走在回家的路上，突然有個碧眼金髮、皮膚白皙、身材苗條，兩個手指夾著一支細細香煙的法國美少女跑到兒子跟前，左一下，右一下，一言不發地又匆匆離開。我們知道這是兒子的同學，回頭一看，兒子弄了個大紅臉，我跟太太說，這是有我們在，如果沒我們在，兒子才不會臉紅呢，人家天天都來這個。

法國學校與我們確實不同，首先是理念不同，法國小學每周三全天不上課，周二和周五只有半天課，如果遇到颳中等以上的風和下中等以上的雨，就可以不去上學。他們認為，在小學和初中階段，孩子的身體還沒有長成，根本無法擔負繁重的學習任務，只有等他們長大了，大概九年級以後，也就是我們的初三以後，學習的負擔才會迅速加重，因為這個時候孩子已經大得足夠擔負起學習任務了。

再比如，法國學生的課本是要重複使用的，開學時學雜費很低，只幾個歐元，不用繳書費，可以領到教材，這些課本都是上個學期學生使用過的，學生升級後，學校把課本收回來，再租給下一年的學生。因為要重複使用，所以法國中小學生課本用紙的品質都特別好，書就特別重，在街上經常看到小學生不是用書包裝書背著走，而是用拉桿箱裝書拉著走，這麼結實的書才不怕孩子們的搓揉。學校規定不許在書上畫線、寫字做標記，孩子們也知道這些書是要重複使用的，所以都自覺地愛惜這些課本，學期結束時交回課本，如果有損壞，是要繳一點兒費用的。我們自然也要高度重視愛惜書，書領回來後，先到超市買來專門包書的塑膠書皮，想起國內開學時，家家戶戶都用掛曆紙包書皮，有些地方咱們中國的和他們法國的學生、家長想的和幹的也差不多。

初中的課程和教法與中國也不一樣，比如講到世界上感染動物的寄生蟲的地區分布時，依照感染程度的輕重不同，在地圖上用不同的顏色標示出來，一目了然，學生不僅形象地記住了動物寄生蟲的分布，還復習和鞏固了地理知識。兒子回來黯淡地對我說，咱們中國是紅色，是重度感染地區，我說，法國呢，他說，法國和歐洲都是綠色的，沒事。

在法國的普通中學學習，法語成了語文，第一外語是英文，每個學生還要選擇一門外語作為第二外語，我們怕兒子把中文忘了，就建議他把中文作為第二外語，咱們是中國人，學習起來肯定容易，好過關。兒子到學校一說，人家同意，可是他上學的中學裡沒有中文老師，也不開中文課程，學校要到巴黎的一家專門從事外語教學的機構去申請註冊和訂購教材，然後透過函授學習和考試，考試合格後成績同樣有效。因為算是中學課程的一部分，全部費用都由學校承擔，不需要我們出錢。幾天後，先從巴黎寄來一張表，要我們填寫為什麼要學習中文，是為了在法國工作，還是為了考個中文執教執照在法國教書。因為法國填表不是勾選而是叉選，我們在準備上大學，作為第二外語的格子裡畫了個叉。又過了幾天，書寄來了，一寸多厚的幾大本，是用法語教中文，兒子既學了中文，又學了法語，可謂一舉兩得。對作業中不明白的中譯法或是法譯中，都可以直接去問他的法國同學，所以這門功課不但沒有費太大的力氣，學習的效果還特別好。初高中階段就能學習和掌握中、法、英三種語言，雖說作為應對今後二十一世紀的人才還不敢說夠用了，但最起碼能先比畫幾下子。

兒子在國內特別喜歡體育課，而且酷愛籃球，經過勤學苦練，又受過籃球訓練營的調教，打得像模像樣的。到了法國才發現，法國孩子們放學後的業餘時間主要靠電腦遊戲打發時光，絕少有孩子到室外去運動，但是也有些運動是法國老老少少特別癡迷的，像是滑雪，剛剛學會走路的孩子就被家長扶著搖搖晃晃地滑上幾步，我們也帶上兒子到阿爾卑斯高山滑雪場體會法國人的冬季樂趣。學校的體育課每周一次，不上則已，一上就是一個下午，不運動則已，一運動就把兒子累個半死，每周五下午兒子下體育課回到家，第一件事就是先睡上一覺，才能幹別的。每次我們上街，看到籃球場，兒子總是流露出極為渴望的眼神，後來國內的代表團給我們帶了個籃球來，可一個人怎麼玩呀，只能在房間裡玩起了指尖旋球，兒子的籃球天分就這樣荒廢了。

初三上完了上高中，每天放學回來，我們像中國成千上萬的家長一樣，首先問一句有功課嗎？兒子常說，有。我們說，還不趕緊做，他說，不急，下個月才交呢。因為有的課程一個月才上一次，所以作業也就一個月交一次。既然這樣也就沒必要催他了，到下個月臨上這個課之前才做，省得這麼早做完又忘了。有些課程還真有意思。比如一次老師布置的作業是從設計、生產、銷售和售後四個環節，為汽車企業設計一個營利的全流程，還要用演示文稿PPT表達，想必是要在班上做演講，顯然絕大部分孩子的家裡都不是造汽車或是賣汽車的，要完成這樣的作業，學生首先要去查閱許多有關汽車企業的資料，這個過程就是學習，不但學習了知識，還學會了解決問題的方法。還有一次兒子問我說，如何開個披薩店賺錢。我給他分析道，要想開店賺錢，一是要降低成本，二是要增加銷量。為降低成本，咱們就開個網上披薩店，沒有了店面的租金，成本自然就能省下一大塊。增加銷量一定要找到穩定的客戶，比如我們和航空公司談妥，把咱們的披薩賣到飛機上去，披薩特別適合飛機上配餐，用烤箱加熱後，又香又脆，你想像一下，整個飛機客艙裡都彌漫著披薩的香氣，還有誰不想吃呢，咱們還要突破配餐的限制，想吃的、不夠吃的還可以零點，肯定能供不應求。另外咱們是中國人，中餐是享譽全球的美食，咱們再把中餐和披薩結合起來，還愁咱家生意做不大。

法國學校也開家長會，一般有兩種形式，一種和我們中國差不多，老師或是校長在台上講上一通，然後主要是由家長們自發組成的家長委員會上來講一些事，無非是伙食好不好、課程合不合理、學雜費該不該收等，還有商業公司穿插其中，宣傳他們生產銷售的學生用品和食品，這種家長會多是在開學的時候舉行。還有一種是關係到升學等重大事情的家長會。這種家長會採取一對一的形式進行，時間是排好的，每家二十分鐘，依次排下去。

兒子初中畢業時面臨兩種選擇，如果是一門心思上大學，就要上普通高中，還有一種選擇是上技校，學習一門技術，方便就業。為了確定兒子的方向，我們也經歷了一對一的家長會。那天我和太太，因為法語的關係，還帶上了兒子，別人還以為我們事事都要徵求兒子的意見呢。按照約定的時間，走進校長辦公室，裡面還有一位教育顧問。校長建議我們說，你們是外國人，要想在法國留下來，就要學一門技術，所以你們的兒子可以去上技校。我說，我們中華民族的傳統是非上大學不可，所以我們一定要上大學。校長補充說，上技校也可以上大學，高中三年，技校也三年，畢業時同樣可以和高中生一起考大學，我心說，您別懵我了，為考大學而上高中的學生也不能保證個個都能考上大學，更別說一邊學技術，一邊準備考大學了。事情就這樣定了下來，兒子上普通高中，最終要考大學。

法國的高中就分了專業，兒子選擇了社會經濟加第三科技，實際上就是經濟學和資訊技術。我總覺得人一輩子總要學點兒技術才行，要靠這個吃飯，學資訊技術也要學個編程什麼的。結果兒子說，電腦只是個工具，對工具會用就行了，不需要知道工具是怎麼造出來的。我沒轍了。

法國是個偉大的國家，也是個非常發達的國家，比如法國土地上一棵橡膠樹都沒有，結果法國生產的米其林輪胎是世界最好的輪胎，賓士、寶馬裝的都是它。法國這麼個小國家，居然出產雷諾、雪鐵龍、標緻三個世界名牌的汽車。法國不僅生產世界上最大的客機，空中巴士380，還生產幻影、軍旗等世界一流的戰鬥機。法國核技術也是世界一流，六千多萬人口的法國，八十％的電力是核電，我們的總書記訪問里昂時，還專程去參觀了核電廠，法國還生產核潛艇，賣到世界上的許多國家。法國的衛星通信技術十分先進，阿爾卡特宇航公司和法國宇航公司獨霸歐洲天下。還有世界上第一條高速鐵路就誕生在巴黎到里昂間，至於法國的酒類、法國的大餐、法國的香水、法國的時裝、法國的足球、法國的藝術更是聞名遐邇，經久不衰。就連著名的法國長棍麵包也是世界上最好吃的麵包。法國麵包師的社會地位很高，有專門的麵包師協會，法國舉辦農業展覽時，總統來了，一進門先抓起一根法棍夾在胳肢窩下面，邊走，邊看，邊聊，邊用手掰著吃，一個展覽看完，一根法棍下肚。法國之所以能這樣，主要是法國的教育制度是精英教育與普通勞動者教育相結合，所謂精英，除政治精英外，主要是科技人員和外觀設計人員，只要你是精英，就有專門培養精英的學校和途徑在等著你，雖然透過精英培養要付出遠遠高於一般人的艱辛努力，但是只要從這些培養精英的大學校畢業出來，你就會在法國任何一個，甚至是世界上任何一個知名企業或研究機構中找到工作崗位。對於大多數人來說，就是個普通勞動者，實實在在地培養他們的生存技能，能有個平穩安逸體面的生活就行了，所有的法國人都能在這個培養體系中找到自己所對應的位置，尋覓到適合自己發展的途徑，人穩定了，整個社會也就穩定了。

法國是個自由開放的國家，人們為了表達自己的願望和訴求，遊行罷工特別多，學校也是一樣。學校老師可以參加不同的工會，今天這個工會舉行罷工，一部分老師就不來了，明天那個工會決定罷工，又有一部分老師不見了。還有的時候是公共汽車司機工會罷工，這本不關老師的事，但是司機工會找到教師工會，說今天我們罷工，你們也罷工支持一下，下一回你們罷工時，我們一定也罷工支持你們，結果本來與司機訴求不沾邊的老師也罷工了。還有的時候是語文老師罷工了，數學課就照常上，明天可能數學老師罷工了，語文課照舊，還有的是學校的廚師罷工了，到了中午，家長們聚到學校門口送飯，老遠招呼自己的孩子鑽進車裡，像填鴨式地匆忙把麵包、肉腸塞進小嘴裡。老師們不能直接動員學生參加罷工遊行，但是學生看到老師們罷工後，自己可以不上課了，也都樂得支持他們。兒子剛去時覺得挺新鮮，講究為人師表、師道尊嚴的老師也這麼不「遵紀守法」，他被一幫同學裹挾著，到老師們罷工遊行的地方去看看熱鬧，看到班上的一個同學支持老師，鬧得大了點兒，挨了警察一棍子才老實了。法國學生從小就是在這樣的政治氛圍中成長起來，對他們的政治理念和價值觀的形成會產生終生的影響。

我們有機會在法國生活，兒子有機會在法國學習，我總想讓他學點在其他地方學不到的東西，特別是在中國學不到的東西該多好呀。兒子剛進初中時有個特別要好的同學，哥哥是個麵包師，除了每天很早就要開始工作和沒有節假日外，收入可是相當可觀，誰能不吃飯呢，後來不再聽兒子提起這個同學了，原來人家覺得學得差不多了，就回家烤麵包掙錢去了。我向兒子建議，咱們學習做西餐吧。兒子從小喜愛烹飪，學會了法式大餐，回國還愁找不到工作，不料想被兒子一口拒絕。

我的任期臨近結束時，我們讓兒子做出選擇，要麼和我們一同回國，從法國學校的課程過渡到國內高中的課程，可能要推遲一年考大學；要麼就自己留在法國讀書，然後在法國上大學。兒子的回答很簡單，他願意留在法國繼續讀書，原因是法國的假期比中國多得多了。對於這個選擇我們也是早有準備，一是為他在法國存了一筆錢。法國為了鼓勵青年人養成節儉的習慣，青年人存錢的利息特別高，但是一個年輕人在一家銀行只能開設一個帳戶，存款的高限是一萬法郎，我們就替他在幾個銀行裡開設帳戶，這樣就能多享受利息優惠。二是太太平時就注意利用零碎時間教他做飯，他也很有興趣，學會了蒸饅頭、包子，包子上要捏出十八個褶子才算數，把包子放在平鍋上摁扁了再烤就是餡餅，還有什麼山西刀削麵，炒菜、燉肉、紅燒魚自然都是必修的了。我們回國前幫助他把房子租好，全部家用電器也都留給他，兒子便開始了真正的留學生活。

對中國留學生來說，國外學校的功課不成問題，最主要的是孤獨，我們必須幫助他戰勝。雖然我們和他一同在法國生活了三年，對當地的各種情況都很熟悉，但我們回到國內後，仍然無時無刻不在惦記著他，每個周末都要通很長時間的電話，後來有了網路視頻電話，不僅能聞其聲，還能觀其形，方便多了。有一年春節長假的第一天，我和太太去逛街，走到兒子喜愛的JACK JONS，給他買了三件衣服，本想等他暑假回來時送給他，後來一想還要等半年多，兒子穿不上不說，我們天天看著這衣服也難免想兒子，到那個時候衣服樣式也都過時了，回家路上我們路過郵局，直接給他快遞過去。初七一大早，兒子撥通了視頻電話，拿著衣服在身上比畫著，讓我們看看合不合適，對我們做父母的來說，真是太開心了。

一天兒子突然來了電話，因為為了節省兒子的費用，一般都是我們從國內打過去，看來這回定是有著急的事了。兒子在電話那頭焦急地問道，老爸，你知道什麼是現代奴隸制度嗎？兒子上高中後，很少再問我功課上的事。這回如果有別的辦法，他斷然不會如此，我雖還不得頭緒，但先答應下來，別讓兒子著急是頭等要緊的事。原來是學校裡布置的作文，要求學生寫一篇有關現代奴隸制度和現象的論文。弄清了事情和最終完成的時間，我就寫開了。奴隸是為奴隸主無償勞動而沒有人身自由的人，奴隸主可以任意買賣或殺害他們，現代奴隸制度應該具有古代奴隸制度的特點，也要有現代特徵。我舉了三種情況，第一種是古代和現代共有的，沒有多少變化的奴隸制度，比如童養媳，童養媳從小賣到了「婆家」，就是任打任罵，打死無怨的性奴隸。第二種是古代沒有、現代才有的奴隸制度，比如偷渡客，因為沒錢支付偷渡的費用，偷渡成功後的一段時間裡要為人蛇集團賣命，男的做打手，幾年後沒被打死就自由了，女的當然就去賣身，幾年後沒死也就自由了。第三種是政府支持下的現代奴隸制度，比如法國的僱傭軍，投入戰爭打死也就打死了。最後我總結道，社會在進步，現代奴隸制度沒有古代奴隸制度中奴隸主可以隨意褫奪奴隸生命的殘忍性，和一旦為奴，終生為奴的延續性，以及一代為奴，世代為奴的世襲性。文章寫好，急忙發到兒子的電子郵件信箱中，我囑咐兒子，用法國傭軍來比喻現代奴隸制度應該是個很敏感的話題，因為法國擁有世界上最知名的傭軍部隊，敢不敢寫由他來定。兒子一聽興奮了，一定要全盤保留，不刺到法國的痛處他是不會甘休的。兒子連夜翻譯成法語，交了上去，結果全班第一。

兒子到法國後開始懂得用功了，功課在班裡一直名列前茅，他用法語記的課堂筆記時常被同班的法國同學借去複印，他們學校旁就是超市「家樂福」，裡面有投幣的影印機，法國同學在放學的路上就直接進去複印了。兒子還擔負了班上慈善活動的什麼職務，變著法兒地幫助有需要的人。他們向全班同學徵集家裡剩餘的食物，從省吃儉用的我們家裡也拿走了整包食品，在里昂最冷的天氣裡，上街去送給無家可歸者，還專門給他們熬了熱湯和濃茶。我和太太趁機上街去，本想看看兒子做慈善，結果沒有遇見兒子的那一撥兒人，倒是看到許多志願者在寒風中給流浪者送衣服、送食品，法國孩子從小就是在這樣的社會環境中薰陶長大，兒子也慢慢融入了法國社會、學校和同學中。

法國的學位制度是從高中開始的，高中畢業就可獲得第一個學位，叫業士。我們剛到法國時，覺得在法國能有個大學上就不錯了，公立大學就挺好的，因為幾乎是免費的。後來在法國生活時間長了，思想也就變了，兒子跟我商量說，能不能上個私立大學，我問為什麼，他說，私立大學的專業好，老師水準高，教學品質也好。想想能上個好的大學也對，我問兒子，要花多少錢，他說，一年四千三百歐元，這可真不是個小數字，我原來給兒子生活費的預算是一年四千歐元，這意味著一年要花掉兩年多的錢。兒子說，老爸別急，我想辦法去向法國政府申請一筆救濟，要是成功了，能為咱家省下不少錢呢。不久兒子打來電話，說救濟拿到手了，這樣我們只需要出二分之一多點兒的錢，其餘部分由法國政府出了，兒子在法國待的時間長了，門檻精多了。記得他為了買家庭財產保險，反覆比較四、五家保險公司哪家賠付的錢多，最後找到一家能賠三千歐元的，他來電話和我們商量，我說，你先看看你屋裡的東西值不值三千塊。

進入法國的大學也是要考的，數理化主要靠平時的成績，最要命的是法語會考，特別難，連法國學生都嘬牙花子（編按：意即咬牙切齒）。法語會考分筆試和口試，筆試咱幫不上什麼忙，口試還有些心得。我講給兒子聽，法國孩子一生下來就學說法語，法語是他們的母語，為什麼還要考法語口語，因為考法語口語絕不是考你會不會說法語，而是要考你表達的能力和思維，所以抽到題後，一定要按照寫文章的格式，先是破解題意，然後逐一闡述自己的觀點，一定要按照先論點，後論據的方式講，最後是結論，這樣答絕對錯不了。最後兒子的筆試考了十點五分，口試考了十二點五分，每科滿分是二十分，十分就及格，這個成績連兒子的老師也覺得奇怪，你一個外國孩子怎麼比法國孩子考得還好？

大學考完了，兒子打來電話商量進大學學什麼呢？我問他對什麼有興趣，他說，他準備去註冊的大學中有兩個專業他很喜歡，一個是國際貿易，一個是國際金融。我連忙說，那咱得學國際金融，你想，咱家開間銀行，全世界的人往咱家這裡存錢，多美。國際貿易要追著人家屁股賣東西，多辛苦呀！兒子說，行，就學國際金融。第二天兒子從大學的註冊處直接打來電話，說學校不讓註冊國際金融，我說為什麼，因為我們是外國人？兒子說，不是，因為國際金融是碩士課程，本科生只能學國際貿易。我說，那咱就只能先學賣東西了。

日子過得挺快的，一晃眼兒子的大學讀了一段時間了。法國大學的本科是三年，碩士是二年，博士要幾年就要看每個人的本事了，少則四、五年，多的七、八年都有。我工作一忙，也沒顧得上他學到哪裡了，期間他回國實習過兩次，我請朋友幫他聯繫，一次在諾基亞，一次在清華紫光。在清華實習時，他特意要求人家安排他在新成立的企業戰略規劃發展部，據他說，他學的這個專業在國內還剛剛開始。我奇怪了，不是說學國際貿易嗎？怎麼又扯上企業戰略規劃發展了。在他實習結束返回法國的前一天晚上，我問他大學讀得怎麼樣，結果兒子告訴我的使我大吃一驚，原來他到大學註冊時，直接註冊成了大學三年級的學生，然後在一年的時間裡，把大學一年級和二年級的功課全都補上，當然還要重點學習三年級的課程，最後通過一、二、三年級的一系列考試，用一年的時間一下子完成了三年的大學本科學業，現在已經是碩士研究生的第一年了。我簡直不敢相信這是真的，連忙問，是正規大學畢業嗎，有文憑嗎？兒子說，有的。我太太連忙說，兒子畢業拿到文憑時，專門打來電話報信，還把文憑放在視頻通話的攝影頭前，讓他老媽看個清楚。兒子重重地說了一句：「老爸，我可是天天去上學啊！」一句簡單的話裡包含著兒子多少辛苦呀！是的，外國學生並不是天天上學，一周去個二、三天就不錯了，他們更加注重生活的舒適和享受，只有我們中國孩子才如此努力。兒子可真了不起，不但自己努力贏得時間，還節省了兩年的花費，我告訴兒子，按照咱家的老規矩，你自己努力省下來的錢，全部是你自己的。我對兒子調侃道，大學三年的課程你一年學完，這研究生才兩年，你還不得半年學完。兒子笑道，這回不行了。

就這樣兒子讀完了一年的大學本科加上兩年的碩士，他問我下一步怎麼辦好，我說如果你想讀博士，你就讀，別管四年、五年，咱家現在的收入也供得起你繼續讀下去。如果你不想讀博士，也沒有必要再讀個碩士，因為許多中國留學生為了能在法國多待一段時間，等待或者尋找十分渺茫的就業機會，讀完一個碩士再讀一個，我告訴兒子，讀上十個碩士，你也只是個碩士，還把時間耽擱了，如果不想再讀了，就抓緊回國，哪個單位都願意要年輕人，二十三歲的碩士國內並不多見，趁著年輕，趕緊投入職場。至此，兒子便結束了在法國長達九年的留學生活回到國內。九年時間是漫長的，這其中無盡的甜酸苦辣，只有兒子自己心裡最清楚。

我與「九一一」

驚愕：不是大片

在國際刑警組織總祕書處工作期間，正趕上美國「九一一」系列恐怖襲擊，真是應了中國那句老話「看熱鬧的不怕事大」，幹我們這一行的遇到大事也是一種難得的機緣。

由於時差的關係，「九一一」發生時正是法國的下午，那時候我和一位德國女警察和一位愛爾蘭女警察同在一間辦公室裡工作。一位同在我們部門的德國警察朋友急急忙忙地跑進我們辦公室，告訴那位德國女警察說美國出事了，他用德語說了一遍，我和愛爾蘭女警都沒聽懂，但是從他的表情和語氣上研判一定出了大事，這位德國警察轉向我們，換用英語講述說，一架飛機低空飛進了紐約，撞向了世貿大樓，他邊說著還張開手掌，掌心向下地模仿一架飛機搖搖晃晃地衝向地面。

我們三人的第一個反應是根本不信，四個人不約而同地衝到大樓中除了值班室外，唯一有電視的一樓酒吧，裡面已經站滿了人，一開始大家還有說有笑，神態自若，半信半疑，當我們眼看著第二座大廈轟然倒下，在場的人全都驚呆了，這不會是美國大片吧。電視字幕明白無誤地顯示說，這是系列恐怖襲擊，預計將造成六千人以上的死亡，才把大家喚醒。

行動：全球應對

我的第一個反應是，這麼多人死亡，我就是幹災難死亡者個體識別的，從我的專業職責出發，國際刑警組織應該向美國提供國際援助，這是國際刑警組織堅決反對和打擊恐怖主義的切實行動。我抬腿跑回辦公室，迅速用英文起草了一份發往全體成員國的郵件：

美國發生了令人震驚的系列恐怖襲擊事件，國際刑警組織作為全球性打擊恐怖犯罪的重要力量，嚴厲譴責這一針對平民的罪惡行徑，並對死難者表示哀悼。國際刑警組織將組織死難者個體識別國際援助，現通知如下：

一、哪個國家能派出可自行承擔食宿等後勤保障和車輛、器材、工具的死亡者個體識別專業隊伍，請立即報告國際刑警組織總祕書處，並詳告擬派出專家人數、專業範圍和聯絡人；

二、哪個成員國的國民有可能在襲擊中遇害，請用國際刑警組織失蹤人員個體識別表格，記錄包括體貌特徵、攜帶物品和有關DNA在內的全部個人資訊，該表格可在國際刑警組織網頁上下載，並及時傳送到國際刑警組織總祕書處，總祕書處將即刻傳遞到國際刑警組織美國國家中心局；

三、請國際刑警組織美國國家中心局組織相關人員，用國際刑警組織不明身分屍體個體識別表格，記錄襲擊中遇害的外國人屍體的體貌特徵、攜帶物品和有關DNA在內的全部屍體資訊，該表格可在國際刑警組織網頁上下載，並及時傳送到國際刑警組織總祕書處，總祕書處將即刻傳遞到各成員國中心局；

四、如果需要死亡者個體識別國際援助，請美國國家中心局立即向國際刑警組織總祕書處提出請求。

國際刑警組織總祕書處

按照規定，任何發往全體成員國的正式文件都要翻譯成國際刑警組織的四種工作語言發出，因此總祕書處大樓內有一個專業性很強的翻譯公司，專門為總祕書處提供文件筆譯和會議同聲翻譯服務，在這上面花費的經費佔國際刑警組織每年預算的很大一部分。但是現在情況緊急，已經來不及找他們了，我就請我們部門的女祕書把郵件翻譯成法語，找到一位美國警察翻譯成西班牙語，阿拉伯語會的人少，好在我們部門隔壁有一位阿拉伯國家來的官員，平時他也不和別人多說話，我見他有些孤獨，就時常和他打個招呼什麼的，一來二去也就熟了，這回可要請他幫個忙了。一個小時後，在大家的幫助下，我把這四種文字的郵件準備好，也不需要請示什麼人，經過什麼人批准，我在第一時間發往所有成員國。

過不了多長時間，陸續就有成員國打來電話，報名參加對美國的國際援助活動。在國際刑警組織工作有個有趣的現象，就是地球是圓的，無論什麼時間，全球總有人在上班辦公，所以指令一發出去，總會立即收到回覆。我曾開玩笑地向負責區域合作的警察說，你們的作息時間應當與你們負責聯絡的地區一致，負責聯絡美國的就應當以美國的時間為作息時間，美國上班，你們上班，美國下班，你們下班，負責中國的當然就要以中國的時間為準，他們說，這個主意不錯，可就是太辛苦了。

當天半夜，我接到比利時災難死亡人員個體識別隊約翰隊長打來的電話。他告訴我，他現在在冰島。我問他，現在這個時候跑到冰島去幹什麼，趕快回來，我們已經發出了郵件。他說，美國遭受恐怖襲擊後，比利時政府和警方高度重視，反應極為迅速，立即派遣兩架大力神C-130飛機，每架飛機裝著兩輛四輪驅動的車子，以及其他的裝備和給養，救援隊、搜救犬和個體識別隊迅速集結登機，事發四個小時後騰空而起，直向美國大陸飛去。臨空後接到命令，讓他們就近降落待命，他們只好在冰島降落。他問我到底又發生了什麼事，是不是又有恐怖襲擊了。我心想，比利時的動作還真快，不難想像他們中途降落心裡有多急，我答應他立即與美國聯繫。美國警方回覆說，美國政府為了防止再次發生來自空中的恐怖襲擊，關閉了領空，任何飛機都不許起飛，外國的飛機更不許飛進去。我打電話給約翰隊長，告訴他只得在冰島過周末了。比利時是個小國，具有這麼迅速和強大的反應能力，讓我吃驚不小，要知道他們個體識別隊的隊員大部分都不是警務人員，就是些平民，比如醫院裡的病理科大夫、牙醫、大學裡的生物學家等，能做到招之即來，來之能戰，體現了他們高度尊重生命的理念和常備不懈的組織動員能力。

二十四小時過去了，地球轉過了一圈，越來越多的成員國先打來電話，緊接著的是確認的郵件或傳真，表示願意和有能力參與國際刑警組織牽頭組織的對美國恐怖襲擊死亡者的個體識別援助，有的可以直接派出專業力量到現場，投入多種方式的綜合性個體識別援助，有的因能力所限，無力派出人員投入現場工作，僅能協助美方進行DNA、牙齒和指紋的實驗室檢驗。我迅速地統計和核實能提供援助的國家名單和各國派出的專家人數和技術能力，各國的聯絡人和聯絡方式，日夜保持聯繫，做好隨時調動的一切準備。

與此同時，國際刑警組織總祕書處裡各部門都按照自己的職責，投入到協助美國應對與處置「九一一」中。祕書長諾布林立即發表聲明，對襲擊事件表示強烈憤慨和譴責，表示國際刑警組織將盡一切力量提供幫助。祕書長還在總祕書處內部發表書面講話，講明立即任命一名官員作為總協調員，全權負責處理此事件，並動員大家組建志願者隊伍，以應付緊急需要。我們也響應號召，立即報名參加了志願者隊伍。

祕書長命令立即將原來的值班室升格為指揮中心。通訊部門迅速為中心接通了一些專線通訊及網路，總祕書處要求全體人員將自己收到的所有有關此次恐怖主義襲擊的資訊，轉發給指揮中心。由於總祕書處擁有先進實用的電訊網路，指揮中心能夠在極短的時間內開始運作，分析和處理所有資訊。

原來總祕書處的值班警官僅在崗到下午八時，此後值班業務交由通訊中心負責，現在總祕書處實行一周七天，一天二十四小時值班，以應付急需。

安全：未雨綢繆

九一一後，總祕書處還立即請求法國憲兵支援，加強對大樓出入口的安全控制，在進入總祕書處大樓的各路口設置了路障，由全副武裝的憲兵把守，對進出大樓的所有車輛進行更加嚴格的全車安全檢查。事發次日，總祕書處請求法國憲兵對大樓和鄰近區域做了一次全面的安全防爆檢查。從那天起，總祕書處大樓門前就多了一輛法國警車，兩個全身披掛、手提機關槍的警察一天二十四小時地守在那裡，一守就是幾年。

考慮到各國警察官員有可能成為恐怖分子的襲擊目標，總祕書處立即發布了反恐指南，提供必要的反恐意識和技巧。該指南從居家、鄰里、旅行、開車，以及在遭遇襲擊時應採取的應對措施等多方面提出了建議，是一份很有實用價值的反恐和自我保護行動指南。過去我們在國內很少受到這方面的教育，看到這份指南，覺得特別有用。

指南首先指明，任何襲擊者都是有預謀的，預謀建立在事先對被襲擊者生活習慣的周密觀察上，發起襲擊通常選擇在被襲擊者離開或抵達家門的時刻，或是發生在被襲擊者的住家附近或在其必經之路上。因此不得與任何人談論你的工作單位、工作細節、具體住宅、生活習慣和其他任何有可能導致你被傷害的細節和事情。

時刻不忘自己有可能受到傷害，對任何一個你在路上時常遇到的人，特別是在你家附近遇到的人，都要給予特別的注意。

如有可能，時常變換你上班、購物或散步的路線，夜間走路時要走在人行道的中間，因為襲擊者常隱藏在路邊，在狹窄的道路上行走時，只要交通條件允許，應走在路中間。長時間單獨行走，途中應用電話與家人保持聯絡。

進入辦公區時要注意有無其他人尾隨進入，要熟悉辦公區裡緊急出口的位置，在公共區域要注意看管好個人物品，如在飯堂、酒吧、走廊等處。

進入汽車前，一定要先檢查和確認車門有沒有被別人打開過。開車前要進行車輛檢查：引擎、司機座墊下、車底盤、行李箱，重點觀察有無可疑物品，注意地面有沒有電線頭、絕緣塑膠外皮等。

進入汽車後一定要升起門窗玻璃，並鎖閉車門。在汽車中遭遇襲擊時，最好的辦法是快速駛離，即使違反交通法規，也不要因任何原因和人而停車，當然不能給你或他人造成生命危險。

家中沒有車庫的，不要將汽車固定停在一個位置上，應將汽車停在路燈下或商店櫥窗燈前。每天駕車駛入車庫後，要鎖好車門和車庫門。使用遙控器開啟的車庫，要注意你駛入後沒有人趁機進入，不得將遙控器放在車內。如果發現有人進入你的車庫，雖然車未被盜，也應報警。

應當教育全體家庭成員具有危險和防範意識，家長不應讓孩子知道你的工作單位和細節，以免有意或無意地說出口。教育大些的孩子警惕壞人，告訴他們如何發現異常，比如如果有人問起你的汽車、住址、工作單位和工作時間等都不能回答，還要立即告訴家長。不要讓很小的孩子脫離你的視線，家中僱傭的保母要經過認真的安全檢查。

在家中發現了任何異常，都應立即撥打報警電話。絕對不給陌生人開門。與家人約定正常時的門鈴聲，和遇有威脅時的門鈴聲，要特別注意那些突然出現在你家門前並聲稱走錯門的人。

盡你所能，確認你的鄰居是正派人，要注意你的鄰居受到襲擊時，有可能傷及你，因此在相互不妨礙的情況下，鄰里間應相互關照，以防萬一。

外出旅行一定要事先買好票。在等公共汽車、地鐵和火車時，不要離月台邊緣太近。乘坐公共汽車時要盡可能離司機近些，因為司機要負責全車人的安全，一旦出事，司機是重要的證人。乘坐地鐵時，一定要盡可能離車門近些，一旦出現意外便於迅速離開。

特別要記住，無論發生什麼事，一定不要被街上發生的任何事情所激怒。

九一一事件發生後，總祕書處立即通知全體人員，不要對新聞媒體發表評論和看法，遇有媒體提問，請查閱互聯網上祕書長對此事發表的聲明。

總祕書處還通知，如有人因親朋好友在此次事件中遭受意外而產生不利的心理影響，總祕書處將提供心理疏導服務。

由於國際刑警組織美國中心局的大批人手已被調派執行「九一一」國內調查任務，無力應付來自世界各國的浩如煙海般的情報資訊，美國中心局緊急請求國際刑警組織總祕書處予以協助處理。為此，總祕書處指揮中心在美國派駐警官的支援下，迅速接手處理各成員國中心局發往美國中心局的情報，將經過預處理後篩選出有價值的情報資訊，才轉發給美國中心局。這種作法在國際刑警組織歷史上還是第一次，為美國中心局減緩了壓力，有利於集中人力對最有價值的情報線索進行深入調查，而不至於被淹沒在情報資訊的大海之中，同時也使國際刑警組織直接接觸和積累了大量情報。

另外，祕書長諾布林立即與國際刑警組織主席、執委們通電話，就即將召開的國際刑警年會和緊急撥款等事項交換意見，提前做出反應。

從九月十二日起，國際刑警組織總祕書處大樓門前降半旗致哀。

九月十四日中午十二時整，總祕書處大樓裡舉行集體默哀儀式，男士們西裝領帶穿著整齊，女士們衣著淡雅地到一樓大廳集中，默哀的三分鐘裡，臨時架設的大銀幕上逐一播放出遇難者的國旗，除了有中華人民共和國的國旗外，中華民國的「國旗」也出現了，在這種特殊的場合和時刻，我們自然也不好說什麼，否則在這樣的氛圍中顯然是不合時宜。

維護：國家形象

看到各成員國對參與國際刑警組織的國際援助反應強烈，行動積極，我想恐怖主義者一意孤行，濫殺無辜，是全世界愛好和平者的共同敵人，在當前形勢下，能派出技術力量援助美國，就是直接投入到世界反對恐怖主義行動中。但是我一直沒收到中國國家中心局的任何資訊。我又重新寫了一封中文的請示，火速發往國內。

關於我國是否參加國際刑警組織有可能組織的對美國受恐怖襲擊提供技術支援的請示

局領導：

二〇〇一年九月十一日，美國遭受恐怖襲擊，造成重大人員傷亡和財產損失。國際刑警組織祕書長指示，國際刑警組織將盡一切力量幫助其成員國，總祕書處已成立指揮中心和志願者隊伍。目前總祕書處正在詢問全體成員國，能否提供災難死亡者個體識別方面的技術援助，並請有關國家的災難死者個體識別部門做好準備，一旦現場發現大量屍體，並且美國方面請求國際協助，將赴美工作。現將總祕書處的詢問電文附後，我國是否願參加國際刑警組織有可能組織的技術支援，請閱示。

朱×　左芷津

二〇〇一年九月十二日　法國里昂

又一天過去了，仍然沒收到國內的任何指示，中國政府的表態倒是強烈譴責這一造成大量平民傷亡的恐怖襲擊事件，於是我就擅自作主，先替中國報了名，心想，不管怎麼說，在這種國際環境下，不能讓祖國丟臉，反正這事歸我管，真要到了派人去的分上，再想辦法，怎麼也得讓比利時這樣準備充分的國家先上，一時半會兒還輪不到中國。最後統計下來，一共有二十四個國家準備了專門力量，隨時準備派去美國或是協助美國完成死難者個體身分識別任務，結果即刻上報祕書長。

我們這裡正忙著，美國那邊卻一直沒有動靜，我多次與他們聯繫，他們說，國際援助對他們非常重要，但是什麼時候需要，要再過一段時間。就這麼一直拖著，我們這邊隨時準備出發，美國那邊一推再推。

萬幸：比預計少

一晃眼三個多月過去了，眼看著晝夜不停地站在廢墟旁日夜直播的美國CNN電視台主持人的膚色由白皙變棕色，由棕色變古銅，由古銅變黝黑，長時間在強烈陽光下眯縫著眼睛，眼周的皺紋溝都變成白色條紋了。廢墟的初步清理接近尾聲，美國同行給我來電話，我問情況怎麼樣，怎麼一直沒有提出國際援助的請求。他們說，事發後，立即緊急調集紐約附近地區和城市的許多法醫，準備全力投入死亡者的個體識別中，後來發現死亡人數遠不如原來預計的那麼多，預計的六千多人是按照正常上班時間裡，大樓內的工作人員，外來訪客和來世貿中心旅遊、購物的遊客計算的，襲擊的時間發生得較早，大樓裡還沒有上班，遊客也沒有到來，使許多人幸免於難。再有就是沒有一下子發現那麼多屍體，屍體是隨著清理現場逐漸被發現的，最後核實世貿中心的死亡人數是二千出頭，但是發現的屍體遠沒有那麼多，真正能確認身分的不到五百人，大部分屍體在高溫和垮塌的作用下，徹底變成了灰燼，這樣他們就有足夠的法醫力量和充裕的時間做個體識別，由於總是擔心一下子會發現大量屍體或是遺骸，所以一直不敢鬆口，與國際刑警組織保持聯繫，一旦需要，隨時準備提出國際援助的請求。

我立即把這個情況透過郵件發給各成員國，首先說美國遭受系列恐怖襲擊後，在國際刑警組織總祕書處的指揮下，共有二十四個成員國承諾，可以派出技術力量協助美國對遇難者進行個體識別。然後說由於遇難人數不如預計的多，美國明確表示，他們已初步完成「九一一」遇難者的個體識別工作，請各成員國相關部門恢復正常工作。最後說對各成員國積極響應國際刑警組織的號召，迅速投入國際援助行動中，向全世界彰顯了國際刑警組織打擊恐怖主義犯罪的堅強決心，並且是世界範圍內打擊恐怖主義犯罪的重要力量，總祕書處深表感謝。

應對震驚世界、史無前例的「九一一」事件，是新世紀擺在國際刑警組織面前的新任務和新難題，我們的作法凸顯了國際刑警組織協調各成員國在世界範圍內迅速形成打擊恐怖主義和保障人權的合力，得到了美國政府和各成員國的一致肯定和好評。事後，美國紐約市長朱立安尼特意致函國際刑警組織祕書長，對國際刑警組織組織的遇難者個體識別國際援助表示感謝，認為這是國際刑警組織在協助美國應對「九一一」事件中，提供的最實質性的援助，祕書長把這封信批轉給了我。

二〇〇二年在匈牙利召開的國際刑警組織年會的開幕式上，祕書長在主旨發言中，專門提到國際刑警組織在「九一一」中的作用，評價這次行動是「開創了本組織提供緊急國際援助之先河，標誌著國際刑警組織已從一般性協調邁向實質性援助」。

職能：轉向實戰

「九一一」事件發生以後，總祕書處指揮中心全天二十四小時值班，要求值班人員一隻眼睛要盯著國際刑警組織基於互聯網新建成的I-24/7（I表示資訊，24表示每天二十四小時，7表示每周七天不間斷）全球智慧化通訊和資訊處理系統的螢幕，另一隻眼睛要盯著電視上的CNN新聞頻道，因為他們認為有些媒體對世界上突發事件的報導比警察來得更快，CNN新聞頻道號稱世界上任何地方發生重大事件後十五分鐘他們就能播報。後來法國警察不幹了，他們說法國電視台對突發事件的報導也很快，為什麼只看美國的電視，結果指揮中心裡又多了一台永遠固定在法國新聞頻道的電視。人只有兩隻眼，同時盯著一台電視和一台電腦就夠不容易的了，更何況又多了一台，到哪去找那個第三隻眼呢。

指揮中心負責協調各國的反恐行動、編發每日恐怖活動簡報，在其中專門開闢了「九一一」專欄，即時答覆各國的查詢請求等。值班是五人制，兩名文職官員負責資料庫查詢，兩名技術人員負責通訊和資訊系統，必須有一名具有警察身分的負責帶班，理論上認為值班警察可以代替祕書長行使職權，責任非常重大。文職和技術人員是兩班制，警察一值班就是連續二十四小時，其間不許睡覺休息，非常疲勞。

按照國際慣例，每當一國舉辦大型國際體育賽事或其他國際性活動時，許多國家都派出警官共同負責安全工作，國際刑警組織也會派出協調員到該國，協助警方協調處理國際警務合作，當然這也是國際刑警組織指揮中心高度緊張和忙碌的時候。

二〇〇二年二月在美國鹽湖城舉行第十九屆冬季奧運會，總祕書處準備派出一名女警官到現場工作，這位女警官高興極了，因為參與冬奧會的安保工作，理所當然地能出席冬奧會的開、閉幕式等一系列舉世矚目的盛大活動，但是她並不清楚到那裡以後能幫著這種大型賽事做些什麼。她很聰明，就在總祕書處各部門走了一圈，既是和大家分享，更是尋求大家的幫助，到哪個辦公室就說我要去鹽湖城冬奧會，你能幫著我幹點什麼。大家無一例外地先祝賀一番，然後再有一搭無一搭地提些能幫著做的事。

到我辦公室後，我告訴她，就我的專業來說，她的作用太重要了。她驚訝地瞪大眼睛，真想不到這間普通辦公室裡還藏著什麼能解決大型國際活動安保難題的靈丹妙藥。我告訴她一旦發生重特大災害事故，造成大量人員死亡時，國際刑警組織能提供死亡者個體識別國際援助，我把國際刑警組織編寫的《災難死亡人員個體識別指南》、《國際刑警組織失蹤人員個體識別表格》、《國際刑警組織不明身分屍體個體識別表格》，以及我的聯絡方式等全部交給她，她如獲至寶地走了。當她的任務結束，回到總祕書處後，特意到我的辦公室來道謝，我問她怎麼樣，她說，沒有想到鹽湖城那麼冷，開幕式時坐在那裡五、六個小時，真是凍死了。從此，國際刑警組織的災難死亡人員個體識別國際援助成為一項例行工作。

同是二〇〇二年五、六月間，韓國和日本聯合舉辦第十七屆世界盃足球賽。閉幕式那天正好我值班，我照例用兩隻眼睛盯著三個螢幕，突然一個成員國幾次向國際刑警組織指揮中心緊急報告，據他們獲得的可靠情報，有人要用火箭彈襲擊他們足球隊乘坐的飛機。「九一一」以後，各國空前重視反恐，對這類情報寧可信其有，不敢信其無。我一面向警務行動處長羅布彤報告，一面帶領當值人員迅速開展工作，指揮中心頓時忙碌起來。我抓起電話直接撥通了總祕書處派到東道國的現場協調員的電話。

總祕書處派人到法國以外地區出差時，出差人員可以領到一支手機，號稱無論到世界上的什麼地方都能保持通訊暢達，需要的還可以領到一台筆記型電腦，在這裡工作，只要你能提出方便工作的合理需求，就一定會得到滿足。現場協調員接到我的電話很興奮，為防止洩密，我連忙讓他換用有線電話，我又打了過去。他說，已得到這一情報，正在賽事安保指揮中心裡與東道國、當事國和多國警方磋商。由於是兩個國家聯合舉辦，開幕式在韓國，閉幕式在日本，我請他立即與日本和當事國緊急協調，火速採取一系列措施：迅速轉移足球隊到祕密備用地點、安排球隊換乘私人專機、嚴格審查球隊及隨行人員、對飛機和全部行李再次嚴格安檢、祕密地重新制定和申請飛行路線、起飛時間要保持絕密、原機場上的歡送隊伍和安保級別保持不變、臨時變換目的地的降落機場、落地後迅即祕密轉移球隊、原定降落機場上的歡迎隊伍和安保級別原地不變。我一口氣把當時能想到的全說了，最後我們約定了通報飛機起飛離地的暗號，並請他與總祕書處保持緊密聯繫，指揮中心隨時會提供全力協助。

最後飛機祕密地起飛了，我坐在指揮中心，心裡嘀咕著，忙乎了半天，也不知這情報到底是真是假，也不知這些招兒靈不靈，第一次感到心繫上百人安危的沉重感。一位一同值班的文職女官員遞給我一杯咖啡，我衝她微笑地點點頭，慢慢地啜著，靜靜地等著時間一點一點地過去，一個小時後，電視裡沒見到飛機掉下來，估計不會出事了，因為一般的火箭彈打不到一萬米高空，我放下心來。

從起飛到降落大約需要十個小時，我算好時間，降落前一小時也是最容易受到攻擊的危險時刻，我們不敢有絲毫怠慢，密切關注飛機行程，與這個國家的警方時刻保持聯繫，直到接獲飛機平安著陸的電話。電話裡我追問他們，這個情報最後被證實是真是假，他們一口咬定絕對是真的，然後話題一轉就是一通兒感謝，說代表他們國家警方，高度讚賞國際刑警組織的果斷和妥善處置，不再提情報的事了。

飛機平安落地了，處長羅布彤不放心，還是從家裡趕了過來。我連忙把整個事件的處置過程向他做了彙報，他很滿意，高興地拍著我的肩膀說，幹得好，很專業。其實我原本也沒有處理過這類事，咱們做技術工作的有得是技術工作的思維，按照這個思路，像設計實驗一樣，反正是把起飛前到降落後的每個環節都變化一番，估計就能行。不成想，羅布彤處長指示參與值班的文職官員，把這次處置過程和各種措施記錄下來，形成值班條例，作為國際刑警組織今後處理類似突發事件的規範預案。

緊急：兒子管用

二〇〇二年十月十二日，印尼峇里島發生系列爆炸恐怖襲擊，消息傳到法國已是十三日，那一天是個陽光燦爛、天氣晴好的周日，下午我照例和太太一道，到我家旁邊的金頭公園去走走，家裡只留下兒子寫作業。國際刑警組織總祕書處接到報告後，警務行動處長羅布彤指示負責反恐情報的，負責反恐行動的，負責聯絡亞洲地區的以及我，負責死亡人員個體識別的幾位官員，緊急到總祕書處磋商對策。

按照要求，我們每人家裡的電話都要在總祕書處登記，可能是為了保護隱私，並不要求我們登記手機號碼，這就意味著我在家裡時，總祕書處隨時能聯絡到我，所以我在家時不必開手機。這天出門時我把手機放進口袋裡，心想一出門就打開，結果當我融入法國深秋的美景中時，就把這事給忘了。

警務行動處長羅布彤打電話到我家裡，兒子接起電話，用法語和我的處長聊了起來。

羅布彤問：你是誰？

兒子答道：我是Jin的兒子。

羅布彤再問：你爸在家嗎？

兒子再答：不在，他和我媽到公園去了。

羅布彤問：他帶著手機嗎？

兒子答道：帶著呢。

羅布彤說：請你打個電話給他，有急事，讓他立即到總祕書處來開會。

兒子說：好，請你留下電話，我聯絡到他後，讓他打電話給你。

結果，我的手機忘記開，兒子打不通。

於是兒子打電話給我的處長說：我爸爸手機沒開機。

羅布彤說：你有辦法找到你爸爸嗎？

兒子說：我試試。

兒子從小成長在警察家庭中，媽媽又是婦幼保健院手術室的護士長，對突發事件並不陌生，他冷靜地拿上我的老花鏡、總祕書處的進門卡，心想有這兩樣就行了，出門前多了一個心眼，給我留了個條子：「老爸，你們處長來電話，讓你馬上回去開會，我去找你了，如果你先回家，就到國際刑警門口找我。」然後撒腿就朝公園裡跑去。

一進公園兒子傻了眼，只見法國公園裡雖說不是人山人海，也是萬頭攢動，大家都在抓緊時間享受著燦爛的陽光和新鮮的空氣，還有秋天裡掛著五顏六色葉子的各種樹木。兒子想我們已經走了一會兒了，就逆著我們平常在公園散步的方向，一路飛奔尋來。兒子不停的向四周張望，仔細辨認著公園裡遊人的面孔，怕漏掉我們的身影，奔跑了一路卻一直沒有見到我們，兒子開始懷疑自己的決定是否正確，畢竟在這麼大的公園裡要找兩個人實在是太難了，如果耽誤了時間，可就麻煩了，可是不找下去又能怎麼辦呢。兒子心懷矛盾地繼續奔跑著尋找了二十多分鐘後，當跑過一個草坪時，一抬頭猛地遠遠望見了我，不禁大喜過望。兒子看到我已經發現了手機沒開，剛剛打開手機，正在聽兒子在我手機裡的留言，興奮的兒子一下子就迎面衝了過來，讓我們大吃一驚，兒子上氣不接下氣地說，你們處長找你，電話打到家裡，你沒開手機，我就跑來了，這是你上班必備的東西，我全帶來了，你馬上就去吧。

我立刻趕到總祕書處，見到包括處長羅布彤在內剛剛趕來的幾位官員，全都是一身休閒運動裝束，顯然大家都在過周末。羅布彤看到我並未晚到，驚訝地問我，你的兒子怎麼這麼快就找到你？要知道法國公園裡有幾千人和幾百條狗呢。我開玩笑答道，我兒子用鼻子就找到我了，大家一陣歡笑。

輕鬆過後，大家投入工作。處長羅布彤開門見山，要我們每人按照分工，談談能為印尼警方提供的援助。我說道，據現在所知，印尼爆炸中共有二百多人遇難，其中大部分是澳大利亞人，澳大利亞的災難死亡者個體識別技術力量很強，有專門的機構和隊伍，我們可以協調他們負責全部死難者的個體識別。會議只花十五分鐘就結束了，大家分頭行動。

我回到辦公室，直接撥通了澳大利亞個體識別隊安尼•威廉姆斯隊長的電話，他本人是法齒學專家，是我的老朋友，他和他的識別隊伍是國際刑警組織災難死亡者個體識別中的骨幹力量之一。我通知他，鑑於死難者中有許多澳大利亞人，因此，請他們派出專門隊伍協助印尼警方做好全部死難者的個體識別。他說，他們已經派出了近百人的隊伍，在峇里島的一家醫院裡臨時建立的識別中心，按照國際通行的規範開展識別工作。他向我保證，他們不但負責澳大利亞籍遇難者的個體識別，還會對全體遇難者的個體識別負責。我說，印尼的災難死亡者個體識別力量也很強，希望他們能很好地合作。他說，沒問題，他們已經在一起了。他問我能不能去峇里島，我回答說，No plan（沒有計畫），其實恐怖襲擊什麼時候給過警察和平民計畫。

我再打電話給印尼的災難死亡者個體識別隊長，他的名字特別長，我也記不住，讀不準。他曾經到總祕書處來參加過我組織的國際會議，我們同是亞洲人，他對我特別熱情，多次邀請我去印尼訪問，還送給我一對印尼人偶作為禮物。我向他通報了和威廉姆斯隊長的電話，他對我說，請放心，沒問題，他們是近鄰，平時沒有事情時都互有來往，現在出了大事，大家更要同心協力。他補充說，印尼是個恐怖襲擊比較多的國家，他從事這行多年，但是這次應對恐怖襲擊，讓他看到當前反恐怖中個體識別的許多新變化和新要求，希望明年國際刑警組織的災難死亡者個體識別大會能在峇里島舉行，讓全世界能分享他們的經驗。我說，這個建議很好，美國「九一一」之後，除了美國警方代表在國際刑警組織年會上做了一個十分鐘的發言外，世界其他國家並沒有分享到他們的工作經驗，希望此次能在國際刑警組織框架內，分享印尼和澳大利亞的經驗。

遇難者個體識別工作在有條不紊地進行著，一天，印尼隊長來電話，說有一名遇難者來自台灣，台灣方面要派出一位女性法齒學家參加該遇難者的身分識別工作。因為是國際刑警組織指揮的國際援助活動，他問能不能讓台灣人來。我考慮一下，這確實是個非常敏感的問題。雖然我國在一九八四年加入國際刑警組織後，台灣就不再參加該組織的活動，但是按照國際刑警組織的章程，並沒有開除一說。為了確保全球範圍內打擊犯罪不留死角，一九八四年以後凡是需要與台灣聯繫的，包括總祕書處的文件和成員國間的聯絡，一律透過國際刑警組織東京通訊站轉送，台灣仍然作為一個看不見的成員存在著，總祕書處內部稱為「Under the water」，意為潛入水下看不見。在應對恐怖襲擊上，作為國際組織，更應該體現人道主義的關懷，我通知印尼隊長，只要台灣方面不打著官方旗號，不用「中華民國」的稱號，按照國際刑警組織認可的「中國台灣警察局」的稱號，就可以參加這次行動。印尼隊長說，要來的這位是大學教授，只管技術辦案，本人根本不是警察。我說，沒有警察身分，只是技術專家，那就更沒問題了。

最終，二〇〇三年國際刑警組織災難死亡者個體識別大會如期在美麗的峇里島召開，會上除了眾多的演講和踏勘一直保留著的爆炸現場，實地勾畫出恐怖分子的殘忍和被害者的不幸外，也列舉了處置大規模死亡現場和個體識別的組織指揮和有效措施，與會者收穫頗豐，國際刑警組織終於在反恐這個敏感問題上做到了全球共享。會議期間，我問澳大利亞威廉姆斯隊長，為什麼這麼多澳大利亞人要來峇里島度假，他說，便宜。

召集我們研究協助峇里島系列爆炸案的第二天起，總祕書處在網上公布一條新規定，負責反恐行動的，負責情報的，負責聯絡恐怖案件多發地區的，和負責死難者個體識別的官員，都必須把手機號碼登記在指揮中心。國際刑警組織總祕書處就是這樣，它沒規定的，你就沒錯，它發現問題後，會立即制定一些新的規定和制度，有了這些新規定和制度，再出錯就是你自己的事了。

都柏林泣血

奉命：啟程愛爾蘭

我在國際刑警組織總祕書處工作時，同一辦公室的是位愛爾蘭女警察，叫露絲，三十來歲，沒有結婚，人特別善良。她告訴我，她當警察許多年了，就負責一件事，打擊兒童色情犯罪，這是她的專業。

歐洲許多國家的成人色情業只要是在法律範圍內就不違法，但是任何涉及兒童的色情活動則絕對禁止，我想，色情業也是一種社會需求，更是一種謀生手段，對成人來說，他們有成熟的心智和理性的判斷能力，不論男女，都能掌控自己對色情的態度。而對於兒童來說，他們是弱勢族群，身心成長的過程是需要特殊保護的，所以法律要嚴格保護他們。

後來國際刑警組織總祕書處建立了一個兒童色情犯罪的資訊中心，電腦中全是兒童色情資訊和千奇百怪的色情照片。中心是絕密的，進門時必須要刷一種特殊證件，國際刑警的官員們都不許進去，誰知道警察裡面有沒有人偏好這一口。

露絲是為數不多的能進入裡頭工作的警官之一。有一次她友好地請我進去長長見識，我想還是不要惹這個麻煩吧。

二〇〇一年三月中旬的某一天，露絲對我說，兩名中國留學生在愛爾蘭首都都柏林被殺死了。愛爾蘭是個天主教國家，殺人案件極少，兩人被殺，更是少見，可說是都柏林甚至愛爾蘭歷史上極為罕見和兇殘的兇殺案，立刻震驚社會。露絲竟然拿出一張從互聯網上列印下來的中文消息給我，我很納悶她怎麼認得這條中文消息說的就是這個案子，原來在這個網頁上配有一個愛爾蘭警察牽著一條警犬的照片，她一定是從這個照片認出的。

露絲說，愛爾蘭警方和她聯繫，希望能請國際刑警組織派出一名懂中文的警官，前往都柏林，協助辦案，並擔任翻譯。露絲問我願不願意去，我說，中國人遇害，我們中國警察責無旁貸。她問我，愛爾蘭警方邀請我去協助，是向國際刑警組織提出請求還是向北京提出請求。我說，我現在在國際刑警工作，應隸屬國際刑警領導，我的工作安排應由國際刑警主管，所以應向國際刑警提出請求，由國際刑警決定能否派我去協助。露絲說，好，我來辦。

時間不長，國際刑警組織愛爾蘭國家中心局的傳真就到了國際刑警組織祕書長那裡。雖說國際刑警組織的使命之一，就是協助成員國偵破跨國案件，但是國際刑警組織並沒有馬上表示同意還是不同意派我去，而是先要徵求我的個人意見願不願意去協助人家。

為了慎重起見，我連忙用電話向國內請示，國內答覆說，協助愛爾蘭警方偵破我國留學生被害案件是應該做的，但是要經過國際刑警組織批准，如果國際刑警讓你去，你就可以去協助，費用由愛爾蘭承擔。這樣我的首次愛爾蘭之行就確定下來了，當時真沒想到，偵辦這個案件開啟了一次極為難忘和難得的經歷。

里昂沒有直達愛爾蘭首都都柏林的航班，愛爾蘭警方給我安排的航程是經荷蘭阿姆斯特丹轉機。

愛爾蘭不是申根簽證的國家，我的法國長期居留證不能直接去那裡，臨時辦證已經來不及了。露絲告訴我，為了打擊從歐洲大陸到愛爾蘭的非法移民，每個從歐洲大陸飛往愛爾蘭的航班登機時，都有一支愛爾蘭警官小組，逐一核查準備飛往愛爾蘭的旅客，她會做好安排，轉機時，由愛爾蘭警察協助我登機，降落都柏林後，再在機場辦理落地簽證。

三月二十一日一早，我從里昂起飛，一個小時二十分鐘後，到了阿姆斯特丹。我推著行李緩緩地朝去都柏林班機的登機口走去，我敏銳地感覺到有一雙眼睛正在不遠的地方注視著我，我想一定是那位負責安排我登機的愛爾蘭警官，但是我不想這麼早就和他見面，這是我第一次來荷蘭，阿姆斯特丹機場是世界上有數的大機場，我想先在這裡逛逛，特別是購買幾件荷蘭的紀念品。

紀念品買好，我大步向登機口走去，那位警官已經在那裡等我了，我們很容易地相見相認，互道姓名，我把護照交給他，他再次確認我的身分，為我辦理登機手續。在他的幫助下，我毫無阻礙地登上飛往都柏林的飛機，一切都是那麼順利。

又飛了將近一個小時，才到達愛爾蘭的首都都柏林，旅客經由各種通道很快就疏散了，我獨自一人留在入境櫃台前。簽證官手頭肯定有我的資料，入境簽證辦得非常順利。臨走時，簽證官笑著對我說：「祝你在都柏林生活愉快！」我禮貌地謝謝他，便走出機場大樓。

沐浴在愛爾蘭的陽光下，迎面一個身材高䠷，嘴巴上留著兩撇鬍子，大約四十歲出頭的典型西歐男子來接我，他自我介紹說，他叫華萊士，是都柏林市七區警察局負責偵查的督察官，歡迎我來協助他們，並問我路上是不是順利。我說：「有你們的周到安排，很順利，沒有任何問題。」我問他認不認識在國際刑警工作的愛爾蘭女警官露絲，他說，他知道這個人，但是不熟悉，因為露絲在相當於中國的公安部工作，華萊士則屬於基層刑偵警察。但是他說，愛爾蘭是個小國家，只要有接觸，要不了多久大家都會熟悉的。

我下榻在古老的阿靈頓酒店，已經有四五位愛爾蘭警探在等我們，中午我們在酒店一同吃自助餐，我明白這頓午餐很重要，別看大家客客氣氣的，我得透過這頓午餐得到他們的認可和信任。午餐時，大家聊的主要是一些辦過的案子，我介紹了我的教育背景和分別在北京市公安局和國家公安部參與偵破命案的經歷，什麼都逃不過刑警的眼睛，大家都是幹同一行的，只要聊上幾句，你是個啥成色，人家立刻就一目了然了。

審查：拷問證據

午餐後，我們一同到七區警察局，局裡對我的到來非常重視，為了方便工作，專門給我配置了一間辦公室，開通了一部國際長途電話，讓我能方便地與國內聯繫。

我與專案組見面時，負責的是一位個頭不高，身材略微發福，濃眉大眼，長得端端正正的約翰，他的職位相當於我們分局的刑偵支隊長。約翰向我一一介紹他的幾位助手，基本就是中午一同吃飯的那幾位。

專案組牆上貼滿了視頻截圖照片，照片下面寫著時間和地點，還有一塊白板，畫著一幅房屋示意圖，大家都是當刑警的，一眼就明白截圖照片是定時定人定位，房屋示意圖肯定與行動有關。約翰開始向我介紹情況。

二〇〇一年三月十四日凌晨一時，位於都柏林北部七區的國王北街黑廳廣場公寓的居民們被「轟」的一聲巨響驚醒，公寓2A號居室爆炸起火，2A對面住家的女主人第一個打開房門跑了出來，在走廊上撞見一個身材矮小的男子，男子吃驚地看了她一眼便倉皇逃走。居民報警後幾分鐘，消防車、救護車和警車呼嘯著接踵而至。由於火勢過於兇猛，2A號房門又反鎖著，消防隊員費了好大力氣才破門而入，將大火撲滅，發現床上有一男一女兩具屍體。屍體解剖發現，這兩人在起火前已經被勒死，男死者手臂上有繩索捆綁的壓痕。火災調查專家和警方很快就斷定：這不是普通的失火，而是一起謀殺縱火滅跡案，立即通知刑警介入調查，都柏林七區警察局正式立案。

現在已查明的是，男死者名叫岳峰，一九八一年七月二十日出生，遼寧人，是都柏林代姆街英語學習中心的學生，主修英語，業餘時間在都柏林城南的巴林蒂爾酒吧打工貼補零用。女死者名叫劉晴，一九八一年五月九日出生，黑龍江人，是格拉夫頓大街天鵝訓練學院的學生，主修英文，業餘時間在馬拉海德區一家中餐館打工。兩人是男女朋友關係，二〇〇〇年三月先後到都柏林留學並同居。

鄰居們反映平時跟這對中國留學生甚少打交道，他們也不太跟外人來往，但每次見到鄰居時，總是客客氣氣地笑著打招呼，特別是小女孩的模樣十分可愛。他們所在的學校反映，他們是好學生，堅持每天來上課，從不遲到和曠課，學習成績也不錯。

愛爾蘭警察在偵查中發現岳峰和劉晴的朋友不多，來往比較多的是一個叫禹杰的。警察提取了公寓樓入口門廳的攝影機記錄，錄影顯示禹杰的活動十分可疑，他的幾進幾出似乎與他們被害有著某種對應的聯繫，他是最後進出岳峰、劉晴家並見到他們的人，此後錄影上再也沒有出現活著的岳峰和劉晴，這就是那些視頻截圖顯示的內容，提示禹杰有重大作案嫌疑。

約翰把視頻截圖從牆上摘下來，按照時間順序一一地擺在我面前。

三月十二日下午五時五十一分四十二秒，禹杰來到岳峰家樓門口，顯然禹杰沒有樓門鑰匙，他按門鈴，岳峰出來為他打開樓門，兩人說笑著並肩走進了岳峰家，此後岳峰再也沒有在錄影中出現過。

一個小時後，劉晴回家，用鑰匙打開樓門進去，踮起腳尖扒在信箱上看裡面有沒有信，然後回家，此後劉晴再也沒有在錄影中出現過。

一小時三十分鐘後，禹杰獨自一人離開岳峰和劉晴的家。

三月十三日上午十時，禹杰再次獨自來到岳峰和劉晴家樓外，這回他自己掏出鑰匙打開樓門，他穿的夾克衫內鼓鼓囊囊的，從沒有完全拉上的拉鍊縫裡露出一個塑膠瓶口。他用鑰匙打開岳峰和劉晴的家門進去了。

一小時三十分鐘後，禹杰手裡提著一個裝有東西的塑膠袋子離開，夾克也不鼓了。

三月十四日凌晨一時，禹杰再次進入岳峰和劉晴的家，此後不久岳峰和劉晴的家爆炸起火，禹杰從房中逃出，迅速地從樓門逃走，鄰居們在走廊裡亂作一團。

現場發現了多處血指紋，尤其是岳峰的眼鏡上有一枚血指紋，警察問禹杰話時，捺印了禹杰的指紋，比對後認定與現場和岳峰眼鏡上的血指紋一致。在禹杰住處還發現了岳峰的物品，禹杰的解釋是岳峰回中國過春節回來送給他的中國食品。據此愛爾蘭警方認定禹杰涉嫌此案。

禹杰，男，一九七七年十一月十日出生，遼寧人，二〇〇〇年一月以學生身分來愛爾蘭，到學校繳費註冊後並未上學，在都柏林非法打工，時常出入賭場等地。

情況和主要證據介紹完了，約翰直截了當地問我，認不認為禹杰有犯罪嫌疑。我說這個案件有公寓大樓入口門廳的錄影很能說明問題，好像一雙眼睛直擊了整個作案過程。

我說，岳峰出來給禹杰開門，兩人說笑著回家，說明他們原來沒有什麼矛盾，應該是在並肩走進岳峰家後，兩人才翻臉了，然後把岳峰殺死，禹杰在岳峰家裡坐等劉晴回來。劉晴回來時，岳峰已經死亡，禹杰再殺害劉晴。

從劉晴回家，到禹杰離開有一個半小時，應該是劉晴進房間後，沒有立即被殺死，結合岳峰手腕上有繩索捆綁的痕跡，說明他們被殺前都有個時間過程，很可能是禹杰討要什麼東西，最大可能就是要錢。

第二天，禹杰冒險回到現場，應該是為了翻找錢財或者搜東西，說明前一天殺人後，沒有太大收穫，臨走提了個袋子，估計也不會有多少值錢的東西。只是他衣服裡藏的應是助燃劑，準備焚屍滅跡，但是白天人多，不便動手才作罷。

他第三天夜裡再來就是為了焚屍滅跡，我估計助燃劑是汽油。禹杰經驗不足，以為汽油燒得快，燒得兇，其實汽油遇到明火就會引起瞬間爆燃，連爆帶燒一下子就過去了，而不是慢慢地燃燒，反倒未能將屍體完全焚毀。

聽我說完，約翰補充說，他們請2A對面那位女鄰居辨認了這些照片，女鄰居一口咬定，爆炸起火時在走廊上撞見的人就是禹杰。他們已找到了禹杰買汽油的加油站，請售貨員辨認照片，認定禹杰曾經用塑膠瓶到加油站買過汽油，警方還拿到了他買汽油的票據存根。

那個年代國內監控錄影並不多見，我首次領教了監控錄影在破案中的重要直觀作用，親身體驗了西方警察的偵破過程和對證據近乎苛刻的要求。我感到，愛爾蘭警方的調查可以說是絲絲入扣，一環套一環，認定禹杰是這個案子的重大嫌疑人應該是板上釘釘了。

約翰見我的看法與他們一致，感到很放心，我想這可能又是一次認可和信任的過程，如果我能拿出合理的解釋，不認可或是動搖他們的偵查結論，這個案子就辦不下去了，恐怕還要尋找新的證據。

我看了這兩個年輕人生前的照片和個人基本資訊，岳峰一米八的個子，戴眼鏡，瘦瘦的，斯斯文文的。劉晴人長得非常漂亮，面龐姣好，眉目清秀，皮膚白皙，個頭有一米七，照片上的她笑得很可愛。這兩個年輕人就這樣命喪他鄉了，不由得讓我深感惋惜。

調查：悲歡家庭

約翰不客氣地給了我一堆活兒，主要是透過電話與岳峰和劉晴在國內的親屬聯繫，弄清一些情況。坐在我的辦公室裡，理了理思路，把剛瞭解的情況轉化為中文能表達清楚的意思，再把愛爾蘭警方需要瞭解的問題列出一個清單，逐一地打電話給他們的家人。

電話打給岳峰的父親時，他正沐浴在澳大利亞溫暖的陽光裡，欣賞著國內衛視台的電視連續劇。他告訴我，他是個生意人，這些年賺了些錢後，與岳峰的媽媽離了婚，又娶了一位太太，生下了小孩，移民到澳大利亞去了，現在中國和澳大利亞兩邊跑。

舐犢之情讓他感到這樣對岳峰不公平，就拿出一大筆錢，讓他到愛爾蘭留學。岳峰二〇〇〇年第一次去愛爾蘭時，隨身帶了三萬美元，平時就不再給他錢了。二〇〇一年岳峰回國過春節時，他的生意有些不順利，手頭沒有太多的錢，估計原來給岳峰的錢還夠用一陣子，所以岳峰回愛爾蘭時，他告訴岳峰生意不好，只給他四千美元，岳峰說能理解，沒有再多要錢，還說他自己課餘時間打點工，也能貼補自己。他聽到岳峰的死訊非常難過，說隨時準備來愛爾蘭料理兒子的後事，花多少錢都行，希望我能幫助他。

電話打給劉晴母親時，母親已是泣不成聲，她告訴我，她和劉晴的父親離婚後再婚，現在聽到女兒的死訊雖然心裡難過，但是考慮到現在的家庭也不好多說什麼，她把她弟弟的電話給了我，讓我以後直接找劉晴的舅舅聯繫。

劉晴的舅舅告訴我，他本人原來當過警察，能扛事兒，有什麼事直接與他聯繫。劉晴家原來住在黑龍江，母親離婚後，帶著劉晴來到瀋陽改嫁他人。母親現在也沒有什麼固定的工作，原來靠親戚朋友接濟，現在靠丈夫養活。他希望我理解劉晴母親的處境。遼寧公安機關已和他聯繫過，正在幫他辦理去愛爾蘭處理劉晴後事的手續，他希望他來愛爾蘭時，我仍在這裡好幫助他。

我從電話中瞭解到，岳峰和劉晴在國內時是同學，家庭的變化使他們成了多餘的人，兩個單親家庭的孩子很容易就走到一起了，他們高中沒畢業就一同來愛爾蘭留學了。

我一邊打電話一邊想，估計岳峰和劉晴的父母也就是我這個歲數，甚至還沒有我的歲數大，可是他們歷經了婚變、再婚、喪子或喪女等一系列人生中我已知道的和還不知道的變故，他們生活的不幸和情感的磨礪是我這種沒有經歷過的人很難理解的，特別是像劉晴母親那樣根本沒有機會和權利表達喪女之痛，更是常人難以承受的。

可是從生存的角度來說，他們必須把這一切嚴密地封閉在心中，只有承受、忍耐才能生存。我也想到，雖然這兩個風華正茂、如花似玉的孩子的死不能算在他們的帳上，但是他們把自己的生活弄得一團糟，是不是也應該有相應的擔當呢？最起碼等到孩子們高中畢業或是大學畢業再來留學，會不會幸免一死呢？

我一直沒能聯繫上岳峰的生母和劉晴的生父，心中特別惆悵，因為我感到，我似乎正在替他們逝去的孩子呼喚他們，不管怎麼說，孩子總是自己的骨肉吧，人都死了還能怎麼樣呢。

不知不覺中幾個小時過去了，電話也打得差不多，我把情況綜合一下和約翰進行討論。我認為，禹杰的作案動機極有可能是為了錢，雖然岳峰家中比較富裕，但他們在愛爾蘭已生活了一年，學費、生活費、租金、交通費，三萬美元應該花得差不多了，即便業餘打工掙點錢，岳峰被害時，手裡應該沒有多少錢了。交往中禹杰得知岳峰的父親很有錢，岳峰剛從國內過春節回來，他父親不會不給他錢，所以禹杰誤認為岳峰從國內又帶回了大筆現金，因此動了搶劫的念頭。

作案過程應該是禹杰和岳峰一同進房間後，就逼岳峰給他錢，可能一開始是借錢，也可能一開始就明說是搶，岳峰說自己沒有錢，禹杰肯定不相信，認為岳峰成心不給他，兩人動手後，禹杰把岳峰捆了起來。凡是殺人前把人捆起來的，都是為了要什麼東西，東西還沒到手，一時半會兒不會讓被害人死，如果單純是為了殺人就會省了這個環節，最後也沒問出錢來，為了滅口，才把岳峰殺死。禹杰坐等劉晴回來，再去逼問劉晴，劉晴的回答肯定也是沒錢，劉晴是個女孩子，禹杰不用繩子捆綁就能把她制服，最後還是沒能問出錢來，只得把劉晴也殺死了。

已經將近十點了，案件的脈絡摸得差不多了，我們專案組一行人回到我住的酒店，我們找了張桌子坐下來，一邊喝著愛爾蘭最著名的濃烈黑啤酒Guiness，一邊欣賞著舞台上表演的愛爾蘭歌舞，對於忙碌了一整天的我們來說，是個放鬆的好時機。

抓捕：手到擒來

第二天早上，約翰開車接我到專案組，指著白板上的房屋示意圖說，今天我們就要去抓捕禹杰了。我看到，房屋示意圖上一格一格表示著房間，格子上標著居住者的名字。

我問，這是禹杰的家嗎？約翰說，這是一幢留學生合住的房子，裡面住了許多中國留學生。我一看果不其然，從名字看，有一男一女合住的，有兩男一女合住的，還有幾個男的和幾個女的合住的，我感到十分震驚，難道我們中國孩子到國外來留學，過的就是這樣男女群居的混沌生活嗎？

研究完房屋示意圖後，約翰拉上我直奔禹杰的家。十點時，我們到達現場，這是一排典型的聯排別墅，就是沿著街道兩邊修建的一幢挨一幢，但又互相不通的二層或三層小樓，與真正的別墅不同的是：它們是緊挨在一起，真正別墅是一幢幢分開的，聯排別墅是英國和愛爾蘭的典型建築。

我們看到幾個便衣警察在這個街區的各個角落裡時隱時現，仔細一看，就是昨天晚上一同吃晚飯、喝黑啤酒、聽音樂的專案組的人，他們生怕禹杰跑了，這幾天一直有警察悄悄地守在這裡。昨天晚上我們吃飯時，仍有人在這裡守著，晚飯過後他們又回到這裡守了一夜，約翰和我跟他們用眼神打個招呼就算是交接了。

這時約翰吹了聲短促的口哨，突然從旁邊一輛車上跳下幾個全副武裝的特警，徑直朝著禹杰住的房子衝了進去，約翰拔出槍來也緊跟著衝了進去，我見狀毫不猶豫地跟了上去。

由於有示意圖的指引，我們直奔禹杰的房間，禹杰裹著一條毯子正睡在一張三人沙發靠背後方的地板上，房屋示意圖上連這個長沙發都畫上了，一個特警上去一下子就把他死死地按住。約翰緊跟著衝上去，手槍的槍口並沒有對著禹杰，一字一頓地說，你可以保持沉默，可是你所說的有可能在法庭上作為證據。

我一聽多麼熟悉，這是我們在國內多少次從電影和電視中看到外國警察抓人時說的，我猛地想起我的職責，立即把這段話翻成中文說給禹杰聽，禹杰早被這個陣仗嚇懵了，一時不知說什麼好，我趕緊問他，你叫什麼名字，他小聲回答說，禹杰。我大聲地用英語把我的問話和禹杰的回答重複一遍，約翰緊繃的神經才稍微鬆了一下。

我緩了一口氣，看了一眼禹杰，原來只是一個身高一米五幾的小個子，人長得又黑又瘦小，就是這麼個身材幹出連殺兩人的驚天大案，岳峰可有一米八呢，真不可思議。警方隨即給禹杰戴上手銬押到車上。

約翰把手槍收起來，拉著我挨個房屋搜索一遍，房屋示意圖上的每一處在這裡都變成了實況。這個房間裡我們驚起了一對裸體鴛鴦，那個房間裡我們又見著了衣著不整的幾男幾女，他們呆呆地望著我們，不知道發生了什麼事。房間裡氣味難聞，骯髒不堪，垃圾滿地，酒瓶亂滾，廚房裡剩飯剩菜發霉變臭，衛生間裡更加齷齪，真是怵目驚心。

這次抓捕意外地讓我貼近了真實的海外留學生活，在國內省吃儉用攢錢，甚至借錢供他們出來讀書的父母們，哪能想到他們在這裡過的就是這樣的生活，如果父母們有幸能看到這一切，還會含辛茹苦地支持他們出國嗎？

中國學生到愛爾蘭來，上學讀書的不到兩成，更多的學生為換取簽證，每年會註冊一所掛名的語言學校，卻根本不去上課，只是打工掙錢，有的連工也不認真打，整日就是瞎混，枯燥的生活使很多中國學生染上了賭博惡習，一晚上少則輸個幾百愛鎊，多的就是幾千愛鎊。

我和約翰回到車上，禹杰在後排座位上靜靜地坐著，我在他一側坐下來，一位年輕的愛爾蘭警探在另一側坐下，約翰開著車，駛回七區警察局。路上我輕聲地對禹杰說，你在這裡犯了罪，你要好好地和警察合作。愛爾蘭是天主教國家，沒有死刑，希望你明白。禹杰似懂非懂地點點頭。

人押回警察局了，禹杰先接受了一番從外到裡的檢查，一位留著兩撇小鬍子的高個子警長負責記錄他身體情況和隨身物品，我在旁邊翻譯，許多表格我先看懂，然後教禹杰填寫。禹杰是從睡夢中被抓走的，口袋裡除了盒煙和打火機外，什麼也沒有。

警長給了我一張紙，上面是要我向禹杰宣布他的各項權利，比如要不要找律師等，其中有一條，如果被捕的是外國公民，要問他願不願意通知他本國的使館或領事館，我問禹杰，禹杰毫不猶豫地說，「不了」。我從這張紙上還看到了這樣的規定，如果被捕的是美國人，無論本人是否同意，一律要通知美國在當地的使館或領事館，可見美國對本國人的重視，也凸顯了美國對他國權力的干預。忙乎了一通兒後，準備開始訊問了。

訊問：謊話連篇

訊問室很簡單，大概十五平米，房間一側有一張桌子，兩位愛爾蘭警察並肩坐在桌子後面，禹杰隔著桌子坐在他們的對面，我坐在桌子的頂端，正好在他們的中間。我的任務就是訊問的全程翻譯和全程中文記錄。最引我注意的是，在兩位愛爾蘭警察背後正對著禹杰的地方，裝著訊問同步錄影錄音設備，這個設備是一個鏡頭，同時錄三盤錄影帶。

負責訊問的是約翰・卡羅爾，愛爾蘭就是盛產約翰，叫這個名字的人太多了。卡羅爾是位刑警，高高的個子，臉上留著亞麻色的落腮鬍子，兩天的工作接觸，我和他已經很熟悉了。他走進訊問室，帶著塞安・格萊納警長做助手。

卡羅爾當著禹杰和我的面拆開三盤錄影帶的包裝，分別塞入同步錄音錄影設備的三個槽裡，他對著鏡頭說，「現在是二〇〇一年三月二十二日十四點五十七分，地點是都柏林七區警察局訊問室，我是約翰・卡羅爾，刑事警察，助手是塞安・格萊納，警長。這位是左芷津，國際刑警組織特種官員。要對涉嫌謀殺案的禹杰進行訊問，現在開始。」然後他轉過身來，開始對禹杰訊問。

卡羅爾：你可以保持沉默，不會被強迫要求做什麼。你所說的都是你願意說的，你說的話和回答的問題都將被記錄在案，有可能被用作法庭證據。你講的話也會被錄音和錄影，也可能被用作法庭證據，你聽清了沒有？

禹　杰：嗯。

卡羅爾：你的全名是什麼？

禹　杰：禹杰。

卡羅爾：請說出你的出生日期。

禹　杰：一九七七年十一月十日。

卡羅爾：你明白被捕的原因嗎？

禹　杰：我知道，是因為你們告訴了我，說我殺了人。

卡羅爾：我們正在調查岳峰和劉晴被殺案。

禹　杰：是。

卡羅爾：請你說出你所知道的有關這個案件的全部情況。

禹　杰：我知道的我已經全部告訴你們了。

卡羅爾：你在愛爾蘭住多久了？

禹　杰：十四個月。

卡羅爾：三月十三日，你去沒去過ＵＳＩＴ（一家房屋仲介公司）。

禹　杰：去過。

卡羅爾：什麼時間去的？

禹　杰：下午兩三點鐘。

卡羅爾：你去的時候穿什麼衣服？
禹　杰：藍夾克。
卡羅爾：請你說出全身的衣服。
禹　杰：還有灰色的棒球帽，黑牛仔褲，白色運動鞋。
卡羅爾：你手裡提著什麼東西？
禹　杰：不記得了，好像沒有提什麼東西。
卡羅爾：請再確認一下是不是空著手去的。
禹　杰：在我的記憶中，我是空手去的，也許是拿著什麼東西去的。
卡羅爾：你最後一次去岳峰和劉晴家是什麼時間？
禹　杰：我已說過了，我不願再說了。
卡羅爾：你為什麼不願再說了？
禹　杰：因為我說的太多了。
卡羅爾：請說出最後一次見到岳峰的時間。
禹　杰：我不想再說了，因為我已回答過許多次了，律師告訴我不要說太多。
卡羅爾：請你說一下三月十二日的活動情況。
禹　杰：我不願再說什麼，第一，我到這裡是為了打工掙錢，與其他來讀書的不一樣，我白天晚上都要幹活，非常緊張，我沒有嚴格的時間概念，有些時間說不準。第二，以前你們已經問過我這些問題，我也回答了，你們也記錄了，我不願意再確認什麼，你們把我關在這裡十二小時以後，再要問問題請去找我的律師，律師讓我怎樣回答我就怎樣回答。

卡羅爾：你過去有岳峰和劉晴家的鑰匙嗎？

禹　杰：沒有。

卡羅爾：現在有嗎？

禹　杰：沒有。我不願再說什麼了。過去我是協助你們調查，現在你們說我是殺人犯，如果你們硬說我是殺人犯，還出示了什麼證據，我也沒有辦法。你們要的情況過去我都說過了，我不願再說了。今天你們把我抓來，這裡所有中國人都知道我是殺人犯，以後我在這裡怎麼待下去。你們不能確定我是殺人犯，我就要與你們打官司，咱們到法庭上去說理。

卡羅爾：（對著攝影鏡頭說）出示在ＵＳＩＴ拍的照片。（對禹杰說）那是誰？

禹　杰：是我。

卡羅爾：這些照片都是ＵＳＩＴ中的監控錄影機拍下的，時間是三月十三日中午十二時，編號為YU1、YU2、YU3、YU4、YU5、YU6、YU7、YU8，這上面的人是你嗎？

禹　杰：是我。

卡羅爾：你手上提的包裡是什麼東西？

禹　杰：我記不清了。包裡是我在麥當勞穿的工作服，上衣和褲子，都是綠色的。那天我先到一家房屋仲介公司，我想換住房，公司給我一些資料，我把它們放進包裡，後來我到了ＵＳＩＴ，然後我去麥當勞放下包，就到市中心去了。

卡羅爾：這些ＵＳＩＴ內拍的照片中的人都是你嗎？

禹　杰：是的，這些照片都是我。

卡羅爾：這張編號YU9的照片中是你嗎？

禹　杰：是我。

卡羅爾：這張編號YU10的照片是你嗎？

禹　杰：這和YU9是同一張照片。

卡羅爾：剛才最後看到的YU9和YU10兩張照片是岳峰和劉晴家大樓門廳攝影機拍下來的。時間是三月十二日十七時五十一分四十二秒。你能認出這張編號YU11的照片中的這兩個人嗎？

禹　杰：這是我，旁邊的是岳峰。

卡羅爾：現在給你一個機會與你的律師商討一下，然後我們再繼續。現在是十六時二十五分。

我感到有些莫名其妙，訊問不知為什麼就告了一個段落。當向禹杰出示岳峰和劉晴家門廳攝影機拍攝的照片時，禹杰被驚呆了，顯然這是證實他涉嫌殺人的重要證據，按照我們中國警察的辦案作法，這些證據是出乎禹杰意料的，他沒有絲毫心理準備，是最容易突破其心理防線的時候。

愛爾蘭警察費了半天勁，繞了一個大圈子，最終就是要禹杰承認三月十三日下午出現在房屋仲介公司USIT的人就是他自己，而這個人就是三月十二日下午出現在岳峰和劉晴家的人，等於禹杰承認了他就是進入殺人現場的嫌疑人。

就在這時，負責登記的那位小鬍子警長推門走進訊問室，嘴裡旁若無人地大聲念叨著：「二〇〇一年三月二十二日下午四時三十分，警長進入訊問室，訊問室內一切正常，被訊問人精神良好。」按照愛爾蘭法律的規定，訊問嫌疑人時，大約一個小時左右警長就要進來巡視一次，要求他口頭描述訊問室裡的情況，錄下來作為證據。

警長走近禹杰問道，你感覺怎樣？有什麼不舒服嗎？禹杰說，沒有，挺好的。再問他需要喝水嗎？禹杰說，不喝。再問他，要吃東西嗎？禹杰說，不吃。警長告訴禹杰，如果他要抽煙就可以抽，這個地方不禁煙。禹杰點點頭。

要離開時警長告訴禹杰，愛爾蘭政府免費為他找了一位律師，問他現在需不需要見律師。禹杰開始說不想見，後來一想還是見吧。在警長安排下，禹杰被帶出訊問室，到另一房間去見律師。見律師時，不但愛爾蘭警察不能在場，連我作為翻譯也不能在場，真不知道他們語言不通是怎樣溝通的。

這一見就是一個多小時，這是法律賦予禹杰的權利，警方是不能嫌時間長的，我們只能耐心等著。

好不容易，訊問得以繼續。

卡羅爾：現在是十七時四十分，我們繼續進行，宣布你的權利，你明白了嗎？

禹　杰：我明白。

卡羅爾：剛才你去見律師前，你看過照片YU11，你認出這裡面一個人是你，另一個人是岳峰，對嗎？

禹　杰：是的。

卡羅爾：我給你看照片YU12，你能認出這裡的人嗎？

禹　杰：這是開門的照片，我打開的是外面的鐵門，岳峰打開的是公寓樓門。

卡羅爾：我給你看照片YU13，你能認出這上面的人嗎？

禹　杰：可能是劉晴。

卡羅爾：我給你看照片YU14，你能認出這上面的人嗎？

禹　杰：這是我。

卡羅爾：我給你看照片YU15，你能認出這上面的人嗎？

禹　杰：是我。

卡羅爾：我給你看YU15照片上你帶著什麼東西？

禹　杰：自行車。

卡羅爾：誰的自行車？

禹　杰：是我的。

卡羅爾：你從哪裡弄到車？

禹　杰：我花五鎊錢從一個愛爾蘭小孩子手中買的，我不認識那個小孩，是在四十路公共汽車終點站買的。

卡羅爾：我給你看的YU16照片上的人是你嗎？

禹　杰：是我，是我離開時的照片。

卡羅爾：何時離開的？

禹　杰：大約一點。

卡羅爾：是不是夜裡一點？

禹　杰：是的。

卡羅爾：我給你看YU17照片，你能看出這上面的人嗎？

禹　杰：這是我。

卡羅爾：我給你看YU18照片，你能看出這上面的人嗎？

禹　杰：我不能確定這是劉晴。
卡羅爾：我給你看YU19照片，你能看出這上面的人嗎？
禹　杰：是我。
卡羅爾：我給你看YU20照片，你能看出這上面的人嗎？
禹　杰：是我。
卡羅爾：在照片YU15上，你是怎樣進去的？
禹　杰：我拿鑰匙開的門。
卡羅爾：你從哪裡得到的鑰匙？
禹　杰：岳峰給我的。
卡羅爾：什麼時候給的？
禹　杰：大約兩個月前，岳峰回國前對我說：如果你沒地方去，可以住在我家。岳峰也擔心他從中國回來時，把鑰匙忘在中國，所以把鑰匙交給我。
卡羅爾：我剛才問過你有沒有那個房子的鑰匙，你說你沒有。
禹　杰：是的，能不能給我一個機會把事情說清楚？
卡羅爾：你現在還有沒有這個鑰匙？
禹　杰：沒有了。
卡羅爾：鑰匙在哪裡？
禹　杰：我扔了。
卡羅爾：扔哪了？

禹　杰：我把鑰匙扔到河裡了。

卡羅爾：為什麼要把鑰匙扔到河裡？

禹　杰：我害怕。

卡羅爾：為什麼害怕？

禹　杰：我要一個機會把事情從頭說起。

卡羅爾：可以。

禹　杰：事情要從岳峰、劉晴回國前說起。岳峰說此次回國他要辦兩件事，一是過年，另一個是要做點小買賣。他們回國後沒有給我打過電話。大概是他們春節回來第三天，岳峰打電話要我去他們家，我當時正在公共汽車上沒時間就沒去。他們兩人回來後的第一個星期二，我到了岳峰家，我問他們在國內過得怎樣，岳峰說不好，我問他為什麼不好，岳峰說，我有麻煩。我問他有什麼麻煩，他說他想從中國進點貨，但是沒有進成。我問他，你想進什麼貨，岳峰說他想買些藝術品，然後給我看了幾張中國畫。岳峰說，他回國前，有人給他錢，讓他買藝術品，可他在國內把錢花光了，沒買藝術品。岳峰原想回愛爾蘭時，他父親能給他些錢，就能把錢還上，但是他父親生意上不順，沒能給他錢。岳峰向我借錢，我問他要多少，他說至少一萬美元，我說我沒有那麼多錢。岳峰要我盡量多借些錢給他。如果不行，他說他只能等他姐姐來時帶錢給他。

卡羅爾：讓我們集中講星期一後的幾天，即三月十二、十三和十四日的情況。錄影帶換過了，現在的時間是十八時三十五分。

禹　杰：星期一我起床後，下午去岳峰家，岳峰給我開的門。我進屋後，聊起做生意的事，岳峰說，沒有什麼大事。岳峰說他想喝酒，我就出去，但沒有買酒，因為我知道岳峰不高興，我不想讓他喝酒。轉了一圈回到他家，我想走，岳峰說再待一會兒，等劉晴回來。等劉晴回來我們又聊了一會兒，大約八點多鐘我才離開。

卡羅爾：你離開時，岳峰和劉晴還都活著嗎？

禹　杰：是的。

卡羅爾：請繼續。

禹　杰：我到一三四路公共汽車站與劉莎莎會合，一同去了電子遊戲廳。我們玩到大約十點，就到離家最近的酒吧喝酒，十二點鐘我們回家休息。

卡羅爾：請說星期二的事。

禹　杰：我十點鐘起床，我想找房子就去USIT。路過岳峰家時，我想起還有我的東西在他家沒拿，我就下車去取，按門鈴，沒人答應，打手機也沒人接。

卡羅爾：時間不多了，我只問最後一個問題，星期一和星期二你買沒買過汽油？

禹　杰：我記不清了。

卡羅爾：現在是十八時五十四分，我們停止。

訊問再次停止，這次不是要見律師，而是按照法律規定，訊問一段時間後，要讓被訊問人休息一下，特別是到了臨近吃飯的時候。

整個訊問過程中，禹杰一直不停地抽煙。我問禹杰想吃東西嗎，他說不餓。我建議他，要是能吃還是吃一點好，現在已是晚飯時間了，他被抓的時候還沒起床，早飯肯定沒吃，午飯也沒吃，晚飯再不吃恐怕吃不消了。禹杰聽從了我的建議，我問他想吃什麼，他說，他們有什麼？我說，建議你吃頓中餐，便於恢復體力。禹杰說，行。我請總來巡視的警長幫著買個中餐盒飯。一會兒，盒飯買來了，看著他在訊問室裡狼吞虎嚥地吃了起來，我放心多了，不管人在多麼艱難的時候，只要能吃就好辦，看來他從身體到精神都沒事。

其實這些辦案的愛爾蘭警察和我也是只吃了早飯，看來各國刑警幹起活兒來都一個樣。

今天訊問中，一會兒來個醫院的醫生取禹杰的血樣，說是要送到醫院裡去做DNA檢驗。一會兒來個法庭科學實驗室的技術員，用一塊玻璃按在禹杰的耳朵上，取走了他的耳廓印痕，說是要做比對。一會兒又來個技術員，給禹杰又是拍照片，又是按指紋，取足跡。還有一個技術員背了個答錄機來，讓禹杰講幾句話，錄下來走了。

愛爾蘭的法庭科學技術檢驗和鑑定工作不是由警察全包，而是由各個專業部門負責，所以各取各的證。負責檢驗鑑定的是仲介機構，立場是中立的，不單純是為警察工作，同時為警察和嫌疑人兩方面工作，他們的結論更加客觀可信。這些專業機構沒有政府財政的支持，是自行營運的醫療或是法庭科學實驗室，政策靈活，專業性強，沒有行政干預，集中了許多專業能力很強的技術人員和專家，擁有更多的先進科學儀器，便於提升檢驗鑑定的技術水準。這些取材中，只有耳廓印痕的檢驗鑑定尚未在中國開展，其他的對我們來說並不陌生。

在歐洲，耳廓印痕是個常用的證據，研究認為，每個人的耳廓都不一樣，如同指紋一樣，可做個人識別。許多小偷在入室盜竊前，常把耳朵貼在門窗上聽一聽房子裡有沒有人，所以經常能在現場上發現耳廓印痕。在2A號房門上也提取到了耳廓印痕，經過比對，確認是禹杰所留，但是最後法官排除了這個證據，因為在愛爾蘭什麼證據有效力是由國會立法決定的，耳廓印痕還沒有通過立法，所以不具法律效力。

我不明白，禹杰殺死岳峰和劉晴後，他再去岳峰家時，還想聽什麼呢？

一個多小時後，訊問繼續。

卡羅爾：我們繼續開始，現在是二十時十八分，新換了錄影帶，你的權利和前面說過的相同，你理解嗎？

禹　杰：是的。

卡羅爾：現在還有麥克・梅根參加。明白嗎？我現在給你看編號為SF9和SF10兩個杯子，你過去見沒見過這兩個杯子？

禹　杰：見過。

卡羅爾：在哪裡見的？

禹　杰：在岳峰家見的。

卡羅爾：最後一次見到是什麼時間？

禹　杰：星期二。

卡羅爾：星期二你用過這個杯子嗎？

禹　杰：好像沒用過。

卡羅爾：現在出示膠帶，你見過編號為SF7的這個膠帶嗎？

禹　杰：見過。

卡羅爾：在哪裡見的？

禹　杰：在岳峰家。
卡羅爾：你拿過這個膠帶嗎？
禹　杰：拿過。
卡羅爾：為什麼拿它？
禹　杰：岳峰說窗子漏風，要拿它黏一下，我拿起來看了一下，說：這是什麼？
卡羅爾：出示編號LD71的兩個塑膠袋，你見過它們嗎？
禹　杰：見過。
卡羅爾：出示塑膠袋內的東西，老闆榨菜四包，中國香煙五包，CD機一台及CD機套，這些東西你見過嗎？
禹　杰：見過。岳峰給我時我看了。
卡羅爾：你最後一次見到這些東西的時間？
禹　杰：你們從我家拿走時是我最後一次見到它們。
卡羅爾：星期二你從岳峰家拿走這些香煙嗎？
禹　杰：是的。
卡羅爾：你用包把它們裝走的？
禹　杰：是的。
卡羅爾：岳峰給你這些香煙後，你什麼時間取走的？
禹　杰：星期二。
卡羅爾：你看到錄影上你取走香煙的照片了嗎？

禹　杰：是的。

卡羅爾：你能講一下三月十三日星期二你的活動情況嗎？

禹　杰：星期二起床後，我想去ＵＳＩＴ，大約在十點到十一點時，我離開家。半路上我想起我還有東西在岳峰家，當時正好路過他家，我就下車。到他家門口時，我用一把鑰匙打開外面鐵門和公寓樓門，用另一把鑰匙打開他家的門，發現家裡好像沒人，岳峰睡房的門是鎖著的，我推了一把，沒推開，我到客廳，看見桌子上有個塑膠袋，打開一看是香煙、榨菜和ＣＤ機，都是我的，我就拿走了。然後我就去了ＵＳＩＴ。在那沒有找到合適的房子，我就到麥當勞店裡放下袋子，去了市中心，我約了莎莎三點鐘去買東西。

卡羅爾：你在岳峰家取東西時，待了多長時間？

禹　杰：幾分鐘。

卡羅爾：到底是幾分鐘？

禹　杰：我記不清了。

卡羅爾：請你繼續講。

禹　杰：我們買東西到將近五點鐘，我讓莎莎去上班，我一個人去取自行車，然後騎車到麥當勞，開始上班。

卡羅爾：然後呢？

禹　杰：我在夜裡十二點二十分打卡，然後出了麥當勞的門，我讓莎莎搭計程車回家，我騎車回家。半路上我想岳峰他們家到底怎麼了，我不放心，就去了他們家。我打開樓的第一道和第二道門，將自行車放在他家後院，我正開他們家門時，聽到爆炸聲，我愣了一下，等我緩過神來，一個鄰居打開門想看看發生了什麼事，我想一定是出事了。

卡羅爾：我們剛換了錄影帶，然後呢？

禹　杰：鄰居見到我後，我騎上自行車就跑了。

卡羅爾：你為什麼要害怕，為什麼要跑？

禹　杰：我有很多原因。

卡羅爾：請告訴我。

禹　杰：第一我怕我自己陷入麻煩，第二是我不想惹事，其實這兩個原因是一個。

卡羅爾：通常這個時間岳峰和劉晴在家嗎？

禹　杰：在。

卡羅爾：你說在你打開門之前，你聽到爆炸聲，是嗎？

禹　杰：是的。

卡羅爾：你為什麼不敲門？

禹　杰：我按了門鈴。

卡羅爾：你剛才說你第一次去時沒有按鈴。

禹　杰：我按了門鈴，打了手機沒有人接。

卡羅爾：你發現沒人，為什麼沒離開，回家？

禹　杰：我們是很好的朋友，我常住在他家，有時他們兩人不在，我就一個人住在那裡。

卡羅爾：請你解釋，為什麼在你三月十二日離開岳峰家後，就沒有人再見到活著的岳峰和劉晴了。

禹　杰：那是你們的問題，不是我的問題，是你們去刑事調查，我見到的他們都是活的。你們知道多少非法入境的中國人在這裡都是黑的，他們在幹什麼，你們知道嗎？我說的太多了，犯罪團夥會威脅我的安全，誰會保護我？

卡羅爾：那你的意思是說你沒有講真話，是因為你怕中國犯罪團夥威脅你？

禹　杰：是的。

卡羅爾：你何時買的汽油？

禹　杰：我拒絕回答。

卡羅爾：我們正在進行刑事調查，我們懷疑並相信你就是殺死你兩個朋友的兇手。

禹　杰：我會用自己的方式證明我是清白的。

卡羅爾：我不明白你說的自己的方式是什麼方式。

禹　杰：（不語）

卡羅爾：請回答這個問題。

禹　杰：我自己的方式就是我自己的方式。

卡羅爾：是不是你為中國非法移民犯罪團夥殺了你的朋友，你害怕這些犯罪團夥。

禹　杰：我說過，我沒殺人。

卡羅爾：你同意讓目擊者辨認嗎？

禹　杰：我同意，但是我要問這個目擊者，是否看到我殺人。

卡羅爾：你不能問這個問題，因為你說過你沒殺人。

禹　杰：是的，我就是沒殺人。

卡羅爾：最後一個問題，你在星期一、星期二和星期三去岳峰和劉晴家時按過門鎖的密碼嗎？

禹　杰：我下午去時按過，晚上去時沒有按。因為這個密碼在門內，我晚上去時還沒來得及進門就爆炸了，沒法按密碼。

卡羅爾：你知道密碼嗎？

禹　杰：知道。

卡羅爾：請說出來。

禹　杰：二七八九。

卡羅爾：我們就談到這裡。

禹　杰：能給我一張紙嗎？

卡羅爾：要紙幹什麼？

禹　杰：我要寫東西。

卡羅爾：寫什麼？

禹　杰：寫東西。

卡羅爾給了禹杰一張紙，禹杰用中文寫道：

我現在請左芷津先生把我寫的東西交給有關當局，在我被〔警察〕局定為有〔罪〕的時候，我沒有殺過人。我是清白的。以下是我的自述，我沒有說真話是我害怕，但是認識我的人都知道我是一個〔什麼〕樣的〔人〕。以上是我的自述，禹杰二〇〇一年三月二十二日謝謝禹杰寫好後，把紙條交給了我，我遞給卡羅爾，然後用英文把紙條的意思說了一遍，卡羅爾記在了他的訊問記錄中。

卡羅爾：結束時間是三月二十二日二十二時五十分。

經過連續八個小時的審訊，在一系列證據面前禹杰仍百般抵賴，拒不認罪，多次拒絕回答問題，甚至多次承認自己在說謊，還扯出什麼中國犯罪團夥來混淆視聽。但是從抓他到現在已經過去了十二個小時。

按照愛爾蘭法律規定，像約翰這一級的刑事偵查官有權決定羈押嫌疑人六小時，六小時以後，如果需要繼續羈押，就要經過分局主管刑事偵查的局長批准，可延長六小時。這十二個小時就是法定的羈押時間，警察的訊問只能在這十二個小時內進行，此後，警方有再多的問題也不能再訊問了，像今天這個案子，我看愛爾蘭警方也不需要再問什麼了。在法定的十二個小時羈押時間終了後，警方要做出一個決定，要麼逮捕嫌疑人，要麼釋放嫌疑人。今天到點後，警方當即決定以涉嫌殺人罪逮捕禹杰。

插曲：訴訟交易

禹杰被帶出訊問室，找了一間空屋子喝水、抽煙、休息。我和約翰、卡羅爾一起討論訊問的情況。透過訊問，進一步認定了禹杰就是殺害岳峰和劉晴的兇手。

我對他們兩人說，訊問中，禹杰曾經輕聲對我說，他不知道門廳裡有攝影機，拍下了他三次進出岳峰、劉晴家的過程，他說他犯了許多錯誤應該指的就是這個。當卡羅爾出示這些照片時，看得出來，完全出乎禹杰的意料，在我們中國，這是嫌疑人心理防線在證據面前即將崩潰的時候，如果此時窮追猛打，極有可能突破。

約翰對我搖搖手，說愛爾蘭是三權分立的國家，也就是說什麼樣的行為算是犯罪是由議會立法決定的，警察屬於政府，只管執法，對法律沒有解釋權，對嫌疑人沒有定罪權，愛爾蘭法律並不要求我們在訊問嫌疑人時，一定要獲得嫌疑人承認自己犯罪的口供，不要求嫌疑人自證其罪，警察也不要求嫌疑人自己把犯罪過程說得清清楚楚，法官會根據法律條文和警察提供的證據來定罪。

約翰數著手指頭說，我們警察的工作就是兩條，一是搜集盡可能多的證據，證明嫌疑人與案件有直接關係，二是在訊問中，只要警察能證實嫌疑人說了謊，就行了，後面就是法官的事了。法官要審查警方提供的證據，看這些證據有沒有道理，能不能證明嫌疑人與案件有關，再審查嫌疑人的訊問記錄，看他在證據面前是不是講了假話，如果證據成立，又證實嫌疑人講了假話，那麼他為什麼要講假話，唯一的答案就是他是罪犯。

禹杰若無其事地休息著，還不時地東張西望，早上抓他的時候，和我一道把他押回來的愛爾蘭青年警探走進去，他感覺自己長得像中國人，就和禹杰兄長弟短地聊了起來，我趕忙去給他們做翻譯。

青年警探竭力勸說禹杰與警方合作，承認自己犯了罪，他一再保證，如果承認搶劫殺人犯罪，警方會向法官求情，保證禹杰不會被判處過重的刑罰。我想，現在已不是訊問了，此處沒有同步錄音錄影設備，避開了這些法律的監視，可以隨便談談了，西方所謂的訴訟交易指的可能就是這個。可是無論青年警探怎麼費盡了口舌，禹杰就是不為所動。

我不解地問約翰，既然我們已有了證據，禹杰說謊也是明擺著的，為什麼還要費力地做這個訴訟交易。約翰告訴我，如果嫌疑人自己能承認犯罪當然更好，更加有利於法官對這個案件的判斷。

他說，在愛爾蘭，如果一個人為了錢殺人是可以理解的，也是可以饒恕的，因為一個人沒有錢，馬上就要餓死了，你仍然要求他不去偷不去搶，是不可能的，他不能把自己活活餓死，搶錢過程中遭到反抗，殺了人，這些都是可以理解和饒恕的，因為生存是必需的，是第一位的，在遵守法律自己餓死和犯法犯罪能夠活命之間，誰都會選擇活命，法律對於這些特別貧窮的人會有考慮的，所以如果禹杰承認自己因為沒有錢無法生活才去搶岳峰和劉晴，法官會考慮他的生存狀況的。

但是這個案子裡有個劉晴，劉晴是個女孩子，如果禹杰拒不承認自己是為錢殺人，法官就有可能懷疑禹杰是為了要強姦劉晴而殺人，不但殺死了劉晴，還殺死了她的男朋友，這就太惡劣了。為了不餓死，搶錢殺人是可以饒恕的，但是為了滿足性欲而殺人就是不能饒恕的。因為一個人沒有錢買東西吃會餓死，但是一個人沒有性並不會死，這就是為什麼我們要勸說禹杰承認搶錢殺人。我們明明知道禹杰就是殺人犯，殺死兩個人實在是重罪，但是在愛爾蘭，案件發生後，人已經死了，再怎樣嚴懲罪犯，被殺害的人也不會活回來了，所以我們的法律更多地是關注活著的人，即使是兇手也是一樣，我們這樣做實實在在是為禹杰好。

聽後，我不由得對約翰他們充滿敬意，這些內心善良的警官，他們在偵破案件，抓獲犯罪嫌疑人以外，還幹著分外的事，他們原本不必這樣，只要案子辦得扎實就可以了，可是他們還是想為嫌疑人爭取最大化的利益，要知道，大家已連續工作了二十多個小時，誰都是筋疲力盡的。

不無遺憾的是，愛爾蘭警察的一片好心並不能打動禹杰的鐵石心腸。

會面：真情假意

從當天下午開始，陸續有兩三個中國留學生來到警察局打聽情況，當他們聽說禹杰涉嫌殺害岳峰和劉晴後，便頭也不回地走了。

晚上七八點鐘的時候，探長進來說有一個中國女孩來探望禹杰，讓我接待她一下。我從訊問室裡出來，見到一個女孩子正站在門口，中等身材，皮膚黑黑的，長相還算好，她說，她叫莎莎，是禹杰的女朋友。我問她，和禹杰的關係到了什麼程度，她說，我們認識時間不長，還沒發展到那種穩定的男女朋友關係，但是大家既然是朋友，出了事總要來看看，問問是怎麼回事。

我告訴她，禹杰涉嫌殺害岳峰和劉晴，警方掌握了確鑿的證據，現在正在對他進行訊問。她問，還能不能見到禹杰，我說，訊問完畢可以見他，請她先在外面等著。

這個姑娘十分真誠，這一等就是四五個小時，一直到訴訟交易失敗，終於讓莎莎見到禹杰，約翰讓我和那個青年警探在一旁看著。

莎莎一見到禹杰就淚流滿面，泣不成聲，緊緊拉著禹杰的手反覆地央告他，你就承認了吧，承認了就不會回中國了，要不然把你弄回中國去，怎麼辦？怎麼向你家裡人交代？你好好承認，頂多在這裡關幾年，我一定等著你。

我感到很奇怪，這個莎莎怎麼對禹杰涉嫌殺人的事一點也不感到意外和震驚，難道她對此早有預感或是思想準備，我真不忍心再想下去，讓這個善良姑娘也捲入這麼兇殘的犯罪中。

禹杰斜靠在椅子上，莎莎無助地蹲在他面前。禹杰面無表情，一直在仔細地玩弄著莎莎的手，看了手背，翻過來看手心，看了手再看前臂，像在擺弄一件新到手的玩具，我看著非常彆扭，一邊是真情流露，一邊是冷漠無情，兩者間形成了巨大反差，先不管兩人的關係怎樣，總不能一點兒感覺也沒有吧。

約翰也看到了，他衝我無奈地撇了一下嘴，聳聳肩，對警察來說，除了再次確認禹杰是個冷血殺手還有什麼呢。莎莎在這裡哭哭啼啼地折騰了半個多小時，卻毫無結果，也只好作罷。我送姑娘走出警察局的大門，謝謝她來探望禹杰，並祝她在愛爾蘭好好生活，莎莎帶著淚痕一臉茫然地離開了，望著她的背影消逝在黑暗的街角，我心中默默地祝福這個姑娘，好人有好報吧，別再惦記禹杰了。

該做的都做了，警察局一樓後面就是看守所，那就是禹杰今晚過夜的地方，我先進去看了看，有四五間監室，每個監室不到十平米，監室地面、牆壁和屋頂全部漆成綠色，監室裡沒有床，只有兩個三十釐米高的，兩米長，五十釐米寬的水泥台子，顯然最多時每個監室可以同時關押兩個人。

負責登記的小鬍子警長把禹杰全身又搜了一遍，這回把所有東西，包括腰帶、鞋帶、香煙和打火機全都搜走了，監室裡不許抽煙，然後給了禹杰一個與水泥台子一樣大小的像小學生體育課上翻筋斗用的墊子和一條毯子。愛爾蘭的三月還是比較冷的，我估計這一夜禹杰不會好過的。

晚歸：迷離夜晚

剛安頓好禹杰，約翰拉上我說，我帶你去看個地方。他帶我鑽過看守所裡的一扇小門，下了十幾級台階，進了一條狹窄的地道，地道也就將近一人高，四壁和地面都是石頭砌的，黑黢黢的，凹凸不平，十分潮濕，個別地方還滴著水，散發著濃重的潮濕氣味，隔不遠有一盞燈，昏暗的燈光把地道照得半明半暗，更加陰森恐怖。

我不明就裡，只好壯著膽子跟著約翰朝前走，走了大約五、六分鐘，有一條窄小的樓梯通到地面，我們居然從一幢大樓裡鑽了出來。約翰故作神祕地告訴我，這幢大樓就是都柏林七區的法院，拐個彎就進入法庭的審判大廳。我這才恍然大悟，原來從看守所到法院是通過一條地道過來的，這對押送犯人來說真是太安全了，絕不會發生劫法場之類的事。

我問約翰，這是誰的主意，愛爾蘭是不是個個警察局都和法院有地道連著，他不無得意地說，只此一家，這就是我們局的優勢。我問，這條地道應該很古老了。他說，是的，他也不知道是什麼年代留下來的，當初是幹什麼用的，反正現在是太方便了，就為這條地道，以後警察局說什麼也不會搬走了，法院也不會動了。

他還告訴我，今天是請我來認認路，明天上午就要在這裡開庭審理禹杰殺人案，進入一審程序。我一聽，好傢伙！這也太快了，在中國一起沒有多少疑點的殺人案件，從嫌疑人被抓到開庭審理，怎麼也要有個一年多的時間，愛爾蘭的速度可真夠快的，今天上午抓人，下午訊問，明天就開庭，可見要做到這一步，前期的證據搜集工作做得是多麼扎實。

實際上這麼快進入審判程序是對被羈押人的公平，一旦發現案件有問題，可以盡快釋放被羈押人，被不當羈押的時間越短，被羈押人的損失也就越小，不會等到發現問題時，已過去了一年多時間，大錯業已鑄成，再說什麼都晚了，司法效率直接關係到司法公平。

看過法庭已是三點多了，專案組一干人等連午飯都沒有吃呢，這些愛爾蘭警察可真不含糊，不管工作到多晚，生活的品質是不能低的，我們找了一家傳統的愛爾蘭餐館，剛才的一切全都結束了，大家連吃帶喝，把一天的辛勞全拋到九霄雲外。飯後，我回酒店，送我的車子為了避免單行線繞得太遠，就讓我在酒店不遠的地方下了車。

我獨自一人緩緩地朝酒店走去，猛地抬頭，發現酒店周圍街區裡，有許多家店閃爍著五顏六色的霓虹燈和紅光、綠光、藍光、粉光射燈，營造出詭異而刺激的氛圍，幕布嚴密遮擋的店門口則流露出深邃、誘人的氣息。燈光下各種性商店通宵達旦地營業著，千奇百怪的「愛表演」或者直說就是「性表演」的小劇場裡人滿為患，隨著投幣而時開時合的窺視色情表演的小孔後面，瞪著一雙雙貪婪的眼睛，夜總會裡鋼管女郎伴著瘋狂的節奏，竭盡所能地做出各種高難度的挑逗動作，酒吧裡的桌上舞蹈（脫衣舞）更是讓人血脈僨張。

街上雖熱鬧但並不雜亂，街頭巷尾到處都是衣著暴露、濃妝豔抹的妓女，有的人高馬大、豐乳肥臀，有的小巧玲瓏、小鳥依人，各種膚色，各種語言，各種裝扮，我估計鬧不好這些人裡也有以假亂真的「人妖」，有的站在店門口面帶淫笑招攬客人，有的三三兩兩聚在一起，放肆自在地說笑著，有的則靜靜地坐著等待招呼，還好這裡的妓女沒有主動上前硬拉人。

這裡是都柏林市中心，當然也是色情業最興隆的地方，當你置身於這樣的環境中，並不感到色情業的可怕，一切都規規矩矩的。在西方一些國家，色情業的確是一個很龐大的產業，市場經濟的公平交易原則在這裡同樣適用。嫖客付嫖資可以簽支票，也可以刷卡，這意味著妓女的收入要透過銀行，透過銀行就意味著是合法收入，是合法收入就必須要納稅，納了稅就表明養活警察等國家機器也有人家的一份。

許多國家都有妓女工會，維護妓女的合法權益。有一次在電視新聞上看到希臘的妓女罷工，我上班後，遇到在國際刑警工作的希臘警察，開玩笑地對他說，這下子希臘的男人可要倒楣了，他聽後哈哈大笑。在國外男人之間交往時，不時來點兒這樣的「冷笑話」效果特別好。

記得一次不知為什麼，里昂的妓女罷工遊行，有些妓女用面罩把臉遮上，但是更多的就直面公眾，儼然是同樣自食其力，咱們誰怕誰呀。里昂大街上幾乎每根電線桿上都貼著許多五顏六色的「小廣告」，上面只有一個電話號碼，這就是妓女的電話，無論什麼人只要把電話打過去，那邊的人什麼語言都會，也可能因為這活兒是人的本能，本來就不需要多少語言，又不是談戀愛想正而八經地過日子，人家只要能按照要求提供滿意服務就行了，據說服務最好的妓女都是四、五十開外的，就是這個道理。按照「存在就是合理」的原則，不從社會穩定器的角度來看待娼妓現象，可能很難理解。

我養養眼睛，快步走向酒店。我在國外生活多年，去過許多國家，深知這種地方絕對是碰不得的，道德約束當然是最有力的，但是人們往往忽略了另一個情況，這些地方的衛生是最骯髒的，進去看這種表演的人沒有一個是老實待著不動的，全都是台上表演，台下手淫，自已解決，可見這些地方多麼骯髒噁心。

到了酒店門口，只見大門緊閉，門口站著一個西裝革履的粗壯門童。我對他說，我住在這家酒店，請讓我進去。他一臉嚴肅地要我出示房卡，我拿給他看了，原以為他會打開門放我進去，結果他只是拉了一下門邊上的繩子，由裡面的人從裡面把門打開，我才得以進去，這麼嚴密的保安措施恐怕也是有針對性的。

開庭：頭堂順利

第二天是三月二十三日，早上我到了警察局，約翰和專案組已經都到了。老外們就是這個樣子，不管昨天多累，多晚睡，今天早上一點疲勞的影子也沒有。大家一同喝杯咖啡，愛爾蘭的咖啡不是我喜歡的那種，英國人和愛爾蘭人喜歡在咖啡裡加很多糖和奶，遠不及法國和義大利的香濃咖啡味道正點。

約翰和我一起沿著昨天走過的地道前往法庭，我問他，禹杰在哪裡，約翰說，他應該早就過去了。我覺得失去了一次押著被告通過地道去法庭受審的經歷還是挺遺憾的。我和約翰走進法庭，約翰讓我在法庭左側的一個極簡陋的長條木凳上面向法庭坐下來。

法庭和大學裡的階梯教室差不多，能裝一二百人，法庭內四白落地（編按：裝修用語，意思是四面牆、天花板刷白漆）沒有任何裝飾。法官看起來是個七十開外的老頭兒，戴著白色假髮，一個人坐在法庭一端的高台上，他的對面是木欄杆圍起來的被告席，禹杰已經坐在那裡了。禹杰背後像會場一樣的是一排排的條桌和條凳，整個法庭亂烘烘的，我感覺像是過去生產隊的會議室。

上午十時，法官宣布開庭後，約翰起身走向法官，登上幾級台階後，他用右手握著警徽，舉手向法官宣誓，報出自己的姓名和職務，然後把厚厚一大本案卷遞了上去。老法官戴上眼鏡，隨便翻了翻，把嘴巴靠近麥克風。我一看法官要開腔了，問的問題很可能是衝我來的，立即豎起了耳朵。可能是年事已高，這位法官說話聲音特別小，還特別不清楚，雖然他嘴緊貼麥克風，我還是聽不清他在說什麼，不由得心裡一陣緊張。感覺只過去了一兩分鐘，我的全部精力還都集中在老法官的嘴上，身旁的愛爾蘭警察推了我一把，說沒事了。約翰也如釋重負地回到我身邊，對我說，完事了。原來這一關是法官批准受理此案和同意羈押，這個案件特別重大，將上報愛爾蘭中央法院審理。原來這道程序相當於我們的批准立案和逮捕，難怪這麼快呢。

約翰說，愛爾蘭公眾非常關注這個案子，明天報紙上將會有案子已進入法庭審理的報導，平息社會上的憤怒情緒，所以咱倆要從法院正門出去，門口會有許多媒體記者給咱倆拍照，沒事吧？我說，行，我來就是幫助破這個案子的，讓人們知道中國警察也參與了案件偵破，對愛爾蘭和中國都是好事。

我和約翰擺好架式，並肩走出來，為了表示合作和友誼，總要說點什麼，我主動問約翰，這個案子前景如何？約翰會意地告訴我，案件的整個審理過程大概需要兩年時間。愛爾蘭沒有死刑，犯一般殺人罪將被判處有期徒刑七到十年，此案殺死兩人，情節惡劣，有可能判處有期徒刑二十到二十五年。我們就這樣邊說邊走，媒體的閃光燈不停地對著我們放光，我們像演戲一樣微笑著，直到拐過街角，人家看不見了，我們才變回正常。

中午回到警察局，西方人往往沒有什麼正經午餐，一罐可樂、幾塊餅乾或是一片麵包乾權當午餐。約翰把我叫到專案組的大屋子裡，請我再幫他做幾件事。

他讓我把訊問的全部中文記錄翻譯成英文給他，他說再開庭時，法庭會嚴格審查我的翻譯內容。我說，行，可是我在都柏林只有幾天的時間，如果還有別的工作交給我，我會沒有足夠的時間翻譯，要是來得及的話，能不能回法國後再翻譯。約翰說，沒問題，你回法國再弄不遲。

他要我先給他一份中文記錄用於存檔，可是警察局的印表機裡沒有中文字庫，不能列印中文，出國前我在自己的電腦中裝了一款叫WINFAX的軟體，它能把WORD檔變成傳真發出去，只要接上一台傳真機，吐出來的就是中文了。我把一條電話線接在電腦上，再撥通了專案組的傳真機，中文的訊問記錄即刻就出來了，約翰感到神奇極了。

約翰說，你此次來都柏林是協助警方工作，今後開庭有可能像今天一樣還要你出庭，你的身分是警方證人，因此現在我們要留下你的證詞。我用英文寫出如下證詞。

中國警察三級警監左芷津的證詞：

我是一名中國警察，我的警銜是三級警監。從二〇〇〇年十一月到現在，我被派駐到位於法國里昂的國際刑警組織總祕書處工作。應愛爾蘭警方的請求，我於二〇〇一年三月二十一日抵達愛爾蘭首都都柏林，為的是協助他們對兩名中國留學生岳峰和劉晴被殺案的刑事偵查工作。

二〇〇一年三月二十二日上午十時五十分，當刑偵督察官約翰・麥克・馬洪以涉嫌殺害岳峰和劉晴逮捕中國人禹杰時，我在現場。禹杰被抓捕時，我將約翰・麥克・馬洪告知禹杰他被捕的話和法律警語翻譯成中文告訴給禹杰。當禹杰在都柏林七區警察局內按印指紋和拍照，提取耳朵印痕和由一名醫生抽取他的血樣時，我同樣在場。每次禹杰說話和都柏林七區警察局的警察訊問他的時候，我都在場，並將警察的問話和要求翻譯成禹杰的母語（中國的普通話）說給禹杰聽，並把禹杰的回答翻譯成英文告訴愛爾蘭警察。當愛爾蘭警察就涉嫌殺人案訊問禹杰時，我用筆記型電腦用中文記錄了對禹杰提出的全部問題以及他的回答。愛爾蘭警方的全部訊問過程都在訊問室中進行，並且進行了同步的錄音錄影。訊問結束時，刑事偵探約翰・卡羅爾向禹杰宣讀他記下的訊問記錄，我將他宣讀的內容翻譯成中文，同步地告訴禹杰。禹杰同意愛爾蘭警察所做的訊問記錄。禹杰在每一頁英文記錄上簽上自己的名字，警長塞安・格萊納和刑事偵探約翰・卡羅爾也在上面簽了名。此後，禹杰要求給他一支筆和一張紙，他用中文寫了一張小紙條，並簽上自己的名字。我把小紙條的內容翻譯給愛爾蘭警探。當禹杰被帶進一間影視室去看岳峰和劉晴住處的監控錄影和從USIT中拍攝的監控錄影時，我也在場，刑事偵探約翰・卡羅爾記錄下了看錄影時他對禹杰的提問和禹杰根據錄影所做的回答。當刑偵督察官約翰・麥克・馬洪宣布禹杰因涉嫌殺害岳峰和劉晴，被正式逮捕並予以指控時我也在場。禹杰對指控未做回應。

第二天，二〇〇一年三月二十三日，我將訊問記錄共十五頁列印出來，我在最後一頁上簽字，並寫明日期，把這十五頁交給刑事偵查警督科麥克·高登。我自用的筆記型電腦中僅保存了訊問記錄的中文版，我沒有保存英文版的訊問記錄。

以上證詞是正確無誤的。

我當警察已將近二十年了，各種司法文書和公文寫過不少，寫下這樣的證詞還是頭一遭。幹完這些，約翰興奮地對我說，今天晚上咱們全到鄉下去休息，我問，是不是案子破了，你們要好好慶祝一下？約翰說，這次去鄉下是去年耶誕節的安排，因為忙一直沒去成，這回有時間了，咱們一同去。

煎熬：善待家屬

三月二十四日是星期六，早上我緩緩地睜開眼睛，透過沒有拉嚴的窗簾，看到窗外一匹體型健碩的白馬正在低頭吃草，襯著遠處綠色的田園風光，構成一幅美麗的愛爾蘭鄉村圖，真是美極了，我這才明白為什麼昨天愛爾蘭警察們一聽到要來鄉下休假個個欣喜若狂。我正陶醉在美景之中，約翰敲門進來，說，咱們馬上回都柏林，岳峰和劉晴的家屬到了。

下午三點多鐘，在警察局一間比較大的會議室裡見到了兩家的家屬。岳峰家就來了他父親一個人，劉晴家是她舅舅和幾個人。由於擔心家屬們會提出一些難題，專案組幾乎全員出動，擺開陣勢與他們見面。

我先按照中國警察的職務名稱分別介紹了專案組各位成員，使家屬們很容易就理解了他們都是幹什麼的，家屬們邊聽邊不住地點頭。愛爾蘭警察十分好奇我給他們安上了什麼官銜，使得家屬們這樣認可，想打聽又不好打斷我。

接下來，我請約翰介紹了整個案件情況，我來翻譯，家屬們聽後提出了一些問題，我請約翰一一作答。岳峰父親先問，岳峰還有沒有錢。約翰說，目前他們掌握了岳峰的一個帳號，裡面有些錢，但是不多，具體有多少就目前階段來說，應是保密的，案件終結後，這些錢會歸還給家屬。雙方家屬都十分關心屍體的處理，約翰說，一般外國人在愛爾蘭死亡後，通常都會運回本國安葬，很少就地安葬，他們建議過一段時間，將兩名遇害者遺體運回中國，費用將由愛爾蘭承擔。會見過程很順利，家屬們對愛爾蘭警察的工作表示了感謝。下一個日程就是請家屬們去查看和辨認遺體。

都柏林消防中心的屍檢中心和殮房坐落在美麗的鳳凰山公園裡的一座小山上，因為事發時，消防隊到現場滅火發現了屍體，屍體檢驗和存放就都由他們負責。

我們到達時，愛爾蘭警方已做好了準備。我讓家屬們先待在車上，我自己先去查看一下。我要瞭解屍體的狀況，看看遺容整得怎麼樣，如果能裝扮得好一些，對家屬的刺激就會少一點，如果屍體破壞得太厲害，我會勸他們不一定非要看不可。考慮到岳峰和劉晴並沒有婚姻關係，我要求愛爾蘭警方不要把兩具屍體放在一個房間裡，誰家的人誰家看，就不要再看另一位了，俊男靚女死後給人的刺激和遐想會更大。

一塵不染的屍檢室和刺鼻的福馬林味道是我熟悉的，殮房的兩位工作人員配合我，臨時改動，把兩具屍體分別擺放在兩個房間，遺體已經整理過了，面部做了清洗。岳峰的屍體破壞得比較嚴重，整個面部都燒黑了，頭髮也燒焦了，不說面目全非但也差不多。我打開蓋在屍體上的白布，查看他的全身，看到他雙手和前臂，還有雙腳踝上有明顯的條索樣勒痕，進一步確認了他臨死前曾被捆綁過。脖子上的勒痕雖被爆炸燃燒破壞，但仍依稀可見。劉晴的遺容很平靜，好像臨死前沒受多少痛苦，臉上燒得也不嚴重，和生前變化不大，經驗告訴我，長得再好看的女人，死後都不行。

我走出屍檢室，對家屬們說，咱們這樣吧，女士優先，請劉晴的舅舅先進去看，跟隨舅舅來的幾位就不必去了。他們立即同意了，我想那幾位跟著來的不知什麼關係的親戚巴不得少看點兒死人，少沾點兒陰氣哩。

我陪著劉晴的舅舅走近劉晴，她舅舅看得很仔細，我以為他是在仔細辨認，沒有想到他轉過身對我說，他已經很長時間沒有見過劉晴了，現在她已經死了，讓他確認這是不是劉晴，很難。他猛然想起，記得劉晴小的時候到他家來，他見到劉晴一側手背上有顆痣，讓我幫他找找。我請工作人員給我拿來一副手套，把劉晴的雙手重新清洗了一遍，要在這先被火燒過、後被風乾變色的皮膚表面找到一顆小痣還真不容易，最後好歹在左手背上隱約見到一個綠豆大小的黑點，估計就是那顆痣了。舅舅也看到了，他將信將疑地認可了。

我覺得要緊的是他回國後，要向劉晴的母親交代清楚。隨著舅舅在劉晴遺體邊待的時間越來越久，舅舅的感情也快吃不消了，眼淚無聲地流了下來，我輕輕地對他說，如果辨認完了，咱們就離開吧，雖說孩子在異國他鄉遇了難，但是她的親人還是不遠萬里趕來給她送行，她在天之靈也會有感覺的啊。舅舅聽罷，無聲地退了出去。

岳峰的父親坐在車上悶頭抽著煙，我走過去，他連忙站起身來。我問他，你兒子長得怎樣，他說，大高個，有一米八。我問，身材好嗎，他操著濃重的東北口音說，老好了。我問，人長得帥嗎？他說，老帥了。我問，愛體育嗎？他說，老愛了。我說，在你的印象裡，你的兒子高大帥氣，喜歡運動，陽光和青春都寫在臉上，現在不幸出了這個案子，剛才也向你們介紹了，犯罪分子先把他們兩人殺了，後來又爆炸放火，遺體破壞得挺厲害的，我勸你不必看兒子的遺體了，這樣在你心裡永遠保持著你兒子英俊健康活潑的形象，好不好。

岳峰的父親沉默了一下，對我說，大哥，你說的對，我不看了，我心裡有他就行了。我把他叫到殮房門口，說，裡面就是岳峰躺在那裡，你在這裡站一站，這是距離你兒子最近的地方，也算是你來看他，送他。岳峰的父親兩個眼睛紅紅的，靜靜地站在那裡。我不知他在想什麼，但是我想除了對兒子無盡的思念以外，會不會也有對自己的反思。

從殮房出來，我們在愛爾蘭警察的帶領下，來到岳峰和劉晴生前居住的地方，也就是案件現場，我也是第一次來這裡。這是一幢四層紅磚樓，從樓門進去，有一橫一縱呈十字交叉的兩條走道，縱的一條直通樓背後，那邊還有一個門，通到樓後的院子裡。禹杰推著自行車來的時候，徑直把車子推進去，停在小院裡，爆炸起火後，沒來得及騎車逃跑。橫的一條沿著大樓的長軸貫穿全樓，有兩米多寬，住家分布在這條走道的兩側。兩條走道交叉處是個門廳，門廳中心的房頂上裝著攝影機，深色的圓玻璃罩下攝影機的鏡頭不分晝夜、悄無聲息地轉動著。

岳峰和劉晴住的2A是進樓後，左拐走到頭後，右側的第一家，門口擺著好心的鄰居獻上的一束鮮花，祭奠這裡過去的主人。

2A的紅色大門上依然可以看到顯現犯罪痕跡時噴撒上去的銀粉和炭粉。打開房門，右邊是衛生間，往前走是兩人的臥室，臥室的右邊是起居室，裡面擺放著一張飯桌。愛爾蘭警察告訴我，他們勘查現場時，發現飯桌上有兩個杯子，估計是岳峰和禹杰進屋後，曾在這裡說話，喝茶，後來兩人才動起手來。起居室門口一側是廚房，這個兩居室的小單元住起來還是很方便舒適的。

爆燃是在臥室裡發生的，巨大的氣浪將臥室和起居室之間的輕質隔斷牆整體向起居室推出了四五十釐米，把起居室裡靠牆放置的一台電視機都推倒在地，整個臥室的四壁完全燻黑了，暖氣管道錯位斷開，屋裡凌亂不堪，家具都移了位，床上一片狼藉。愛爾蘭警察說，兩個人的屍體都是在床上發現的，岳峰在外側，劉晴在內側，所以岳峰屍體燒得比劉晴嚴重。

還是女士優先的慣例，我請劉晴的舅舅先走進2A。他見到衛生間裡有一塊舊的搓衣板就一把抱在懷裡，頓時泣不成聲，我不明白是怎麼回事，但是知道這裡面必定有故事。

等了一會兒，他稍稍緩過神來對我說，這個小搓衣板是他家的，劉晴要到愛爾蘭留學，劉晴的媽媽為她準備行李時想到，女孩子總有些小的內衣需要手洗，現在國內都用洗衣機了，搓衣板很難買到，就從舅舅家拿了這塊舊搓衣板，讓她帶到愛爾蘭來用。這個故事經過舅舅的演繹真是催人淚下，對警察的意義在於再一次證明了這裡就是劉晴的家。

舅舅想把這塊搓衣板帶回國去給劉晴的媽媽看，我對愛爾蘭警察說，這塊搓衣板對死者家屬來說意義重大，但是對愛爾蘭警察破案來說並沒有什麼用處，建議可以讓劉晴的舅舅帶回去，因為劉晴的媽媽沒有來，舅舅的責任特別重大，帶回一塊大家都熟悉的搓衣板，讓舅舅回去後向劉晴媽媽交代時，也算有個物證。愛爾蘭警察同意了我的意見，舅舅抱緊這塊搓衣板再也不鬆開了。他有了這個物證，其他的也就不想再看了。

我請岳峰的父親進現場看看，沒有想到他對我說，我不想看了，剛才你的建議特別好，這裡是他被殺的地方，我也不想看了。我一想，我剛才給他想的辦法他現在用在這個地方了。我說，你聽我的吧。他說，大哥，我絕對聽你的。

我請他下車來，陪他走進公寓樓，我請他站在兩條走道交叉點上，對他說，你兒子生前最後住的房子就在這幢樓裡，那邊第一個紅門就是他的房間。今天你來到他最後生活的地方，這個樓房寬敞、潔淨、舒適、溫暖，鄰居們和睦溫馨，他還能和心儀的女孩子一直生活在一起，你就站在這裡想像一下你兒子每天在這裡進進出出，忙著上學，忙著打工，也在這裡思念你，跟您通電話，你就在這裡向他告個別吧。說罷，我就離開了，讓他一個人在那裡站著。

我坐回到車裡，愛爾蘭警察問我開不開車，我說，不行，咱們要再等等。大概十分鐘後，岳峰的父親淚流滿面地出來了，走到車前，哽咽著對我說了一句：「大哥，你真好！」看到一個男子漢內心情感的翻江倒海，我的眼睛也濕潤了，都是男人，都是做父親的人，我能理解他。

回到警察局，幾位家屬準備離開了，他們來愛爾蘭的國際旅費是愛爾蘭警方負擔的，他們在愛爾蘭的住宿費用原本也是由愛爾蘭警方負擔的，但是不知為什麼他們沒有住在警方安排的酒店裡，而是住在他們認識的中國人家中。

臨走前，我告訴他們，根據愛爾蘭法律，再開庭時，可能需要他們來作證，費用仍由愛爾蘭承擔，希望他們能配合，他們異口同聲地說沒問題。此時，他們借住的中國人家裡來了人接他們，他們就再三道謝地要離開。看到他們緊握著我的手，頻頻地感謝，我想，家屬的心實在是太苦了，好不容易出趟國，竟是為了這種生離死別的人間悲劇，明明是死在異國他鄉，還要一個勁兒地謝謝，我不忍再和他們說什麼，直把他們送到街角才目送他們遠去。

送走他們，愛爾蘭警察對我說，剛才我們去看屍體和現場時，來了一個中國人，自稱在中國曾經當過警察，要協助愛爾蘭警察破案，警探接待了他，交談中發現不是那麼回事，就告訴他，中國警察已經在這裡工作了，他說，來的中國警察有什麼了不起，我的本領才管用呢。他假充內行地問，來的中國警察是什麼官職？愛爾蘭警察說，我們只知道他是三級警監，這位老兄聽罷掉頭便走了。愛爾蘭警察把這件事當個小插曲講給我聽，但是我感覺，中國人在海外出了事，許多人都想著來幫忙，也有人懷揣其他想法，真是林子大了，什麼鳥都有啊。

約翰來找我，說中國駐愛爾蘭大使館領事部的官員要來見我，說罷衝我神祕地眨眨眼睛，補上一句，這回是真的了。我回到會議室，見到我國的外交官，先做了自我介紹，然後詳細地講述了案件情況，重點介紹了愛爾蘭警察的高度重視和偵破水準，領事做了筆記，感到很滿意，說回去立即向大使報告，問我需要什麼幫助，我說，一切都挺好的，謝謝！

二審：再赴都柏林

時間過得真快，一晃兩年過去了，在我的腦海裡，到都柏林辦案的事，也基本上淹沒在其他眾多的新鮮事中了。

二〇〇三年三月，我接到約翰的電話，通知我到都柏林出庭作證，並說岳峰的父親和劉晴的舅舅也同時接到邀請。不多時，岳峰父親的電話就打了過來，他告訴我他將從澳大利亞出發，先到北京，然後飛往都柏林，因為愛爾蘭警方提供的機票是這樣安排的。他問我去不去都柏林出庭，我說，我也去。他說，好極了，有我在，他就放心了。

但是我告訴他，我們三人出庭的時間是不同的，他們兩人在一起，時間是三月下旬，我的出庭安排在四月上旬，我們之間相差一周的時間。岳峰父親一聽就急了，說，沒有我他就不想去了。我說，那不行，何人何時出庭是法庭根據庭審需要安排的，所以我們不能同時去，即便我們同時出庭，當法官或律師問你話的時候，我同為證人，也幫不上什麼忙，人家法庭會給你配翻譯，所以一切聽人家的安排吧。

他說，他的文化不高，對付不了這種場面。我鼓勵他說，賺錢是最不容易的，沒有什麼事情比賺錢更難了，你的生意做得那麼大，多少次起死回生，還有什麼比這個更難，有什麼你應付不了的。岳峰父親一聽，說，也對。他又讓我具體說說該怎麼辦。我說，我雖然不知道法官會問你什麼問題，但是你們作為遇害者家屬，無非是確認你是不是有個兒子，叫什麼，兒子多大了，身高多少，戴不戴眼鏡，還可能出示照片讓你辨認，兒子是不是在愛爾蘭都柏林留學，什麼時候來的，什麼時候失去聯繫的，兒子和你說沒說過與案件中有關的人和事，你一共給過他多少錢，二〇〇一年岳峰是否回中國過春節，過春節時你給了他多少錢等等。岳峰父親聽我這麼一說，心裡踏實多了。

後來，愛爾蘭警察告訴我，岳峰的父親在法庭上表現很老練。一次律師問，岳峰春節回國時，你的生意是不是不很順利？岳峰父親回答，此問題與我兒子遇害無關，我拒絕回答。在場的愛爾蘭警察一聽，這老哥還真行啊，頓時對他刮目相看！

放下岳峰父親的電話，我想劉晴的舅舅在國內一定不方便打電話給我，我就主動打了個電話給他。果然，他也收到愛爾蘭警方的邀請，要去出庭作證。他將在北京和岳峰父親搭乘同一架班機，他們倆並不想見面，可以想像的是如果兩個孩子平安，相親相愛，結婚生子，這兩家人應該是和睦往來，其樂融融，但是現在這種同居關係最後以雙雙遇害為結局，雖說誰也怨不得誰，可如果沒有同居是不是能逃出厄運，兩家只能是誰都不想見誰了。

四月初，約翰又來電話，要我第二天去作證，搭乘上午八時三十分從里昂飛往英國倫敦希斯洛機場的飛機，中轉後到都柏林。顯然我來不及辦理英國的過境簽證和愛爾蘭的入境簽證，約翰說愛爾蘭國家警察局已經在途經的英國倫敦為我辦好了一切手續，儘管來好了。

早上，我進入里昂機場候機大廳後，徑直前往英國航空公司的值機櫃台，出示護照後，英航的姑娘很快為我列印出前往倫敦的登機卡，剛要把護照和登機卡遞給我，她不經意地隨口問了一句，你有倫敦的過境簽證嗎？我說，沒有，但是據我所知，愛爾蘭警察已經在倫敦為我安排好一切。姑娘說，是嗎？我來查一查，看有沒有問題。她查的結果是倫敦機場不許我過境。我告訴值機姑娘，一切都安排好了，應該沒有問題，我到愛爾蘭是執行公務，不會在倫敦待著不走。姑娘說，沒有英國的過境簽證，航空公司是不會讓你上飛機的，所以不能把登機卡給你。說著，她連忙收起登機卡。

國際刑警組織總祕書處官員出差，總祕書處會出具一份證明函，證明此人係國際刑警組織總祕書處的官員，請相關國家的警察予以協助。我將愛爾蘭方面的邀請函、國際刑警的出差證明，以及法國居留證全都遞了過去。姑娘看了看，應該還是相信了，她又打了倫敦希斯洛機場的電話，與那邊溝通起來，結果希斯洛機場就是不許我從那裡轉機過境。姑娘抱歉地說，我不能讓你上飛機。我想，一定是哪個環節出了問題，我急忙打電話給約翰，他說不要急，等在機場不要動，愛爾蘭方面馬上與倫敦方面溝通，很快就會解決。

我想，去你們國家作證，我當然不急。我在機場的咖啡廳裡找到一個電源插座，打開電腦，該幹什麼就幹什麼。累了就在機場轉轉，看看行色匆匆的各色遊客和里昂機場雄偉的建築。里昂機場的候機室用巨大的鋼梁構成，外觀像一個巨大的貝殼，具有強烈的現代藝術風格，非常壯觀，但是再漂亮的建築看久了也不行啊。唯一的聯繫是隔一會兒就有一個電話從愛爾蘭打進來詢問情況，也不說進展怎麼樣了，只是一個勁兒的抱歉和讓我安心等待。

後來電話漸漸少了，我想也好，總來電話，一會兒手機沒電了也是個麻煩。我也不知道還能不能去，但是人家沒有讓離開機場估計就還有戲。就這樣我在機場整整待了一天。我想，不管去不去愛爾蘭，總不能讓我在機場過夜吧，太晚了，最終還是要讓我回家的，等到飛機都沒了，我也該走了，時不時往家裡打個電話，讓家人不要著急才是真的。

到了晚上七點多鐘，天都黑了，突然接到一個電話，電話那頭說，你是津嗎？我說，是的。電話那頭又說，現在愛爾蘭警察總監與你通話。疲憊的我沒有反應過來，心想，警察總監與我通話就通話吧，今天我已經接過不知多少個電話，不知多少種頭銜的人與我通過電話，怎麼這回還要先來一位祕書通報一下？

我正在納悶，突然明白，愛爾蘭警察總監不就是人家警察的最高行政長官嗎，相當我們的公安部長啊。我不由得倒抽一口冷氣，定定神，認真接電話。

電話那頭傳來一個穩健低沉的男人聲音，他首先向我道歉。他說，由於他們沒有與倫敦機場銜接好，導致希斯洛機場入境大廳最後一個櫃台的值班員不同意我在沒有英國過境簽證的情況下，經英國中轉，雖然其他值班員都同意，但只要有一位不同意的，也不成，這是責任問題，希望我能理解。倫敦負責出入境的官員建議愛爾蘭，一個辦法是等這位不同意的值班員下班後，再讓我過去，另一個辦法是請愛方透過外交途徑進行協調，徵得英方的正式同意後再讓我過去。愛爾蘭警方研究後，覺得第一個辦法不可靠，如果換上一個值班員還是不同意怎麼辦，所以他們運用外交手段與英方協調，最後終於獲得同意。總監一再道歉之後，請我乘七點半鐘的飛機，仍然經由倫敦轉機，乘當晚最後一個航班到達都柏林。

雖然在機場苦等了一天，也要謝謝人家的努力，我客氣一番後，立馬提上行李，直奔英航值機櫃台。櫃台的小姐已換了人，新當班的小姐不知道前面的故事，不容分說地給了我登機卡，我用餘光一瞟，只見櫃台裡放著幾張印著我照片和證件的傳真文件，我也管不了許多，拿上登機卡直衝登機口。

沒有人再找我麻煩，上了飛機，一顆心才落地，感到真是累了，迷迷糊糊地小憩一會兒，飛機就在倫敦降落了。希斯洛機場有一條給轉機前往英國本土和北愛爾蘭，以及愛爾蘭旅客的專門通道，我過去在這裡轉機多次看過這個通道，但是一次都沒走過，這回我也走一走。

我大搖大擺地沿著這個通道走進去，徑直到入境櫃台前，出示我的護照，我感到特別奇怪，一般這個地方的值班人員都是正襟危坐，不苟言笑，今天對面的中年女邊境官像是見到盼望已久的老熟人，也像是警察蹲守多時，罪犯終入圈套似地衝我一樂，說了句：We are waiting for you.（我們正等著你。）我一看櫃台裡面有一打厚厚的文件，有我的照片，各種證件和證明的影本，還有一疊帶著各種名頭的文件。這位女士用原子筆在我護照的加頁上密密麻麻地寫了一大堆字，再蓋上好幾個不同形狀、顏色的印章，如釋重負地放我過去。

我繼續朝前走，到出境櫃台，又是一句：We are waiting for you.看樣子這事真是鬧大了。從這陣勢看，不是簡單的愛爾蘭警方與倫敦機場的協調，應該是演變成一起外交事件，我就是這起事件的主角。我慶幸，幸好早上英航沒讓我在里昂上飛機，如果我人先到了英國，雙方還沒有協調好，我的麻煩就大了，肯定會被當作非法入境被移民局扣下，雖然最終會解決，但肯定會在人家的系統裡留下污點，這次經歷可真玄，我不由得驚出一身冷汗。

到達都柏林已是後半夜，和原來專案組的同事們相見自然是非常高興，約翰把我安排在一家現代化的酒店裡，不讓我再住在古老的酒店裡了。

庭上：又見禹杰

愛爾蘭中央法庭是一幢口字型大樓，裡面有法官辦公室、律師辦公室，有法官飯堂，也有律師飯堂，有法官酒吧，也有律師專門酒吧，還有資料室、檔案室等，最主要的是有大大小小好多個法庭。每天開庭的時間是早上十一點開到下午一點，午餐休息一小時後，兩點開到四點，全天就是四個小時。開庭前約翰把我領到法庭，讓我先熟悉一下環境。

大的法庭像我們的劇場一樣，分為上下兩層，法庭正中是一個像舞台似的高台，上面正中是法官一個人坐的地方，法官背後是紫紅色的幕布，頭頂上有一個半圓形的華蓋，法官正對面台下是律師和檢察官坐的地方，檢察官在法官右側，律師在法官左側。律師和檢察官的後面是旁聽席。法官的右邊用木欄杆隔出陪審團區。

愛爾蘭沒有我們意義上的檢察官，一個具備律師資格的人要到國家律師辦公室註冊，由律師辦公室派活兒，指定他擔任某個案件的檢察官或是律師，他在這個案子裡擔任了檢察官，沒有掙到錢，下個案子就可能讓他擔任律師，律師出庭是有收入的，一個案子下來就能掙上一大筆。

法官前面低一、二級台階坐著一位法庭工作人員，他負責協助法官處理一些開庭事務，如讓證人宣誓等。工作人員身旁是一位速記員，速記員用一台專用速記機，將庭上控辯雙方和法官的所有話都記錄下來，速記機像打字機，但是沒有那麼多鍵，一個手指固定按在一個鍵上，不像打字機，一個指頭會在幾個鍵上滑動和按動，輸入的字由一根細針在一個小紙卷上壓出小坑。速記員精神高度緊張，一個小時一換班，換班下來的速記員將小紙卷上自己記的那部分撕下來，我想，一是存檔，二是計薪，三是利用別的機器將這些小坑點變成我們認識的字。

在法官高台的左側是證人席，是一個用木欄杆圍起來的正方形框子，這個框子英文叫box，譯成中文就是「盒子」。「盒子」裡面放著一把椅子，證人就坐在這裡面。台下法官的左邊，也就是律師的右邊是被告的地方，同樣用木欄杆隔開，只是隔開的範圍特別大，把押解被告的警察也一同圍了進去。法庭的二層樓上全部是旁聽席。

約翰為我講解，說，等我作證時就要坐到證人席上，也就是進入「盒子」裡，緊挨著「盒子」坐著和我一同把禹杰押回來的那個年輕的愛爾蘭警探，他負責管理各種證據，如果有什麼不明白的，我可以隨時問他。我們逛著聊著，時間已不早了，要準備開庭了。

檢察官先進來，禹杰的檢察官是一位老人，大概有六十多歲，因為我是警方的證人，和控方是一頭兒的，我們見面好像老朋友似地打著招呼。他親切地告訴我，一會兒作證的時候不要緊張，如果律師給我的問題過於刁鑽，他會主動出來幫我解圍。

不一會兒，律師也來了，比檢察官年紀小些，但也有五十多歲，他是愛爾蘭最著名的刑事律師，他在這裡出庭一天就可以掙到一千七百歐元。按照愛爾蘭法律，這種大案要審上三個月，庭審雖說是法官主持，但是具體進程實際上由律師提問決定，律師會精心設計各種問題，從第一分鐘一直問到最後一分鐘，到點了才說，我沒問題了，每一分鐘都是錢啊！

雖說我和律師是控辯雙方，但也沒必要怒目相視，劍拔弩張，我們客氣地握了握手，不失風度地各自介紹自己。辯方是赫赫有名的大律師，他還帶了男男女女好幾個學生來。按照法律要求，法官、檢察官和律師，包括學法律的學生在法庭上一律要穿黑色法袍，頭戴亞麻色假髮，如果不戴假髮就不得在法庭上發言。

陪審團的男男女女魚貫而入，在陪審團席就座。西歐北美國家的陪審團制度非常重要，陪審團由毫無法律背景的普通民眾組成，法庭上法官只是主持和維持秩序，最後由陪審團決定被告是否有罪。如果陪審團認為有罪，法官負責根據法律決定給被告什麼樣的刑罰，如果陪審團認為沒有罪，那就只好放人了。

陪審團人員的遴選過程是隨機的，過去有採用隨機選定一條街，街上單數或是雙數門牌的人家每家出一人，後來發現這個辦法也不公道，有時單數或雙數出自街道的陰面和陽面，有錢人住陽面，沒錢人住陰面，選出的陪審團就會出現不隨機的情況。現在大部分採用類似搖號的方式進行，凡是十八歲以上精神正常的人都有可能被選中，法律規定公民有擔任陪審團的義務，一旦選中就必須參加，否則就算是違法。法律還規定，參加庭審期間，雇主的工資照開，法庭會給點兒車馬費和中午盒飯。

約翰指著陪審團，一臉無奈地說，這個案子有點怪，原來是大陪審團，有二十三個人，不知為什麼，一位剛被選中就心臟病發作住進了醫院，要開庭了，又有一位闌尾炎發作，進醫院開刀去了，開庭第一天，一位陪審團員在法庭上不知怎麼弄斷了自己的小手指，被法庭叫來的救護車送走了，誰也說不清這些接二連三的怪事，只剩下二十位小心翼翼地陪著了。

法官宣布開庭後，將禹杰押了上來，我看了他一眼，兩年過去了，已經完全認不出來。禹杰穿一身嶄新的深藍色西裝，裡面是領子筆挺的淡藍色襯衫，打著領帶，腳上是一雙新的黑色皮鞋，鬍子刮得乾乾淨淨，頭髮梳得整整齊齊，白淨光澤的臉上增添了幾分血色，體重也有明顯地增加，再不是抓他那時的猥瑣樣子。

禹杰還能認出我來，衝我笑了笑。我很反感他的笑，不是別的，從他被抓那天起，他就以這種態度對待我們，這不是善意和禮貌的微笑，完全是一種滿不在乎的態度。岳峰和劉晴都是他的朋友，現在被殺死了，不論是不是他幹的，作為朋友，都會感到心痛和惋惜，可他竟像在談一件與他根本無關的事一樣，你說他不是殺人兇手還能是誰。

我走過去問禹杰過得怎樣，他說，還好。押解他的警察告訴我，由於禹杰是外國人，人長得又矮又小，監獄就讓他在洗衣房工作。將近兩年來，他已掙了八百多歐元，這次出庭的新衣服和鞋子都是用他自己掙的錢買的。我只得謝謝獄警對他的關照，對於這樣的結果我還能說什麼呢。

我回到約翰身邊坐下，約翰說，先由愛爾蘭警察出庭作證，讓我熟悉一下庭上環境和作證過程。專案組的一位警察被叫進了「盒子」，他面對法官站好，工作人員讓他手按一本書向法庭宣誓。我問約翰，那是什麼書？約翰說，是聖經。我又問，為什麼一本封皮是紅的，一本是黑的？約翰說，我也不知道。我說，好人作證按著紅皮的，壞人作證按著黑皮的。約翰說，可能是這樣。

宣誓後，警察坐下，先是律師、後是法官不停地向「盒子」裡的愛爾蘭警察拋出一串串問題，愛爾蘭警察回答時，凡是肯定的，就說：Yes, my god!（是，上帝！）否定的，就說：No, my god!（不，上帝！）他們有宗教信仰，所以向上帝作證說的一定是真話。二十分鐘後，法庭結束了對他的盤問，又叫上一位，繼續盤問，一個小時後，愛爾蘭警察盤問完了，該我上了。

盒子：庭上激戰

我生平第一次走進「盒子」，工作人員走過來，問我信什麼宗教，我說，沒有宗教。他猶豫了一下，說，這樣吧，請你舉手宣誓，我說一句，你跟一句。我就跟著他舉起右手，他說一句，我鸚鵡學舌般地跟一句。就這麼說了大概有二、三十句，還挺長的。按說我能在國際刑警組織工作，又能單獨到國外辦案，我的英文怎麼說也是不錯的，可是他說的是什麼我一句也沒聽懂，只是模仿他的發音罷了。我想他說的可能是法律專業用語，也可能是宣誓專用語，後來才知道是一種古老的法庭用語，我們中國人學外文是從來學不到這個的。

宣誓過了，我坐下來，年輕的愛爾蘭警察幫我調整好麥克風，律師的第一個問題就拋了過來。

問：你是什麼身分？

答：我是中國警察，現在在法國里昂國際刑警組織總祕書處工作。

問：你在中國當了多少年警察？在警察裡從事的是什麼工作？

我一一做了回答。

問：你是國際刑警組織派來的，還是中國政府派你來的？

答：我雖然是中國警察，但是我現在在國際刑警工作，是國際刑警組織派我來的。

問：為什麼說是國際刑警派你來呢？

答：一是國際刑警組織愛爾蘭國家中心局向法國里昂的總祕書處提出請求，不是向北京提出請求。二是我能不能來這裡，是國際刑警組織通知我的，不是北京決定和通知我的。

律師圍繞身分這個問題反覆盤問，我耐著性子回答，講到這兩點依據，律師才換了個問題。

問：抓捕禹杰時你在場嗎？

答：我在場。

問：抓捕他時，愛爾蘭警察告訴他，他被愛爾蘭警察以涉嫌殺人罪被抓，你告訴他了嗎？

答：我把抓捕他時帶隊的愛爾蘭警官約翰所說的原原本本地翻譯給禹杰聽了。

問：抓捕時的法律警語說給禹杰了嗎？

答：抓捕他時，我把約翰說的法律警語翻譯給禹杰聽了。

問：你能把抓捕時的法律警語再說一遍嗎？

我真是恨死這個律師了，有這麼問問題的嗎！抓捕時警語說了就行了，我也如實地翻譯了，你讓我再說一遍，分明是在考我呢。

雖然憋了一肚子火，但也沒辦法。兩年前的事了，我早忘了約翰當時的警語是怎麼說的了，這是在法庭上，光憑著電視電影裡看到的那點兒顯然是不夠用了，我努力回憶著抓禹杰那天小鬍子警長給我的那張紙，然後自編自演地說了起來。等我說完後，律師就沒再問這個問題，也不知是被我糊弄過去了，還是他又想從別的地方下手了。

幾個回合下來，我也定下心來，既不緊張，也不擔心了，只剩下專心聽律師的問話，萬一一句半句沒聽清，我就請律師再問一遍，反正有的是時間，只要我不煩，律師就不會煩，他可是按時間收費的。

事後我冷靜下來想，我在法庭上與愛爾蘭警察不同，他們接受的是宗教和法庭至上的教育，所以他們才在庭上那樣回答問題。我們接受的是什麼教育？我的腦海裡還是江姐、許雲峰在敵人的法庭上，把法庭變成戰場，把敵人審判我們變成我們代表正義審判敵人，所以千方百計地總想搶佔上風。

律師接著問：你們中國警察抓捕人時，講不講警語。

我本想說，這個問題與本案無關，我拒絕回答。但是我偷看法官一眼，他正聚精會神地聽我講呢，我想法官是學法律的，他一定對這些程序上的事有興趣，法官不好得罪。

我答道：中國警察抓捕人犯時，也會講警語。

律師又問：抓捕禹杰時動作粗暴嗎？

我說：當時禹杰正在睡覺，所以沒有費什麼力氣就把他抓住了，他沒有任何反抗，愛爾蘭警察也沒有必要動粗。

問：你們中國警察抓人時是怎樣的？你抓過人嗎？你們抓人時遇到反抗會怎樣處置？中國法律上對抓人是怎樣規定的？

光一個抓人的事就問了一個多小時，我忙裡偷閒地看了一眼法官，只見法官已經沒了興趣，我頓時來了精神。

我說：感謝你對中國法律這麼有興趣，我不知道你喜歡研究中國法律，早知道我就把我在國際刑警組織工作用的中國的刑法和刑訴法帶來送給你，那是中英文對照的，便於你認真研究，不過沒有關係，請你留下你的通信地址，我回里昂後給你寄來。

我話音剛落，全場的人全都放聲大笑起來，連法官都笑得前仰後合，我想這個回合應該是我贏了，律師遇到我這樣的，一定不爽，但是作為律師他也不能急。

這位大律師也是見多識廣，久經沙場，根本不為所動地又來了，問我：抓住禹杰後，把他押回警察局的過程你參加了嗎？

答：是的。

問：到了警察局有警察進行登記，宣讀法律權利等過程嗎？

答：有，都按要求一一進行，我負責把警官對禹杰的要求翻譯給他聽。

問：你還能從後面旁聽的警官中認出那天負責登記的警官嗎？

我更加痛恨這位律師了，事隔兩年多，就見過那麼一面，別說外國人了，中國人都記不住，愛爾蘭的男人都留著小鬍子，我哪裡分得清。可是你有來言，我有去語，再難也得答呀。

我硬著頭皮緩慢地站起身來，向後面的旁聽席上望去，右手食指很自然地向上翹著，搭在嘴唇上。我正一邊思忖怎麼辦，一邊東張西望地假裝找人呢，那位警官以為我的右手食指正指著他呢，興奮地在下面大叫：「嘿，津，我在這裡哪！」我趕緊用右手一指，對律師說：「就是他。」這關算是又過去了。

律師接著問：押到警察局後，做了文字記錄嗎？

律師從我身後負責證據的年輕警探手裡要過一個長長的登記本，翻到一頁，指給我看，然後問我是這樣登記的嗎？

我答：做了。

我低頭一看，確實是我的簽字，因為我在國外工作，簽字向來都是簽中文，因為名字只是個符號，用中文更能表明咱是中國人，而且中文也好看，現在越來越多的外國人喜歡看中文。登記本上的簽字確實是我簽的，可是我怎麼也看不明白這個長長的記錄本是什麼意思，怎麼看時間都不對，時間不對內容就不對，急得我汗都快滴下來了。

這時，我身後負責證據的年輕警探小聲說：津，那個登記本的時間是反的。

我一下子就醒了。我們正常記錄都是從登記表格的頂端朝下寫，先發生的寫在上面第一格，後發生的順著寫在下面的格子裡。這個登記本上的時間是反的，先發生的寫在最下面一格，後發生的寫在它上面的格子裡，時間是從後向前，以後再看這個記錄時，先看到了是後來的情況，再逆著時間向前推，弄清了時間順序，一切就迎刃而解了。

就是在這樣一次次的「較量」中，時間過去了，一直到下午四時，第一天我在「盒子」中整整站了三個小時。

我問約翰，這樣行嗎？約翰說，好極了，比愛爾蘭警察敢說，說得清楚。我又問他，一般要在「盒子」裡站多少小時，他說要看案子，也要看律師手裡有多少證人，反正庭審是三個月，一天不能少。我說，你知道的愛爾蘭歷史上最長的站多久？他說，他知道的最多站了六個小時。我說，我已經站了三個小時，再站三個小時我就不站了。

回酒店的路上，約翰囑咐說，開庭期間是這個案子的關鍵時期，千萬不能出事，所以建議我沒事最好不要離開酒店。他還說，酒店裡有警察的暗哨，如果有事他們會馬上協助。

第二天繼續出庭，這回已經熟悉了，法官一宣布開庭，我自已就主動進入「盒子」。這回又有了新花樣，法庭上支起一台電視機，將訊問禹杰的全部同步錄音錄影挑重點重放一遍。法庭請了兩名具有英國和愛爾蘭司法翻譯執照的專業翻譯，要把我現場翻譯的愛爾蘭警察對禹杰的訊問和禹杰的回答一一核對。

我心裡一驚，早知有今天，當初翻譯時用詞還應該更加考究一點兒才是。律師、翻譯一陣忙活，法官也不出聲，我在「盒子」裡聚精會神地聽著，不時他們有問題問我，我也竭盡所能一一作答，心想，這哪裡是審禹杰，分明是審我呢。

錄影中有這樣一段，禹杰轉過頭對我說：我和其他留學生不一樣，我來愛爾蘭就是來打工掙錢的，我每天白天夜晚要打兩份工，非常累，現在我就很頭痛。

放完這段，律師問我：禹杰說他頭痛，你為什麼沒有翻譯給愛爾蘭警察？

我說：我認為他不是生理上的頭痛，而是精神緊張。因為一個兇手作案後，被警察抓住，不可能不緊張，所以他是心理上的緊張。

聽到我的回答，律師不再問了，圍繞錄音錄影改問其他問題。過了一會，律師又回到這個問題，問我：為什麼不把他頭痛的事翻譯出來？

我說：我的教育背景是醫學，我在醫學院裡學習了十年，我能分辨生病的頭痛和心理上的緊張，根據我的專業判斷，他不是生病的頭痛，而是精神緊張，而且為了緩解緊張，他一根接一根地不停抽煙，煙抽得太多也會讓人頭痛，所以沒有採取任何措施，如果我發現他真的生病了，我會進行專業救助的。

這個事兒又這麼過去了。

過了一會兒，律師又問了回來：為什麼不把他感到頭痛說出來？

我心裡清楚，律師追求的是，如果禹杰是在病態情況下被訊問的，他的回答就不能作為證據，如果他頭痛或是神志不很清楚，甚至已處於昏迷、半昏迷狀態，那非但不能採信他的話，反而應當追究警察的責任。

我鎮靜地回答說：剛才大家都在錄影中看到，禹杰抽完煙後，將煙頭扔向垃圾簍，煙頭在空中畫出一條美麗的拋物線，準確地飛進了垃圾簍中，請問一位生病的人，精神委靡、神志不清的人能做到嗎？

律師又不作聲了。但是過了一會兒，律師又回到這個問題上。

我想，這位律師一定認為這是一個重要的突破口。我心裡早就不高興了，中國有句俗話，「事不過三」，你這都已是第四次問相同的問題了。

我把語速放慢，力求最準確地發音，把每個詞都能送到陪審團的耳朵裡，答道：我認為，他當時就是因為自己的犯罪行為被警察抓住後，精神緊張的頭痛，不是生理上的頭痛。我告訴你，律師先生，你現在就讓我非常頭痛，因為你給了我太多困難的問題！

我話音未落，只聽得「轟」的一聲，法庭上所有的人，包括陪審團都哄堂爆笑，律師再也不問這個問題了。

我在回答問題時，特別注意陪審團的態度。因為陪審團的態度將決定禹杰是否有罪，決定我們全體警察的努力是不是合法，會不會白費。

庭審就在律師和我之間你來我往的過程中進行著，檢察官看我能對付，基本不用他幫忙，也就不再說什麼，法官絕少說話，主要是聆聽。

律師問我：假設禹杰突發疾病，你認為應該如何處理？

我知道這個問題不是給我的，是給我後面作證的愛爾蘭警察留的「坑」。因為我如果回答應該這樣應該那樣，等愛爾蘭警察上來作證，律師就會問他們，剛才津說應該怎樣怎樣，你們有沒有這樣的準備，如果愛爾蘭警察沒有這樣的準備，那就是個事兒了。

我不客氣地回答說：我不能回答假設的問題。

律師解釋道：這只是一個假設，我們只是來探討一下，一旦發生應該如何處理。

我心想你別來這套，回答說：不能探討，發生就發生，沒有發生就沒有發生，這種假設我不能回答。我的意思是多一事不如少一事，我在這裡封死了，後面愛爾蘭警察就沒事了。

但律師硬是不幹，他反覆追問我這個事，我就假裝沒聽懂他講的英文，變成我反覆叮問他說的是什麼了。庭審很膠著地進行著，最後法官看不過去了，他直接要求我回答這個問題。我想，對法官不能像對律師似的，法官大人的話是要聽的。

我轉過身，面對法官說：律師給我的問題是個假設的問題。

法官說：我知道，請你就這個假設的問題做出回答。

我說：好，我可以回答這個假設的問題，但是我的回答不是假設的，是真實的。如果訊問時，嫌疑人突發疾病，警察應該做的首先是打電話叫救護車，應該請專業的急救人員盡快到現場進行搶救，警察不是急救的專業人士，只能做些放平身體，解開衣扣類的簡單救助，不能擅自動手，否則有可能發生難以挽回的後果。如果愛爾蘭警察接受過急救專業訓練，取得資格，可以在他所培訓範圍內開展急救，超出範圍的部分也不能亂動。

我把這話一說完，律師和法官都愣住了。我想，他們一定以為我這個有醫學背景的人會說，搶救突發疾病的嫌疑人時，第一應該做什麼，第二應該做什麼，沒想到我把急救這個事一股腦兒地推到了醫務人員身上，與警察無關，也就是說嫌疑人就是死在警察面前，只要警察及時打電話給醫院，就沒事了。因為警察不是專業人士，一沒有技能，二沒有設備，三沒有藥品，不對搶救發病的嫌疑人負有責任。給愛爾蘭警察的「坑」沒有了，這個回合還得是我贏。

就這樣，我又在「盒子」裡站了整整一天，我對約翰說，七個小時了，我已破了你們愛爾蘭的記錄。約翰苦笑著，毫無辦法。

第三天我又去「盒子」裡待了一整天，三天下來總計十一個小時，如果不是我第三天晚上要回里昂，他們可能還不放過我。我對約翰說，你們欺負人，為什麼讓我站那麼久。約翰調侃地說，法官和律師都沒有怎麼和中國人打過交道，法庭上來個外國人挺少見的，他們願意和你多待會兒。

法庭是絕對禁止照相的，所以雖然一再打破記錄，但是我沒有半張出庭的照片。

這天我正在「盒子」裡，一大群中學生模樣的孩子在老師帶領下登上二樓，他們身穿深綠色校服，嘰嘰喳喳小聲說著話，坐下來後，聽著我們這裡的你攻我守，我想，這應該是他們的法制教育課了，第一次來法庭旁聽就遇上中國人殺中國人的案子，實在是不好意思了。

第三天庭審結束後，當晚我就要回里昂去了，沒想到律師透過約翰邀請我到律師酒吧聊聊。經過這三天的唇槍舌劍，我已沒興趣再與他周旋了。我徵求約翰的意見，他說，去不去隨我，但是從來沒有聽說過高傲的律師邀請證人喝酒的。我想，既然從來沒有過，咱就讓他有一回吧。

律師只請我一人，約翰他們是警察，當然不能參加，我隨著這位著名的大律師進了律師酒吧。大家坐定後，律師問我喝什麼，我說，水。律師說，工作完畢，如果你願意，可以喝點帶酒精的飲料。我說，我希望時刻保持頭腦清醒。律師與我交談起來，又問了我許多問題，比如，我在中國哪個城市生活，北京大不大，新的建築多不多，中國西安好不好玩等等，我對他說，你是一位很好的律師，你的職業就是不停地問問題。我原來很少和律師打交道，這次出庭作證使我對律師有了新的認識。

送我去機場的路上，約翰先拉我到愛爾蘭國家警察總部。警察總部坐落在鳳凰山上，幾幢三四層高的灰樓掩映在茂密的參天綠樹中，沒有院牆，沒有門崗，像一所普通大學，一點兒也沒有警察機關的耀武揚威和戒備森嚴。

我們走進其中一幢，是愛爾蘭警察的刑事偵查局，局長已經在等我們了。我們交談一會兒，禮節性地交換了禮物。局長送給我一個金屬盤子，中央是一架豎琴，局長說，愛爾蘭刑警的標誌是一架豎琴，它的文化象徵大於標誌象徵。我到哪個國家都樂於集攢盤子樣的紀念品，這回來愛爾蘭的紀念品有了。局長補充說，我在國際刑警的同事露絲就在愛爾蘭警察總部裡辦公。難怪我感到約翰他們對露絲總帶著幾份特殊的敬重，原來總部的警察和地方的警察還是有所不同。我拿起電話打給露絲，告訴她我正在鳳凰山她的辦公樓裡，她特別高興，我到愛爾蘭辦案是她一手安排的，能夠如此成功，她自然也有一份功勞。

回里昂後，一天約翰打來電話說，法庭最終以殺人罪判處禹杰終身監禁，不得保釋。在一個沒有死刑的國家，這就是最重的刑罰了。後來，愛爾蘭警察總監（也不知是不是給我打電話的那位）專門致函國際刑警組織祕書長，對我在此案中表現出的專業水準和提供的熱情支援和幫助表示感謝，祕書長在信上批道：All the best. 我覺得它的意思應是「盡善盡美」，但是對我來說，最難得的是在全中國二百萬警察中，幾乎沒有人在「盒子」裡站過十一個小時。

海灣悲情

任務來了

二〇〇四年二月七日晚上，中央電視台新聞聯播中播出一則新聞，二月五日晚，英國北部莫克姆海灣漲潮時，二十餘名中國籍拾蛤蜊者被潮水捲入大海，溺水身亡，我國駐曼徹斯特總領館已派員前往出事地點調查。聽到這則消息，我的第一反應就是：我的任務來了。果真，幾天後，英國方面向我國提出協助調查的請求，我接到任務，率團遠赴英國完成案件調查和死難者身分識別等任務。

我知道，這個案子本身並不複雜，但是這次任務的意義特別重大，新一屆政府剛剛執政不久，特別是經歷了SARS的嚴峻考驗後，首次提出和諧社會，以人為本的口號，全世界也對中國的新變化充滿了期待。

經過公安部領導的批准，代表團由五人組成，除我之外，還有公安部刑事偵查局負責打擊有組織犯罪處的馮副處長，老馮是位女同志，心細，負責打理代表團的生活安排、花銷等。

考慮到遇難者大都來自福建省，請福建省公安廳刑偵總隊李副總隊長和出入境管理處的陳科長參加，李總負責與福建省公安廳聯絡，協調需要福建開展的工作，陳科長負責的是出入境管理和登記，他主要是核查出入境人員資訊。

浙江省公安廳刑警總隊的一位副總隊長也參加了代表團。一是考慮到浙江也是偷渡人員比較多的省份，遇難者中如果有浙江籍，他可以協助核查，二是浙江是盛產絲綢的地方，指望他多準備一些真絲禮物，西方人不分男女都喜歡真絲，男的喜歡領帶，女的喜歡紗巾，多多益善，永遠不夠。工作開始後，他的運氣最好，遇難者中沒有浙江籍人，倒是禮品上他幫了代表團的大忙。

到國外去工作，特別是去辦案，最重要的是保持穩定的通訊聯繫。在國外會遇到各種意想不到的情況，外事無小事，及時請示，接受上級指示是最要緊的，所以首先要與上級領導機關公安部刑偵局、國際合作局聯繫好。另外，國內也要有人幫助核查外警提供的線索和情況，所以立即與下面的福建省公安廳刑偵總隊、出入境管理處、刑事技術DNA實驗室，還有福州市公安局建立直接聯繫。

出國辦案是件大事，這個案子涉及偷渡和非法移民、非法勞工等多個敏感問題，媒體非常關注，我們主動和公安部宣傳局、中央電視台都聯繫上了，中央電視台新聞聯播還要走了我的照片，約定了連線時間。

除此之外，我們還與英國案發地警察局長官和主管此案的警官建立了直接聯繫，也與我國駐英國大使館和駐曼徹斯特總領館建立了多種聯繫管道。

西方警察組織大行動或是辦大案時，往往先起個響亮的名字，咱也得有點國際范兒，我就設計了一個國際味十足的標誌性「報頭」，一幅簡略的世界地圖，一個箭頭從中國直指向英國，表示我們去支援和協助英國警方辦案，以後所有文件都在這個「報頭」下發出。

案件協查的準備工作也在緊鑼密鼓地進行。福建省和浙江省是偷渡比較多發的地區，我們請兩地公安機關在當地偷渡多發地區廣貼告示，公開徵詢誰家有人在英國莫克姆海灣拾蛤蜊，二月五日以後一直沒有聯繫的。電視新聞播出後，遇難者家屬已有了擔心，如果幾天沒有聯繫上，家屬們便更加焦慮萬分，心中已有不祥的預感，所以告示發出後沒幾天，福建省就有了反應，浙江省卻沒有動靜。浙江的警察同行對我說，我們浙江人偷渡也是穿西裝，打領帶，拎著皮箱出去，這麼辛苦的撿拾蛤蜊的活兒，浙江人早就不幹了。

失蹤人員線索主要集中在福建省的福清和長樂，經過幾天的工作，我們獲知了一批失蹤人員線索，這些家庭雖然預感到凶多吉少，但是在沒有確認親人死亡前，總是懷著一線希望。

我在國際刑警組織總祕書處負責「災難死亡人員的個人識別」，英文叫DVI（Disaster Victim Identification），辨認屍體，查清屍體身分是我的老本行。我把福建省公安機關回饋的家屬辨認屍體和調查情況彙總，用國際刑警組織規定的災難死亡人員的國際通用表格進行歸納登記。

剛到國際刑警組織工作時，災難死亡人員的表格是用WORD格式寫成，我發現用這種格式填報資訊時，隨著填入內容的增加，表格的形狀和欄目會變得大小不一，不方便資訊比對，裝訂也不整齊。我們改用一種可填寫的開放式PDF格式重造了這個表，保證無論填寫多少內容，表格形狀和欄目大小都不會變化，整齊畫一，便於比對，非常好用。說實話，那時候我雖然主管這個表格的設計和推廣使用，但我自己卻不曾真正使用過。這次我把這個表格從國際刑警組織網站上下載下來，回想當初就是我主張把它們放到網站上去供世界各國警察使用的，現在我能體會到「用戶」的感覺了。

災難死亡人員的表格分為黃色的「失蹤人員資訊表」和粉色的「屍體檢驗資訊表」，前者是用於搜集和記錄失蹤人的體表特徵，如性別、身高、體態、膚色、髮型、頭型、面部、五官、牙齒等，包括鬍子長得什麼樣，牙齒有什麼特徵，體表有沒有明顯的痣、瘢痕和手術疤痕等等，以及個人的基本資訊，如家庭住址、職業、失蹤時間、失蹤時衣著、吸不吸煙等等。對中方來說，與家人失去聯絡的人在沒有找到並確定屍體之前，這些人只是失蹤人員，我們就用失蹤人員表記錄他們的資訊。對於英方來說，現場發現遇難者屍體在身分確定前，都是無名屍體，要用屍體檢驗資訊表記錄，主要包括屍體外表情況，解剖檢驗所見，以及衣著和遺物等。

個人識別的第一步就是將黃色的失蹤表和粉色的屍檢表逐項進行對比，看有哪些相同和不同，有的特徵非常特殊、少見，僅此一項就基本可以認定，比如，獨特紋身、特殊部位的痣、特殊瘢痕等。但是一般在體表肉眼辨認後，西方國家還要透過牙齒檢驗，我們中國人就沒有這個條件了。我們可以搜集失蹤人員的指紋與無名屍體做指紋檢驗進行比對，上世紀八〇年代後期興起的DNA檢驗，是從分子層面區分不同的人，它的準確性最高。

前期的準備工作進行得差不多了，我想，到了英國要與案件主辦單位的官員舉行會談，交換情況，按照國際上開會通行的作法，我用PPT格式寫了一個演示文稿，把國內的全部工作情況做了總結和介紹，還專門設定了提問時間。一系列出國手續和其他準備工作都在爭分奪秒地緊張辦理中。

此時，英國警方把遇難者生前、死後的照片，以及衣著、遺物的照片，透過國際刑警組織的管道傳到北京，我們立即轉給福建省公安廳，請他們逐一核查。當家屬們看到懷著海外淘金夢的自家親人變成一具冷冰冰的屍體時，看到他們離開家時帶走的具有自家特徵的遺物時，頓時天崩地裂，天旋地轉，大人、小孩、老人個個痛不欲生。

初到英國

三月四日，我們一行人帶著厚重的囑託，從北京前往英國倫敦。機場上我驚喜地發現，前來送行的人中有一位中央電視台法制頻道的記者，她說她要用攝影機全程記錄這個案子，我真後悔，代表團裡如能加上這樣一位專職記者該多好。

下午五時許，飛機在倫敦希斯洛機場降落，我麻利地替大家辦完了入關手續，一身疲憊的我們走進了候機廳。按照約定，駐英國大使館領事部的張領事來機場與我們會合。張領事年紀很輕，他的太太是北京市公安局東城分局的民警，過去我們相互間只是公事公辦，這回聽說他是我們的警屬，我們之間的距離一下子拉近了。

張領事代表使館領事部的領導向我們表示歡迎，把前期使館的工作做了簡單介紹，最後他說，你們來了就好了，這些事情我們處理起來困難很多，你們是專業人員，這些事情有你們來辦，使館特別放心。他補充道，你們有任何需要使館協助的，隨時與他聯繫。

轉機的時間很有限，和張領事告別後，我們立即登上了去曼徹斯特的飛機。

當晚九時，我們終於到達曼徹斯特。我站在行李傳送帶前等行李時，一個滿身披掛的值勤警察湊了上來，問我是不是從中國來的，是不是警察，是不是要到蘭卡斯特，我回答道，是的，他說，外面有人在等我，他會幫我和外面的人接上頭。我一聽這話感到很高興，有人接總比沒人接強。中國人對曼徹斯特並不陌生，主要是對曼城隊和曼聯隊的同城德比（編按：指位於同一城市或鄰近地區的兩支球隊所進行的比賽）印象深刻。

走出機場後，兩位接我們的人迎了上來，一位是我國駐曼徹斯特總領事館的胡領事，另一位是負責主辦這個案件的英國蘭開夏郡蘭卡斯特市警察局的主任偵探史蒂文。老胡一見到我，歡迎之餘略帶緊張地問我：「事發之後，領事館立即行動，向英方瞭解情況，請求英方全力救助倖存者，鄧總領事還親自去看望倖存者，我們幹的這些事情國內反映如何？」我說國內上下的反映都很好，普遍認為我國駐外機構真的能關注我們的僑民了，能為我國僑民做事了。老胡聽我這麼一說，才放下心來。我知道，今晚他會立即報告給總領事，現在他們也是「命懸一線」。因為過去對於這些涉及偷渡、非法移民的事，我們國家一概不承認他們是中國公民，常常採取置之不理的態度，掩耳盜鈴般地表明我們國家不存在偷渡、非法移民的現象。此次總領事館的主動介入，意味著我們承認了他們是中國公民，如果國外質疑他們如何進入英國，非法移民的事就會暴露出來，總領事館能這樣做也是需要膽量和勇氣。

史蒂文見到我們非常高興，我在北京曾與他通過幾次電話和郵件，這次一見面就跟老朋友似的。他說：「津，你來得正好，蘭卡斯特是個很小的地方，案子不多，涉及二十幾個人死亡的案子十分罕見，涉及二十幾個中國人死亡的案子就更少了，你們來給我們幫了大忙，沒有你們，我們很難處理好這個案子。案件偵查過程並不困難，一直到法律程序我們完全可以自理，但是死者的個人識別對於我們來說非常困難，在我們西方人的眼裡，你們中國人都長得一樣，所以我們特別期望你們來。」「津」是我在國際刑警工作時，外國警察同事對我的稱呼，史蒂文能知道這個稱呼，可見前期準備下了工夫。史蒂文簡單地向我介紹了今後幾天大致的工作安排，我們便一同乘車前往酒店。

酒店是史蒂文幫我們訂的，我電話裡告訴他我們的住房標準是多少，他曾不解地問我，為什麼只能住這麼便宜的酒店，對他們來說，便宜酒店意味著不夠安全。我說，政府只給這麼多錢。他們英國人無法理解我們的財務報銷制度，在英國，這個案子發生後，因為是涉外案件，蘭卡斯特當地的財政預算中沒有這筆開支，無法承擔，應由國家出錢辦案，英國財政部會把一張卡寄到專案組，今後案件的所有支出，不管花多少錢，都從這個卡裡支付。我估計史蒂文替我們預訂的酒店可能超標，反正我們只支付國內標準的那部分，如有超出，估計就從那張卡中刷走了。

我們住的酒店位於蘭卡斯特城邊的鄉村中，酒店不大，只有兩層，有點像鄉間別墅，我估計按我國的標準，怎麼也要三星級以上，夜裡黑燈瞎火的什麼都看不清，我們就先住下了，送走了他們兩位，我的第一件事就是向北京報告，平安抵達。

第二天清早，我出去跑步，酒店周圍一片田園景象，美麗而靜謐，我沿著田間小路慢慢地跑著，呼吸著早上和著霧靄的清爽空氣，田裡的牛和羊懶洋洋地吃著草，河塘邊的鴨子旁若無人地梳理著羽毛，感覺真是好極了。酒店的早餐異常豐富，我最喜愛這種早餐了，我按照在這住的天數，把這豐盛的早餐分成幾個部分，每天吃一部分，爭取能嘗個遍。

熱線電話

早飯後，史蒂文和一位同事開著兩輛私家車來接我們，他們是去上班的路上順便把我們捎到蘭卡斯特警察局。我們先到史蒂文的辦公室，史蒂文作為主任偵探，怎麼說也相當於我們的處級幹部，但辦公室卻簡單得很，只有一張小電腦桌和兩把椅子，中國處長辦公室裡常見的書櫥、沙發、衣架，甚至臥床一概沒有，也沒有堆積如山的案卷和文件，我想一定是人家不需要寫那麼多的請示、報告。

史蒂文領我們去參觀英國警方專門為這個案子開通的二十四小時電話熱線。這是一間只有四、五平米的辦公室，裡面不分晝夜始終有一位會講中文和英文的女志願者值班，她們手頭都有一張紙，上面寫著要問的問題和需要搜集的資訊。這個熱線電話是事發後，二月六日開通的，頭幾天，這裡非常忙，不分白天黑夜，每天都有近百通電話從全世界四面八方打進來。

正在值班的志願者向我展示了電話記錄，我一看，真是哪裡來的電話都有，主要集中在英國本土、歐洲，還有許多電話直接來自中國，問題都是詢問事件發生的具體時間和提供失蹤人員情況，以及核實和詢問英國警方發現的可能是遇難者的情況。英國警方也透過這個熱線與可能的遇難者家屬取得聯繫，獲取遇難者生前的情況。一個月過去了，隨著遇難者人數的確定，情況漸漸明朗了，電話數量逐漸減少，志願者也就輕鬆多了。

經常有中國人來這裡打聽情況，當班志願者一開始對我們的到來並不在意，我和她簡單地交談幾句，後來當她知道我是從中國大陸來的專門辦這個案子的警察時，立刻對我有了警惕，不願再多說什麼了，我想她是怕無意中向我透露一些非法入境者的資訊。我心裡清楚，包括這些志願者，如果要深究她們當初是怎樣進入英國的，恐怕都是個事兒，所以她們不論和英國警察還是中國警察打交道，都特別小心，這次主動參與志願服務，其實是想利用機會和警方搞好關係，將來一旦有麻煩就好辦了。

我又和她閒聊了一會兒，瞭解到她們的家全都在當地，平時在家相夫教子，案子發生後，她們出於對遇難者的同情，總想著幫助遇難者做些事，警方公布案情並說需要會中英文的志願者協助後，她們就主動報名了。她們是真正的志願者，一分錢報酬也沒有，還要自己帶飯。我感謝她們的幫忙，並祝他們全家生活幸福，還拿出小禮物送給她們，彼此間的氣氛緩和了許多，此時一個電話打了進來，她又要忙著接電話了，我便悄悄地退了出來。

中午史蒂文把我們引進警察食堂，吃了一頓蘭卡斯特警察們天天吃的自助午餐。大夥兒感到很新奇，因為在我們國家，外國警察來了，大小也得算個外事活動，怎麼能在警察食堂裡吃飯，就是去也要弄個單間，派個領導陪一下，再加幾個菜，結果人家大英帝國就是這樣，大家都是人嘛，是人就都要吃飯，吃頓飯有啥，英國警察只是客氣地把我們讓到一大溜排隊警察的最前頭。

生命盡頭

午飯後，我們乘一輛不帶警察標誌的白色麵包車，在史蒂文和幾位英國警察的陪同下，前往出事的莫克姆海灣。

蘭開夏郡莫克姆海灣位於英國的西北部，面對著愛爾蘭灣，方圓三百多平方公里，海底地勢平緩，沒有礁石，貌似平靜的海灣卻以風急浪高流沙多著稱。這裡漲潮速度特別快，潮水浪頭高，漲幅大，變化突然，漲潮時還伴有致命的流沙，每年都會奪去許多人的生命。

莫克姆海灣盛產鳥蛤，就是我們俗稱的蛤蜊，或是青蛤。原來這個地方並不出名，英國蛤蜊的主產地在利物浦，後來那個海灘的蛤蜊被人們挖光了，莫克姆這個地方還有，挖蛤蜊的人就蜂擁來到這裡。海灣裡的流沙隨著潮水不停地翻滾流動，海沙裡的蛤蜊被挖後，潮水一漲，流沙一湧，就又有蛤蜊冒了出來。

車停在海灣出事的地方，一下車映入我們眼簾的是：海風輕輕地吹過，大海在溫暖的陽光下極為平靜，海面上一點兒波浪，甚至連一絲皺紋都沒有，海水很淺，呈半透明的乳白色，海床非常平緩，實在想像不出，在這樣美麗、平緩、溫暖的地方，海潮能大到把人捲到大海裡，看不出這就是奪去我們二十幾位同胞生命的鬼門關。只有海灘上豎立著英文書寫的提醒人們警惕海潮危險的警告牌，和一個據說是用來發出漲潮警報的銅鐘，明白地告訴我們這裡是一個危險地方。

我們在海灘上緩緩走著，隨處可見摟蛤蜊的耙子和裝蛤蜊的蛇皮袋子。海灘上一些地方擺放著當地中國人祭奠遇難者的鮮花，鮮花在陽光照射和海風吹蝕下已經枯萎，在風中瑟瑟發抖，還有幾支點燃和沒有點燃的蠟燭在默默垂淚，幾幅被風雨侵蝕已經模糊的字幅祈禱著這些遇難者們一路好走，還有一些已經乾癟的食物，旁邊插著幾雙筷子，我們中國人祭奠亡者的方式和意味在哪裡都是相同的，好像在與另一個世界裡的人溝通，在異國他鄉見到這些，讓我們感到特別沉重。

史蒂文展開一張現場示意圖，向我們詳細描述了當晚整個事發經過。二月五日下午三時，三十幾名中國籍男女拾蛤蜊者擠坐一輛紅色麵包車來到海邊，離海邊一英里的海裡露出一個二三百平方米大小的三角形小沙洲，當時潮水不大，車子涉過淺淺的海水，停在小沙洲上。

拾蛤蜊者下車後，穿著雨靴，提著耙子、蛇皮袋子、繩子等簡陋工具，在尚未漲潮的淺海灘上向大海裡步行了將近一英里，找到了合適的地方，開始撿拾蛤蜊。隨著作業進行，部分拾蛤蜊者繼續向前，逐漸地走進了大海縱深，距離小沙洲兩英里左右的地方。

在英國對於沒有任何特殊勞動技能的人來說，到海灘拾蛤蜊賣錢維持生活是完全沒問題的，但是法律規定，拾蛤蜊者要到蘭卡斯特市的漁業協會登記，領取拾蛤蜊許可證。這些中國籍拾蛤蜊者幾乎都是透過非法途徑進入英國，沒有合法身分，自然不可能取得許可證。這意味著每天潮水退去，最安全的時間要讓給有證的拾蛤蜊者，無證者只能在快要漲潮前，有證拾蛤蜊者離開後的短暫時間裡拾蛤蜊，這個時候潮水隨時會突然漲起來，是最危險的時刻，況且，在安全的時間裡，有證者早把靠近海邊的、淺海裡的蛤蜊挖光了，無證者只能朝遠處深海裡去了。

五時，潮水開始緩慢上漲，沒過了拾蛤蜊者的腳，拾蛤蜊者中沒有人在意它，繼續幹活。

六時，潮水上漲速度加快，許多拾蛤蜊者陷在膝蓋深的流沙中，但他們仍然不加理會，繼續加緊幹活。

七時，潮水急速地漲到三英尺高，拾蛤蜊者們被困在了齊腰深的海水中，行動困難，潮水滔滔，他們感到大事不好，抬腿踉踉蹌蹌地逃往剛才下車的那個三角形小沙洲，可是他們吃驚地發現小沙洲已經不見了，被漲潮的海水淹沒，沙洲周圍海溝密布，暗流湧動，剛才車子從海岸開到沙洲的時隱時現的道路也被淹沒，此時他們距離岸邊有三英里左右，人在陸地正常行走三英里大約需要一小時，在大海裡腳踩流沙行走就更加困難了，他們不可能搶在潮水之前趕回岸邊。

八時，潮水迅猛地上漲到六英尺高，惡浪捲來，已沒到拾蛤蜊者的脖子，個子矮的甚至已被沒過了頭頂。國內調查發現，此時拾蛤蜊者中有人給國內親人打了電話，說潮水漲上來了，國內的家人並不明白是怎麼回事，不知道上漲的潮水意味著什麼，意識不到困在零度的海裡孤立無援的親人此刻正面臨著什麼樣的危險。

九時，天已經完全黑了，潮水在一小時裡上漲到十一英尺，一些拾蛤蜊者踩著水，慌忙游向海岸，但是大部分人在伸手不見五指的茫茫大海中迷失了方向，巨大的恐懼向他們襲來，壓迫得他們本能地不敢動彈，只得任憑一個接一個的大浪挾帶著他們上下翻滾，四處飄蕩。

九時十三分，海岸警衛隊從九九九接到第一個報警電話，此時濁浪滔天，潮水仍在急速上漲。國內調查發現，一名郭姓的男性遇難者此時給他在國內的太太打去了最後一個電話，他急促地說：「潮水漲上來了，我回不去了，你要帶好孩子，照顧好自己，我永遠愛你！」

九時二十六分，英國皇家空軍和皇家警察的直升飛機和救生船緊急出動，海岸警衛隊和警察開始搜索海裡的拾蛤蜊者。

九時三十四分，第一名警察抵達海邊的出事現場。四名倖存者藉著海潮的推頂游上了岸，他們身體情況穩定，被帶往蘭卡斯特警察局瞭解情況。

十時零一分，救生船救起一名男性倖存者。事後查明，由於漲潮迅猛，夜黑浪高，整個救援行動中只救出這一名倖存者，其他的拾蛤蜊者，除了個別發現漲潮早，離海邊近，自己游上岸成功逃生者外，置身於大海縱深的拾蛤蜊者沒有一個幸免於難。漲潮時這名被救起的倖存者並沒有在海裡和大家一起幹活，他正在岸上休息，發現海水突然上漲後，眼看他的太太還在海裡，就衝下海去救他太太，結果太太沒救上來，自己倒不行了，因為他離海岸比較近，才被救生船救起。

十一時十三分，少數倖存的拾蛤蜊者們在二十四英尺深，接近零度的冰冷海水中垂死掙扎。

二月六日零時，三名精疲力竭的拾蛤蜊者在生命的最後時刻終於被海浪沖上了岸，立即陷入昏迷，被送往蘭卡斯特皇家醫院救治。潮水開始消退。

二時，又有兩名已經虛脫的拾蛤蜊者被海浪沖上了岸。

三時二十分，潮水消退後，皇家空軍直升飛機從水中打撈出第一具遇難者屍體。

四時，又有兩具屍體被打撈出來。

六時，在靠近A6海濱公路的一處倉庫中，發現了兩名渾身發抖的倖存者。

九時，救生船員和陸地營救隊從海水和流沙中陸續打撈出十五具屍體，用氣墊船把屍體運到位於海灘上的皇家全國救生中心救生站。

十時，陸地救援停止，海空搜救仍在繼續。隨後又發現四名倖存者，當地警方找來翻譯人員，開始向這些倖存者瞭解情況。

下午三時三十分，又有兩具屍體被打撈上岸，截至此時，共發現二十具屍體，三女十七男。

最後也沒有調查清楚，是漲潮時負責敲鐘報警的人疏於職守，沒有敲鐘，還是這些拾蛤蜊者走得太遠沒有聽到鐘聲，事故的原因不再有人提起。

我們隨著史蒂文的介紹重現事發過程，查看海灘，結合現場情況做了詳細筆記，並拍攝了照片和錄影。我把史蒂文的那張示意圖要了過來，準備帶回國去說明情況。在國外勘查現場更要細緻、全面，因為很可能就來這一次，不可能反覆勘查，再說案子重大，國內外都很關注，要向國內，包括遇難者家屬有個清楚的交代才行，所以我們特別仔細。當然我也想讓英國警察看看我們中國警察是怎樣工作的。

花祭亡靈

下午我們前往莫克姆海灣察看現場的途中，我突然想起什麼，對史蒂文說，能不能先找個花店停一下。史蒂文問我，幹什麼？我說，買花。我接著問他，英國人在葬禮上用什麼樣的花，他聳聳肩，咧嘴說，各地用的花都不一樣，問問花店老闆吧。

一會兒，車子在路邊停下來，正是一家花店。我先看了看櫥窗外擺的花，然後走進花店。店老闆是位年近五十的矮個子男人，滿臉堆笑地迎了上來，向我問好。我說，我要買花。老闆眨眨眼睛笑著問，送給什麼人哪？送給你的母親？還是送給你的情人？我說，不，我要買葬禮上用的花。老闆頓時收起了笑容，他非常利索地為我挑好了以白色為主的鮮花，規規矩矩地紮成一大束捧花，還拿出一張白色卡片遞到我手裡，讓我寫上一句話。我用中文寫道：「遇難同胞們：我們接你們回家。中國警察代表團，莫克姆海灣，二〇〇四年三月五日。」

老闆把卡片插在花束中央，遞給我。我一看，花是素白顏色，葉子是深綠色的，也就全明白了，不需要再說什麼。我問多少錢，老闆說，六十五鎊。我付了錢，把花捧上車。我對負責管錢的老馮說，咱們團可沒有這筆開銷，大家就是用各自的零用錢湊合，也要把這個花買了，大家異口同聲說：「同意」。車子繼續開向莫克姆海灣。

現場工作完畢，史蒂文問我，咱們可以走了？我說，請等等。史蒂文不解地望著我，我到車裡把那捧鮮花拿了出來，我懷抱鮮花，環顧四周，準備向大海走去。史蒂文看出了我的心思，連忙說：「津，你不能朝前走了，前面很危險。」我的代表團同事說：「左博，你朝前走，我們給你照相。」

我朝著大海緩慢走去。我知道流沙很危險，但是如果我真的陷進去，後面中國和英國警察都會衝上來救我，所以我並不害怕。我細心地選擇落腳點，盡量踩在比較硬的沙子和別人留下的腳印上。

我心中默默地自語：「同胞們，我們是祖國的警察，代表祖國來看你們了，我們來到這裡就是為了帶你們回家。你們的家人不可能到這個這麼偏僻的地方來祭奠你們，可是他們日夜思念你們，時時刻刻都在盼望你們回來。我替他們為你們獻上一束花，你們等著，等我們工作完了，把你們的身分一一核實清楚了，咱們一同回家。」我心中默念著，一步步走向大海，最後在海水邊站定。

我凝視著大海，想著此時此刻平靜無比的大海曾經無情地吞噬了二十條鮮活的生命，雖然他們進入英國的方式未必合法，但是他們罪不及死呀，他們只是為了讓家人能過上好一點的生活，才懷揣著海外發財夢，離鄉背井來到這裡，卻永遠地客死他鄉了。

在警察的傳統眼光中，他們最起碼是有過錯的，要對自己的死亡負責。我和遇難者並不認識，原本也只是為了工作和完成任務才來到這裡，可是他們是我的同胞，我有責任和義務幫助他們，同宗同祖的認同感，第一次把我和這些遇難者聯繫在一起，他們的親人根本不可能找到這個連聽都沒聽過的偏僻地方祭奠他們，我既然來了，總要為他們的家人做些什麼。

我慢慢地彎下腰去，把鮮花放入平靜的海水中，然後直起身子，久久地望著大海，鮮花在海浪的輕拂下，慢慢地向遠處飄去。

要離開時，我看見幾個拾蛤蜊者開著一輛拖拉機從海裡把成包的蛤蜊運上岸來，我走過去和他們聊了起來。他們是從歐洲其他幾個國家來的，靠拾蛤蜊維持生計。他們說，拾蛤蜊這活兒不錯，沒有本錢，也不需要技術，工具簡單，可以自己準備，也可以到海灘上去撿人家扔的，願意長期幹也行，臨時幹一段等找到更好的工作再離開也行。海邊上有人專門收購蛤蜊，每公斤三英鎊，一個人一天拾個十幾公斤、二十幾公斤都不費勁。我暗自算了一下，偷渡到英國來要付給蛇頭三十萬人民幣，合兩萬英鎊，按照每天撿十五公斤算，勤快點兒的人天天來幹，節假日基本不休息的話，刨去吃、喝、住、電話費，一年半頂多兩年就能把偷渡的錢還上，再幹下去就全歸自家了，難怪這麼危險的活兒還有那麼多人不知死活地搶著幹。

車子緩緩地開動了，大家回頭最後看了海灘一眼，沒人說話，心裡都在默念，人間悲劇呀！

情暖海灘

史蒂文問我，這海灘上有個英國皇家全國救生中心，唯一一名被從海中救出的倖存者就是他們救的，要不要去訪問一下。我說，一定要去，我要當面向他們說聲謝謝！

在這個海灘上建一個救生中心，可見這裡是事故多發海域。這是一幢兩層小樓，二樓上有一個瞭望台，隨時有人注意海上的情況。中心當值負責人是位年過六旬，面色古銅，白髮蒼蒼，和藹慈祥的老人，他聽說中國警察來訪問他們，非常高興，下樓來迎接我們。

一番歡迎的言詞後，他先引我們到庫房參觀。庫房四周架子上存放各種救生裝備，中間擺著一艘小橡皮船，他告訴我就是用這艘船救出了唯一的倖存者。他說，現在感覺只有一艘船不夠用，他們正在籌款，準備購買一艘氣墊船，那樣就能大大提高惡劣氣候下的救援能力。

看過裝備，他引我們上到二樓，指著地圖給我們介紹救生中心和事發當晚的情況。救生中心有七十名工作人員，每天二十四小時輪流值班，他們全部是不拿薪水的志願者，平時各忙各的，業餘時間來中心值班。

事發當晚，他們收到一艘路過船隻的報警後，立即派出橡皮船展開搜尋和營救，最先救出了一名中國籍拾蛤蜊者，他們對此感到非常自豪和驕傲。隨後給我們播放了一段他們在救援中用夜視儀拍攝的錄影，錄影顯示，那天夜裡天特別黑，浪特別高，他們的船出動後，看到離岸不遠的海裡有一個人在掙扎呼救，就把船開過去，船太小，運不回來，他們就呼叫直升飛機，一會兒，飛機來了，拋下了繩索，他們把繩索拴在被救者的腰部，直接把他吊走了，海水順著被救者的褲子和鞋流淌下來。老人十分得意地對我說，他們把這段錄影免費提供給BBC（英國廣播公司）和其他電視台播出，全世界看到的事發經過錄影就是他們拍的。

按照中國習慣，這麼個功勳顯赫的救生中心一定是滿牆的獎狀、紀念品什麼的，結果人家牆上乾乾淨淨的，什麼也沒有。我問史蒂文，怎麼表達一下我們的感激之情，史蒂文的回答很乾脆，捐款。我向老人講明了我們是中國警察，到這裡來就是為了做好案件調查和死難者個人識別的，最終要把他們的遺體運回國內。他們聽了之後說，你們是在做一件非常重要的事。我把隨身帶的小禮物分送給他們，對這位負責人開玩笑說，你們是皇家全國救生中心，皇家不給你錢嗎？他說，英國都是皇家的，我們不要皇家的錢，我們要的是這裡人的安全。

拜訪要結束了，我們和這個救生中心的工作人員合影留念，然後我走到中心一樓門廳處的募捐箱跟前，投入了英鎊。

初次亮相

離開救生中心，我們要到蘭卡斯特警察局去參加情況交流會議。我特意回酒店換身衣服，畢竟這是代表中國的形象。當我們一行人趕到蘭卡斯特警察局時，英國方面參與案件工作的警察、法庭科學技術人員、移民局官員等三十多人，已經在會議室裡等候我們，我們隨即舉行中英雙方的首次會議。

英方負責此案的蘭開夏郡高級警官克萊夫．塔圖姆打開桌上的幻燈機，首先介紹情況。二月五日晚上，中國籍拾蛤蜊者遭遇突然上漲的潮水發生溺水死亡事件，這是莫克姆海灣歷史上溺死撿拾蛤蜊者人數最多的一次事故。英方高度重視，立即採取行動，將這次營救遇難者、遇難者身分識別和有關刑事犯罪調查命名為「龍德行動」，由蘭開夏郡警察局領導和負責，蘭開夏郡移民局參與調查，蘭卡斯特市警察局具體承辦。蘭開夏郡警方已和郡移民局、蘭開斯特市政議會、海岸警衛隊等多個部門聯合組成調查小組，目前正在搜集證據，以查明事故原因，以及這些撿拾蛤蜊者是否受到非法勞工團夥的操縱。

出事當晚共有十五名中國籍拾蛤蜊者獲救，英方不認為他們是犯罪嫌疑人，因此警方沒有拘捕他們，他們起初被安置在當地一家社區中心，後來被轉移到警官學校，受到警方的嚴密保護，他們吃飽穿暖、情緒穩定，隨後警方將正式向他們瞭解情況。

截至目前為止，英方共發現二十具遇難者的遺體，蘭卡斯特皇家醫院能容納四十具屍體。案件發生後，英方非常重視也十分謹慎，緊急購買了新的冷藏設備，存放遇難者屍體，還在存放屍體的冰箱上安裝了監控攝影機，圖像直接傳送到市警察局指揮中心，二十四小時日夜嚴加監視，以防不測。

最後，塔圖姆強調指出，他們正在盼望中國警察代表團的到來，幫助他們盡快完成查核和確認遇難者身分和國籍工作。他表示，他們的所謂「龍德行動」中，中國警方的參與和協助是非常重要的。

英方官員講完了，該我們講了。我整整領帶和衣服，走上講台，在英方工作人員的協助下，把我的電腦與幻燈機連在一起，講了起來。

第一張幻燈片子映在銀幕上，只見三個警察標誌呈品字形放映出來，上面一個是國際刑警組織的標誌，左邊一個是中國的警徽，右邊一個是蘭開夏郡的警徽，英國沒有全國統一的警察系統，也就沒有全國統一的警徽，我居然能找到蘭開夏郡的警徽，讓他們驚訝不已。

我演講的題目是「莫克姆海灣遇難者個人識別詳解」。我首先說，請允許我代表中國警察對莫克姆海灣悲劇的發生表示深切的同情，向死難者及家屬表示由衷的哀悼。我們要向英國警察表示感謝，感謝他們的專業能力和高度投入。事件發生後，中國政府高度重視，決定和英國有關方面密切合作，先後完成這樣幾項工作，一是建立聯繫管道；二是與案件處置的各有關方面協調與合作；三是彙集和提供官方掌握的可能遇難者的資訊資料，如戶籍登記、持有護照情況及離開中國的情況；四是中國警察調查並訪問了可能遇難者的家庭，向家屬搜集了相關情況；五是搜集可能遇難者的個人特徵資料；六是首次使用國際刑警組織的失蹤人員個人識別表登記個人資訊；七是請可能的遇難者家屬對英方提供的遺體、遺物照片進行辨認。我們的工作是按照國際上通行的作法開展的，所以我對此充滿自信。

目前英方發現了二十具身分不明的遇難者遺體，其中女性三具，男性十七具，但是英方沒有提供男五號、男十一號、男十三號遺體的資料。中方調查中發現分布於中國福州、福清和莆田的二十二戶可能遇難者的家庭，發現疑似失蹤人員二十二人，其中三名是女性。僅從數量和資料上看，這三名女性與英方提供的女性死者的數量和資料相吻合。十九人是男性，其中十四名男性與英方提供的資料相吻合。對三名女性和十四名男性共十七具身分不明遺體的辨認結果是：十二具遺體被他們的父母認出，兩具遺體被他們的配偶和孩子認出，一具遺體需要進一步調查才能確定，還有兩具遺體的身分確定非常困難，因為沒有發現能證明他們身分的特徵。其他失蹤人員的情況是這樣：四名失蹤人員有配偶和孩子，一名失蹤的男性和一名失蹤的女性是一對夫妻，他們有一個兒子，這些都是下一步進行DNA檢驗的生物學基礎。

總的情況講完後，我把國內搜集到的失蹤人員照片和英方提供的遺體照片，一一對應地打到銀幕上，照片下方列出認定的理由：一是為什麼他或她有可能在莫克姆海灣災難中遇難，比如有什麼證據證明他或她在莫克姆海灣拾蛤蜊，什麼時間他或她與國內家庭失去聯繫；二是此人體表有什麼顯著特徵，是對應哪具遺體上的相應特徵進行認定的。我把生前照片和遺體照片上對應的特徵，比如面部的痣、瘢痕等都用箭頭標出來，一一比對，一目了然。還有五名男性屬於失蹤人員，暫時未能與英方提供的遺體資料比對上的，需要進一步研究。我逐個遇難者慢慢地講述，隨著照片一張張放出來，大家看到有稚嫩未脫的青年面容，也有飽經滄桑的中年面孔，生前照片上的生命活力與遺體照片上的僵硬冰冷形成了鮮明對照，會場上的中英官員不時發出惋惜聲。

我強調說，我國警察當局希望與英方在這個案件上繼續加強合作，當前我們急需達成兩項共識，一是暫時不要允許遇難者家屬訪問英國，二是沒有必要透過媒體傳播和交換案件資訊。

我的演講結尾談到了對將來的建議：一是要加強對拾蛤蜊者的組織和管理；二是要對拾蛤蜊者進行必要的安全教育和逃生訓練；三是要更加嚴厲地打擊非法移民和非法勞工組織；四是我今天已去過現場了，建議在海灘上增加更多的安全措施，如在海灘上安裝大功率警報器或大喇叭，確保在海裡幹活的拾蛤蜊者能聽到，加強救援船隻的巡邏等。最後我再次感謝英方，並對此案中中英雙方的成功合作寄予厚望。

我要講的都講完了，按照國際慣例，我專門留出了提問時間，結果沒有人提問，我站在那裡有點兒尷尬，為了緩解氣氛，我學著國外開會老外們發言結束時常講的一句話，說：「感謝大家沒問題」。一般聽到這話人們都會笑起來，但是今天會場上仍然鴉雀無聲，我一時不知是怎麼回事，開始懷疑是不是有什麼地方講錯了，正在不知所措時，突然會場上由弱到強漸漸地響起了掌聲。我心裡一塊石頭落了地，還好，沒有演砸。

晚宴討論

會議結束已經是晚上將近九點鐘了，史蒂文帶著他的專案組和我們一同去吃晚飯，英國人的晚飯就是那麼晚。我們因為有時差的關係，早已經餓到不行了。他們找了當地一家很不錯的中餐館，裡面人還真不少。我尋思，是他們擔心我們不適應西餐才找個中餐館，還是他們也很喜歡中餐，藉我們來的機會，好好吃頓中餐呢。等坐下來後就明白了，原來是兩者兼具，因為他們都能熟練地用筷子吃中餐。

晚宴肯定是我和史蒂文坐在一起，我們聊得很開心。他對我說，今天下午我在海灘上獻花讓他特別感動，他問我為什麼要這樣，要知道，在英國只有自家人才這樣做。我跟他解釋說，你不知道，這些遇難者都是來自中國最貧困的農村鄉下，他們到英國來，只是想多掙點兒錢，讓自己的家人生活得好一點兒，對於這些遇難者來說，他們的家人永遠不可能到你們那個倒楣的海灘上去祭奠、悼念他們逝去的親人，我能來，能做的就是替他們的家人獻上一束鮮花，史蒂文若有所思地點點頭。我感到從下午獻花以後，英國警察對我們和氣多了，彼此間的距離也近了。

我問史蒂文，你知道二〇〇〇年六月在英國南部的多佛港，有五十八名中國偷渡者被活活悶死在貨櫃車裡，你說這種事為什麼總是發生在你們英國？史蒂文說，他知道那個案子，當時震驚了整個英國和歐洲。我說，這是因為你們國家的政策不行，你們總認為一個人有選擇居住地的權利，這不錯，但前提是一定要合法，非法進入英國，非法居留在英國，你也認為這是他選擇居住地的權利，你們政府也要滿足他的選擇，不管合不合法，你英國就全都收，暫時收不了的，等到女皇生日，一個大赦就全都有了合法身分，這樣下去只會讓非法移民越來越多。史蒂文非常同意我的看法，我說，只有你同意沒有用，估計你以後當上內務大臣都沒用，爭取當上首相還可能差不多。史蒂文說，他想在自己的帽子上加道亮線（升職）都不容易，更別提什麼大臣、首相了。

我們兩人你來我往地邊討論邊吃，代表團的其他幾名同事搜腸刮肚地翻出幾個英語單詞，連比畫帶說地和英國警察交流起來，場面十分熱鬧。史蒂文告訴我說，英國警察對我下午的演講感到特別意外，案件發生後，英國警察當局透過國際刑警組織和外交途徑，向中國方面提出了協助請求，但是中國能做出什麼樣的反應，願不願意介入事件的調查和處置，英方也沒有把握，後來知道中國將派出警察代表團來協助，他們特別高興，但是中國代表團能幹些什麼，與英方合作的態度好不好，辦案的專業能力行不行，他們一直心存疑慮。

史蒂文說，今天下午的會議上，我的演講大大地超出了英方預期，特別是用國際刑警組織的失蹤人員資訊表進行個人識別的前期工作，還已經透過家屬辨認確認了十幾位遇難者，他們根本沒想到中國警察在短短的時間裡能做到這種程度，使他們倍感頭痛的遇難者個人識別難題解決得如此順利。他問我，你知道，你演講完後，怎麼會沒人出聲嗎？我當然不能說是我講得還行，萬一要不是呢，這話要從他的嘴巴說出來才行。我脫口而出說道，我想是你們看了那麼多死者的照片，心情太沉重了。他說，不是，是你們的工作太出色了，我們都驚呆了，一時不知道說什麼好。我心想，這下行了，跟我想的一樣。

晚宴是人家英國人請的，那酒就由咱們出吧，我們從國內帶了幾瓶陶瓷罐裝二鍋頭白酒去，西方沒有中國這樣烈性的酒，一拿出來，立刻就引起一片歡呼，中國白酒享譽全球，英國警察特別喜歡。我們還大方地給鄰桌的老外們也倒上一杯嘗嘗，人家也知道我們是什麼人，是來幹什麼的，大家也就沒什麼拘束了，整個餐館變成了一個大派對，很是熱鬧。我的同事們雖然不怎麼會英文，但是別管在哪裡，面對什麼人，酒桌上的文化就是痛快地乾杯，大口吃菜，不需要多少語言。按照英國人的生活方式，這樣的晚宴要到半夜才結束，今天是中英雙方面對面合作的第一天，又是個星期五，大家鬧到半夜才散去。

我回到賓館，趕緊向國內簡報情況，不管怎麼說，算是開了個好頭。

三月六日是星期六，英國絕對是要休息的。晚上我國駐曼徹斯特總領事在中國城設宴接風，我們客氣地比約定時間晚五分鐘到達，總領事已經在等我們了。顯然領事老胡已把機場接我時我說的話轉告給了總領事，總領事見到我們時信心滿滿，滿面笑容。

晚宴中，我問總領事，對這個案子有什麼前瞻，他說，當前和英方的鬥爭仍在繼續，特別是我們要用如何處理遇難者的遺體來吊住英方的胃口，事情剛發生時，英方擔心中國政府不承認這些人是中國人，後來我們政府已經認同遇難者是中國人了，現在英方特別擔心的是，中國政府不同意這些遇難者的遺體運回國，所以請你們來做遇難者的個人身分識別，從你們的工作看這些遇難者肯定都是中國人，比照二〇〇〇年多佛港的作法，估計最終這些遺體都會被運回國內，但是現在我們還不能這樣說，不能把這個底交給英國人，我們要利用英方的這種擔心，加大我們在談判中的籌碼。聽完這番話後，我感到幾分不和諧，似乎是在中英雙方良好合作的氛圍中投下了一道陰影，看來外交官和警官還真是有些不同。

首戰告捷

周一到了，一周的工作就要開始了。我們正式展開遇難者的身分識別工作，早餐時我向史蒂文建議說，中國的古訓是：天下難事，必起於易。因此，我主張先易後難，先比對容易的，後比對和研究難的，這樣一來成效快，一天下來就能有很大的進展，向領導彙報時，顯得我們很有成就，否則費了好大的勁兒，也沒能確定幾個，這樣我們的自信心就會受到摧殘；二來透過先對容易的進行識別，摸一摸這個案子的身分識別上有什麼規律，有沒有什麼特殊的情況，後面的就好辦了。

史蒂文覺得中國古代文化非常有意思，簡單幾個字竟然能講出這麼深的哲學道理，他叫道，這個主意好極了，就這麼辦！我想，我們老祖宗的各種驚世駭俗流傳千古的語錄可多了，稍微拿出點兒來就很夠用了。想必英國文化中也有許多充滿哲理的名言名句，只是我們不懂，史蒂文也沒有給我們引用和介紹罷了。

從今天開始和我們一同工作的還有一位原籍香港、後來全家移民到英國，通過考試當上了英國警察的老戴，他那一口香港味的普通話，讓我們感覺親切多了。老戴是曼徹斯特市警察局的警察，他的級別很低，收入雖不算高，但在英國社會中也能位列中等，更何況當警察是鐵飯碗，「旱澇保收」，只要不犯大錯，一年一簽的工作合同也只是擺擺樣子。

老戴家住在曼徹斯特，案件發生後，因為他懂中文，派來支援蘭卡斯特警察局，這裡給他在酒店租了房間，周末才回去。雖然英國沒有全國統一的警察系統，但是一個地方發生案件，需要特殊技能的人時，只要向擁有這樣特殊人員的單位提出請求，這個單位就會把所需要的人派過來，條件是從支援之日起，包括工資，所有補貼、費用都由被支援單位出，估計也是從財政部那張小卡片裡劃出的。這種地區間的相互支援有時甚至比有中央集權制體系的國家運行得還順暢、高效，不外乎一是解決了經費，二是沒有功名之爭。

蘭卡斯特警察局在他們的辦公大樓裡專門為我們闢出了一間大辦公室，我進去一看，這裡原來肯定是「龍德行動」專案組的地方，牆上還貼著十五名倖存者的照片、姓名和個人資料，其中一位碧眼金髮，皮膚白皙，像是東歐女性，其餘的全部是黑髮黑眼的中國人。我連忙讓團裡的同事將他們逐一拍照下來。辦案子，特別是出國辦案子就要眼睛裡有活兒，雖然這些人現在都在英國警方的嚴密監護之下，風頭過後，英方一般也不會再放他們回中國去，但是我們要把這些人的資料帶回去，以後說不準兒會有用。

辦公室中間放著一張長長的桌子，上面堆著一大堆文件夾子，每個夾子裡裝著一名遇難者的屍體照片、屍體檢驗資訊及遺物照片等資料，靠牆擺放的電腦便於我們隨時查閱和上網。

我先把這些遇難者的屍體照片瀏覽一遍，發現全部遇難者都面色蒼白，口唇青紫，口鼻處均有蕈形泡沫，所謂蕈形泡沫就是在口鼻處被蘑菇樣的圓形泡沫包裹著，這種泡沫是液體吸入肺臟後，刺激細小支氣管，分泌出大量富含蛋白質的黏液和滲出的血漿，黏液和血漿被呼吸動作反覆抽吸，與肺內空氣混合，形成細小、均勻、粉白色、黏稠、穩定的泡沫，是認定溺死的主要特徵之一。個別遇難者身上還可以看到雞皮疙瘩，這是在冰冷水中溺死的特有改變。屍體解剖照片顯示，死者的氣管、支氣管內有血性的泡沫樣分泌物，肺臟腫脹，表面凹凸不平，有出血斑，肺的切面上有暗紅色血性泡沫液體溢出，這些都符合溺死跡象，對他們的死亡原因沒有疑問。

幾名英國警察配合我們工作，他們每人負責幾名遇難者，我要代表中方負責全部遇難者的工作。我逐一地將我們掌握的失蹤人員，也就是可能的遇難者的生前資料以及家屬辨認情況，與英方的資料進行比對。中午一點多時，我們已完成了十五名遇難者的身分確認工作。

海灘舌戰

中午我們已經是第二次到警察食堂吃飯了。飯前，史蒂文告訴我，今天下午作為現場查看的一個環節，英國警方安排我們乘坐直升飛機從空中觀察整個出事海灣，以便加深對事發過程的理解。然後中英雙方將在海灘上就地舉行新聞發布會。

這回要直接面對西方媒體，事情來得很突然，已經來不及請求國內了，只能靠自己應付。為了提前準備，我問史蒂文新聞發布會歸誰負責，史蒂文說，蘭開夏郡警察局的新聞官皮特負責，他已經來到蘭卡斯特了。我問，能不能安排我和他一同吃午飯。史蒂文說，太好了，沒問題。

我們在餐廳等了一會兒，一位精幹的典型英國男人長相的警察來到我面前，一番客套之後，我們各自挑了幾樣食物，找了個僻靜地方坐了下來。我哪裡有心思吃飯，先發制人地告訴皮特，涉及非法移民的問題不能問，涉及非法勞工的問題不能問，涉及遇難者家庭的問題不能問，涉及他們怎樣離開中國的問題不能問，涉及他們怎樣進入英國的問題不能問等等，我在最短的時間裡迅速設置了若干個「不能問」。只見老奸巨猾的皮特不慌不忙、不惱不怒地連聲說，沒問題，我能控制。

我想，看來東方和西方警察在應對媒體和輿論上也有相通之處，西方一向標榜的新聞自由看來也是有限度的，也是控制之下的自由，這就好辦了，你皮特若跟我們為難，對你們英國警方下一步工作也不利。

既然皮特答應得挺痛快，大家便輕鬆地邊吃邊聊。皮特看了一下手錶，對我說了聲，請稍等一下，就出去了。幾分鐘後，他拿來一頁列印的電子郵件讓我看，郵件上列出了十個問題。我對皮特抱怨道，太多問題了。我拿出筆來，一邊畫一邊說，這個不能問，這個也不能問，十個問題被我畫去了一大半，皮特不動聲色地看著我。過一會兒，他接了個電話，說還要出去一下，回來時，手裡又拿著一封郵件，我一看，又是五個問題，我對皮特說，你瘋了，太多問題了。皮特說，我不讓他們問。

飯後，我們來到一個碼頭，一架藍黃相間帶有警察標誌的直升飛機已經停在那裡了。史蒂文告訴我，原來他們警察局沒有直升飛機，這次出事後剛剛買的，是全新的，絕對安全。我瞪大眼睛問他，這新買來的飛機試飛過沒有？史蒂文笑著說，放心吧，已經試過了。

直升飛機不大，一名駕駛員和一名副駕駛員坐在前面，後面每次只能搭乘兩名乘客。我們團有五個人，按照飛行條例要求，機上人員之間一定要能透過語言溝通，因為只有我一個人懂英文，所以我要佔居一個乘客座位，另一個座位供我團其他人員輪流乘坐，這就意味著我一共要飛四回才行。

正駕駛員是位年過半百的先生，起飛前他像乘坐民航飛機一樣，認真地講解著各種安全須知，因為直升飛機頂上有飛速轉動的螺旋槳，他特別強調應如何安全地接近和離開飛機，然後讓我逐句地翻譯給我的同事們聽，他雖然不懂中文，但他緊緊地盯著我們每個人的臉，努力判斷我是不是完整地翻譯了他的意思。為了便於他理解，我模仿他講解時的手勢和眼光來幫助說明，他明顯地感覺到我講到哪裡了，無一遺漏，緊張的神情舒緩了許多。副駕駛是位女士，她的到來讓機上的氣氛輕鬆了許多。

第一趟起飛了，從空中看下去，坐落在海濱的一排排整齊的別墅歷歷在目，飛機轉向直飛到了大海上空，我們從空中看清了那個三角形的沙洲，以它為標誌，進一步看清了事發地的地形，我們在空中拍攝了現場全貌。說來也巧，我們兩次來看現場，大海上都是風平浪靜，我想一定是這大海為它曾經的無情肆虐在向我們表示懺悔吧。十幾分鐘後，第一趟飛行就結束了。

第二趟起飛前，我對駕駛員說，不用他再說了，我已經學會了，可以替他講安全須知，他同意了，仍然仔細地盯著我，最後看見我的同事以正確的方式和路徑走近飛機，飛行結束後，又以正確的方式和路徑離開飛機，才放心地點點頭，後面的兩位就全都歸我管了。

飛完了，我們一同來到一處寬闊平坦的海灘上。我環顧四周，只見一台衛星轉播車已停在一旁，巨大的圓「鍋」支起對著天空。海灘上雲集著一兩百號記者，長槍短炮，到處架著攝影機。咱們中國的新聞發布會一般是大家按次序坐好，發言人先講，講過後，留出時間來給大家提問，發言人願意答的就答，不願意答的就說「無可奉告」，煩了還可和提問的記者矯情幾句，這裡的新聞會可就不能簡單強勢了。

媒體採訪開始，沒有主持人，沒有客套話，先是電視台採訪，肯定讓BBC的優先，只見一名記者站在我面前，拿著毛茸茸碗口粗的話筒，先對著攝影機講了幾句，然後就轉過身來，向我提問，其他記者在不遠處耐心而守規矩地等待著。我馬上意識到，要勁兒的時刻到了！

他先問我，對這一事件的看法，我說，首先要代表中國警方向遇難者表示哀悼，向他們的家屬表示慰問，向英國警方處置此案的專業能力表示感謝。我接著說，此案發生後，中國政府高度重視，透過外交和警察兩個管道與英方展開合作，我們首次使用國際刑警組織統一的失蹤人員和無名屍體資訊登記表格進行資訊交換，取得了快捷、準確的結果。今天上午我們已識別確認了十五名遇難者的身分，進行得很順利，此案開了中英兩國警方在死難者個人識別方面合作的先河。接下去，我們中英雙方還要繼續合作，打擊犯罪，保護中國公民的安全。

他突然問我，中國政府認不認為他們是受害者？我立即意識到，這個問題的背面暗藏著一個陷阱，如果我們認為他們是受害者，那麼是誰加害他們，就會牽出非法移民、非法勞工的話題，如果我們不認為他們是受害者，那他們是什麼，他們為什麼死亡。面對記者的提問，必須是你有來言，我有去語，無論多難的問題也得想方設法地回答，絕對不能卡殼（編按：即說話不流利而停頓）。我平靜地說，他們是受害者，因為他們來到英國，只是想透過自己的勞動賺錢養家，但是他們不知道危險正在來臨，最後失去了生命，所以他們是受害者。說到「危險來臨」時，我用的是進行時，強調危險正在一步步逼近他們。

聽見我這樣回答，撇開了非法移民、非法勞工的話題，記者也就不再追問下去，他又問道，你們進行受害者個人識別是為什麼。我的反應是，這問題實際是在為下一個問題「身分識別清楚後怎麼辦」做鋪墊。於是我說，是為了人權，每一個人的權利不僅是在生前，死後也要弄清楚誰是誰，這是死者最基本的權利，也是對死者的尊重。

記者見我不上鉤，單刀直入地問道，事件處理後，遇難者的屍體你們準備怎麼辦？這就難辦了，因為總領事有交代，不能給英國人露底，要用遺體處置這個事吊著他們的胃口，但是這個問題問得太直接、太敏感了，實在容不得支支吾吾再繞彎子了。

我瞭解，英國歷史上最昌盛的時期，英國人曾遍布世界各地，所以號稱日不落帝國，意思就是說：雖然太陽在不停地轉動，照耀在地球上的不同地方，但是不管太陽照到哪裡，太陽底下都有英國人和殖民地。但凡英國人在海外死亡，一定要將遺體運回英國，安葬在自家的墓地裡，他們的道德中絕對不允許把親人遺體拋在海外，按照他們的宗教理念和社會習俗，絕對不能容忍藉處置遺體作為籌碼，講任何條件，作任何文章，有任何企圖，否則他們會認為是對死者最大的褻瀆、是最不人道、最讓人鄙視、最不可饒恕的行為。

如果我回答說，我不知道，需要聽從我國政府的指令，就等於把我們中國政府推到如何對待自己國民遺體的道德拷問的風口浪尖上，可以想像，明天報紙上就可能出現「中國政府對是否運回本國遇難者屍體尚未定論」的大字標題。我想「將在外，軍令有所不受」，雖然我不是什麼「將」，但這回也只得豁出去了。我簡單地答道，我們來這裡做遇難者身分個人識別，工作完畢，確認身分後，我們將把他們運回中國，交給他們的家人妥善地安葬。

ＢＢＣ的做完了，下一個是英國著名的新聞頻道，天空新聞（SKY NEWS）的記者又問了許多問題。接下去，曼徹斯特大區、蘭開夏郡、蘭卡斯特等眾多當地電視台的記者一個個接踵而來，每個記者搜腸刮肚，提的問題都盡量與眾不同。好在雖然問題千奇百怪，但都是那點兒事，經過幾個記者的盤問和追問，我也摸索出了「一定之規」，再來什麼樣的問題，我也會變著花樣地答，顯得從容和主動多了。

電視台記者採訪完後，下一撥兒是廣播電台的。廣播電台的記者都背著足有拉桿箱大小的答錄機，機器上紅燈綠燈交替閃爍，儀錶裡的指標隨著聲音的強弱不停地來回擺動，又是一對一地盤問一番。

最後上來的是平面媒體，報社記者們用的也是答錄機，只是沒有廣播電台的專業答錄機那麼大，這次不用一對一了，只見一群記者擁了上來，站成個半圓形，一堆麥克風杵到嘴邊，七嘴八舌地問個不停。

好不容易把他們都弄得「沒有問題了」，史蒂文拉拉我說，我們兩人要站在海灘上，讓攝影記者拍照，我說這個容易。我和史蒂文先是並肩站在海灘上，讓記者們拍，然後又在海灘上慢慢地走著，繼續讓他們拍，後來翻過海堤，走到海水邊，還是繼續讓他們拍。我對史蒂文調侃道，你們英國記者的照相技術也太糟了，這麼一會兒幾千張相都照出去，難道得照這麼多張才能把你、我照好嗎？史蒂文說，他們的老闆一定喜歡他們這樣。

警告電話

整整一個下午就這樣過去了，新聞發布會終於宣告結束，剛才一直不見蹤影的皮特這會兒神不知鬼不覺地冒了出來，我一把揪住他說，你的控制在哪裡，快把我弄死了。皮特雙手一攤，笑著說，這不是很好嗎，你們來開新聞發布會，比我們開效果好多了。史蒂文在一旁哈哈大笑，說他們每次也都是吃皮特「控制」的虧。

記者們紛紛離去後，我看見在海灘的最外圈，有六、七個帶槍的英國警察站在那裡，其中還有兩名女警，原來英方考慮到發布會的安全，還是採取了一些安保措施。我讓皮特陪我走過去，從口袋裡掏出從國內帶的小包裝茶葉送給他們，作為感謝。英國人和我們一樣很喜歡喝茶，尤其喜愛中國茶，雖說今天他們來執勤是例行公事，但收到了中國小禮物也讓他們特別高興。別管在哪裡，咱追求的就是一句中國老話：做事得有裡有面。

我和史蒂文鑽進汽車，準備返回酒店，今天的工作算是結束了。史蒂文很有經驗，一上車，他就打開車上的收音機，裡面立即傳出我剛剛在海灘新聞發布會上回答問題的聲音，我感到太神奇了，也很感慨，人家這個效率多高呀！我靜靜地聽著我的聲音，思索著有什麼地方不合適，還能做些改進。

幾分鐘後，最擔心的事情發生了，我的手機響了，一看是總領事館來的，心中暗暗叫苦，不好，他們的效率也挺高的！我接通電話，電話那頭傳來一個不容置疑的質問聲音，誰讓你回答有關遺體處理的問題的，你的說法會干擾我們的處置。其實對此我早有思想準備，這時候怎麼解釋都沒有用，按外事紀律，不論對錯，在國外工作必須接受我駐當地外交機構的領導，我連忙檢討說，實在對不起，當時問得太急了，一不小心說漏嘴了，請您原諒吧。電話那端仍舊怒氣未消地猛批一通兒，我就認準了一條，一個勁兒地檢討說，是，是，是，您批評得對，是我不對。對方見我挺痛快地就承認了錯誤，毫無還嘴反駁之意，能用上的批評的詞都說了一遍，沒有了新詞也就閉嘴了。

事情好歹過去了，我帶著幾分不安回到賓館，剛想定定神，住在隔壁房間的同事立即衝過來敲門，喊道：「左博，快開電視，正在播你呢。」我急忙打開電視，BBC正在播剛才海灘上的新聞發布會，只見我說的那麼多中英如何合作，如何打擊犯罪，人家都掐了不播，單播我說的他們是受害者和遺體將運回中國的一段，可見從普通西方人的價值觀來看，什麼是最重要的。

這些背地裡發生的小插曲史蒂文當然不知道，他滿心歡喜地認為今天很成功，還打電話過來說，他不過來陪我們吃晚飯了，讓我們就在酒店裡吃，說這家酒店的西餐很不錯，菜我們隨便點，最後他們來付帳，大家覺得這真是個輕鬆的好安排。

辛苦工作終於等來了放鬆時刻，飯前我拉上老馮到酒店泳池游泳去。西方人特別崇尚健身，這樣一間極普通的鄉間酒店也有個不錯的泳池。健身本來就是健全和振奮人性，驅趕內心和身體的疲勞，有了這樣溫馨周到的設施，人性的回暖就只剩享受了。

溫暖爽滑的池水從頭到腳劃過皮膚的感覺，使人從身體到精神都感到放鬆，漸漸地忘卻了剛才的不快。游了一會兒，我和老馮泡在暖暖的泡泡池裡放鬆聊天。這時一對從長相上就能確定的英國母女也滑進池裡來，我們客氣地打了個招呼，連忙騰個地方給她們。當媽的問我，你們是夫妻？我說，不是，我的太太哪裡有這位女士漂亮，把個老馮樂壞了。我反過來問她們，你們是姐妹？媽媽意識到我這是在說她年輕，高興極了，放開聲音大笑起來，懂事的女兒也在一旁樂不可支。我想一句恭維的話，怎麼也能讓這位媽媽高興一個晚上吧。

絲絲入扣

第一天完成了十五個容易的，第二天就沒那麼順利了。整整一天工作下來，我們才確認了四名遇難者的身分，這裡面包含著大量艱苦細緻的工作。

在中英兩國警察合作開展的身分識別中，我們主要是發揮了四個方面的重要作用：第一是經過逐一比對，英方發現的無名屍體以及遺物的特徵與我們調查所掌握的失蹤人員及家屬提供的遺物特徵完全吻合，並經過遇難者家屬辨認，最終確定死者身分的，這是最簡單的一種。

第二是英方發現了屍體，但由於遇難者是非法進入英國，英方只掌握假名字，我們透過國內調查，可能遇難者的家庭提供了遇難者的真實姓名和照片，透過照片、人體特徵和遺物的比對，從而甄別並確認了其真實身分，發現並糾正了假姓名和張冠李戴等英方前期身分識別中的錯誤。

第三是在西方人眼中，中國人長得基本都一樣，就像中國人眼中西方人也都長得一樣似的，很容易弄錯。剛開始，我們知道英方共發現了二十具屍體，可提供的屍體資料卻是二十一人，經過反覆甄別，最終發現是英方將一具遇難者遺體編了兩個號，誤認為是兩個遇難者，屍體數和資料數對不上，英方自己竟然沒有發覺，我們跟英方商量，去除了一個編號，使這名遇難者的身分得到確認。

第四種情況比較複雜，就是一些極為特殊的個案，弄清每一個都下了很大的工夫。

我們到英國後，英方又提供了一名女性可能遇難者的個人資料，請我們核實。資料是遼寧的一名男子寫給主辦此案的史蒂文的信。他在信中寫道，我的母親在英國撿拾蛤蜊，我們每個周末都通電話，自從事故發生後，我再也沒有與她聯繫上，現在我全家人萬分焦急，我把我母親的資料和照片傳給您，請求在遇難者中查找。寫信者留下了手機、座機、通信地址和郵箱地址等盡可能多的聯絡方式，可見尋親心情之急迫。

我們對此類情況早有準備，先拿這名男子提供的他母親的年齡、身高、體重和照片，與為數不多的女遇難者遺體的資料進行比對，發現她們都差不多，無法確認，而且這三名女遇難者的身分都已經得到了確認。調查中發現了一名非法入境的女子在英國蘭開夏郡移民局拍攝的照片，這名女子到這個地方來，如果沒有其他謀生手段，極有可能靠撿拾蛤蜊為生，她有沒有可能也是遇難者呢？

家屬提供的照片是一名女子在公園裡懷抱小孩，兩眼有神，滿臉微笑，豐滿圓潤，而移民局的一張是表情僵硬，目光呆滯，消瘦乾枯，而且一個背光，一個強光，很難確定是不是同一個人。我們把移民局拍攝的照片傳回國內，說明情況，請求協查。因為這名女子家在遼寧，我還直接給我的老朋友、遼寧省公安廳刑偵總隊的姜總發去了郵件，並附上照片。

遼寧當地公安機關找到這位寫信的男子，請他和其他家屬對移民局的這張照片進行辨認，家屬們只看了一眼，就一口咬定照片上的這個女人就是他們家的人。家屬們提供說，由於她在英國沒有固定住處，怕護照丟失，就把護照寄回國了。

家屬進一步提供，該女子項部有顆黑色痦子、左腋下有塊胎記，離家時佩戴了一條約三十克重的黃金項鍊，一枚黃金戒指，一副桃形黃金耳墜，一條細項鍊上掛著一枚翡翠佛墜，根據這些資料，與女遇難者遺體及遺物比對，還把移民局拍攝的照片和國內家屬提供的照片以及三名女性遇難者遺體的照片，用幻燈機放大同時打到牆上，逐點進行對比，尋找面部的細微特徵點，發現與三名女性遇難者中的一人完全符合，項部長痦子的人不少，但是痦子和胎記同時能對上的就不多了。

原來，碰巧有兩名女性遇難者的年齡、身高、體重都差不多，隨著死後屍體變化，她們面部腫脹，相貌變得比較相似，看上去很難區分，再加上音相同而字不相同的兩個中文名字翻譯成英文後，原本兩個不同的中文名字就變成了一個相同的英文名字，致使英方把一名女遇難者的兩張照片和資料分別對應在女遇難者本人和遼寧的這位女遇難者身上，真相終於大白。雖然英國與中國相距近萬公里，但在各方的共同努力下，電訊穿梭，僅用一天半時間就確認了這名遇難者的身分。

殮房查證

還有一名可能遇難者的身分確認頗費周折。國內調查時，家屬反映，他兒子的手腕上紋有一個「忍」字，但是我從英方提供的全部遇難者屍體表面檢查中，都沒有見到「忍」字的紋身記錄，也沒有見到紋身照片，是家屬記錯了，還是英方漏檢了，或是有紋身的青年男子根本就不是遇難者，按說西方人紋身的很多，英方在屍體檢驗時，一般不會漏掉這個極為重要的個人識別特徵。

三月九日下午，我向史蒂文提出要到殮房去查看屍體。他不解地問我，這樣做要解決什麼問題，我告訴他，我們調查發現失蹤的人裡有人有紋身，但你方提供的屍體記錄中沒有紋身的記錄，我需要親自去看看屍體，確認一下是怎麼回事。史蒂文說，根據英國法律，查看與案件有關的屍體要得到驗屍官的批准。我說，那咱們就試著申請一下，你告訴驗屍官，我也是高級驗屍官，我的教育背景是醫學，專業是法醫病理學，還有博士學位，從事這行已有二十多年了。

實際上，英國歷史上的驗屍官不一定都懂醫學，可以是從事任何職業的人，但必須是當地德高望重、令人信服的權威人士，他們由國王任命，專門判明死亡者是自殺還是他殺，因為按照法律，如果認定是自殺，死者生前的財產就都歸英國王室所有。隨著現代科學的發展和司法的需要，當代的驗屍官已經由醫學或是法醫學專家擔任了。

史蒂文把我按到電腦跟前說，你寫個查看屍體的理由和屍體號碼。我剛寫道：「為了查找紋身，需要查看……」突然轉念一想，乾脆把我有疑問的屍體全部寫下來，有的是家屬提供說身上有瘢痕、皮膚色斑、痦子、瘊子等特徵，但英方記錄中沒有的，有的是家屬提供的這些特徵的部位、性質、形態、大小的描述與英方記錄不完全相符的，共有七具遺體有出入，我都要直接查看。

當晚，負責本案的驗屍官哈沃德・邁克・坎同意了我的請求，但開出了三個條件：一是只能去兩個人，二是查看時須有英方人員在場，三是英方要對我查看到的情況進行拍照記錄。我分析，專業人士總有專業上的考慮，控制這麼嚴格，可能是他們擔心屍檢中漏掉點兒什麼，顯得不那麼專業。英國的個人識別和法醫學在世界上享有盛名，DNA技術就是他們發明並率先用於法庭科學，全球第一個DNA資料庫也是英國建立的，如果被我們查出問題來，他們不太好意思低下一向矜持高傲的頭。

我請福建的李副總隊長跟我一起去，他從事刑偵工作多年，看屍體還是比較有經驗的，再者作為福建公安的同志，也是個見證。

三月十日一大早，史蒂文陪同我和李總來到蘭卡斯特市皇家醫院殮房，我們三人從頭到腳換好了全套的隔離服，我按照昨天申報的屍體外表檢查的目的，逐一檢查和驗證遇難者屍體上的特徵，指導英方技術人員對特徵重新拍照記錄，英方還安排了專人對我的檢驗過程和所見到的情況進行文字記錄。我告訴李總，他的任務只有一件，拿著我的攝影機，把屍檢的全過程錄下來就行了。

這是我唯一的一次機會直接檢查遇難者遺體。屍體冷凍保存得很好，全部遇難者體表沒有致命性的刀刺、斧砍、棍打、錘敲、磚拍、拳擊、掐勒、悶堵、火燒、槍擊、腐蝕等外傷，隨著死後時間的延長，口鼻處的蕈形泡沫已經消失不見了，只留下乾燥的白色痕跡。遇難者的口周、鼻孔、耳廓、眼窩、頭髮和指甲縫裡殘留有少量泥沙，真實地向我們展示他們曾在混濁的海水和滾滾的流沙中掙扎求生的痛苦經歷，從屍體外表檢驗中，我進一步證實了他們全部是溺死的。

我仍然沒有發現誰有紋身，我逐個查驗青年男性屍體，終於用隨身攜帶的放大鏡在一名青年男性遇難者的腕部觀察到有密集成片的細點狀疤痕，再仔細看，隱隱約約看到疤痕的形態和走勢顯示了個「忍」字，我斷定，這應該就是家屬說的那位有紋身的小夥子。我推斷，應該是這名遇難者到英國後，用鐳射除去了原來的紋身，而國內家人並不知道。英方的陪同人員趕緊把這些疤痕拍了下來。

史蒂文對這個紋身的認定過程感到很好奇，怎麼根本沒有見到紋身就得出了結論呢。他問我，你是怎麼認定這個事的，這個年輕人紋的這個字是什麼意思，為什麼後來又要去除掉呢？我慢慢地解釋給史蒂文聽，這個小夥子紋的是「忍」字，「忍」字的意思就是忍耐，中國文化中講究「小不忍則亂大謀」，年輕人心高氣盛，遇事忍耐不住容易犯錯，小夥子自知弱點，所以紋個「忍」字時刻提醒自己。他來到英國後，社會和文化氛圍變了，自己飽經了生活磨礪，人也長大了，能控制住自己了，這個紋身對他的意義也就起了變化。小夥子意識到，華人和懂中文的英國人一旦看懂自己紋身的含義，就知道他是個愛衝動的人，就會被別人看不起或者對自己有了戒備，即使自己表現得再好，人家也會認為是在忍耐著，是假裝的，不是真心的，所以他自己就把紋身去除了。從喜愛這個紋身，需要這個紋身到主動去除這個紋身，是一個人成長和成熟的過程。史蒂文聽得很起勁。

整個查驗屍體的過程中，李總一直非常認真，查驗前我匆匆教他操作攝影機，但是他還是按錯了按鍵，沒有拍成錄影，倒是每按一下都拍下一張照片，攝影機變成數位相機，也不錯。

身分大白

三月十日晚上，我們順利完成全部二十具遇難者屍體的身分識別工作，其中十九名來自福建，一名來自遼寧。十八人的身分得到「確認」，所謂「確認」是指通過體表特徵的檢驗比對，以及遇難者家屬的辨認，即便不通過DNA檢驗，也可以確認遇難者身分。兩人「基本確認」，所謂「基本確認」是指通過體表特徵的檢驗比對已做出初步確認，還需用DNA檢驗做最終確認。當然，按照國際法庭科學鑑定標準的要求，無論是「確認」還是「基本確認」，都要經過DNA檢驗確定。

我們國內調查中搜集到了二十二名疑似遇難者的資料，再加上來自遼寧的一人，總共是二十三人。英方已打撈出二十具遇難者遺體，還有三人下落不明。這三人有幾種可能，第一種可能是人遇難了，但是遺體被海流裹挾到深海或遠離出事海灘的地方，或者是屍體被流沙掩埋，尚未被發現；第二種可能是人還活著，悄悄上岸後，害怕被警方抓住遣返，逃走後藏匿起來，改名換姓等待將來有機會改變身分；第三種可能是根本沒有在這裡撿拾蛤蜊，人員失蹤與事故發生的時間純屬巧合。這三人都是福建籍，我們將他們的資料轉交英方備查。至此，英國莫克姆海灣遇難的中國籍拾蛤蜊者的身分識別工作告一段落。

工作進展得還算順利，可出發前與中央電視台新聞直播約好的連線卻一直沒有動靜。我電話聯繫電視台記者，對方說暫時不連線了。我想，一定是國內形勢有了變化，這種多少帶有負面色彩的新聞持續發酵也不好，但是對於遇難者家屬來說，他們無時無刻不在牽掛著在英國的親人，實際上國內普通老百姓也在關注和考量著政府的危機處理能力，和對海外華人、特別是對有過錯華人的態度和人文關懷。咱也管不了那麼多了，不連就不連吧，當警察，服從是最基本的要求，這個咱還是懂的。

工作快結束時，史蒂文告訴我，一名英國女議員想見我。我知道國外的議員就是政治家，與政治家打交道可是個敏感的事兒，這回我也學乖了，先打個電話給總領事，請示一下再說，如果再叫人家逮住一次，怎麼檢討也過不去了。

總領事斬釘截鐵地說，不見！我當然不好意思對史蒂文也「斬釘截鐵」，就推說等工作全部結束了再說。過了一天，史蒂文又提這個事，他哪裡知道我們總領事的「斬釘截鐵」，我就問他，她為什麼要見我？史蒂文說，這個女議員人特別好，她知道你們中國警察來蘭卡斯特，協助確認了遇難者的身分，她覺得你們特別辛苦，專業能力特別強，還特別滿意你在新聞發布會上的態度，她想見你就是想當面對你說聲謝謝。

我在英國期間天天看報紙，報紙上報導過她，事發之前，她就在國會大聲疾呼，有非法勞工組織僱用中國籍拾蛤蜊者，要求政府予以關注，取締非法勞工組織，保障中國籍拾蛤蜊者的權益。事件發生後，她又一次在國會批評政府打擊非法勞工組織不力，對這麼多中國籍拾蛤蜊者的死亡負有不可推卸的責任。按理說，英國國會中有這麼關注和維護我們中國拾蛤蜊者命運的議員是非常難得的，理應見見人家，咱們也應該當面對人家說聲謝謝才是，但是我實在不敢再惹總領事生氣了。

我鄭重其事地對史蒂文說，議員是政治家，你和我都是警察，咱們和政治家不是一回事，還是別惹他們的好。說過這話不久，不甘心的史蒂文又來問我，說這位議員能不能只在酒店大廳裡見見我，說聲謝謝？我再次婉拒說，還是別見了。史蒂文緊鎖眉頭，滿腹狐疑地看著我，一時不知說什麼好，我明白他的不解：眼前這麼個見過大世面的人，這麼個國際化的中國警察，這麼個工作中有的是主意和辦法的專業人士，怎麼就不能見見這位好心的女議員呢？我心想，可憐的史蒂文，你哪裡理解得了，如果這位總領事給國內發去密報，我們的所有努力不都白費了嗎，還不知道後面跟著什麼呢，與其得罪我的政府，還不如得罪英國議員，認真的史蒂文，好心的女議員，真的對不起了。

離別時刻

三月十一日上午，我們應邀到蘭卡斯特市警察局出席「德龍行動」階段報告會，「德龍行動」各專案組的負責人都到會，與會的英國警方最高長官是蘭開夏郡警察局指揮長，相當於第二把手，他們準備了一份特殊的禮物要送給我們。

到了會場，與會的英國警察有的身著警服，有的是便衣而來，英國不同警種的著裝要求不同，交通警、巡邏警、窗口工作的警察和官員有警服穿，但像史蒂文這樣的刑事偵探根本就沒有警服。

身著制服頭戴警帽的蘭卡斯特市警察局長陪著一位便衣女士走進會場，史蒂文上前介紹說我是從中國來的警察，這位女士就是蘭開夏郡警察局的指揮長。我們聊了起來，給我的感覺是她一點也不像警察，倒像是位鄰家大媽，說話表情和語氣也都是老百姓的樣，說到案子、屍體竟露出了十分驚訝和害怕的表情，還時不時地說上幾句外行話。

會議內容比較簡單，英國警察報告了案件進展情況，主要是遇難者身分確定方面，對於一些敏感內容，比如對倖存者的調查、對非法勞工組織和頭目的調查等，他們全都語焉不詳，諱莫如深，沒有當著我們的面提起，我們也不好深追。快結束時，女指揮長送給我們每人一個紀念參加處置莫克姆海灣慘案專門製作的盾形徽章，徽章是木質的，中間是金屬質的蘭開夏郡警徽，下面半環形的金屬飾帶上刻著「莫克姆海灣慘案」和慘案發生的時間。從這個特製禮物可以看出，英方對此案的確是高度重視。

我在國外工作，隨身總是帶著一個雙肩包，裡面裝著大小各種檔次的禮品，以備一時之急，今天也不例外。我把雙肩包中的禮品如數散盡，送給女指揮長的是一個玻璃製的中國警徽和一本中國公安年鑑畫冊，最後大家合影留念，散會。

三月十二日早上，我們準備離開蘭卡斯特，前往倫敦。史蒂文來接我們說，你們來我們這個城市只顧工作，連這個古老而美麗的城市都沒看清楚，知道我們這個城市為什麼叫「蘭卡斯特」嗎？今天有點兒時間，我帶你們逛逛。

我們參觀了一座巨大的古城堡。「蘭卡斯特」的意思是羅馬城堡，正是因為建成了這座巨大的城堡，才把這個地方叫了這個名字。據說修建城堡是為了抵禦外敵入侵，後來戰爭結束了，巨大的城堡改作法庭，現在從法庭裡分出一小部分作為歷史博物館。

當警察的當然對法庭有興趣。我們走進法庭，這裡依然保持著古代法庭的樣子，正前方高高的台子上是法官寶座，法官頭頂上有一頂半圓形木雕的華蓋，法官右側是陪審團坐的地方，法官對面有用木欄杆圍起的被告站的地方，被告位置上方有一圈像吊燈一樣的粗鐵環，牢牢地釘在屋頂上。我問史蒂文，這是幹什麼用的？他說，古代把犯人押進來，用繩子把他們拴在頭頂的鐵環上，他們就跑不掉了。

被告兩側是控辯雙方坐的地方，被告後方有幾排座位，可能是給家屬和旁聽的人留的。法庭裡包括法官在內，全都是坐直上直下的木椅子或者是沒有靠背的長條凳。普通人進入法庭要通過一個很狹窄的拐彎通道，通道盡頭是一扇小門，垂著幕布，史蒂文告訴我，過去沒有安檢，如果你帶著長長的武器，就通不過這個拐彎通道和這扇小門。

我在國外出過庭，對法庭布局並不陌生，感到這個古老法庭和英國現在用的法庭差不多。史蒂文說，是的，現在這個法庭仍在使用，只不過不再把被告拴在屋頂上了。我站在這個古老的法庭裡，撫摸著這些木欄杆、椅子、條凳，嗅品著這陳舊而森嚴的氣息，我想幾百年也許上千年來，不知道多少罪犯在這裡被繩之以法，有被判處死刑的，有被當庭無罪釋放的，可能也有冤假錯案的，但有意思的是古代和現代都使用著同一個法庭，昭示著法治的歷史延續性和執法的一貫性。在我們國家裡，任何一個地方的法庭都是嶄新的大樓，毫無歷史沉澱可言，是不是在表明我們的法治才剛剛起步呢？

再會領事

從蘭卡斯特去倫敦要路過曼徹斯特，上次和總領事說好了的，再次路過一定要去拜訪人家。這次去之前我還真有點兒不安，不知上次海灘媒體會的事他還生氣不。

曼徹斯特總領事官邸，坐落在曼徹斯特城外鄉間一處很僻靜的地方，周圍是綠茵茵的草地和茂密的樹林，風景優美，空氣清新，河流環繞，湖水如鏡，環境好極了。我們到達官邸時，總領事夫妻已在門口迎接我們，大家再次相見，特別高興，先在官邸門口合影留念，史蒂文也站在前排，挺直身體，雙腿叉開，端出了他英國警察的范兒。

總領事領著我們參觀官邸，官邸是一幢大樓房，一進門是個大廳，雕梁畫棟很是氣派，官邸裡房間特別多，室內環境和陳設和我們在外國電影中見到的宮殿一樣，住在這樣的地方當上幾年總領事可真是太美了，給個大使都不換哩。

我按規矩向總領事彙報工作，他聽後很高興，說，由於遇難者身分識別進展順利，現在中英雙方合作得很好，遇難者遺體會很好地處理。我明白，總領事的意思就是說海灘媒體會的事不提了。

說來也怪，人之間的交往中，如果有些跌宕起伏反而會更加融洽，總領事和我一樣，也是學醫出身，後來人家當了省團委書記，中央要培養一批青年官員，先派駐國外，開闊視野，積累經驗，他就被幸運地挑中了，我不禁暗歎，這樣的好事怎麼總找不上我。

告別了總領事，朝倫敦一路飛奔。史蒂文問我，中國最小的警察局有多大，我說，按照執法要求，最小的派出所怎麼也要有三、五個人。史蒂文說，我們馬上要經過一個小鎮，有個警察局只有一名警察，可能是世界上警察最少的警察局了，由於人手少，他和老婆一同住在警察局裡，他老婆可以幫他做點兒事。說著我們駛進了一個小鎮，史蒂文指給我看，只見鎮子頭上臨街一幢二層小樓就是警察局，門開著，上面插著英國國旗，門口還煞有介事地停著輛警車，一樓是辦公區，二樓是生活區，這就是一個警察為當地居民服務，一切都是那麼合情合理，平淡自然，這就是西方。

到了倫敦，眼看就要和史蒂文他們分手了，他們當晚也在倫敦住下，明天一早趕回。我對史蒂文開玩笑說，你不要急著去會什麼倫敦女友，反正大家都沒吃晚飯，最後再喝一杯，說聲再見也來得及。我們代表團全體，加上史蒂文他們，再加上倫敦警察一行人，來到國王十字大道地鐵站，找了一家餐館吃晚飯。

我負責幫著點菜，其中有一款是蛤蜊炒義大利麵，我建議大家嘗嘗這個，忙了這麼多天，還沒有吃過英國蛤蜊是什麼味兒，結果無人回應，都說那上面沾著中國人的血。我不管，我要吃這個，不嘗嘗它們有多好吃，怎麼能體會出海邊拾蛤蜊的價值和艱辛。義大利麵端上來了，不出所料，我要的一盤是幾盤中最貴的，也就只有三四個蛤蜊，這種鮮美無比的蛤蜊，海邊上是三英鎊一公斤，到超市裡就變成了十五鎊一公斤，到餐館裡恐怕要變成三十鎊一公斤了。

晚餐過後，我們和史蒂文他們握手話別，我知道，要不了多久，他們就會到中國來取遇難者家屬的血樣，後會有期吧。

涼亭會合

在倫敦警察的安排下，我們去訪問倫敦中國城的警察局：查理十字街警察局。倫敦中國城坐落在市中心，緊靠白金漢宮。能讓外國人的主要聚集區緊挨著女王的家，也就是英國才有，當然也是因為中國移民在英國歷史上曾經扮演過重要角色，這個警察局就是負責維護中國城的治安。

警察局裡的牆上有張組織機構圖，上面完全是針對中國城裡中國人違法犯罪的特點設置的機構，還中英文對照，名稱也是處、科、股、隊什麼的。詹姆斯局長把我們請進他的辦公室，只見一側牆角上搭著一個佛龕樣的架子，供奉著中國的忠臣良將紅臉關公，兩側貼著紅紙金字的中國對聯，整個警察局裡充滿了中國元素，還真是管理中國城的警察局。

詹姆斯局長對我說，中國城裡最多見的犯罪是兩種：一個是放高利貸，另一個是非法倒賣香煙。前一種不難理解，中國人要在英國生存，就要做生意，沒有本錢，只能去借高利貸。倒賣香煙也是個違法的事，英國與我們中國一樣，實行煙草專賣制度，沒有執照是不能賣香煙的，一些中國人從海外走私香煙進來，再賣出去，從中賺錢。詹姆斯補充道，總體來說，中國城的治安還是比較好的，中國人普遍比較老實，只顧埋頭辛勤工作，掙錢養家，盼著子女能有出息，一般不惹事，他這個局長也挺好當。

詹姆斯引我到一間視頻監控室，原來中國城裡到處都架設了視頻監控攝影頭，中國人的一舉一動英國警察都能看得清清楚楚。正說著，鏡頭裡出現一個中國女子，詹姆斯馬上讓值班警察把鏡頭推進，果不其然，女子手提袋子的上口露出了一條香煙的一角。詹姆斯說，這個女子專門從事倒賣香煙的勾當，已經被處罰過多次了，今天有你們中國警察在場，只錄下資料存檔，就不抓她了。我心想，這個可憐的女子，因生活所迫，沒有辦法，可是中國有句俗話，躲得了初一，躲不過十五，在人家英國人的手心裡，你還逃得掉嗎？

出了中國城警察局，來到中國城大街上，中國城的核心區域是一個三角形小廣場，廣場中央立著一個六角形的中國亭子，詹姆斯告訴我，這就是中國城著名的涼亭，偷渡的中國人為了便於蒙混過關，常常分散偷渡，臨分手時，約定集合地點就是一句「涼亭見」，指的就是這個地方。我們在涼亭旁拍照紀念，與詹姆斯約好「涼亭見」，不是偷渡後集合地點，而是中英兩國警察攜手打擊犯罪的約定。

參觀中，接到我國駐英大使館的電話，駐英公使晚上要宴請我們，順便聽一下工作情況，人家可真客氣。當他們得知我們正和查理十字街警察局詹姆斯局長在一起時，也就把他們一同邀請了。

晚宴上，公使充分肯定了我們的工作，說這個案件是中英雙方合作的成功範例，使館要向國內發報，建議公安部表揚我們。我忍不住問公使，曾經有個英國女議員要見我，我請示了曼徹斯特總領館，沒有准許我見，到底應不應該見呢？公使一聽，滿臉不悅地說，為什麼不見，這個女議員對我們幫助很大，多次在議會幫我們說話，是個很好而且很難得的重要人物，平時想見她還找不到，這回人家送上門來，倒不見人家了。我心想，還是使館的領導比領館的站得高，專業的比客串的看得遠。

見證真相

四月下旬，英國警察代表團一行九人在史蒂文的帶領下，來到中國，採集遇難者家屬的DNA樣本，以便進一步確定身分。他們下榻在北京最好的酒店裡，幫他們辦理入住手續時，我又見到了那張神奇的卡。這張卡不像通常的信用卡或是其他的銀行卡，卡是單純的銀白色，上面沒有任何圖案和銀行的標識，只有一串數字，它的神祕面孔更加襯托出它的神通廣大，無所不能。

仍然按照先易後難的規矩，我們先去遼寧瀋陽，很順利地取得了那名女遇難者家人的DNA樣本，按說家裡出了這樣大的事，家人是很難承受的，可是東北人確實性格豪爽，經得住事兒，他們悲痛歸悲痛，對我們十分配合，臨走前，還一再感謝，不失風度，讓我們感到是個好兆頭。

遇難者最多地區就是福建，那邊情況複雜，我們做好了不順利的準備。我們乘汽車從福州前往福清和長樂時，路邊景象讓史蒂文他們明白了，為什麼那麼多中國人要背井離鄉地跑到英國拾蛤蜊。

農田間散落著一些低矮破舊的農舍，這些農舍間竟穿插著一些嶄新的四五層高樓，這些樓建材考究，建築精緻，裝修豪華，屋頂上裝飾著兩龍戲珠等各種花飾，樓外面裝著觀光電梯，我請陪同的當地警察帶我們進去參觀一下。

進到樓裡才知道這只是一戶人家的住宅，家中各種豪華家具一應俱全，高檔電器應有盡有，家中許多房間空著不說，這層是自家的卡拉OK廳，屋頂中央吊著球形射燈，那層是自家的檯球（編按：即桌球）廳，四周擺放著昂貴的皮沙發，配備高級音響的自家放映室，煙頭遍地的全自動麻將房，裝修中略帶俗氣的酒吧，設施齊全、從來不用的健身房，能想到的，這裡全都有。

我向史蒂文他們介紹說，這就是為什麼那麼多人要跑到英國去。跑到英國的中國人當中，遇到突發事故，意外死亡的畢竟是極少數，大多數人沒出事，在英國苦幹幾年後，掙到了錢，回到家鄉蓋的房子就是這個樣，隨著在英國「成功」的人數不斷增多，鄉里間競相效仿，最後的結果就是非法進入英國的人越來越多。

陪同的福建警察補充道，當地老百姓有海外謀生的習慣和傳統，一個人想做生意，向鄰居借錢，沒有人願意借給他，一個人說我要去英國，誰願意借錢給我，馬上就有人主動找上門來借給他錢，把偷渡去英國這事看成一項投資了。到了海外，這些福建老鄉們特別抱團（編按：意即懂得互惠），初到英國最艱難的時候，老鄉們都會主動提供幫助，等後來混好了，也就特別願意幫助新來的人，一代代傳下去，他們很快地便能在海外站住腳。

史蒂文他們大開眼界，遠在英國、生活富足的他們怎能理解這些。徵得房子主人同意後，史蒂文他們對著所看到的，猛拍一通，後來沿途中他們又拍了許多這樣的照片，我想真應該讓英國人開開眼。

福建的事情就不那麼好辦了，當地政府的工作人員將眾多群情激奮的遇難者家屬集中起來進行動員後，發現他們早已相互串通好，一致拒絕提供DNA樣本，要求英方首先要對他們親人的死亡進行賠償，最起碼要先把偷渡用的兩萬英鎊（合三十萬人民幣）賠給他們。

英國警察感到非常吃驚，他們完全不能理解家屬們的要求。在他們看來，來華提取遇難者家人的DNA樣本，其目的是幫助遇難者家庭，確認他們的親人已經遇難，是一件善事，怎麼家屬反倒不配合呢。按照英國法律，案件尚未查清，根本談不上賠償，如果案子最終定性為刑事案件，就不會有任何賠償，只有定性是民事案件，才可能會有少量賠償。史蒂文他們都是刑警，從一開始就堅信這是一起刑事案件，案件也是按照刑事案件辦理的，所以他們頭腦中壓根兒就沒有賠償這回事兒。

沒有別的辦法，只有請當地政府做遇難者家屬的工作。工作人員把家屬們集中起來，苦口婆心地講道理，先說英國法律上對這樣的案子沒有賠償一說，家屬們不答應，就是一句話，我們的人死在英國就要英國人賠。工作人員後來又說，這些英國警察來是查案子，不管賠償，家屬們也不答應，反正是見著英國人了，不向你們要賠償還能向誰要，不給賠償，別想取走DNA。家屬們也擔心，一旦提供了DNA，英國人再也不認賠償的帳了。最後政府人員特別強調，現在他們的親人是否在海潮中死亡還不能確定，所以首先要提DNA樣本，確認了死者身分後，才能談賠償的事，家屬們的態度才有所緩和。

魂歸故里

兩天過去了，家屬們的態度反反覆覆，我們連一份檢材都沒有提取到。英國警察有點沉不住氣了，史蒂文對我說，我們來提取檢材是辦案必經的程序，如果實在有困難，我們空手而歸也沒有什麼，只要說明情況，我們沒有責任，只是案件缺乏了證據。我勸他說，不要著急，你們也看到了，這裡的人們非常貧窮，好不容易東拼西湊偷渡到海外，結果碰上災難，錢沒掙到，人卻死了，回過頭來，家屬還要替死者還錢，你看這麼窮的家庭什麼時候才能攢夠三十萬元，你說難不難，當地政府正在分析家屬的情況，選擇比較容易做通工作的家屬加緊工作，一旦有一家鬆了口，我們就好辦了。

一天，一名蓬頭垢面、目光低垂的青年婦女領著一名衣著破舊、滿臉污垢、光著小腳的三四歲男孩，悄悄地找到我們工作組。只見她瘦骨嶙峋的身軀空心套在一件鬆垮肥大、布滿污漬的破爛衣服裡，伸出手來，骨骼粗大，皮膚粗糙，青筋暴露，根本不像是女人的手，一看就是個從小幹慣了重活，特能吃苦的農村勞動婦女，說實話，這一對母子看上去就如同乞丐一般。

她喃喃地說，願意讓我們提取她和孩子的DNA帶回英國去。她說，她不知道她丈夫是不是在這次災難中死了，警察通知的遇難者名單中並沒有她丈夫的名字，但是從出事那天起，她再也沒有收到丈夫的音信，所以她懷疑她的丈夫很可能也遇難了。她用手指了指史蒂文他們，對我說，英國警察來一次不容易，請他們帶回去她們母子的DNA，以後萬一發現丈夫也死了，還能對上，如果沒有帶走，以後就是發現死了，也不可能對上了。

望著她乞求的眼神，我和史蒂文商量了一下，因為還有三位遇難者沒有發現，我們同意先取她和她兒子的DNA樣本留存。取樣本之前，按照規定要確認這個孩子一定得是她和她丈夫生的，我們看到她略帶尷尬地點了點頭，頭埋得更深了。

她不知道怎樣提取DNA檢材，只知道要從人身上取，早已做好了削皮剜肉的準備，還一遍遍地哄孩子不要怕疼，媽媽先來。後來我們只是用兩支棉籤樣的拭子，分別在她口腔內左邊和右邊來回擦了擦就行了，沒有任何損傷和疼痛，她才放下心來，抱起孩子幫我們順利地取了檢材，這就是我們在福建提取到的第一份DNA生物檢材。

幾天過後，我們收到英方發來的消息，在莫克姆海灣裡的一條河流的入海口，發現了一具高度腐敗的屍體，從衣著和隨身物品看，就是這位女子的丈夫。我急忙把這個消息告訴了當地警察，請他們通知這位女子來工作組，我們向她說明情況，並做進一步的瞭解。

哪知道，這位女子的家在一個偏遠的小海島上，到大陸這邊來就得自己搖櫓幾個小時過海，非常不容易，到了晚上，島上沒有電，四處漆黑一片，沒有辦法出家門，也就沒有辦法通知到她。

第二天費盡周折，好不容易通過電話找到了她，當我把這個消息告訴她時，沒有悲痛欲絕撕心裂肺般的嚎啕大哭，好像一切都在她的預料之中，她的語調出奇地平靜，只淡淡地說了一句，謝謝你們，我就不過海來了。我被徹底震驚了，真是人在做，天在看，好人好心終有好報，她不僅是第一位支持和配合我們工作的，更是在丈夫生死不明的情況下主動提供DNA的，最後冥冥之中的丈夫也給了她一個回報。我無法想像今後她一個人帶著孩子怎樣生活，怎樣去償還那三十萬元鉅款，我只能默默地祝福她能從親人故去的災難中慢慢走出來，將來能有個好的生活。

與此同時，當地政府的說服工作取得了初步進展，我和英國警察一戶戶地約談家屬，深入地詢問情況，簽署檢材登記表，按照生物遺傳學的要求，逐一提取有血緣關係親人的DNA生物檢材。

我見到了年齡最小的遇難者的父親，這位父親頭髮鋥亮，衣著光鮮，體態發福，五十歲不到，卻拄著一根精緻的拐杖，一副相當有錢的老闆模樣。我們瞭解到，這個家庭經商多年，已是十分富足，兒子完全沒有必要冒死去英國拾蛤蜊，可是年輕人看到別人到英國發了財，吵著鬧著也要去闖世界，結果把自己的一條命拋在了英國。這位富有的父親是全體遇難者家屬中要賠償鬧得最兇的一個，也可能是生意做久了，凡是得到和失去的都想用錢來衡量其價值，可是一條鮮活年輕的生命要值多少錢呢。

我還見到了當海潮已經快要沒過頭頂時，給太太打電話永別的那位男士的太太。當英國警察拿出一個墨蹟模糊，黏著海沙，繡著一對鴛鴦的小紅布荷包給她看時，她一把抓過紅荷包緊緊地貼在自己臉上，放聲痛哭，原來這個紅荷包是她親手縫的，上面還用毛筆寫了美好的祝願，讓丈夫放在貼近心口的地方保佑平安，如今墨蹟斑駁，人已不在，這位太太睹物思人的悲涼情景，讓我們這些見慣死亡和屍體的職業警察也唏噓不已，不忍再看。

就是這樣，一個個家庭悲劇看下去，一份份DNA樣本取回來，在這些善良人們的幫助下，我們順利地完成了遇難者家屬的ＤＮＡ樣本採集工作。

轉眼到了九月，隨著最後兩具遇難者遺體陸續被發現，遇難者身分識別工作全部結束了，最終確認共有二十三名同胞在此次海灣災難中遇難。

在我國政府和駐英使領館的大力協助下，一架中國民航的包機載著這二十三名遇難者的遺體飛回福州，飛機落地後，舉行了只有當地參與處理此事的官員和遇難者家屬參加的祭奠儀式，最後把他們集體安葬在家鄉的土地裡。

遠在大洋的彼岸，中國籍拾蛤蜊者仍在莫克姆海灣上辛勤地勞作著。

黑白鴛鴦

並不困難的開端

二〇〇六年春節長假過後，一位姓曹的先生來到房山公安分局報案，說他的妻子陳紅整個長假都沒在家，已失蹤了好幾天。

在全國公安機關二〇〇四年開展「命案必破」的偵破殺人案件專項行動中，北京市公安局創造了一種新的偵查方式，取名「立線偵查」，意思是說，對於有穩定工作、穩定收入和貌似穩定家庭的「三穩定」人士，一旦發生原因不明的失蹤，就視為被害。公安機關在接到這類報案後，立即按照失蹤人已經被殺害開展偵破工作，也就說，偵破命案已突破「死要見屍」的局限，將失蹤案件當作命案進行偵查，因為這種「三穩定」的人不像是居無定所到處打工謀生的流動人員，沒有理由在不告訴家人的情況下突然離家，杳無音信。

雖然「立線偵查」這個名字起得不夠準確，外行人一下子也不明白是什麼意思，但是這樣做確實能搶佔先機，抓緊寶貴時間，迅即開展調查，以免拖得太久，有關案件的資訊大量流失，比如人的記憶，一般來說，如果沒有特殊的時間節點，一周前的事情就記得不太清楚了。

按照工作機制要求，像陳紅這種的疑似命案，立即從分局轉到了市公安局刑偵總隊。我們很奇怪，一般家裡人失蹤後，小孩一天，甚至半天，大人兩三天，最多是四五天，就會報案，春節是家人團聚的日子，更加在意家人全不全，為什麼失蹤後兩、三天不來報案，一定要等到長假過後才來報案呢？

辦案就是這樣，首先要能提出問題，找出答案的過程就是偵查推進的過程，問題解決不了不要急，答案往往不是一下子就能找到的，隨著偵查的深入，問題總會有答案。舊的問題解答了，新的問題又會出來，如果提不出問題，案子基本就沒希望了。所以破案就是一個提問題，找答案，再提問題，再找答案的循環過程，做到這一步就離破案不遠了。

事不宜遲，我們立即圍繞陳紅的生活規律和接觸關係展開背景調查。一般人平常生活中不會刻意去掩蓋自己，一調查很容易就發現許多情況，我們很快就得知陳紅的婚外情。調查中還瞭解到，陳紅的丈夫報案前，曾到她工作的區委機關去找，沒有找到陳紅，卻從她的辦公桌抽屜裡翻出許多貴重的珠寶首飾和名包，還有一本日記，裡面栩栩如生地記錄了陳紅與一個名叫許志遠的男人的交往過程，逐漸地揭開了陳紅鮮為人知的人前人後。

陳紅雖已年過三十，論長相本不屬於那種閉月羞花、沉魚落雁般的絕代美女，可是從照片上看，依然是丰姿綽約、優雅動人，屬於那種男人看一眼就能留下深刻印象，越看越想看，越看越耐看的氣質女人。一九九九年初，二十剛出頭的陳紅畢業後，到房山區委辦公室當上了打字員，當時她的頂頭上司是時任區委辦公室主任，四十七歲的已婚男子許志遠。

許志遠是房山區張坊鎮廣錄莊村人，出身農村，可自幼喜好書法，一九八八年從天津業餘書畫學院畢業，後師從北京著名書法家蘇適，專攻趙體楷書和「二王」行書，逐漸形成了自己獨特的書法風格，在書法界小有名氣，房山區裡時常能看到他給人家題寫的字匾條幅。

許志遠在官場打拚多年，一步步成為了房山區政界的重磅級人物，他先後當過房山區供銷社副主任、區第一商業局局長兼黨委書記等職務，陳紅失蹤時，他是房山區政協副主席，正局級領導幹部。

許志遠和陳紅的認識過程也十分浪漫。一次陳紅給許志遠送文件，看見他正在寫書法，文化水準不高的陳紅頓時被這位風流儒雅、文才飛揚的「學者型領導」迷住了，內心充滿了崇拜與敬意，當即表示要拜許志遠為師，研習書法。人到中年的許志遠開始時並沒有太在意，因為想拜他為師的人太多了，後來無意間瞥見陳紅年輕美貌、面容姣好，忍不住心旌蕩漾，才子配佳人，兩人的交往迅速升溫，確立了穩定的情人關係後，多次發生過兩性關係。

真誠的感情交往往往覺得時間過得飛快，一晃幾年過去，陳紅為許志遠獻出真愛，她幻想著許志遠能離婚，再與她白頭偕老，但是許志遠並不願意離婚再娶，兩人就這樣半明半暗地過著。

時間一年年過去，女人的心是最敏感的，陳紅盼望的幸福生活卻遲遲不來，為此，陳紅求過許志遠，和他哭過、鬧過，婚外情女人的心是最敏感的，久攻不下，弄得陳紅神魂顛倒，精神委靡，長期失眠，不得不兩次住院治療。隨著年齡增長，幾乎絕望的陳紅不得已嫁給了現在的丈夫，卻仍然與許志遠保持著情人關係。日記中有陳紅對許志遠的真情流露，也有對許志遠恨得咬牙切齒，誓言報仇的意思。

愛是有預感的，恨更是有先兆的，自打陳紅與許志遠徹底翻臉，她就隱隱感到危險的來臨。一天，她在日記裡寫道，夜晚，大雨，獨處，驚聞敲門聲，一問是許志遠的司機劉曉明，突然感到劉曉明是來殺她的，頓時魂飛魄散，異常恐懼，戰戰兢兢地打開門後，才知道劉曉明是要帶她去買電視機。陳紅的這種預感不是沒道理的，但她不知道事情真的就要來了。

人類社會與動物世界在某些地方是驚人的相似，在非洲草原上生活著成千上萬隻斑馬、角馬、羚羊、野驢、水牛，當牠們過著群居生活，鋪天蓋地般地覓食，排山倒海般地奔跑時，無疑是安全的，再兇猛的肉食動物也奈何牠們不得。但是當其中的一隻脫離了群體，不管牠多強壯，離成為獅子、鬣狗或其他肉食動物嘴中的美餐就不遠了，因為但凡脫離了正常群體和生活軌跡，就會有生命危險。

人也是一樣，一個人如果脫離了正常人的生活軌道，過著與大多數人不一樣的生活，就處於一種危險的狀態，婚外情就是一種脫離了正常生活軌跡的情感狀態。正常婚姻由於有法律的保護，是一種以理性為基礎的穩定的兩性關係，婚外情缺乏法律保護，是一種建立在感性之上的不穩定的隨意行為，因此，婚外情這個東西，好起來時，發誓賭咒，非對方不嫁或不娶，連殺元配的心都有；一旦壞起來，說翻臉就翻臉，再哭再鬧也沒有用，只能是適得其反，殺對方的心就有了。雖然陳紅在日記裡充滿怨恨，但是失蹤的是陳紅，不是許志遠，那可不可能是許志遠幹的呢。

案子牽涉到局級領導幹部，事情就大了，我們刑偵總隊和市公安局沒有權力再查下去，必須要向市委主要負責領導彙報。記不得是因為什麼事情，這天市委副書記、市委政法委書記強衛同志來刑偵總隊，原定議程結束後，馬振川局長召集我們就此案專門向強書記彙報，主要情況是失蹤人員陳紅與許志遠保持著不正當的男女關係多年，許志遠具有重大涉案嫌疑。我們還彙報說，估計許主席親自動手的可能性不大，他有個司機叫劉曉明，兩人關係密切，非同一般，極有可能是許志遠僱兇殺人，但是現在我們手中沒有掌握直接證據，陳紅的屍體還沒有找到，作案現場也沒有發現，我們建議從許志遠與陳紅的關係入手，審查許志遠，如果有進展，再來攻劉曉明。

強書記平靜地聽完，當即表態，不管是誰，只要涉嫌犯罪，一定要一查到底。他說，從法律上說，人大代表不經過同級代表大會或常務委員會批准不得被逮捕，但是對政協委員沒有這個規定，所以完全可以正面接觸許志遠。我們還建議，為慎重起見，是否以紀委的名義出面先找他談談，強書記說，可以以紀委的名義，但一開始就要有公安的人員參加。有了領導撐腰，偵查員客客氣氣地把許志遠請到了刑偵總隊。

並不順利的進展

五十六歲的許志遠方圓臉，中等身材，體態有些發胖，一頭染得烏黑發亮的頭髮整齊地向後梳起。他身上既有領導幹部的范兒（沒有這個范兒怎麼鎮得住基層社會中的各色人等，也對不起自己當的這個官），又有鄉下農民的土勁兒（標示著他的出身和永遠改不掉的農民陋習），還夾雜著一股子在社會上打拚多年的江湖氣，這是學校培養出來的幹部所沒有的。

許志遠不慌不忙地邁著領導幹部慣用的穩健步子走進審訊室，聽清偵查員的問話後，他對陳紅的突然失蹤顯得很驚訝。接下來，他痛快地承認了他與陳紅保持不正當關係許多年，並說最近他已認識到這種作法不對，正在逐漸拉開和陳紅的距離。可陳紅不依不饒，對他大吵大鬧，還動手打他，甚至破壞他家庭的和睦關係，讓他特別尷尬。陳紅甚至口吐狂言一定要報復他，令他感到很害怕，趕緊在自家窗戶上裝了防護網，出門也特別注意，時刻提防有人加害他和他的家人。今年為了過個安穩的春節，他們一家人不得已到外地旅遊去了。

從許志遠穩定的語氣和毫不迴避的眼神中，可看出他內心非常堅定，這次接觸可以說是一無所獲。偵查員又和劉曉明談了兩次，劉曉明的態度更堅定，一問三不知。其實許志遠和劉曉明心知肚明，活要見人，死要見屍，要說陳紅被害了，那最能證明她死亡的屍體在哪呢？沒有屍體，只要咬緊鐵嘴鋼牙，警察就拿咱們沒辦法。

初次接觸的最大收穫是我們感到這兩個人的嫌疑上升了。警察抓個人，說他可能與一樁殺人案有關，如果他是被冤枉的，他會怎樣，肯定一下子就急爆了，勃然大怒，大聲斥罵，拚命喊冤，要找這個，要找那個，竭力證明自己是清白的，因為誰都知道，殺人償命，可不是鬧著玩的，當今揭露出的那些冤案個個都是這樣，拚死反抗。

可是許志遠和劉曉明對各種問題回答得振振有詞，反應非常平靜，不急不惱，這本身就不正常，再說許志遠和陳紅相好多年，聽到陳紅失蹤了，而且可能被殺死，一點悲痛和惋惜的表示都沒有，雖不期待他嚎啕痛哭，最起碼也要唏噓一番，畢竟兩人曾經同宿同食，更不要說積極配合和要求公安機關盡快破案，抓住兇手，報仇雪恨。人的情緒是最能說明問題的，也是最難掩蓋的。我們找個廉政審查的藉口，不讓他們再回家了。

我們徹底搜查了陳紅的辦公室，發現一個房屋產權證，上面的名字是陳紅，問陳紅的丈夫，他對此一無所知。這房子是怎麼回事，如果是陳紅買的，買房花費的七萬八千元，她的丈夫怎能不知道，顯然這裡面一定有問題。按照產權證上的地址，我們找到這處房子，請開鎖師傅順利地打開門。這是一處兩居室，從陳設來看，這裡應該是陳紅和許志遠姘居的地方。

房子這東西很有意思，一處新房，無論裝修得多麼豪華考究，只要一家人住進去，那個豪華整潔的味兒馬上就變了，無論主人怎麼愛惜，居家過日子難免內衣外衣亂扔，衛生間水漬四濺，廚房裡總會有些油漬，剩飯剩菜，新鞋舊襪，要是家有小孩，那就熱鬧了，玩具扔得到處都是很正常，這就是房子住進人後的所謂「人氣」。可是這處房子更像是售樓處的樣板間，房子很新，裝修不久，窗明几淨，一塵不染，家具、電器都是新的，各種物品擺放整齊，唯獨沒有電視，顯然主人在這裡只是過夜，不是一個真正的家庭在這裡正經過日子，而且很可能不常來這裡住。

我帶著勘查人員在房子裡忙乎起來，期望能找到有人在這個房子裡被殺的線索，像是可疑的血跡，於是用紫外燈照、用試紙擦蹭可疑斑跡做聯苯胺檢驗，但這個房子實在太潔淨了，什麼也沒發現。經驗告訴我們，只要是殺人現場，不管案犯打掃得多麼徹底，總會留下點兒蛛絲馬跡。

刑事技術人員在搜查時為了獲得痕跡物證，有時會不擇手段，甚至顯得有些粗魯。記得我剛當警察時，去搜查一個碎屍現場，這是一戶新婚的房子，我們看見嶄新的大衣櫃上有幾點暗紅色的疑似血跡，二話不說，用刀利索地把大衣櫃削下一大塊，看到嶄新的席夢思床墊上有幾點疑似血跡，毫無猶豫地用剪刀把床墊剪開，刺啦一下撕下一大塊布。我們找殺人痕跡，重點是血跡，為了掩蓋血跡，有時案犯會將殺人的房間重新粉刷，勘查中常常要把牆皮鏟掉，看看有沒有血濺到裡面的牆上，可是這次我們看著這整潔無比的房間和毫無異常的牆面，實在不忍心下手。

按照工作規程，我們極其認真地尋找證據，除了犄角旮旯、家具縫隙以外，重點是下水道，看有沒有沖走碎屍塊和血液的跡象，最後仍然是一無所獲，空手而回，但不管怎麼說，我們找到了陳紅和許志遠幽會的地方，偵破工作剛開始，以後機會有得是。

我們採用技術手段把劉曉明和許志遠手機的移動軌跡重現出來，發現他們兩人的手機都曾到過房山的一個地方，再深查，陳紅的手機也到過這個地方，這是什麼地方呢？為什麼關係密切且特殊的三個人的手機會在這個地方交集？這個地方與陳紅失蹤有沒有關係呢？

按照GPS定位，我們找到這個地方，這是位於房山區的一個四合院，位置很偏僻，被改建成塗料廠，廠主介紹說，一個多月前，劉曉明花十萬元租了下來。農村的塗料廠生產工藝極其簡單，幾乎不需要什麼設備，主要是將石灰、膠水、顏料、水按一定比例混合後，攪拌均勻，封裝在紙板做的桶子裡，賣給農民粉刷房子用。

院子靠南牆搭起一排棚子，裡面堆著塗料成品和一些石灰原料，東側是院子的大鐵門，西側是生產車間，院子北側蓋了七八間屋子，從東向西分別是廚房、工人宿舍，最西側是裡外套間的辦公室。辦案的直覺告訴我們，這種相對封閉的地方應該是個殺人的好地點。

我帶著技術人員來到塗料廠，仔細勘查起來。塗料廠院內一切都挺正常的，原材料和產品碼放整齊，各種工具齊全，電路、電器處於正常工作狀態，工廠已沒有工人，不知是春節放假，還是工廠停產。工廠是公共場所，足跡沒有什麼意義，但是我們還是認真檢查了地面。

成品庫裡塗料產品堆積如山，上面滿是灰塵，不像最近有人動過。我們特別仔細檢查了生產車間，對地上堆的一些灰渣樣的東西格外感興趣，找了個篩子細細篩過，沒有發現人的屍骨殘骸。

北側的一排房子中，頂頭是個廚房，裡面有個農村燒柴的大鍋，鍋台上還擺著油鹽醬醋等佐料，牆壁被煙燻成了棕褐色。北側房子中有幾間是工人宿舍，我進去看了，床上的被褥極其骯髒，每間宿舍裡有個鐵皮衣櫥，裡面全是些破爛衣物，臭烘烘的。雖說這不可能是陳紅的衣服，但我還是一件一件地查看，結果是除了髒還是髒。

最後，我們來到院子北側最西頭兒的辦公室。這是裡外相通的兩間辦公室，外面的一間有門通向院子裡，裡外間藉由一扇門相通，裡外間的隔牆上有一扇鋁合金的推拉窗。辦公室的牆是新粉刷的，地磚是新鋪的，這讓我很奇怪，比照院子裡其他幾間屋子都沒有裝修，為什麼偏偏裝修這兩間呢？

技術破案一定要注重比較，相同條件下出現不同的現象和結果，就一定有問題，找到了出現不同的原因，很有可能便接近了案件真相。會不會是小院裡的房屋都要裝修，先請施工隊裝修辦公室，看看工程品質，再決定是否請這個施工隊來裝修全院，如果是這樣，現場一定會留有裝修辦公室時用剩的材料，比如地磚、塗料等，不可能一次全用完，但是沒有看見用剩的裝修材料，表明了就只裝修這兩間辦公室。會不會是因為要在辦公室接待客戶，因此只裝修了這兩間，這種可能性不是沒有。辦案經驗告訴我們，在幾種可能均不能排除的情況下，千萬不能從主觀好惡出發，隨意而輕易地排除，要從最容易出問題的可能性下手。

這兩間辦公室顯然是我們勘查的重點，人員散開，各自幹了起來。外間放著一張辦公桌，裡間擺著一張床，床上什麼鋪蓋都沒有，還有一個小櫃子和幾把椅子，經過對房屋和室內物品的仔細檢查，沒有發現異常。

我們把所有木器家具都翻了過來，檢查家具腳上有沒有血跡，因為當血在地面流淌或是用水沖洗地面血跡時，有可能被家具木腿吸進去，即便地面上血跡被打掃乾淨，滲透進木質裡的血跡仍然能檢驗出來。我們用木工鋸從桌腳、椅腳、櫃腳上鋸些木屑下來，先用肉眼看看，沒有什麼異常。

大家分散趴在地上，逐個地仔細檢查地磚的接縫，尋找滲入磚縫的血跡。我們興奮地發現一條地磚縫的顏色有點異常，馬上用刀把這塊地磚撬開，希望能見到地磚下一片血跡，結果乾乾淨淨的，什麼也沒有，沿著這條地磚縫向周圍看去，前面那塊地磚好像有點不正常，再撬一塊，結果又沒發現什麼，就這樣一塊塊的地磚覺著可疑，一塊塊的地磚撬下去，最後整個屋子裡的地磚都被撬了起來，還是沒發現血跡。

並不確定的設想

我叫人把新粉刷的牆皮鏟掉，發現舊牆面上有些黑色煙燻痕跡。農村房屋裡有點煙痕不足為奇，當我把辦公室煙燻痕跡與廚房煙燻痕跡進行比較，發現兩者有些細微差別。一是廚房煙燻痕跡呈棕褐色，辦公室煙燻痕跡呈黑色，表明兩處的煙不同，煙不同是因為燃燒的物質不同，廚房裡做飯燒的是木柴和莊稼稭稈，辦公室燒的應該就不是這種東西了。二是廚房煙燻痕跡形成的牆面包漿比較厚，滲透到了牆裡面，辦公室煙燻痕跡顯得很薄，只是附在牆體表面，表明兩處煙燻時間長短不同，也就是燃燒時間長短不同，廚房長期煙燻火燎，辦公室就應該是短時間燃燒形成的。我還仔細查看室內家具，在木器縫隙間也發現了煙燻痕跡，在沒有發現其他痕跡和線索的時候，這點現象無疑是非常珍貴的。

我把一直在現場到處踅摸的命案偵查支隊趙副支隊長叫到面前，我說道，從這些痕跡來看，這房子裡曾經燒過火，但是與廚房不同，我有個猜想，陳紅會不會在這裡被殺害，然後又在這裡被焚屍滅跡，所以我們除了一點兒燒火的痕跡外，其他什麼都沒找到。我擔心趙支他們在沒有其他有價值線索時，把這點想法小題大做，於是補充說道，這只是我的估計，要認定陳紅在這裡被害，僅憑這點煙痕說明不了什麼。

趙副支隊長是我多年老友，我們時常在一起工作，破過許多重特大案件，因為他機警過人，人長得瘦小乖巧，每次見面我都開玩笑地叫他「小鬼當家」。「小鬼當家」聽了以後，問我，人被燒後還能發現什麼樣的證據？我說，DNA在攝氏六十四度條件下就完全破壞了，沒有辦法找到能認定陳紅的證據。「小鬼當家」聽罷沒再說什麼。

構成人體的主要部分是水，焚燒屍體可不是件容易的事，一定要有助燃劑或其他易於燃燒的物質，我們大家分頭在小院裡找了起來。凡是看到容器中裝有液體的就撲上去查，懷疑是不是汽油或是其他能助燃的化學物質，現場上我們也沒有別的好辦法，一是聞，汽油、煤油、酒精、易燃化學藥劑一般都有味；二是在院子地上挖了個茶杯大小的坑，把找到的不明液體倒進去，用火點，看能不能燒著，結果既沒有聞到油、酒和化學品的味，也沒有哪個液體能點著。在緊張忙碌中時間過得很快，一轉眼天又快黑了，我們一行人在這裡已經折騰了好幾天，只能疲憊不堪、內心沮喪地上車回總隊。

第二天一早，我剛到辦公室，「小鬼當家」一陣風似地衝進來，他詭祕地衝我眨了眨眼睛，滿臉興奮地告訴我，昨天晚上他們再次突擊審訊了劉曉明，起初劉曉明還是一副滿不在乎的樣子。「小鬼當家」故意漫不經心地說道，你不要認為我們什麼都不知道，你殺完人，焚燒屍體的時候，人體的DNA分子飛得滿屋子都是，我們隨手一抓就是一大把，還在乎你說不說。你還有什麼可說的？

劉曉明聞聽，臉色驟變，頭上的汗珠子馬上就滴下來了，他滿腹狐疑地說，我真沒想到這個。對於一個設計周密的罪犯來說，對自己精心編織的籬笆充滿自信，一旦這個籬笆在他意想不到的地方被打開一個缺口，他的腦子裡立即會湧出一大堆新的假設，越想越害怕，越想漏洞越多，霎時間缺口套著缺口，漏洞連著漏洞，如大廈將傾，巨壩將潰，自信崩盤，心理防線也就徹底坍塌，自己將自己打倒了，不像有些文化低，一根筋，只知犯渾的罪犯，明明已是人贓俱獲，還硬是不承認自己是小偷，劉曉明徹底交代了在塗料廠殺死陳紅並焚屍的作案過程。

望著興奮不已的「小鬼當家」，我才恍然大悟。昨天在現場我向他說出我的猜想後，就再也沒有見到他，原來他去忙乎這個去了。我心想，僅憑這麼個不確定的設想，你們就有辦法把口供要了出來，真行。我的設想得到了證實，這讓我很高興，現在偵查的問題解決了，我們的技術可慘了。

並不複雜的過程

劉曉明中等身材，也是房山本地人，為人俠義豪爽，膽子大，主意多。劉曉明的父親曾經是許志遠的老領導，許志遠有今天，少不了老領導的賞識和提攜。劉曉明原先在一家運輸公司當司機，因為脾氣暴躁，與單位領導和同事的關係搞得很緊張，劉曉明的父親便找到當時主政房山區商業供銷系統的許志遠幫忙。許志遠不忘提攜之恩，便將劉曉明調到自己身邊，給他開車，還時常關照他的父親和在農村的老家。

幹了幾年後，劉曉明離開了許志遠，辭職下海做生意，不料由於經營不善，賠了不少錢，生意不死不活地撐著。許志遠見狀，時常幫他找人疏通，盡量關照，兩人來來往往十分密切。許志遠有重要事情待辦，從不找別人，只叫劉曉明去操持。劉曉明曾說過，他一生只服兩個人，一個是他父親，另一個就是許志遠，許志遠對他比他父親還好。

據劉曉明交代，陳紅與許志遠的情人關係已有許多年了，這在房山區委區政府裡並不是祕密。陳紅對許志遠一往情深，但許志遠並不想離婚娶她，為了籠絡住陳紅，許志遠為她買了許多珠寶首飾和名包，還以陳紅的名義買了一處兩居室的房子，一來作為陳紅與他相好的補償，二來是行「金屋藏嬌」之便。這就解釋了我們的疑問，陳紅的家人為什麼要等春節長假後才來報案，可見陳紅時常不回家住。

後來不知為什麼，許志遠開始逐漸冷落、疏遠陳紅，可能是隨著年齡增長，心力漸衰，也可能是他仕途坦蕩，感到不能為男女之事毀己前程，還可能是唯一女兒成了家，他越來越看重自己的家庭，不想再和陳紅保持這種偷偷摸摸的關係了。陳紅馬上感覺到了許志遠的變心，但她實在放不下許志遠，不甘心就這樣罷了。為了挽回許志遠的心，她給許志遠下跪過，也和許志遠大吵大鬧過，兩人甚至有幾次大打出手，由愛轉恨，誓言絕不放棄，下定決心要拚個魚死網破。

被感情沖昏頭的女人一旦被激怒，是什麼事情都幹得出來的，她竟然主動勾引許志遠的女婿，可憐許家攤上這麼個貪色偷腥的女婿，兩人完事後，陳紅用短信（編按：即簡訊）把兩人床上之事發到許志遠女兒的手機上，頃刻間在許家攪起了軒然大波，再也不得安寧，焦頭爛額的許志遠不由得怒從心頭起，惡向膽邊生，頓起殺心。

陳紅失蹤前一個多月，劉曉明在一次聚餐時見到「老闆」悶悶不樂，就問道，大哥怎麼了？許志遠對劉曉明是無話不說，他就把最近和陳紅鬧翻，還被她死死糾纏的事告訴了劉曉明，劉曉明一聽，胸脯一拍，說，大哥，這算什麼，交給我吧。過了幾天，他便在房山區物色到一家塗料廠，從許志遠那裡要了十萬元錢，立即租下，開始了殺人的準備。

經過一番周密的策劃和準備，除夕下午，劉曉明電話約陳紅去為「金屋」買電視機。他先叫一輛夏利「黑車」停在區委大院後門不遠的地方，自己側身躺在後座上，眼看著陳紅提著年貨走進區委傳達室放下，然後出來，在路邊打了個電話，他便叫「黑車」司機沿著區委大院的外牆緩緩向前開，當駛過陳紅身邊時，劉曉明打開車門，一把將陳紅拉進車裡，「黑車」無聲無息地緩慢加速向前駛去。上車後，劉曉明問給誰打電話，陳紅說給她的大姨打個電話，讓她來這裡取年貨。

「黑車」按照劉曉明的要求，東繞西繞後才在一處僻靜地方停了下來，兩人下了車，打發走了「黑車」，劉曉明走向早已停在一旁的黃色「小麵包車」，讓陳紅上車，自己開著，說這個車後廂大，方便拉電視。可車子並沒有朝賣電器的商場駛去。劉曉明說先要拿點繩子，於是車開進了塗料廠，劉曉明下車後迅速地把大門緊緊關上。

劉曉明把陳紅領進裡間辦公室，兇相畢露翻了臉。他惡狠狠地問陳紅，我大哥怎麼了，你要對他這樣。可陳紅根本不把劉曉明放在眼裡，她想，你算老幾，你只不過是個司機，我是你大哥的女人，你敢把我怎樣，你竟敢這麼跟我說話。所以她是一副滿不在乎的樣子，不服軟地說，你能把我怎樣，看你大哥怎樣收拾你！陳紅隨口說著，催促劉曉明趕緊拿繩子走人。

劉曉明原本就計畫好了，現在又被陳紅輕蔑和威脅，氣就不打一處來，猛地用力將陳紅撲倒在床上，拿起繩子三下兩下捆了起來。陳紅見狀頓時花容失色，心想大事不好，這回可是來真的了。事到臨頭，她拚命冷靜下來，發覺捆得不很結實，就偷偷地騰出手來，暗地裡給許志遠發了一條短信：「你害死我了！」

劉曉明對著陳紅劈頭蓋臉一頓痛罵，說到氣頭上，一伸手就把陳紅給活活掐死了。

劉曉明事先準備了一只空汽油桶，把上面一端的鐵皮剪掉，桶壁上打一排眼，擱上箅子製成一只爐子，準備焚屍用。掐死陳紅後，劉曉明定定神，等到晚上將近八點鐘，把陳紅的屍體倒著插進早已放在外間辦公室的自製爐子裡，再塞進木柴點火燒。第一次沒有點著，劉曉明從車裡接了點汽油來，倒進爐子，再次點火，汽油遇到明火，火焰猛地竄了起來，把劉曉明的眉毛、頭髮和前襟都燒焦了。劉曉明害怕焚燒屍體的焦臭味引來注意，就把門窗緊閉，自己關在屋裡，強忍著濃煙烈火的燻烤。

屍體並不像他所想像的那樣好燒，從晚上八點多鐘一直燒到十二點，煙燻火燎，焦糊刺鼻，劉曉明實在忍不住了，感到自己的雙眼火辣辣地劇烈疼痛，再下去這眼睛恐怕就要被燻瞎了，只好先停一停。火熄滅後，他瞟了一眼爐內，陳紅屍體上的軟組織已經沒有了，小的骨頭也都燒成骨灰了，只剩下大塊的骨頭。

從屋裡出來，劉曉明深深地吸了幾口除夕夜裡濕冷的空氣，冷空氣一下子灌到他的肺裡，刺激得他不住地咳嗽起來，稍微清醒後，開上車來到房山醫院。他告訴醫生說，放鞭炮時被煙燻著了，大夫看到他衣服、頭髮和眉毛都燒焦了，也就信了，給他開了滴眼睛和治療燒燙傷的藥。

劉曉明回到家裡，對妻子說，這幾天過春節，首長要去看望群眾，跑的地方多，我就不在家住了，你把我的換洗衣服找出來。劉曉明拿著藥和衣服回到塗料廠，打電話把他弟弟叫來，給他做飯吃，但絕對不許他弟弟進入那兩間辦公室。

在塗料廠小院裡，劉曉明一直休息到初四，感覺眼睛好些了，看看爐子裡陳紅的大塊骨頭，還得燒。他打點精神，重新點燃爐子燒起來，又經過四個多小時，看到大塊的骨頭也都燒成了骨灰，再把陳紅的衣服、靴子、手提袋、手機和床上鋪蓋全都扔到爐子裡徹底焚毀。等骨灰涼透了以後，劉曉明將骨灰分裝進四個塑膠袋，用車拉到房山的一個大垃圾場，胡亂扔到不同的地方。

春節長假過後，許志遠一家從外地旅遊回來。初八有個聚會活動，許志遠和劉曉明碰到一起，劉曉明湊近許志遠悄悄地說，辦完了，什麼都沒了。許志遠心領神會，不再多問，臉上滑過一絲不易察覺的默許表情。幾天後，劉曉明先是從老家找了兩位老大姐，將兩間辦公室裡裡外外打掃一番，後來還不放心，又請來裝修工人將房屋徹底粉刷了一遍，還更換了帶有焚燒痕跡的地磚。

突破了劉曉明，許志遠就好辦了，經過不長時間便有了交代。除夕下午，許志遠把陳紅叫到辦公室，兩人聊了聊過年的事。正說著，陳紅的手機響了，她躲進許志遠辦公室的洗手間接電話，許志遠坐在辦公桌後面等著，突然他感到一陣莫名的恐懼襲上心來：劉曉明要動手了。

接完電話，陳紅出來，許志遠問是誰來的電話，陳紅說，是劉曉明，約好一會兒去買電視，春節期間商場打折，電視機便宜。許志遠心中隱隱地感到害怕就說，今天是三十，不要去了。陳紅哪知道許志遠的心思，就說，怎麼能不去，上次說好去買，後來下大雨沒去成，這次一定要去，買了電視正好看春晚。說著陳紅就要走，許志遠說，過年了，我這裡有點紅酒、大棗、蘋果什麼的，你拿走吧，陳紅提上年貨就走了。

這就是許志遠最後一次見到陳紅。「小鬼當家」問許志遠，此後收到過陳紅的短信嗎？許志遠說，收到過，內容是「你害死我了」。「小鬼當家」接著問，你收到這樣的短信是怎麼想的？許志遠說，他對這條短信的理解是，因為他讓陳紅提走的年貨很重，陳紅提著走得很累，就說，「你害死我了」。

話是這樣說，但是我們認為，在許志遠內心深處，他何嘗不清楚被劉曉明帶走的陳紅只是嫌年貨太重這樣簡單，這是陳紅在生命的最終時刻向他發出的最後掙扎。

許志遠也承認了事後劉曉明跟他說事情辦完了，什麼都沒留下，他明白陳紅已經被劉曉明殺了，怎麼殺的也就沒有再細問。許志遠和劉曉明兩人的供述基本吻合，應該是可信的，可幾天下來，現場「已經像篦頭髮似地篦了一遍」，哪裡有證據能證實案犯的交代。

並不確鑿的證據

送走了「小鬼當家」，我靜下心來，想想下一步怎麼辦，一點點地梳理現場情況，看看哪裡有疏漏，哪裡有可能找到證據。正想著，刑偵總隊張副總隊長走了進來。在刑偵總隊裡，張總負責命案偵查，我負責刑事技術和法醫，組成了偵破命案的「哼哈二將」。張總幹這一行已有三十多年了，經驗豐富，偵破過無數離奇案件，我們互補互動，配合默契，工作和私人關係都非常融洽。平時張總到我辦公室來的次數並不多，我連忙站了起來，只見張總在我肩頭拍了一下，說了句：左總，你只要能找到人的東西，我就能讓這兩個人腦袋搬家。我回答道，只能試著找找人的東西，不能認定是陳紅的東西。張總說，只要是人的就行。我說，好吧。

沒有別的辦法，我只得帶上全套人馬再去現場。我最先想到的是要找到陳紅的骨灰，記得我在偵辦一起系列殺人案時，兇手殺人後，將屍體切成幾塊，大塊的架在廚房的煤氣灶上燒成了灰，小塊的放在烤羊肉串的長槽形爐子裡混著煤塊焚燒，然後將骨灰與煤碴一同倒掉。我從這堆煤碴中找到了黃豆大小的幾片骨灰，發現具有人骨的特徵。

人類在進化過程中，骨骼分為長骨、短骨、扁平骨、不規則骨和圓骨五種類型。長骨是指四肢的長形大骨頭，短骨是指手或腳上的小塊骨頭，扁平骨是指肩胛骨、顱骨或肋骨，不規則骨是指脊柱骨或叫椎骨，圓骨又稱籽骨，通常長在關節腔內，最大的一塊就是膝蓋上的髕骨。人類骨骼的結構是外面一層骨密質，形成骨頭的外殼，裡面空的部分是髓腔，髓腔內有蜂窩狀的骨結構，稱為骨鬆質，構成骨鬆質的是骨小梁，這個骨小梁是人類特有的，動物沒有。另外，人類骨骼是由有機質（如膠原蛋白）和無機質（如鈣鹽）沉積構成的。骨骼的形狀就是無機質的形狀，焚燒後，有機質被高溫破壞了，但無機質不會被破壞，仍然保持著骨骼的形狀。我們透過顯微鏡觀察骨灰，發現了骨小梁，認定這是人骨，從而找到了有人被殺害的證據。

按照劉曉明的供述，我們來到房山的垃圾場，一看到垃圾場的景象，我馬上意識到實在不可能有任何希望了。這個垃圾場佔地廣闊，非常巨大，垃圾堆積如山，什麼髒東西都有，各方向來的垃圾清運車穿梭往返，傾倒著垃圾，推土機一刻不停地將垃圾推來推去，垃圾山一會兒一個樣，時刻變化著，十幾分鐘甚至幾分鐘前傾倒的垃圾一轉眼就找不到了，更不要說多少天前的垃圾了。垃圾場指望不上，只能再回到塗料廠想辦法。在接下來的幾天裡，我們不知去過多少次，可以說把這個小院翻了個底朝天，還是沒發現什麼有價值的痕跡物證。大家的信心受到了挫傷，工作情緒也漸漸低落。我站在塗料廠的辦公室裡，心中默默地念叨著，陳紅，我們是警察，如果你真是在這裡被害的，我們是來為你查清案子，報仇雪恨的，冥冥之中你能給我們一點點提示嗎？

說也奇怪，一天下午，我在塗料廠的辦公室裡，突然看見隔開裡外間牆壁的玻璃窗上有一點印漬，就像擦玻璃時，先用濕抹布把滿是灰塵的玻璃擦一遍，這時灰塵沒有了，但是玻璃並不乾淨，留下淡淡的水漬。我見到現場玻璃窗上的印跡就像玻璃剛用濕布擦過後的樣子，我用手摸了一下，感到玻璃上像是沾了薄薄一層有點兒黏手的乾了的油樣東西，這是什麼呢？我環顧現場，看能不能找到其他類似的痕跡。

外間辦公室通向院子的門上有個左右搖頭的氣窗，氣窗的兩扇玻璃中有一扇已經破碎脫落，只剩紗窗。我仔細觀察紗窗，發現也有少量油漬，油漬還順著紗窗的一角向下流注，有點像家裡廚房抽油煙機的情形。我想，這裡不是廚房哪來的油漬，突然我意識到，會不會是案犯在屋裡焚屍時，屍體的水分在高溫作用下蒸發成水蒸氣，人體油脂同樣在高溫作用下蒸發成脂肪蒸氣，脂肪蒸氣和水蒸氣相互混合升騰起來，四處飄散。

一幅冷血恐怖的年夜焚屍圖在我面前展開，年三十是中國人一年中最期盼的一天，此時屋外漆黑寒冷，屋內爐火熊熊，燒的竟是一位曾經魅力四射的女性胴體，胴體演化出的煙氣、水氣、焦味、糊味在屋裡肆意彌漫，當脂肪和水的混合蒸氣飄散到沒有玻璃的紗窗這兒，遇到了外面的冷空氣，飄散到辦公室隔牆遇到了溫度比較低的玻璃窗時，水蒸氣重新凝結成水，脂肪蒸氣也重新凝結成脂肪，這位女性的靈魂是不是也隨著蒸氣飄散、升騰、凝結。

我從水蒸氣聯想到脂肪蒸氣，如果這個設想站得住腳的話，那麼正常情況下，人體脂肪應該在人體內，怎麼會跑到紗窗和玻璃窗上去了呢，說明在這個屋子裡曾經焚燒過人體。

證實這個設想的關鍵在於能不能認定這些油漬就是人的脂肪。我把這個想法講給大家聽，大夥兒像發現了新大陸似的，立刻來了精神頭兒。我們小心翼翼地將紗窗拆下，再把辦公室隔牆上的玻璃窗拆下來，現場還找到一個我們懷疑案犯打掃現場時可能用過的吸塵器，把它也提取上，帶著這三樣東西，一身輕鬆地回到刑偵總隊技術大樓。

並不掌握的檢驗

我找到負責理化檢驗的專家，講了我的思路，請教他們如何檢驗確定脂肪，如何區分人體脂肪和其他動物脂肪。他們告訴我說，咱們刑偵總隊的實驗室不具備檢驗鑑定油脂的能力。油脂通常分為三種，一種是植物油，比如平常吃的花生油、大豆油、橄欖油，一種是動物油，比如豬油、牛油、奶油、雞油，還有一種是礦物油，比如汽車用的機油、汽油、柴油。這三種油中，礦物油比較容易檢驗和確定，不僅能與其他兩種油區分開來，還可以根據油品中含有的特徵性雜質追蹤到是哪裡生產的。植物油就比較難了，動物油是最難的。

案子有了進展後，技術上又遇到了新的困難。我想，我們的實驗室不能檢驗，全國其他兄弟省市公安機關有沒有這個能力呢。我曾擔任過公安部刑事偵查局刑事技術處長，全國公安機關的技術資源咱還是掌握一些的。

拿起電話來先找誰呢，漫天撒網不是不可以，但總要從最有希望的入手。最先想到兩位專家，一個是遼寧省公安廳的大姜，另一個是雲南省公安廳的路總。大姜是我多年好友，他是全國公安系統頂尖級的DNA專家，我們分享著從事刑事科學技術工作的快樂和困惑，我家第一條純種拉不拉多狗「老四」就送給他了，可見交情之深。幾十年來，遼寧省公安廳的刑事技術力量一直是全國的領頭羊，我們北京也曾多次請他們幫忙解決難題。路總是位女同志，主管雲南省公安廳的刑事技術工作，也是我多年老友，她本人就是化學分析工程師，向她請教油脂的檢驗鑑定絕對是找對了人。

雖說是女士優先，但我還是先把電話打給了大姜，畢竟瀋陽比昆明近得多。我把情況一說，大姜爽快地說，這不是難事，我這裡有位丁工程師研究這個檢驗已有二十多年了，而且有了一套成熟的方法，你就派人來吧，保證能給你解決問題。聽到這話，我心裡真是一塊石頭落了地，長吁一口氣，「天助我也」！我馬上把理化室的技術人員叫來，交代他們帶上這三樣物證，立即搭乘飛機，趕赴瀋陽。

誰知沒一會兒，這兩位技術人員從機場打來電話，說人家不讓把玻璃帶上飛機。我要求凡是物證一定要隨身攜帶，絕對不能當作行李託運，因為一旦丟失了，追究責任事小，案子一切就都完了，過去我們就有過這樣的教訓。

有一次我們從國外押解一名案犯回國，案犯的兇器是菜刀，機場安檢死活不讓帶上飛機，一定要交運，並保證說由機組人員親自保管，萬無一失。等到飛機落到了首都機場，這把菜刀卻再也找不到了，機組人員早就沒影兒了，問誰都說不知道，只剩我們在那裡乾著急。這時我們才突然明白，人家航空公司最要緊的是飛行安全，誰能保證保管著菜刀的機組人員不幹壞事，菜刀壓根兒就沒有帶上飛機，人家才不管你證據不證據呢。

我叫技術人員馬上回到城裡，改乘火車前往瀋陽，火車怕的是易燃易爆，沒說帶塊玻璃不行，大不了讓乘警看著。技術人員和物證都順利走了，我忐忑不安地度過了兩天時間，真不知道能不能檢驗確定出人油來。

終於等來了瀋陽的電話，技術人員激動地告訴我，檢驗結果很好，將人油與豬油、牛油、羊油、雞油等動物油成功地區分出來，經過比對，完全可以認定是人油。我說你們馬上把檢驗圖譜傳真到值班室，我要看一看。幾分鐘後，圖譜傳來了，我一看果真是各種動物油分得清清楚楚，其中一個峰標著「人」。我連忙打個電話給張總，就說一句話，腦袋搬家了啊。張總立即反應過來，說，左總，你真行。我說，你要搬家，我只能幫你了。接著又給在瀋陽的技術人員撥了個電話，告訴他們不要馬上急著回來，讓他們認真地向丁工程師學習這項技術，帶著新技術回來才算完成了任務。

幾天後，他們回來了，剛到北京火車站就打電話給我，說丁工程師之所以能檢測人油，關鍵在於他老人家花了二十幾年的光景鑽研出一套試劑配方，有了這個試劑，檢測人油就不難了。丁工程師性格內向，不善言詞，自己的絕招很少教人，後來見我們的技術人員態度真誠，虛心好學，再加上我和大姜的交情，他終於向我們和盤托出。敬業的技術人員擔心北京買不到配方中的幾種化學試劑，他們出了車站後，立即馬不停蹄地趕到化學藥劑商店，買齊了試劑才放心回家。

藝不壓身，多會一樣本事遲早會有用。後來這個技術在辦案中還真的發揮了作用。我們在偵辦一起入室殺害兩人的特大案件時，從死者家隔壁的房頂上找到一雙鞋，鞋底上嵌入了煤碴。只有當煤燃燒時，熱煤碴才能燙化鞋底嵌入，我們還在鞋底上的幾個地方檢驗出了豬油，表明這雙鞋的穿著者應與餐飲行業有關。現在為防空氣污染，北京城裡的餐館已不許直接使用煤炭，全部改用天然氣或是液化石油氣，那什麼地方仍然同時有豬油和煤炭呢，應該是燒烤攤。我們將這一推測向偵查部門做了通報，破案後證明案犯確實是從事街頭大排檔的，作案後，為了毀滅證據，將作案時穿的鞋扔到房頂上，沒有想到被我們找到，成了重要的破案線索。

有了人油的檢驗結果，案件的兇殺性質板上釘釘了。但是從證據效力來說，這個證據僅可以證明塗料廠裡曾經焚燒過人的屍體，並不是陳紅被害的直接證據。要想真的「腦袋搬家」，就必須把案子辦成鐵案，這就一定要有直接證據的支持。陳紅的屍體檢驗都到了人油的程度了，到哪裡去找直接證據。

經過反覆審訊，劉曉明交代，他把陳紅的手機扔到火裡之前，考慮到萬一有用，就把手機卡拆下來，保留了幾天，風聲過後，他把手機卡扔到他家村口的一個廁所裡了。聽到這個情況，大家意識到，直接證據到手了。我們立即押上劉曉明，開車飛快地朝他的老家奔去。

在車上，我對劉曉明說，你要好好地配合我們，就在車上老實待著，把廁所指給我們就行了，事情到了這個分上什麼也不要想，什麼花招也別耍，我們也不會為難你。劉曉明說，謝謝您！我問，為什麼要謝我？他說，您沒讓我太丟臉。不難想像，劉曉明一家兩代在鄉里鄉親的眼裡，應該屬於功成名就的「有本事的人」，如果我們把戴著手銬腳鐐的劉曉明從車裡押下來，讓鄉親們看到跟遊街差不多，這對世代居住在這裡的劉家是多麼丟臉的事啊。

並不預料的結果

二〇〇七年六月二十二日，此案在北京市一中院開庭審理，由於該案涉及到當事人的隱私，法院選擇了不公開審理的方式。許志遠和劉曉明的律師分別為他們做了指使殺人證據不足和罪輕的辯護。

許志遠的律師認為，儘管許志遠說過「滅了她的心都有」，但只是停留在心裡想想和口頭上說說。許志遠沒有唆使、命令劉曉明去殺害陳紅，也沒有提出明確的要求和部署具體的實施計畫，指控許志遠指使殺人的證據不足。律師還認為被殺害人陳紅有重大過錯，與許志遠關係惡化後產生了報復想法，採取了一些不應該有的行為，給許志遠一家人造成了重大傷害，對矛盾激化負有直接責任。除被控僱兇殺人，許志遠還被控收賄五十餘萬元，律師辯稱，並無充分證據證明許志遠受賄。

劉曉明則當庭翻供，否認殺人焚屍的指控，他的律師在庭上更改了辯護詞，臨時改成為他做無罪辯護。劉曉明的律師表示，檢方的證據有瑕疵，在沒有找到陳紅屍體的情況下，本案並沒有掌握陳紅死亡的直接證據，只有劉曉明的口供和紗窗及玻璃上的人體脂肪，僅從人體脂肪成分的鑑定來認定為陳紅所留，是沒有科學根據的，因此他認為，應該重新認定陳紅係失蹤，而不是死亡，對劉曉明應無罪釋放。

在我看來，律師依法辯護是法律賦予律師的神聖職責，我不但不排斥，而且非常尊重律師職業，尊重他們敢於依法站在法律對面的勇氣和能力，但是律師的辯護一要尊重事實，二要證據充分，不能為辯護而辯護，睜著眼睛說瞎話。這個案子中，我們只說人油證明了塗料廠裡曾經焚燒過人的屍體，自始至終我們也沒有說過這個人油就是陳紅的。至於許志遠收賄一事，人證物證俱在，有什麼理由說是沒有充分證據。關鍵是劉曉明一直在法庭上質疑所謂屍體粉末的DNA檢驗結果，可以說，到死他也沒有弄明白這是怎麼回事。

二〇〇八年一月十五日，北京市一中院將對此案進行一審宣判，許志遠因犯故意殺人罪被判處死刑，因犯收賄罪被判處有期徒刑十三年。法院依法決定對其執行死刑，褫奪政治權利終身。劉曉明因犯故意殺人罪被判處死刑，褫奪政治權利終身。宣判後，許志遠、劉曉明不服一審判決，兩人的律師均提起上訴。最後，北京市高級人民法院二審維持原判。

經最高人民法院死刑覆核，二〇〇九年九月中旬，許志遠和劉曉明被執行死刑。對這個結果連我都感到有些意外，一般來說，殺死一個人，兩名罪犯被執行死刑在當前並不多見，誰都知道，像許志遠這樣的領導幹部，只要不被「腦袋搬家」，判個死緩都不怕，關上幾年弄個保外就醫，只要出來就照樣能呼朋喚友，吃香喝辣，被執行了死刑只得一了百了了。

案子辦結了，卸下了我身上的職責，我可以帶著局外人的眼光，客觀冷靜地再來重新審視和思考這個案子。

一起並不離奇的婚外情引發的矛盾，最終的結果是逝去了三條鮮活的人命，其中還有相當一級的領導幹部，當然他們背後的三個家庭也遭到了滅頂之災。失去生命的三個人各自都有不可饒恕的過錯和無可推卸的責任，但他們各自也都有外人或多或少可以理解的理由和或多或少令人同情的託詞，陳紅、許志遠這一對野鴛鴦到底哪隻是白，哪隻是黑呢？

到房山辦案時，從當地人的言談話語中，我感到他們對許志遠和陳紅相好的事不但知道，而且並不反感。在農村人的眼中，許志遠的成功和陳紅的美貌是多麼地般配，好像理想中的美好就應該是這樣，這讓我心中悄悄地增加了一道防線。

與其說是一起案件，倒不如更加確切地說是一起悲劇，究竟怎樣看待這起悲劇和悲劇中的每個人呢？許志遠和陳紅相好多年，如果說他們之間一點真情都沒有，恐怕也不客觀真實，陳紅的癡情和許志遠的轉意，使他們終究沒能修成正果，他們錯在哪裡？所以悲劇的結局是從一開始就註定了的。劉曉明頭尾不顧地介入其中，又搭進去一條性命，不外乎是為了一番兄弟情義，他又錯在哪裡？男女之情、兄弟之情是人世間最美好的情感，這個代價是不是太沉重了？

我陷入了困惑當中。從純粹的技術角度回顧這起案件，我想該他許志遠倒楣，或許真的是「人在做，天在看」？陳紅真的聽到了我的祈禱？如果沒有張總的「叫板」，如果我在現場沒有發現人油痕跡，如果發現了人油沒有辦法檢驗，說不定許志遠最多也就是判個無期，連個死緩都夠不上，更不要說執行死刑了，也就是說如果沒有我和我們的所作所為，或者說沒有我和我們的「太過認真」，是不是就不會再搭進去兩條人命？案子破了，雖說懲惡揚善是我們警察的天職，可到底是殺人抵命好，還是不要再人頭落地好呢？

當警察的就是這麼怪，一上案子就是這麼拚命，不放棄一切線索，其實被殺害的人並不是咱的家人，偷走的東西也不是咱家的財物，被性侵的女性更不是咱的姐妹，可警察哪來的那麼大的幹勁，夜以繼日不顧一切地循線追蹤，抽絲剝繭，鍥而不捨，固然有警察的責任感在裡面，享受與看不見對手的暗中較量，恐怕也是樂此不疲的原因之一。

不容否定的是，案件最後的判決說明了此案的主觀惡意、惡劣性質、情節嚴重和手法殘忍，而我最關注的是定案的證據經得住考驗。

最後值得一提的是，北京從二〇一〇年起對被判死刑的罪犯全部實施注射死刑。許志遠是首批被執行注射死刑的罪犯，用自己的死亡參與推動司法進步，這恐怕也是他這個政協副主席始料不及的。

轉身時刻

——從刑偵總隊到警察學院

從起身到憤怒——這個案子非破不可！

二〇〇七年一月九日晚上，北京市委政法委在二十一世紀賓館的游泳池旁，錄製全市綜合治理系統迎新春電視晚會。時任刑偵總隊副總隊長的我胸前戴著獎章，作為全國第二屆「我最喜愛的十大人民警察」和公安二級英模、北京市勞模，與公檢法司各系統的英模們一起整齊地坐在池邊，按照現場調度的統一指揮時而鼓掌，時而歡笑，現場一片歡樂祥和的新春景象。

突然，我接到刑偵總隊值班室的電話：廣州發生一起殺人碎屍案，案犯透過物流公司將屍塊分別寄往了江蘇張家港、山東青島和北京。現在江蘇和山東已先後發現了屍塊，北京還沒有接到報案。根據江蘇和山東轉來的情況，現在已經查明，該物流公司在北京的存取貨物地點在大興，當地派出所民警已找到貨場，經過仔細查找，發現一件可疑貨物的發件地址與江蘇和山東的一致。當刑警的一聽到有案子就興奮，聽完這個情況，我立即起身離開錄製現場，鑽進汽車直奔大興。

以往凡是發現這類涉及不同地區的案件，刑偵人員的第一件事就是拎包出差，到有關地區去瞭解情況，掌握線索，串併案件。此時，我的腦海中突然蹦出「網上作戰」的想法：請廣州市公安局刑偵支隊立即在公安網上開闢一個專欄，請江蘇、山東、北京三地刑偵人員將各自的屍塊檢驗結果及案件的全部材料，包括屍塊照片、屍檢所見和報告、DNA分析、毒物檢驗分析結果、屍塊包裹物的特徵等，全部上載到網上，四地公安機關刑偵人員就可以直接從網上進行比對和分析，還可以透過這個平台討論和交流情況，這樣不用出差，同樣能串併和偵破涉及幾個地方的案件。比如，如果是同一個案子，一個被害人就只能有一隻左腳和一隻右腳，如果發現了兩隻左腳，一定是兩個案子或者是兩個被害人。

在車上，我撥通了廣州市公安局刑偵支隊負責法醫工作的劉超的電話。劉超是我多年老同學和老友，一九九一年我從廣州中山醫科大學獲得博士學位，他在當年獲得了碩士學位，他的導師是我博士答辯委員會的委員，後來我們一直來往不斷。他原籍湖北，人長得瘦小單薄，聰慧的大腦早已謝頂，透過高度近視鏡片的眼光中流露出機智和幾許狡黠，當過教師的他練就了一身巧舌如簧、能言善辯的工夫，一看就是九頭鳥中的「濃縮精品」。一九九九年，公安部決定建立全國首個打擊拐賣兒童DNA資料庫時，要在全國公安機關中選擇四個實力強的DNA實驗室負責血樣檢驗和建庫工作。當時我任公安部刑事偵查局刑事技術處處長，專門負責此項工作。根據技術實力和地域分布，我力主廣州市公安局DNA實驗室也參加，最後廣州市公安局作為唯一一個地市級公安機關的實驗室參加工作，其他三家是公安部物證鑑定中心、北京市公安局和遼寧省公安廳，與另外三家比，廣州市公安局的技術實力可見一斑。人的運氣的確是很難預料的，本來是件單純的技術工作，但出人意料的是，這給負責DNA檢驗的劉超帶來重大轉機，從此他的技術前途和官場仕途都一片光明，我們間的友誼也與日俱增，日久天長。我一提出「網上作戰」的想法，立即得到劉超的積極響應和支持，他說明天一早的案件討論會上，他一定會提出這個想法，保證沒問題。

到達大興現場後，一個紙板箱已經被找出來了。箱子不大，也不重，估計人體的主要部分不在裡面。到場的法醫檢查發現，箱內裝有人的一隻腳和一隻手，從屍塊表面看，被害人應該是個男性。一般男人被殺就是兩條，一是情，二是財，女人被殺則多是因色被殺。我注意到，這個死者歲數不小了，我低頭看看自己手上的皮膚，感到這名男死者的歲數怎麼也不會比我小，估計也有五十多歲了，歲數大的男性被殺，更可能是兩者兼而有之。從屍塊部位、包裝方式和寄出地址及字體看，表明與江蘇和山東發現的確實是同一個案件。讓我感到特別氣憤的是，紙箱上寫的收件人叫「宋德遠」。案犯在廣州作案，將屍塊分別寄往不同地方，與江蘇、山東比起來，北京是最遠的，所以北京的收件人就叫「送得遠」，不知道江蘇的收件人是不是叫「宋德金」（送得近），山東的收件人是不是叫「宋德忠」（送得中）。這分明是在戲弄警察，向警察公然挑釁，我暗下決心，「這個案子非破不可！」

我們按常規勘查現場，照相錄影，提取物證，詢問物流公司人員……最後將裝有屍塊的紙板箱送去法醫中心做進一步檢驗。案子後來破得挺順利，先是找到那家物流公司在廣州的收件處，調出收件大廳的監控錄影後，發現託運人是一男一女，抓到這對「託運鴛鴦」後，原來女託運人是個「三陪」小姐，她先與生意有成、財大氣粗的五十多歲的被殺被碎男子「一見鍾情」，後來又和阮囊羞澀、英俊帥氣的二十歲出頭的殺人碎屍男子「相見恨晚」，姑娘一是自古嫦娥愛少年，二是想到沒錢可以兩人一同打拚，可三十多歲的差距又如何能「白頭偕老」，姑娘在人與財之間做出選擇，決定要人不要財，可年長的那位糾纏不休，最後就只有被殺被碎的分兒了。

這個案子讓我特別高興的是，和劉超通電話的第二天一早，廣州市公安局就開通了案件專窗，四地警方通過專窗及時交流資訊，最後，案子破了，廣州市公安局才派出專人到其他三個地方帶回書面證據，「網上作戰」初嘗勝果。

從證實到談話——我像是最後一個知道的

一月九日忙乎了一個晚上，一月十日是一一〇日，市公安局在國家博物館舉行天安門分局攝影展開幕式，市局各單位主要領導和英模代表到場出席。因有領導參加儀式，大家都提前到了，於是圍在一起閒聊。我正把昨晚的這個案子，什麼碎屍現場，什麼「網上作戰」，什麼「宋德遠」等案件趣事繪聲繪色地講給大家聽。這時，一位警察學院的領導走過來，因為那時候我對警察學院的領導並不熟悉，連誰是院長、誰是政委都分不清，我的經驗是一般來說，打招呼時叫人家院長基本上準沒錯。他問我，「什麼時候到我們那裡去？」我一時不明白是怎麼回事，隨即想起曾經通知我去脫產培訓，後來因為工作脫不開沒有去成，就回答說：「是的，我還沒有參加過三優培訓（優秀民警、優秀領導幹部和優秀後備幹部的培訓），但是現在是年初，刑事技術和偵查工作剛開年，可能還要等一段時間才能去。」這位領導說：「不是培訓，是什麼時候到我們那裡當院長。」我一聽就愣住了，懵懂地說：「我不知道是怎麼回事。」這位領導開玩笑道：「你不許裝傻！」我說：「我真的不知道。」當時我腦袋中飛快地思考，這到警察學院當院長究竟是怎麼回事？可能是看到我一臉茫然的樣子，這位領導說了一句：「看來你是真的不知道。」剎那間，神聊碎屍案的興致被當院長的迷惑沖得精光。

攝影展開幕儀式開始了，我們依次上台，領導把天安門分局的畫冊頒發給我們。發給我畫冊的領導是市局政治部主任，主任握著我的手說：「下午在總隊嗎？不要出去，下午去考核你。」我想，看來當院長這事肯定是真的了。下一位與我握手的領導是市委政法委的副書記，她握著我的手說：「祝賀你。」我想這回更加確定是真的了。最後與我握手的是市委政法委管組織人事的領導，他也向我說了祝賀的話，我趕緊握住他的手說：「謝謝您！」

下午，刑偵總隊已接到通知，全體黨委委員集中在黨委會議室等著，一個一個被叫去談話。我接到通知，留到最後談。我的理解是，「最後」的意思就是如果大家都說我不好，就不必再談了。大概過了一個多小時後，人叫得差不多了，我被通知，今天不找我談了，明天讓我到市局候著，在市局談。這到底是什麼意思，為何要到市局才能和我談？我不知道，也不去多想，反正讓咱幹啥咱就幹啥，不讓咱幹的，咱不幹就是了。

大約十分鐘後，我突然又接到通知，馬上到六樓會客室，市委組織部的同志找我談話。我不敢怠慢，立即跑上去，領導已經在那裡了。我估計這十分鐘裡的變化有可能是他們電話請示了更高層的領導，上面指示即辦，才有了這次談話。對一個民警來說，與組織部門打交道的機會並不多，我也一樣。當警察二十多年，組織部門找談話還是第一次，心裡多多少少有些緊張，也有些好奇。

坐定之後，我提心弔膽地一看，一共來了四個人，一名年輕女士，三名男士。這位年輕女士最先提問。

「要把你調到警察學院當院長，你有什麼想法？」她直接問我。

我想，這位女領導還真是單刀直入，直奔主題，過去聽說組織部門找談話不是遮遮掩掩，就是光畫圈不點題，明明要提拔你，卻說是職務變動，升降皆有可能，讓被談話的人回來後百思不得其解，一顆心七上八下的，不知是凶是福，現在這種直率的談話方式可能是組織部門改革的結果吧。

我也直言回答說：「我當警察已有二十多年，在國外幹的也是刑警。我的興趣就在刑警，在破命案。而且我現在分管的刑事技術處和法醫處，這兩個單位的性質、人員身分、工資收入剛剛納入公務員管理，一切才開始走上正軌，我不願意去。」

我的話剛說完，這位漂亮的女同志把臉一沉，說：「你現在就告訴我們，你能不能服從組織安排？」

我一聽，不好，人家急了，咱還是老實點兒吧。可咱是當刑警的，不管什麼時候刑警都不能說軟話，於是我沒有正面回答。

我說：「我是黨員，自然知道這裡的分量。」

於是大家緩下勁來，接著談話。

這位女同志又問：「你到警察學院當院長，你有什麼工作思路？」

我說：「如果調我去，我的工作思路是……」

聽著我侃侃而談警察學院的改革與發展，這位女領導笑著誇獎說：「你還很有思路嘛。」

其實我也是有備而來，今天上午從國家博物館回來後，我趕緊利用中午的時間訪問了警察學院的網頁，對於警察學院改革是怎麼回事，什麼是辦學方針的調整，調整和改革要達到什麼樣的目的，以及改革過程中的「三個有利於」等，統統瀏覽了一遍，這會兒還真都用上了，否則昨兒夜裡還忙著破碎屍案的人，今天哪裡知道警察學院裡在忙些什麼？

女領導問完後，一位男領導開始問我簡歷上的一些具體問題。先逐一確認個人簡歷中的細節，特別問到我調到北京市公安局刑偵總隊工作之前，公安部說我是正處級幹部是怎麼回事。我解釋說，一九九八年我任公安部刑偵局刑事技術處處長，二〇〇〇年因為被派到國際刑警組織工作，國內的現職必須免去，但是免去現職又不能給非領導職務，因為當時在公安部裡拿了非領導職務，基本上就不可能再擔任領導職務了，所以只能給一個正處級幹部，算是現職，等領導職務空出來時，再直接任命。

談話的時間一長，我逐漸地適應了，回答問題也就從容多了。最後，他們相互確認沒有新的問題了，準備起身要走。我看時間不早了，連忙說在我們總隊吃晚飯吧，他們說不必了，回去還要整理材料，領導要求他們爭取明天上網公示。我說，吃過飯正好回去加班。我還有案子上的事，抱歉不能陪你們吃飯，請領導放心用餐。聽我這麼一說，他們一合計，說也行。我必恭必敬地將四位領導引進總隊的飯堂，找了個單間安頓下來。我轉身又想起什麼，馬上跑回辦公室，取回四本我被評選為「全國我最喜愛的十大人民警察」的書，恭恭敬敬地送到他們手中，好讓他們寫材料時參考，也是表達我的感激之情，然後就離開了。

從公示到任命——珍視當刑警的最後日子

談話第二天下午，我在市局政治工作網上看到了我的公示。為了記住這個人生不多的時刻，我將公示存進了電腦。

在公示期間還有一件事值得一提，市局的刑偵科技大樓是一高一矮兩個樓連在一起構成的，兩座大樓都是中空天井式的，豪華氣派，中間一個大堂，佔地有六百平米，周圍一圈是辦公室或實驗室。高的樓裡是總隊領導辦公室、總隊機關、偵查部門和後勤食堂什麼的，刑事技術實驗室和辦公室就都在矮樓裡。我雖是總隊領導，但由於分管技術，我執意在矮樓裡與技術人員和實驗室在一起辦公。

當警察的大都愛好運動，蓋樓時沒有考慮運動的地方，時間長了，高樓裡的人想運動，但是又苦於沒有地方。刑偵總隊時常有重要客人來訪，高樓裡的大堂要留著迎賓用，就打起矮樓的主意，要在矮樓的大堂裡劃出一個羽毛球場地。我聽說後，堅決不同意，不是我不喜歡運動，也不是我不支持大家健身，我追求的是，把這個大堂留作各分縣局和其他來送案檢驗和領取檢驗結果的人休息和等候的地方。我的想法是凡是來送檢的人只要送到刑技大堂的收案處，就算完成任務了，不必再做別的，大堂裡有專門負責接案的技術人員將一切手續辦好，把所有的表填好。我認為規範的工作就連填張表也不例外，現在的作法是由送檢的人自己填表，人家怎麼知道你對填表的規範要求，只能根據自己對表上各欄目的理解來填，填得肯定是千差萬別，只有經過訓練的專業人員填表，才能做到規範一致。還有送檢的人不必上樓了，過去司空見慣的送檢技術人員扛著大土槍、提著大片刀、拎著炸彈滿樓跑的現象再也不能出現了。送案子的同志老遠趕來很辛苦，他們到刑事技術大樓應該有賓至如歸的感覺，理應坐在大堂裡喝茶、看報、休息，等待檢驗結果。大堂有六百平米，是整個大樓中最敞亮、最通風、最舒適的地方，還安裝了一個巨大的平板電視，不斷地播出一些新聞、體育、文藝節目，當然也有各種檢驗通知和刑事技術小常識，把這個地方留出來給基層和外單位送案子的同志休息，是再好不過了。一旦真的把矮樓大堂變成羽毛球場，我的更新服務理念、轉變服務態度和提升服務品質的諸多想法，豈不全泡湯了。

由於我的堅決反對，羽毛球場始終沒有建起來，高樓裡喜歡打球的人，只能把單面膠紙剪成小圓點貼在地上做標記，每天中午打球的時候，臨時用繩子將幾個小點連起來，算是場地，打球時都小心翼翼地盡量不出大聲，午休一過，馬上結束，趕緊把網子、邊線收起來，恢復大堂原貌。

當看過我的公示後，我回到技術矮樓裡一下子愣住了，一個嶄新的翠綠色塑膠羽毛球場已經覆蓋了整個矮樓大堂，雪白的線條按照羽毛球場地的規格將大堂切割成大小不一的方塊，公示了的我還能說什麼呢，我無奈地看了看，歎口氣：「這裡再也不歸我管了！」悻悻然地走開了，不再回頭。

公示過去了好幾天，一直沒有什麼動靜，估計因為我「命案必出」，全力偵破疑難複雜案件，為人忠厚善良，不近女色，不煙少酒，不貪不奢，實在沒有什麼「猛料」供人舉報。不管它公示結果如何，接下來我仍然是「命案必出」，每天沉浸在我即將無緣享受的命案偵破工作中。

一月二十五日，是個星期五，我接到通知，下午兩點三十分到市局五號樓一樓會議室開會，並且要求提前半小時到。我只知開會，沒多想就到了市局，一看會議橫幅是「北京市公安局幹部任命大會」，就明白了一大半。工作人員讓我練習了幾遍上台，會議就開始了。領導宣讀了幾個領導幹部的任命，我在工作人員的引導下走到主席台正中，從北京市委常委、市公安局黨委書記，局長馬振川手中接過銀灰色封皮的「北京市人民政府任命書」。我看著局長，局長也注視著我，我感到這注視中充滿了期待和信任。

我原以為要當場表態，暗地裡做了準備，結果沒有這個議程，局長講話後，大家合影結束。第二天，在市局網上看到資訊，還配發了一張馬局長給我頒發命令的照片。

這本任命書是市長王岐山簽署的，任命我擔任北京人民警察學院院長。任命書是接到了，但是什麼時間去新的崗位，還是不知道，按照規矩，這也是不能隨便去問的。我當然照舊奔波於北京城的各大案件現場，多出現場，多辦案子，挺好的。

終於，二月二日，接到市局政治部電話，通知我，二月五日參加二〇〇七年市局黨委擴大會議，要求我坐在「警察學院」的牌子後面，這無疑是馬上要到新崗位履行職務的一個信號。

二月四日是個星期天，按照刑偵總隊的值班表正輪到我的班。總隊長跟我商量：「老左，再值個班吧。」我說：「沒問題。咱是刑警，還在乎再值個班嗎？」結果，這個班值得太不一般了，一天裡我出了五個命案現場，創下我個人一天內出現場數量之最。

那天早上八點半我從家裡出來到刑偵總隊接班。我家住在方莊，總隊在右安門，平時也就是七分鐘的車程。車還沒開上二環路，就接到總隊值班室的電話報告：在朝陽區十八里店華威橋附近一井裡發現一顆人頭。我立即指示道：請負責大案的一支隊、負責情報工作的六支隊、刑事技術支隊和法醫檢驗鑑定大隊馬上隨我到現場工作。我的位置距離現場很近，幾分鐘後就趕到那裡。

當天早上七時三十分左右，北京市路燈管理中心幾名工人檢查、維修華威南路路段路燈時，打開路燈井發現裡面有一堆東西，用鉤子一勾，有上衣、褲子、皮帶，衣服裡裹夾有骨頭，最底下滾出了一個頭顱，見多識廣的工人們立即撥打一一〇報警。

這個路燈井有一點五米長，零點八米寬，一點二米深，井內有一些已經散亂開了的屍骨，還有一些衣物浸泡在黑色的腐臭水中，屍骨上附著的少量軟組織已變成了焦黃色的蠟樣物質，有一件淺黃色雞心領短袖T恤和一條深藍色長褲，褲長二點九尺，腰圍二點二尺，一條黑腰帶，褲兜內有少許零錢。

說實話，我幹法醫多年，經歷過許許多多命案，見過數不清的屍體，但我特別佩服發現屍體的人，有時發現屍體的地方特別隱祕，警察到現場後，即使在有人指點的情況下都不易看到，結果還是有些人不知怎麼鬼使神差地發現這些屍體。

人一般是不會無緣無故地跑到路燈井中來死的，這個案件應該是他殺。大家都是內行，看到這樣的命案，一是時間長，二是地處路邊，是誰都能來的公共場所，三是不知死者是誰，心裡都清楚這是非常難破的案子。路燈井中的積水，臭氣熏天，大家想大概弄弄就行了，估計也破不了。但我堅持一定要將井裡的水全部舀出來，徹底清到井底，看看有沒有什麼對破案或認定身分有價值的東西。

我動員道：「這樣的案子時間長了，大家都知道物證極少，所以我們必須堅持一下，如果在最後一點污水裡發現一枚戒指，甚至是身分證什麼的，沒準就有破案的希望。」

儘管大家心裡都明白，但是人命關天，誰也不敢大意，仍然堅持幹了下去。最後有人略帶調侃地向我報告：「左總，所有水都舀出來了，井底已徹底清洗，沒有身分證，也沒有您盼望的金戒指。」

話是這樣說，但實際上堅持現場工作後，我們還是有了很大的收穫。現場清點了一下，屍骨完整，沒有發現明顯外傷，表明屍體是完整的，不是碎屍；死者腳上只穿了襪子，沒有穿鞋，肯定是兇手運屍後拋屍於此；從骨骼和褲長推斷死者應該是男性，身高一百六十八公分左右；腰圍小，表明死者較瘦；短髮；穿一條印有「平安」字樣的紅色內褲，手腕上繫一條紅色尼龍線繩穿的玉狗手鍊，據此推測死者年齡應是三十六歲，因為二〇〇七年的春節在二月十七日，春節前就仍是狗年；死者只穿著短袖上衣，結合屍體腐爛嚴重，死亡時間應該是在二〇〇六年的春夏季節，至少半年多以上了。

我在現場召集刑偵總隊和朝陽分局的偵查、技術人員部署道，請技術和法醫部門組織人員對周圍其他路燈井進行勘查，看看有沒有其他線索；對現場遺留衣物表面附著物進行檢查，看能不能提示死者生前的狀況；對屍骨進行ＤＮＡ檢驗，並輸入資料庫進行比對，查找死者身分；對屍骨進行毒物檢驗，確認有無中毒可能。請偵查部門組織人員對現場附近人員進行訪問，注意發現可疑情況；對現場路段的施工單位進行訪問，注意有無可疑人員情況；在全市範圍內下發協查通報，全面查找屍源；在全市近年來走失人員、人車走失和疑似被侵害失蹤人員中進行查找、比對。

第一個現場剛剛處理完，立即又接到報告：在呼家樓有一位女性在家中被殺。華威南路和呼家樓同屬朝陽區，相距也不遠，我連忙向現場人員交代了幾句，就急匆匆帶領刑偵總隊和朝陽分局的兩支人馬直奔第二個現場。

呼家樓一帶大都是上世紀七、八〇年代蓋的老式單元樓，房主們生活居住條件改善，買了新房子後，一般會把這些舊房子租給外地人居住。進入現場一看，一位年輕女性死在出租房內。根據現場情況和死者裝束看，我們分析這個女房客可能是個賣淫女，嫖賣雙方因為嫖資糾紛導致嫖客動手，故意或是失手殺死了賣淫女。這樣的案子大都是熟客作案，男女之間多多少少有些聯繫，一般來說並不難破，犯罪屬臨時起意，事先沒有準備，就是作案後逃跑也沒個明確的方向，多是亂撞亂竄，不難發現行蹤，再加上是個室內現場，痕跡物證保存得比較好，破案的運氣不會太差。我們按照常規勘查現場和檢查屍體，一絲不苟地採集證據，死者的通訊記錄必然成為破案的關鍵，這些分析工作有專門的部門和人員完成，我們不是破案的主角。

兩個現場工作完畢，告別分局，回到總隊剛吃了午飯，第三個案子馬上就來了。這回是通州的一條水溝中發現一具屍體，我們馬不停蹄地趕到現場。現場是一條大約五米寬的水溝，有二、三米深，溝壁很陡，幾乎是直上直下，溝裡的水很滿，水面與地面幾乎齊平，水流特別急，因此水很清，一眼見底，可見溝底布滿了垃圾和各種雜物，可以清楚看見在一個類似橋墩的柱子下掛著一具老年男性屍體。我們七手八腳地將屍體打撈上來，在現場進行了屍體表面檢驗，沒有發現任何致命損傷，分析有可能是溺死。水溝邊是一條約三米寬的土路，路邊是一排破爛的簡易房子，與其說是房子，不如說是棚子，一間挨一間，估計有大量的外來人口居住在這裡。結合現場情況看，不排除夜間外出小便，失足落水所致。因此，死者的家應該離現場不遠。由於水流特別急，我們請分局同志逆流而上，挨家挨戶詢問有沒有誰家的老人走失了。結果運氣不錯，人剛剛撈上來不久，就來了幾個中年婦女打聽情況，他們家裡今早有人走失，一聽說水溝裡撈出人來了，就急忙前來認人。不出所料，過了一會兒遠處傳來悲涼的哭聲，證實了我們的判斷。將這個非正常死亡的案子移交給通州警方，我們便打道回府。

回到總隊的辦公室裡，我環顧四周，平撫心情，稍事休息，開始考慮搬家的事。

這時總值班室報告，在京津唐高速公路馬駒橋休息區發生一起搶劫案，一名司機死亡，這是我當天的第四個案子。我們重新打起精神再次奔赴現場。

現場位於休息區的出口處。經初步調查瞭解到，案發時一輛外地牌照的集裝箱大貨車停在出口處路邊，一位司機在車上抽煙休息，另一位司機去廁所了。這時有兩個「老外」開了一輛黑色的伊蘭特過來，一個「老外」下車，衝著抽煙的大貨車司機掏出一張五十元面值的人民幣，問：「你們中國最大的錢就是這個？」趕巧這幾天這個司機剛剛領了工錢，他從懷裡掏出一大疊百元大鈔朝著「老外」一晃，說道，這才是中國最大的錢。說時遲，哪時快，這個「老外」一把搶過這一大疊錢，上車就跑。司機一看不好，跳下車就追。「老外」的車已開動，司機緊緊抓住伊蘭特的車門把手和後視鏡，「老外」們哪裡肯停車，猛踩油門，車子飛快起步，箭一般向前衝去。

這位可憐的司機，一開始是雙腳在地上跟著伊蘭特跑，後來車速太快，步子跟不上，手又抓得緊緊的，沒有放開，人就騰空了，整個身體橫了起來。很明顯，如果雙腳仍在地上跑時一看不好，還敢撒手，人能站住，等到人全身騰空，再撒手就只能挨摔了，也就不敢撒手了。伊蘭特越開越快，司機終於抓不住了，手一鬆，人摔到地上，在慣性作用下翻了幾個滾，後腦勺著地，留下一攤血，重度顱腦損傷，人當場就嚥氣了。他的同伴從廁所出來，親眼目睹了這恐怖的一幕。他跟在伊蘭特後面拚命喊：「撒手！快撒手！」可是已經晚了。

這個案子已明確是「老外」幹的，在中國能幹這事兒的「老外」畢竟不多，「老外」長相特殊，目標明顯，雖然司機同伴光顧著喊「撒手」了，沒有記下車牌號，但是高速公路上到處都有監控錄影，要找到這輛車和這兩個「老外」應該不會太難。果真，一會兒就查明伊蘭特是租來的，租車就要辦手續，就會有目擊者，就要出示和登記證件，別管真假，總比沒有強，所以這種案子應該大有希望，不會太難破。

現場工作結束後，我回到辦公室，剛定定神，重新開始思考如何搬家，大興分局來報，說一個高爾夫球場牆外發現一具屍骨。我想今天這是怎麼了，老是屍骨。我召集大家收拾東西準備去大興，又接到新的報告說，已經查清楚了，是幾年前修球場時挖墳挖出來的，不必去現場了。我這才鬆了一口氣，心想，過去我單日出四個命案現場的有好幾次，今天最後一天值刑偵總隊的班也就是這樣了，哪能讓我一天超過四個現場。

晚上九點多鐘，總值班室又來報告，亦莊開發區發生一起搶劫殺人案。我想，今天不湊夠五個是饒不了我的。我們一行人馬又披掛上陣，趕往開發區。案情是這樣的，晚上八點多鐘，侯女和龐男談戀愛來到一處路邊，突然一輛汽車駛來，車上跳下來三名男子，手持五十釐米長的鐵棍，高喊把手機交出來。兩人一看不好，龐男撒腿就跑，被兩名男子追上，用鐵棍猛擊頭部，打倒在地，搶去手機。侯女跑得慢，當即被按倒在地，從口袋裡翻出手機，搶走。作案後，三人跳上汽車逃走，汽車朝馬駒橋方向駛去。救護車急忙將龐男拉到鄰近的同仁醫院分院，可惜他再也不曾醒來。這種案子只要有手機，還是很有希望破案的，再說亦莊是北京一個新的開發區，新建的街道上已經安裝了監控攝影機，運氣好的話也會幫上忙的。毫無例外地現場勘查和屍體檢驗一通兒忙乎，工作完畢，忙碌了整整一天的我，創下了我個人單日出命案現場的最高記錄，後來聽說這五個案子中破了四個，沒破的當然就是路燈井裡的那個，也算是為我的刑警生涯畫上了一個句號。

我不強求五個案子全破，留點殘缺和遺憾才是真正的人生。

從進門到上任——我瞟見門口保安已經開始敬禮了

二月五日，每年一次的市局黨委擴大會與往年相比沒有什麼特殊之處。雖然我坐在「警察學院」的牌子後面，但是仍然不知道何時到任。

刑偵總隊長沉不住氣了，他通知總隊的各單位不要再給我「派活兒」了，關切地問我：「你什麼時候到警察學院去？都已經這樣了，你得趕緊去，那邊的事還等著你拿主意呢，咱這邊兒隨時讓你走。」

我笑著答道：「我也不知道，等著吧。怎麼要轟我了，不想讓我在這兒多出幾個現場？」

當天下午散會後，市局來電話傳達政治部通知，明天（二月六日）上午九時到警察學院宣布任命。我知道，這一天終於來了。

二月六日是個陽光明媚的日子，但我自己的心情卻很複雜，前面的路是什麼樣呢，我會面臨什麼樣的挑戰與機遇呢？一切都不知道，一切都摸不著。但是我清楚的是，我要與刑偵工作、刑事技術和法醫專業告別了。自己在這一行幹了二十多年，如果從上大學算起，已有近三十年，幾乎貢獻了我的全部聰明才智，也幾乎構成了我的全部警察職業生涯。刑偵總隊長說：「左博，雖然你不在刑警了，但是什麼案子的現場敢不讓你進去呀？」話雖這麼說，但我心裡清楚，以前命案必出，在現場上遊刃有餘，以後恐怕就不行了。

我想「宣令」這種人生的重要時刻應該請我的愛人參加，可是她不是警察，這種場合在一群著裝整齊的警察中會非常顯眼。我特意讓她穿上一件深藍色毛衣，最起碼顏色上與警察相同，我還囑咐我的司機小齊，如果有人阻攔她，由他負責解釋。我們一行三人驅車前往警察學院。

車子開到學院門口，保全攔住不讓進，司機心平氣和地說：「這是你們的新院長。」顯然，保全接到了今天會有許多領導到警察學院來的指示，但是並不清楚領導們來幹什麼，更不清楚任命新院長的事，他探頭看著我，半信半疑地放行了。

我下車以後，讓司機照顧好愛人，我就起身去迎接參加「宣令」的局領導們，既然今天到任了，迎來送往的規矩咱是懂的。

任命大會在新落成的模擬指揮中心舉行，出席會議的除了局領導外，主要是警察學院全體領導幹部。首先全體起立，奏國歌，然後由北京市公安局黨委委員、政治部主任單志剛宣布我的任命和前任院長的免職及新任職的任命。接下來是我表態發言。我站起身來，向大家敬個禮，開始講話：

尊敬的振川局長、尊敬的曉毅副局長、尊敬的志剛主任、尊敬的滕院長、尊敬的警察學院各位領導幹部：

大家星期二上午好！

我叫左芷津，剛才宣布了我的任命，我內心感到非常激動，因為作為一個民警來說，從警幾十年中，能夠得到一個任命的機會，應該說是不多的。我深切地感到，這是市委、市政府以及以振川局長為首的市局黨委對我的高度信任和殷切希望，在此我想請振川局長，並且透過振川局長向市委、市政府和市局黨委表示，請領導放心，我一定牢記使命，努力工作，盡全力履行好這個職責。同時在這裡也藉這個機會，向滕健院長表示我的敬意，感謝他在警院建設和發展中做出的傑出貢獻。

大家知道，警察學院的院長或者說是警察大學的校長，在中國和外國的警察界都是一個非常讓人尊重和重要的職位。當聽到我的任命以後，我自己內心的感覺，說句實話，對這個職務是充滿了敬畏之心，深感到這副擔子的分量，應該說是如臨深淵，如履薄冰。因為我感到，就我個人的學識、才能和資歷來說，並不是完全具備了擔任這項職務的應有能力，因此，我要做好這項工作，首先要依靠市局黨委，堅定不移地執行市局黨委的工作思路，使我們成為市局黨委辦學思想的忠實實踐者。第二，我想辦好一個學校需要靠學校全體教職員工的支持，需要發揮我們集體的智慧和力量，特別是學院黨委一班人的精誠合作，團結在一起，才能夠做好這項職務。第三，要靠自己努力學習，盡快完成角色的轉變，這是一個全新的領域，自己要非常努力地去工作，透過不斷工作來完善、豐富自己。我想，將這三點很好地結合起來，我就能夠在這個新的崗位上把工作做好。

最後，我也想藉這個機會向我的家人表示感謝，感謝他們多年來對我默默地支持和無微不至地關愛，所以今天我也請我的家人出席這個大會，讓她來見證和分享這個時刻。

謝謝大家！

三分鐘五十秒的表態發言結束後，主席台上的幾位領導都朝台下看去，因為有幾位領導見過我的愛人，他們想看看她在哪裡；台下警察學院的領導幹部們也都紛紛回過頭去，想看看哪位是新院長的愛人，當然不是院長的新愛人。我從台上看下去，只見我太太在眾人的注視下，縮成一團，順著椅子使勁兒往下出溜。請太太參加任命大會這件事當天下午就在市局傳開了，我接到好幾位朋友的電話，都對這個行動大加讚賞，特別是女警們。

任命大會很快就結束了，前呼後擁地送走了領導們，我回到會場，第一次出席警察學院的幹部大會，全體幹部都在這裡，當然要講幾句，我就講了一件事：紀律。

任命之後，搬家成為當務之急。我看了一眼我的新辦公室，比在刑偵總隊的小了一多半，刑總辦公室裡營造的諸多理念在這裡也難以實現，但也只能這樣了，可又一想，在警察學院這裡的文化氛圍中，一定能創造出新的理念。

我鑽進汽車，汽車一溜煙兒駛出學院大門，我瞟見門口保全已經開始敬禮了。

兩傳聖火

一傳聖火：二〇〇六年多哈亞運會火炬手

悲歡體育

我打小就對體育運動不陌生，可是從上小學起，雖說我很努力，但還是發現我是屬於那種跑不快、跳不高的主兒，雖然老母親年輕的時候曾當過籃球運動員，還參加過全國比賽，但是這個基因顯然在傳遞的過程中丟失了，體育運動也就成為我生活中的一種陪襯。後來到農村，除了下河游泳，就沒有什麼體育了。進了工廠後，廠裡有個排球隊，能藉打球之機到全國各地去逛逛，讓我十分羨慕，學了幾天排球，想混入其中，結果沒有天賦，後天也不跟勁兒，只好作罷。

考進大學後，體育課成為我們這些大齡學生的一道坎，體育課的成績很重要，大學第一學期是考察課，意味著及格就行，萬一不及格也不必補考。第二學期是考試課，意味著不僅要及格，還要盡量考出高分。多年在農村和工廠的重體力勞動，無意間使我在體育上也有了長項，多是些費力的項目，比如，上課推鉛球時，大家先練習再測驗，輪到我時，我先問，誰推得最遠，噢，這就是最遠的，我來，一下子推出去，不是第一就是第二。那時候體育課上還有投手榴彈的項目，我也是投得遠的之一。標槍也不差，投標槍講究標槍投出去後，在空中飛行時，由於空氣阻力和標槍向前的力量相互作用，標槍要在空中向上竄躍一、兩次才是最棒的，這些項目我都不在話下。跳高是比較難的一種，好在咱們在農村時打過幾天籃球，在工廠時練過幾天排球，彈跳能力還行。

最要命的就是跑步，實在是跑不動。記得一次體質達標測試，及格標準是在五分二十五秒內跑完一千五百米。我們這些大齡學生強烈表示這個時間太短了，好心的體育老師給我們二十五歲以上的學生加了十秒，我們仍然不依不饒，既然加了，就再多加點兒，老師說，我的膽子就這麼大了。我心裡有數，不是超時的問題，而是根本跑不了那麼遠，不跑沒有成績不行，跑不及格也不行。同學們真是幫忙，一名男生叫朱思鳴，他有一塊能計時的電子手錶，可以掌握跑步的速度，他就在我的前面領著我跑，太快了我跟不上，太慢了會不及格。另一名男生叫趙進，他在我的身後跑，跑動中他拚命跺腳，用「噗噗」的腳步聲催促我。

一切安排就緒，槍一響，我們三人就跑開了，剛跑過一圈，也就是四百米，我就感到兩腿發軟，眼前發黑，不行了，恨不得馬上找個地方坐下歇歇。但是前後夾擊，由不得我不跑，只得咬牙堅持，豁出去了，兩條腿機械地跟著邁動。最後一百米衝刺時，已過終點的男生姜新迎著我們跑過來，站在跑道邊大聲衝我喊：「老左，能及格了！」聽到此話，我自然拚盡全力地向前衝去，衝過終點，我立馬倒在地上，老師也很激動，大聲報出了成績，他不再按照慣例說用了多少時間，而是直接說「差一秒不及格」，我聽後便昏死過去。趙進馬上找來一輛自行車，把我放到車上，推我到校醫室，告訴大夫說是體育課上跑步跑的，大夫經驗豐富，立即給我推注了五十%濃度的葡萄糖液，我才緩過勁兒來。為了這個寶貴的一秒，真是命都不要了。體育課後是數學課，活過來的我又坐到了教室裡。

大學畢業到北京市公安局工作後，考取了廣州中山醫科大學的研究生，廣州的氣候溫暖，是個游泳的好地方，能從二月一直游到十二月，學校有個游泳池，我每天要去游一千米，風雨無阻無一例外，堅持了很長時間。後來，一位中山醫科大學的老校友提出他要出資重建游泳池，學校也是心疾手快，三下五除二把游泳池拆了，不料想這位老校友突然變卦了，可池子已經拆了，後來經過好長時間，學校自己騰出錢來才把泳池建好。

博士畢業，調到了公安部工作，基本沒有什麼體育，但是對兒子的體育活動抓得比較緊，只要他喜歡和願意，一定送去正規學習和訓練，誰知道哪片雲彩有雨啊。兒子沒有上小學就先上了游泳班，後來陸續上過乒乓球訓練班、籃球訓練營，後來又有網球班，年紀小，學什麼像什麼，沒幾天，就像模像樣了。

但是，咱從來沒有想過體育除了健身還會有什麼新感覺，更不會想到大型體育活動能與咱有關。

意外喜悅

二〇〇六年十月初的一天，我突然接到一個陌生電話，電話那頭是位胡姓女士，她核實了我的姓名後，告訴我，邀請我擔任多哈（編按：台灣將其譯作杜哈）亞運會火炬傳遞北京地區的火炬手。火炬手！咱只在報導運動會的電視裡見過，我當時十分驚訝，問她怎麼知道我的，她笑著說，您是神探，中國的福爾摩斯，誰不知道您？我恍然大悟，原來當選全國我最喜愛的十大人民警察還能當火炬手，太讓我高興了。接著她要了我的電子郵件地址，說要給我發一些文件和通知。

過幾天，通知來了，讓我一天下午到先農壇體育場去開會。先農壇位於北京永定門的西北角，始建於明朝永樂初年，每年農曆二月的第一個亥日，皇帝要在這裡祭祀神農氏，還要象徵性地扶一扶犁把，表示親自耕田種地。一九三四年十一月一日，當時的北平市長袁良先生勘查先農壇東壇後，當即決定在此修建北平市公共體育場。一九三六年體育場建成，取名為「北平公共體育場」，佔地一萬六千八百平方米，是北京最早修建的體育場，也是北京民國時期，乃至解放初期唯一的大型公共體育場，是北京公共體育的發源地，舉辦了多次大型體育盛會，成為了北京市民健身活動的首選之地，可是這麼個著名的老體育場，我卻從來沒有進去過。

我按時到達後，發現先農壇體育場裡古樹參天，空氣清冷，環境幽靜，難怪皇帝他老人家欽點這裡舉先農之祭和行親耕之禮，皇上選中的地方就是不一般。會場是間大教室，能坐一百多人，課桌上已按著火炬接力的順序貼好了名字，我找到我的名字就坐了下去，每個人面前的桌子上有一個大牛皮紙袋，裝著接力位置的通知、注意事項等文件。

一會兒，上來一位男同志，他抓過麥克風，對著咳嗽了兩聲，說，現在開會，在座的都是多哈亞運會的火炬手，我先講講多哈亞運會火炬接力的意義。但凡大型運動會的火炬接力活動，無外乎是要傳播體育精神，宣傳運動理念，激勵年輕人參與和擴大舉辦國的影響，但是這次多哈亞運會的火炬接力對北京來說還有一層特殊意義，就是當時我國已申奧成功，二〇〇八年北京奧運會也要舉行火炬接力，雖說在此之前二〇〇四年北京成功舉行了雅典奧運會的聖火傳遞，這次火炬接力將再次成為北京奧運會火炬傳遞的一次預演，為北京奧運聖火傳遞積累經驗。他這一講就是半個多小時。

意義講完了，換上來一位女同志，長得人高馬大，這搞體育的人與我們就是不一樣。她說，我來給你們講講火炬接力的過程，從她的講話中，我們知道了北京地區火炬接力將在十月二十二日星期日下午二時開始，火炬傳遞全程長達二十六點八公里，一共有八十九名火炬手參加，要求全體火炬手先在前門參加火炬點火和交接儀式，然後基本上是沿著二環路跑步接力，最後到天壇公園結束，每位火炬手的編號、位置和接力奔跑的時間都標明在文件上，請大家記住，接力時不要找錯了地方，不過現場會有工作人員提醒。一邊聽她說，我翻開文件一看，我是第四棒，位置是天安門廣場西側觀禮台向西到南池子的四根電線杆，距離是兩百米，所用的時間是一分三十五秒。她這一講又是半個多小時。

第三位上來的又是位男同志，他說，我來給你們講講注意事項，這一講又是半個多小時，他說你們大家已是確認後的火炬手，如果誰沒有跑過二百米，自己找個時間在合適的地方試著跑跑，要確保能跑下二百米才行。他環視我們大家，自問自答地說，不過我看你們都能跑下來。還有就是接力那天不要出差，要注意身體，不要生病、受傷，如果有無法抗拒的原因不能參加接力，一定要盡早向組委會提出等等。

這位男士正講著，剛才那位女士又想起什麼來了，從這位男士手中一把搶過麥克風，又補充了一些話。聽著這三位一通兒講，我想這搞體育的人沒怎麼開過會吧，有個機會當眾發言還真是認真，真是不一般。好不容易等他們三個人講完，時間已過去了將近兩個小時。

這時才真正上來一位人家多哈亞運會火炬接力組委會的官員，這位官員是碧眼金髮，全盤歐洲人長相，不像中亞人黑黑的皮膚。他說他是澳大利亞人，後來才知道，多哈亞運會的開幕式就是包給了一位澳大利亞導演負責的。他先播放了一個短片，內容是多哈亞運會火炬傳遞。片名叫「友好之焰」，影片展現了主辦城市多哈綺麗的自然風光、高大宏偉的現代城市建築和古樸傳統的阿拉伯民居和寺院，影片還展示了卡塔爾（編按：台灣將其譯作卡達）人民的幸福生活。畫面上出現了一個紮營在沙漠深處的傳統卡塔爾家庭，他們手持火炬，帶領迷路的遊客們平安地走出沙漠困境，短片表達了卡塔爾人民熱愛自然、熱愛和平、熱愛世界人民，以及熱愛體育運動，對亞運盛會充滿渴望的激情，也表達了對運動員、體育官員和前來觀看亞運會各國觀眾的熱情期待和歡迎。影片介紹了第十五屆亞運會的會徽，會徽看上去像一個奔跑中的運動員，主體是一面飄揚的卡塔爾國旗，它象徵著「阿拉伯半島的精髓」，會徽上的幾種顏色取自卡塔爾當地民俗，黃色代表沙漠中的月牙狀沙丘，藍色代表阿拉伯灣平靜的碧海，而太陽則取自於亞奧理事會的標誌，表達亞運會的精粹，即亞洲人民親如一家，詮釋出更高、更快、更強的奧林匹克精神。

多哈亞運會的吉祥物是一隻名叫「奧利」的卡塔爾羚羊。它身穿印有亞運會太陽標誌的黃色背心和藍色短褲，充滿激情，動力十足。影片說，卡塔爾羚羊象徵著這個年輕的國家和年輕的政府。接著鏡頭一轉，出現了十月八日在多哈高爾夫俱樂部，由卡塔爾王儲謝赫・泰米姆・本・哈馬德・艾勒薩尼點燃二〇〇六年第十五屆多哈亞運會火炬的情景，火炬點火儀式標誌著將歷經陸、海、空三域，穿越亞洲和中東地區十五個國家和地區，歷時五十五天，行程五萬公里的火炬傳遞活動正式開始，全亞洲三千名火炬手將手持火炬踏上漫漫征程，最後於十二月一日返回卡塔爾，點燃亞運會主火炬台，從而正式拉開第十五屆亞運會的大幕。

片子的最後部分顯然是為我們專門製作的，裡面有過去運動會火炬接力中發生的一些不該發生的事件，以及被迅速處置的情況，比如，二〇〇〇年雪梨奧運會火炬傳遞途中，有反對奧運會的人士趁火炬手不備，一把搶走了火炬，拚命甩動，要把它弄滅，幸虧火炬手、護跑手和安保人員反應快，立即又給搶了回來，聖火也沒有被熄滅。還有不知哪次火炬傳遞，一個人從路邊拎著一桶水朝著火炬手直衝過來，把滿滿一桶水照著火炬和火炬手劈頭蓋臉地澆下去。一開始大家看片子都挺開心的，但當看到這些不和諧的鏡頭時，一個個心驚肉跳的。我國申奧已成功，全中國人民期盼著百年奧運夢想的即將實現，根本沒有想到還會有人破壞這麼好的事情。看完片子，大家剛才的輕鬆勁兒都沒了，我們感到火炬接力也不容易，這個片子可比剛才三位口乾舌燥的說教管用多了。

片子放完，這位官員用讓人聽著很舒服的英語配合著PPT講了起來，現場有一位年輕的翻譯，大家有一搭沒一搭地聽著。還好，他只講了十分鐘，然後問我們有沒有問題，我們中的絕大多數人都沒認真聽，自然也就沒什麼問題。他站在教室前，不明就裡地看著我們。我想，不行，我們是火炬手，不能讓「老外」看不起。我毫不猶豫地舉起手。

這位官員見有人提問，一下子來了興致，職責所限，又馬上嚴肅了起來，問我有什麼問題。我慢慢地站了起來，心想當火炬手最擔心的就是跑著跑著火炬滅了，我就問道，一是跑起來火炬會不會滅，特別是跑快的時候，二是如果下雨，火炬會不會被澆滅。他先謝謝了我，然後回答道，火炬能抗風，測試表明，火炬在時速四十公里的汽車上迎著風都不會被吹滅。他不無調侃地說，估計今天在座的各位跑不了那麼快。他補充說，小雨和中雨都不礙事，如果雨太大了，他頓了一下，把兩隻手舉起來，在兩個耳朵旁邊做著從上往下搧的動作，形象地表示雨下得特別大，接著說道，下特別大的暴雨，火炬接力就會暫停，也就不用擔心火炬受不受得了了。在場的絕大多數人都沒有當過火炬手，聽到我的提問，感到這還真是大家擔心的，有了解答，這下大家放心了。真是想不到，這麼一件並不複雜的事，光開會就開了兩個半小時。

課堂講授終於結束了，讓我們到教室外面領火炬手的衣服和鞋襪。因為人多，鞋盒已經堆成一堵矮牆。我的司機小齊手疾眼快，先擠進去幫我把鞋領來了。鞋是「多威」牌的運動鞋，顏色是藍的，式樣還行，我用手一掂，發現這鞋特別輕。一位工作人員過來說，這是馬拉松鞋。我想只跑二百米，不至於一定要穿馬拉松鞋吧，但這是人家廠商贊助的，馬拉松就馬拉松吧，輕的總比重的好。我一般穿四十二號的，我一試太小，原來這鞋號大，鞋小，馬上讓小齊換了一雙四十三號的，一試還不行，最後問人家最大的是多少號，人家說是四十四號，等拿來一試，正好。每人領到一雙極薄的白襪子，跑二百米是夠了。火炬手服裝的上衣是前後襟白色、袖子紫紅色的短袖T恤，胸前印著多哈亞運會火炬傳遞的標誌和字樣，下衣是紫紅色和白色相間的運動短褲。會開完了，火炬手服裝也領了，一看錶已經過去了三個多小時，整個過程中並沒有見到胡女士。

老天有眼

十月二十日是個星期五，胡女士的電話又來了，她再次確認了我能不能按時參加火炬接力，通知我十月二十二日下午一時到先農壇集合。雖沒有見過面，但是幾次電話聯繫也算成了電話裡的熟人，我就與她閒聊了幾句。我說您這樣挨個兒打電話多辛苦，群發郵件或短信同樣可以起到作用，她說，好在人數不算多，逐個通知雖然辛苦，但是確保每位火炬手都能通知到，讓人很放心。寥寥數語，深切感受到這位胡女士認真負責的精神。

放下電話突然想起，這麼重要的機會一定要攝影留住，我立即打電話給一位相識多年的王姓攝影大師，他一輩子癡迷攝影，技術精、裝備好不說，最重要的是他有一股子為找到好角度，抓住好鏡頭的捨身忘我的拚命精神。電話打過去，王大師內行地就問一句，有證件嗎？我說，沒有。他說，放心，看我的吧！

十月二十一日夜裡下了一場大雨，把京城洗得乾乾淨淨，藍天白雲，正好舉辦大型活動，可二十二日早上，已過中秋的北京氣溫極低。我心想，這麼冷的天，讓我們穿著短袖、短褲在天安門跑步，可真夠嗆。我自己準備好了長袖衣服和長褲，不該我跑時我就穿著，輪到我接力時再脫去。

上午九點多鐘，胡女士的電話又來了，她問我以最快的速度趕到先農壇要多久，我說我住在方莊，五、六分鐘就能到。她說，那好，讓我上午十點到先農壇去，先領取長袖風衣和長褲，一定要挑選合適的型號。她還囑咐我，事發突然，沒有給火炬手準備午飯，自己帶些乾糧和水，活動要到晚上才結束。我心裡暗暗佩服人家還真有應對天氣變化的預案。因為是星期日，司機小齊通常是被我放假在家休息的，我自己開上車就直奔集合地點。

到了那裡，見到所有的工作人員人人身穿淺灰色和紫紅色相間的運動風衣，上面印有多哈亞運會的標誌和火炬接力字樣，正在忙碌著打開整包的運動衣。夜裡剛下雨，幾個小時後就發防冷衣服，顯然這些長袖運動風衣和運動褲是早就準備好，不可能是從多哈緊急運來的，看來多哈亞運會除了提供火炬手短袖上衣和短褲外，還一併提供了長的運動衣褲，讓人疑心的是為什麼不在預備會上一併發給火炬手呢？可能是組織者看到天氣晴好，接力也只跑二百米，一分多鐘，沒有必要領走長短兩套衣服，至於這部分外穿的運動衣褲最後如何處置，就只有組織者自己清楚了。結果人算不如天算，老天有眼，聖火傳遞攙不得沙子，本來挺好的一件事，差點被弄得變了味兒，好在及時啟動了應急預案，決定把防冷衣服發給我們，看起來搞體育的人不僅要具備過人的體魄，更重要的還要具備不同一般人的胸懷。

我按照我的型號領到一件風衣，還領到一條紫紅色的運動長褲，換下自己的衣服，感覺好多了，像個火炬手了。這時離出發還有一段時間，穿著防冷衣服的火炬手三三兩兩地在先農壇裡閒逛，隨便找個地方拿出自己帶的麵包、雞蛋、火腿腸就著礦泉水吃了起來。我一看時間還早，完全可以回家吃飯，但又一想，一會兒說不定還會發什麼，我還是別走了。

接力前後

一點整的時候，我們集合上車，前往天安門。大家在車上都很興奮，有說有笑，熱鬧非凡，討論著接力時穿什麼衣服好看，是長袖長褲，還是短袖短褲，有人擔心，穿短的會不會冷。我決定上身穿短袖，下身穿長褲，一是形象好，二是與當天的氣候相當，三是穿脫方便。

星期日街上車不多，一點十五分我們就到了天安門廣場。只見正陽門的北廣場上搭了一個台，後面豎起一塊紅色的背景板，上面噴塗了二〇〇六年多哈亞運會北京地區火炬接力的會標，我們大家紛紛在正陽門前照相留念。我剛掏出電話，想問問攝影王大師到了沒，他就面帶微笑，影子般地出現在我的面前。照完相，大師說他要走了，他已經看到今天的媒體轉播車是一輛普通的卡車，他要想辦法混上去。

一點四十五分，我們列隊在正陽門北廣場上站好。兩點整，儀式開始了，出席儀式的領導和嘉賓有國家體育總局局長劉鵬、北京市市長王岐山和一身休閒獵裝的多哈亞運會火炬傳遞活動大使、卡塔爾王子謝赫・焦安・本・哈馬德・艾勒薩尼在台上站定。我是第一次見到王室成員，感到很新奇。這位王子身材魁梧，氣宇軒昂，兩眼炯炯有神，眼珠子不停地轉著。我想，王后都是絕代佳人，所以他們的兒子也不會差到哪去。這個王子還真了不起，負責全程護送火炬完成接力，但轉念一想，火炬是王儲點燃的，他不是王儲，他的兄弟中一定還有負責政治、軍事、經濟、外交、安全等更加重要事務的王子，那些才是真正受寵的，估計管管體育的王子排位不會太靠前。可敬可憐的王子啊，我腦海中立即浮現出過去電影、小說裡描寫的，王子們為爭當王儲或爭搶王位，兄弟反目，兵戎相見，同室操戈，血濺宮廷的場面。

我正望著王子胡思亂想，中卡兩國領導人的講話就結束了。四名卡塔爾工作人員拿上火種盒，王子用一根引火棒將從多哈帶來的亞運會聖火火種引燃取出，交給北京市市長王岐山，王市長用亞運火種點燃了多哈亞運會北京地區火炬傳遞的第一支火炬，然後將這支火炬交到一九九六年亞特蘭大奧運會、二〇〇〇年雪梨奧運會男子十米移動靶射擊冠軍楊凌的手中。據說，一是因為楊凌是地地道道的北京籍運動員，二是因為多哈亞運會的項目中不包括楊凌的射擊項目，所以讓他來擔當第一棒火炬手，也算是參與了亞運會。

楊凌高舉火炬，微笑著向全場致意，然後在兩名火炬護跑手的護送下跑下主席台，他左手持火炬緩緩地由南向北穿過正陽門廣場，再轉向東，到達天安門廣場東南角，轉向北開始跑步接力。第二棒是卡塔爾駐華大使，他在天安門廣場的東北角開始火炬接力，沿天安門前的長安街由東向西跑，他代表舉辦這屆亞運會的東道主國家，所以他的下一棒一定是中國體育的代表，跑第三棒是北京市體育局的一位局領導，他開始接力的位置在天安門的正前方，沿長安街向西跑，第四棒就是我了。

當楊凌開始接力時，除了前三棒，我們後面的火炬手立即分乘兩輛火炬手投放車，沿長安街向西駛去，每到一處接力點，車上的工作人員就叫火炬手的名字和號碼，然後把一支火炬交給火炬手，車子停下，火炬手舉著火炬下車。

多哈亞運會火炬的設計靈感來源於栗白兩色的卡塔爾國旗，外形取自阿拉伯羚羊犄角，火炬大約近一米長，像羚羊角一樣微微彎曲，下半截是栗紅色，上半截是金屬的灰白色，頂端有一個亞奧理事會的太陽標誌，接力跑動時要求把這個太陽朝向前進的方向。

我高舉著火炬，第一個下車，接力點上已經有一位中國工作人員和一位皮膚黝黑的卡塔爾工作人員，我和他們互相友好地打過招呼，準備迎接聖火。突然聽見一個熟悉的聲音叫我，回身一看，我太太攙著我老母親正站在我接力起點的路邊，她們知道我是火炬手，就一定要到現場來看我跑火炬接力，家中老父親對這類大型群眾活動一向不感興趣，所以這種場合是見不到他的。

我趕緊向她們招招手，打個招呼，太太舉起小數位相機給我隨便拍了幾張。我急忙轉過身來與卡塔爾的工作人員交談，他用略帶阿拉伯味的英文告訴我，一會兒和前一名火炬手對火前，他負責打開我手中火炬的氣閥開關，我舉著火炬要傾斜大概十五度，前一名火炬手也要傾斜這個度數，這樣兩個火炬的頭端就湊到一起了，大概幾秒就會點著，他會幫我確認我的火炬確實點著了以後，我就可以開始跑了。他讓我儘管放心跑，只要火炬點著了，就不會再熄滅，火炬裡的燃燒罐足夠用的。

剛交代完，一個卡塔爾官員急忙慌地跑過來，他也用英文對我說，點火儀式縮短了，火炬接力提前了五分鐘開始，因為整個接力線路實行提前三分鐘滾動式交通管制，每個路段都有固定的管制時間，接力提前以後，全線的時間安排都會受到影響，所以他要求我把這提前的五分鐘消耗在我的這個路段上，這個「老外」匆匆交代完，頭也不回地向我的下一棒跑去。

天哪！用六分三十五秒跑二百米的距離真是難以想像，更是難以做到的事，那是跑步嗎？我想，這是「老外」說的，不理他，當作是聽不懂英文。誰知，馬上又來了一位中國官員，他告訴我的與剛才「老外」說的一樣，讓我無論如何也要消耗掉五分鐘，沒有辦法了，只能硬著頭皮盡量拖延吧。

一轉眼，聖火到了我面前，卡塔爾工作人員麻利地用一把看起來像小螺絲刀的專用工具伸進火炬身上的一個小孔裡，一擰，打開了火炬裡的氣閥，我舉著火炬和第三棒對火，火炬內的可燃氣體一定特別純，火焰的顏色特別透明，不容易看清楚點著了沒有。幾秒過後，我感覺差不多了，移開火炬一看還沒有點著，我想一定是打開氣閥後，可燃氣體從儲存的罐子裡冒出來，到火炬頭上還需要一點時間，所以一開始的幾秒不能算，我就又舉著火炬湊了上去，心裡默默地數著秒，再等了五秒後，火炬點著了。

我高舉火炬，向周圍群眾揮手致意，然後轉身向西跑去。這哪裡是跑，首先要適當地抬高腿，做出奮力奔跑的樣子，最起碼上半身看起來是在奔跑，但是又不能真的向前跑去，腳落地時，又回到了剛才腳離地時的地方，幾乎不曾向前進，然後再重複，應該稱為原地跑步。就這樣，一點點消耗著時間，同時滿臉微笑地向周圍歡呼的群眾揮手。圍觀的群眾以為火炬手是為了讓大家看清楚才這樣慢跑的，情緒更加熱烈高漲了，許多群眾簇擁在我身旁，搖晃著手中的小旗，和我一同向前慢跑。我就這樣堅持著，心裡直念叨，慢點，再慢點。

火炬手的周圍有六位身著紅色長袖運動衣的護跑手，他們來自北京武警部隊，高大魁梧，個個都在一米八以上，他們認出了我，悄聲地提醒我說：「左總，可以稍微快一點。」我輕聲地回答說：「還沒到時間呢。」我想，他們善意提醒我，一定是以為我捨不得快跑，盡量拉長當火炬手，傳遞聖火的時間，實際上我是為了消磨提前的時間。後來，他們乾脆改成走著陪我了。我知道，今晚的電視重播中一定沒有我這一段，因為無論怎麼努力，這個跑姿肯定不好看，但是為了後面線路警衛的需要，我只能犧牲形象了。

時間一點一點地過去，步子一點一點地向前挪著，我七十多歲的老母親都先步行到了我的接力終點，看看我還沒有到，又折返回來，看我還在路途中努力地「奔跑」著。當時火炬接力剛開始，加上我這一段行進的速度很慢，天安門前長安街非常寬闊，為了能看得更清楚，人人都想靠近一點，現場的秩序有點亂，負責維護秩序的安保人員開始勸阻大家向後靠，勸到我的老母親時，老太太一點兒也不含糊，直接衝著安保人員喊道：「這是我兒子在火炬接力！」安保人員也就不再管她老人家了，她乾脆站在跑道邊上看著我「奔跑」。

「奔跑」中的我，抬頭一看，攝影王大師正端坐在媒體車上，他佔據了電視轉播攝影機旁最好的位置，帽簷推到了頭的一側，巨大的鏡頭直對著我，正在聚精會神地對著我拍照，我精神一振，一掃「奔跑」的尷尬相，馬上露出了燦爛的笑容。我就這樣一邊向周圍的群眾揮手，一邊一寸寸地向終點挪去。

第五棒是市委組織部的一位許姓男士，他老遠就看見我了，做好了接力的準備，結果過了半天我也沒能「跑」到他面前，顯然前面那位「老外」也對他說明了拖延時間的事，他只好無可奈何地等在那裡。

終於跑到終點了，這回咱有經驗了，兩個火炬對接時，我小聲地告訴第五棒，要多燒一會兒才能點著。我們兩人默默地數著數，大概十秒鐘過去了，他的火炬點燃了，我們擊掌慶祝，然後他轉過身，以正常的速度向西跑去。卡塔爾的工作人員馬上跑到我的面前，用小工具把火炬裡的氣閥關了，火炬就熄滅了。

接力方隊後面的車子裡坐著市公安局負責火炬接力安保工作的領導，他招呼我，說上車一同走吧，我想，我還是和火炬手在一起好，就向他擺了擺手，說明了情況，婉拒了。

火炬接力方隊繼續向西跑去，低頭一看錶，我整整耗時五分五十秒，心想，雖沒有一秒不差地消耗完提前的時間，但能撐到現在這個程度也就可以了，這比正常跑步累多了，我舉著熄滅了的火炬等待著火炬手收集車的到來。

我上了收集車，火炬馬上就被收走了。我們原以為接力過後，這個火炬就歸火炬手收藏了，車上的卡塔爾工作人員說，不行，要統一收回，下一站是廣州，還要用這批火炬。我一想剛才忙著跑接力，還沒有來得及仔細看看火炬，就向工作人員請求說，能不能把火炬再拿給我看看，工作人員藉口火炬剛剛燃燒過，溫度很高，別燙著大家，就再也沒有把火炬交回到我們手裡了。

我的接力任務完成了，坐在收集車上，跟著接力隊伍沿著西二環、平安大街、北二環、明城牆遺址公園南側的北花市大街等路段，穿過北京內城，歷時三個半小時的聖火傳遞過程，最後將聖火傳遞到天壇公園。下午六點，我們在天壇公園東門下車，步行進入公園，最後一棒火炬手是雅典奧運會女子摔跤冠軍王旭，她手持亞運聖火站在天壇的丹陛橋上，點燃了亞運聖火盆，看著聖火熊熊燃起，現場燈光閃爍，音樂驟起，一片歡騰。

丹陛橋上也搭起了一個巨大的舞台，我們在台前臨時擺放的椅子上就座，慶賀接力結束的儀式上，先是卡塔爾的男舞蹈家表演民族舞蹈，他們身穿栗色的阿拉伯長袍，雙手各持一把阿拉伯彎刀，熱情奔放，勇敢剛毅，力道十足。接下來是女舞蹈家的表演，她們將阿拉伯婦女曼妙柔美的體態和嫵媚妖嬈的表情表現得淋漓盡致。中國藝術家也表演了民族歌舞。儀式最後，王子上台來，用引火棒將聖火盆裡的火引入火種盒中，標誌著二〇〇六年第十五屆多哈亞運會火炬北京傳遞順利完成。

天漸漸轉黑，氣溫也降了下來，我們大家穿著長的運動衣依然冷到不行，儀式一結束，就各自匆忙離開了。整個火炬接力的準備過程和當天的接力活動中，我都沒有見過那位負責任的胡女士。

心繫火炬

北京時間二〇〇六年十二月一日二十三時，多哈亞運會開幕式在卡塔爾哈里發體育場隆重舉行。我懷著從未有過的別樣心情在家裡目不轉睛地看著電視。按照慣例，開幕式的一系列升旗、奏樂、運動員進場、官員講話、運動員、裁判員宣誓等儀式，在斷斷續續的雨中進行著，開幕式的文藝表演持續了一個半小時，這場有七千餘人參加演出的視覺盛宴，講述了一個男孩駕馭夢舟遠航的故事，展現了尋找亞洲、發現亞洲、期待亞洲的偉大想像。

最後，開幕式最激動人心的時刻來臨了，在強力聚光燈的照耀下，先是五名卡塔爾著名運動員手持火炬接力前進，最後是卡塔爾的亞洲百米冠軍曼索爾手持火炬來到了場地中央，此時場地中央升起一個巨大的舞台，卡塔爾王室成員、卡塔爾馬術隊隊長阿勒薩尼身穿傳統的白色阿拉伯長袍，騎在那匹被稱為「英雄之馬」的黑色阿拉伯駿馬上，出現在舞台中央。曼索爾把火炬遞交給了阿勒薩尼，阿勒薩尼先是閉目傾聽禱告，靜默片刻後，突然撥轉馬頭，高舉火炬，開始策馬飛奔，沿著一道斜坡衝向屹立在體育場一側的百米多高的高台頂。

他們輕鬆飛快地跑上第一層高台，再策馬衝向頂層，當全場觀眾都準備為他們的衝頂成功歡呼時，不料他們衝到距離頂端還差幾米，突然馬蹄在濕滑的斜坡上打滑，一個趔趄，險些摔倒，假如駿馬滑倒，勇士摔下，後果將不堪設想！只見阿勒薩尼拚命策馬，忠實的駿馬竭盡全力地向前探出頭，大口喘著粗氣，繃緊了渾身的肌肉，先穩住身體，再艱難地一點一點重心前移，向前邁步掙扎著。全場鴉雀無聲，所有人都睜大了眼睛，屏住了呼吸，心都提到了嗓子眼兒。只見頑強彪悍、善解人意的純種駿馬和鎮定自若、臨危不亂的勇士騎手，人馬合一，拚盡全力，一躍而起，終於有驚無險地成功衝上高台頂，全場爆發出驚天動地般的掌聲歡呼聲。

高台頂上升起一個巨大的星盤，阿勒薩尼用火炬點燃了星盤下方，熊熊的火焰從星盤中央的圓孔中噴出，星盤中央的條紋緩緩轉動，射出了陣陣光芒，遠處三百一十七米高的主火炬台在星盤光芒的照耀下，隨即被點燃，猛然間，體育場四周的焰火點燃迸放，漫天飛舞，此起彼伏，姹紫嫣紅，火樹銀花，壯觀的場景烘托著開幕式達到了高潮。

看到這壯觀、宏偉、激動人心的開幕式，看到點燃聖火永遠難忘的驚險時刻，我想，這火炬也曾在我的手中握持過，這聖火也曾在我的手中傳遞過，突然感到我和聖火貼得這樣近，和卡塔爾貼得這樣近，和亞洲貼得這樣近，和世界貼得這樣近，我想這就是火炬接力的精神吧。

一晃半年過去了，二〇〇七年五月二十三日，在天安門廣場舉行繞場長跑，啟動北京奧運會倒數計時五百天活動。我當時正參加公安部組織的第二屆全國我最喜愛的十大民警巡講團在全國巡迴演講，為了這個五百天的啟動儀式，我專程趕回北京。

儀式結束後，我和太太在廣場上臨時搭建的紀念舞台前照相留念時，身邊一位五十多歲的先生見我穿著多哈亞運會火炬接力時發的鞋，就主動問我這鞋穿著怎麼樣，我說，很好，重量輕，還很結實。後來一聊才知道，人家就是多威鞋的老總。他告訴我，為了方便老年人鍛鍊，多威剛剛出了一款適合老人穿的運動鞋，鞋面用尼龍拉袢固定，不用繫鞋帶，穿脫都特別方便。我想，我一定要給我家的兩位老人買來穿。

正聊著，旁邊走來一位女士，人長得眉清目秀，身材均勻，看上去也就四十多歲，她微笑著問我：「您是左芷津嗎？」我很驚訝，她怎麼知道我的名字呢？原來這位女士就是一直未曾謀面的胡女士。她自我介紹說，她原來是搞體育管理的，本人倒沒有當過運動員，現在已經退休，女兒也大了，自己在體育局返聘。按照國際慣例，遴選火炬手不能由官方操辦，要體現民間的參與熱情和自願參加的原則，所以由她負責操辦這件事，她很享受這個使她仍然能幹自己喜愛的體育工作的機會。我連忙感謝這位胡女士，說，沒有她的關注和舉薦，我就沒有機會參加這樣終生難忘的活動，我們互留了電話，滿懷感激地與她揮手道別。

再傳聖火：二〇〇八年北京奧運會火炬手

幸福突降

大概是二〇〇七年七月十五日，我接到市公安局政治部史警官的電話通知，他說，我作為首都警察的代表，被推選為北京奧運會的火炬手候選人。他的電話讓我感到十分驚喜，北京奧運會的火炬手這麼讓人魂牽夢縈，萬眾期盼的巨大榮耀，真的就能降臨到我的頭上，我簡直不敢相信這是真的，一切都是這樣毫無前兆地突然到來。隨後，他從互聯網上發來一份郵件，請我填好隨郵件發來的附件。

我發現這是個轉發郵件，源頭就是原來負責多哈亞運會火炬手選拔和組織工作的胡女士，我馬上先打個電話給她，一是向她表示由衷的感謝，二是再詳細詢問一下具體情況。果然，她接到我的電話很高興，告訴我這次她仍然負責火炬手的選拔，聽到這話，我才相信這是真的。她熱心地囑咐我一定要抓緊填好表，透過推薦單位轉送給她就行了。她還特別要我注意在什麼地方簽名，什麼地方是單位意見，什麼地方是人家組委會簽署意見的，千萬不要搞錯了，也不要空著。她還建議說，要求火炬手提交的個人照片中，如有運動的最好，這位胡女士真是認真細緻，能得到她的幫助實在是很幸福。

我打開附件一看，是兩張表格，看著表格上赫然印著的北京奧運會和火炬接力的標誌，感到這回比上次多哈亞運會火炬手可複雜多了，也正式多了。一張是奧運火炬手報名表，報名表裡的選拔主體一欄不用我填，我估計主體可能是奧運會組委會或是火炬接力北京地區組委會。第一欄是個人資料，第二欄是緊急情況下的聯絡方式，我想一定是為防備接力時突然出現身體意外，需要能盡快找到家人，我慎重地填上太太的名字和手機號碼，還有家庭電話。第三欄是一百字的自我介紹，因為現階段只是火炬手的候選人，所以要在個人情況中填入「事蹟」，也就是擔當火炬手的理由和個人條件，還要寫出你與體育的關係，比如，你喜愛體育嗎？你經常運動嗎？表的背面是火炬手選拔標準和火炬手守則，仔細讀下來，我肯定，一符合條件，二全能做到，立即簽字承諾理解並能遵守。

另一張是奧運火炬手登記表，推薦單位要填北京市公安局，聯繫人就是來電話的史警官，候選人的基本情況和自我介紹與報名表一樣，這回在自我介紹一欄中提示要一百字左右，還說如果寫不下，可另附Ａ４紙，我想起多哈亞運會火炬接力時體育人辦事的簡單勁兒，還是省省吧，別多寫了。登記表要加蓋公章，史警官告訴我，我是以北京人民警察學院黨委書記、院長的身分參加火炬接力，所以單位公章一欄中蓋我院的章就行了。但我想，既然是市局政治部通知我參加火炬手選拔的，還是蓋市局政治部的公章比較好，不管怎麼說，咱還是政治部的副主任，作為市公安局綜合部門的領導，更能代表首都民警。除了登記表上要貼一吋免冠近照外，還要交幾張照片，要求盡快將表填好和照片一同送出。一切規矩都清楚了，我立即動手，按照要求將表格填好。

第二天，讓我的司機保順師傅直接送給市局政治部史警官，千叮嚀萬囑咐一定要直接交到他手中。

一個多月過去了，九月二日史警官再次給我來電話，說要再填一張北京地區火炬手、護跑手補充登記表，我一聽，怎麼降格了，從火炬手降成火炬手和護跑手了，還補充登記，不免驚出一身冷汗，再看表中只是些個人資料，沒有新的內容，最後一欄是現在工作單位的意見和負責推薦單位的意見。管他是火炬手還是護跑手，都是奧運會火炬接力的參與者，我不敢怠慢，趕緊按要求辦了。事後心想，奧運會不是全民的事嗎，怎麼還有工作單位的意見，如果人家沒有工作單位的，就不能當火炬手了，這與奧運精神一致嗎？唉，想歸想，管不得這許多，咱自己還不敢說當不當得上呢，還是先把咱自己該辦的事辦好吧。

十月十一日，我從網上收到一個打包文件，文件名稱叫火炬手信息採集表，打開一看裡面有三個文件，一個是火炬手服裝尺寸表，裡面詳列出火炬手和護跑手插肩圓領短袖T恤和短褲的規格尺碼，要求我選擇合適的運動衣。看著這些數字和符號，我哪裡知道我是什麼號碼，趕緊把警察體育教研室的老師們請來，他們幹了一輩子體育教學，穿了一輩子運動衣，一定是經驗豐富。果然，他們毫不費力地就幫我選好了服裝尺寸和型號。

另一個是北京地區二〇〇八年奧運會火炬手候選人信息採集表，裡面包括姓名、上下服裝尺碼、完成兩百米所需時間（分鐘）、是否需要輔助設備、藥物過敏、健康狀況。我一看，這回真有奧運的味兒，因為這裡的完成兩百米所需時間顯然不僅是指跑步所需要的時間，也可能是步行，還可能是跛行，甚至是搖輪椅的時間，另外是否需要輔助設備，也顯示了殘疾人同樣可以參加火炬接力。

還有一個是填表說明，主要是指導我們填寫另外兩個表格的。運動衣的型號都填報了，這還能是候選嗎，應該是當選，我心中暗暗高興和輕鬆起來。看看文件的落款日期是九月二十七日，文件走了半個月才到我這裡，還真讓我有點緊迫感。好在要求所有文件在十月十八日前填好送出，還有一周的時間，綽綽有餘。

這段時間有關候選火炬手和護跑手的各種通知不斷，讓人感覺這事真是在緊鑼密鼓地進行中，但此後一晃幾個月過去了，什麼動靜也沒，是不是落選了？我的心裡七上八下的，心想當不上就當不上吧，咱也不是什麼名人，也沒做出什麼超人的貢獻，這麼重要的火炬手、護跑手怎麼就輕易地輪到我呢，一定要端正心態，任何可能都會發生。

我努力地安慰自己，但是再次爭當火炬手的願望時刻強烈地撞擊著我，上次怎麼說也是人家多哈的亞運會，這次是我們中國人的百年奧運夢想實現的歷史性時刻，我估計中國北京就是再開一次奧運會，我也趕不上了，奧運五環代表了五大洲，大家輪流轉一遍就要二十年，更何況再輪到亞洲也不會再在中國，回到中國也不會再在北京了，所以這機會真讓我魂牽夢縈。

早上我在學院裡跑步晨練，對著學院北邊的老佛爺山心中暗暗祈禱，一定要讓我入選啊，護跑也行啊，只要能入選，我一定怎樣怎樣。可是這事成不成也沒有地方去問啊，我只好一天天焦急地等待著。時間真快，一轉眼進入二〇〇八年了，奧運的氛圍更加濃厚了，可這火炬手的事依然沒消沒息。

莊重承諾

三月的一天，突然接到胡女士的電話，她語氣急促地問我：「火炬手的承諾函中怎麼沒有你的，再晚交就誤事了。」

我連忙問：「什麼承諾函，我不知道呀。」

她說：「不好，每個火炬手都要在承諾函上簽字，一直沒有通知你嗎？」

我說：「我一直在等，沒有任何消息，也沒有人通知我去簽承諾函。」我不安地試探問道：「我是不是落選了？」

她說：「據我所知沒落選。」但她連忙改口說：「我幫你問問。」就放下了電話。

我呆若木雞，孤立無援，如同掉進了萬丈深淵，但又無能為力，只能咬緊牙關，熬過這人生中最漫長無助的十幾分鐘，靜靜地等待著命運的安排。

終於她又打來了電話，說：「問過了，經辦的人把你這事給忘了。」她急促地說：「你能不能馬上來這裡一趟，把承諾書簽了。」

我看還沒有完全不行，就與她商量說：「這樣行不行，如果您有承諾函的電子版，您就從網上傳給我，我簽好後，立即派人直接送給您。」

她說：「沒問題，這樣最快。」

幾分鐘後，承諾函傳來了。首先承諾函是用ＰＤＦ檔格式寫的，與原來的所有文件都是用WORD檔格式寫的不一樣，ＰＤＦ格式的文件是不能隨便修改的，可見承諾函的嚴肅性和不容更改性。

承諾函是以火炬手致第二十九屆奧林匹克運動會組織委員會的語境寫的，第一頁上是要求火炬手承諾必須遵守如下內容：

一是本人同意作為火炬手參加火炬接力，遵守火炬手守則和北京奧組委火炬接力的政策、規定，服從奧組委及工作人員安排。

二是配合奧組委宣傳火炬接力和北京奧運會的所有宣傳活動，同意北京奧組委、國際奧委會和火炬接力全球合作夥伴等，可以無需事先告知，即以任何方式無限期並無償使用我的姓名、形象、肖像、聲音、參加接力的電視、廣播實況和我提供的履歷資訊。

三是完成指定的接力段後，必須將火炬交給北京奧組委工作人員，由工作人員將燃料罐從火炬中取出，只有得到北京奧組會批准後，我才能保留火炬。

四是承擔保密義務，不洩漏與火炬接力有關的資訊。

五是承諾妥善保管火炬，不得用火炬和火炬形象從事商業推廣活動。

六是本人同意對參加火炬接力的個人和財產安全負責，對我造成其他第三方傷害的責任負責，承擔所有費用。

七是本人同意火炬手守則是本承諾的重要部分，北京奧組委享有對本承諾全部條款的最終解釋權。

八是本人同意如果我違反上述承諾條款，北京奧組委有權取消我的火炬手資格。

九是本人同意在簽署本承諾函後才能參加火炬接力活動。

承諾內容的下面是火炬手或者是火炬手監護人的簽字，然後是火炬手個人的簡單資料。

承諾函的第二頁一整頁都是北京二〇〇八年奧運會火炬接力火炬手守則。

事到如今，早已顧不得我自已有什麼權利了，全部同意，只要讓咱當火炬手，人家說什麼，咱們就遵守什麼，全是義務，不追求權利，我立即簽字同意承諾。既然是承諾書，就是雙方的，我複印了一份自己留著，然後叫保順師傅立即把我簽字的原件送給胡女士，同樣囑咐一定要直接交到人家手中。

乍看起來這九條承諾確有些不近情理的味道，在一定意義上說像是「霸王條款」也不為過，後來我才認識到，組織奧運會這樣一個全球性的大型活動，沒有嚴格的法律約束是斷然不行的，否則組織者根本無法掌控局勢。不是嗎，北京奧運會還未結束，就有火炬手將自己剛剛傳遞過的火炬拍賣了十五萬元。北京王府井有一家號稱七星級的酒店，舉辦奧運會時，許多外國首腦和要人下榻於此，我們學院的學生負責要人警衛，就安排了部分學生警察在這家酒店執行安保任務。有我的學生在，我就要去瞭解情況，檢查落實和看望他們。當我走進這家酒店大廳時，迎面看到一個特製的玻璃櫃中放著酒店老闆參加火炬接力的火炬、服裝、頭飾、護腕等，雖說表達了心繫奧運的情感和火炬手的自豪，但是嚴格按照承諾函來說，這些都是不行的。

走近夢想

終於等來了正式通知，要我在八月三日到北京會議中心參加火炬接力的預備會。我按時趕到那裡，好像那裡的工作人員都認識我。我是市公安局的，屬於市直機關的火炬手，用身分證簽到後，領到一個寫著我名字的紙袋。紙袋裡面是這樣的東西：一是火炬手的服飾，包括大家熟知的祥雲圖案的短袖T恤和短褲；火炬手頭帶，是條帶五環標誌的白色寬鬆緊帶，通知我們可戴可不戴，我就沒有戴，因為我感覺一戴這個就分不清男女了；火炬手護腕兩只，同樣帶有五環標誌，要求戴的時候，五環標誌要對著小指一側，這樣舉著火炬時，五環標誌正好朝前；愛迪達的白襪子一包三雙。二是一本火炬手畫冊，裡面有每位火炬手的照片和簡介。三是火炬接力的安排通知。其中最重要的是通知我參加八月六日的火炬接力，那是北京地區奧運火炬接力的第一天。為此要求我在八月五日到中國職工之家去報到，當晚住在那裡。還有一份通知說，北京奧組委提供的火炬手服裝中不含運動鞋，火炬手要自己準備，要求是白色運動鞋。

參加預備會非常重要，除了領到參加火炬接力的衣服和通知外，也知道了一些規矩，比如，我原來想做一個寬寬的頭帶，上寫「首都刑警」四個字，一定非常奪目，開過會，知道了任何火炬手不得帶任何自己的和代表組織或機構的標誌，否則取消火炬手資格，看來真是不能亂來。預備會上北京奧組委火炬接力團隊通報了全球火炬接力情況，講述了北京地區火炬接力的過程和要求，特別強調北京奧運會火炬接力在美國、法國、英國等地遭遇的不光彩事件。作為火炬手，大家自然非常關注海內外火炬接力的情況，這些事件媒體都報導了，大家也不相信那些事情能在北京發生，所以幾乎沒人認真聽他們在講什麼。

會後回到警察學院裡，以學院政治處為主，組織專班協助我參加火炬接力。當得知組委會不提供運動鞋時，他們讓我自己去買一雙，回來報銷，說學院也要為我參加火炬接力出點力。我想，雖能報銷，咱也不能獅子大張口，和太太一起，在我家旁邊的方莊購物中心買了一雙四百元的運動鞋便罷。另外，從科技教研部抽調了技術最棒的專家組成攝影和拍照隊伍，時刻準備現場拍攝。這回與多哈亞運會火炬接力不同，不是我一個人在戰鬥。

八月五日下午，我按照通知要求到位於木樨地的中國職工之家去報到。我一走進酒店大廳就被這裡熱鬧歡樂的氛圍包圍了。好像全中國的精英都聚會到這裡，到處都是我們已經透過電視、電影、報紙、雜誌、網路熟悉的名人、明星、名家。進去第一件事是要在一個巨大的屏風上簽名，我到時，見上面已經龍飛鳳舞、密密麻麻地簽滿了各種人的名字。我拿起記號筆，在屏風中央的一小片空白上簽上了我的名字，我把「左芷津」的「津」字的一豎向下一直畫到屏風的底邊，這一豎就把我的名字從整個屏風上密布的簽名中凸顯出來了。

我看見了航太英雄楊利偉，他個子矮矮的，一看就是適合在一個小小的封閉空間裡工作的人，許多人找他合影留念，他不厭其煩地始終保持微笑地和大家合影，最後來了幾個軍人連推帶搡地把人散開，把他「救」走了。我還看見了姚明，我們平時從電視或報紙上看到他時，感覺不到他到底有多高，當他站在我面前時，我才懂了什麼叫巨人，他經過賓館所有的門時都要深深地低頭才能過去。

我一邊看熱鬧，一邊趕去報到。又領到一個牛皮紙袋，裡面的文件上印著每位火炬手的接力地點、接力時間、火炬手號碼、跑動距離等。我的號碼是55號，接力地點是在人民大會堂西北角，感覺不錯，那個地方應該還算是天安門廣場的一個部分。我趕緊把我的號碼和接力地點通知學院，以便攝影拍照隊做好準備。

分享幸福

「左博！」突然一個熟悉的聲音叫喚我，原來是公安部刑事偵查局的小于。小于曾經和我同在公安部的大要案偵查處工作，負責命案偵查，我們之間還有一段超乎常人的終生難忘的友誼。當年打小喜歡當刑警的他考取了中國刑警學院，在學校裡小于為當刑警做著準備，參加了學院散打隊，比他小一年的一位女生也是散打隊裡的高手，一來二去，兩人就相愛了。畢業後，小于分配到公安部工作，第二年女大俠畢業後，有了這層關係，女大俠自然而然地分配到公安部的一個研究所工作。雖說不是青梅竹馬，但也是兩相情願，理想與愛情雙雙豐收在人生中也是不多見的，他們馬上就要結婚了。正當他們高高興興去婚檢時，被告知，女大俠肺上長了個腫瘤，估計存活不了多久了，小于聽後，回到辦公室便嚎啕大哭。

問明了情況，我勸他一定要堅強，千萬不能慌了神。我立即找到在北京最好的醫院工作的中山醫科大學的畢業生，帶他們去複查。起初專家意見一致就是腫瘤，大家心頭一沉，他們倆更是痛不欲生。我們抱著最後一線希望又找到一位呼吸科的著名專家，人家盯著片子看了良久，淡淡地說了一句，我看像結核。我們立即央禱這位專家，幫我們聯繫一家結核病專門醫院，專家也想證實一下自己的判斷，就寫了個條子，讓我們去了西城區結核病院。院長只看了一眼就說：「我看連結核都不是，應該是肺炎。」他給開了些藥，沒有多久就痊癒了。我與他們共同經歷了他們人生中最艱難的時刻，就此結下了深厚友誼。在這樣一個歡樂時刻能見到如此深情厚意的朋友，是最讓人高興的。

小于是第37號火炬手。我知道，有一年，一名上訪人員聲稱帶著炸彈到公安部來了，公安部位於天安門廣場旁，地理位置十分敏感。部裡派員緊急處置，當時小于是負責反恐怖的，他勇敢地挺身而出，上前與上訪人員周旋，最後在他的勸說下，上訪人員和他一同上了一輛計程車，沿著二環路駛離了天安門廣場。途中，機警的小于發現上訪人員帶的是假炸彈，立即將其制服。為了表彰他的英雄行為，小于榮獲全國公安系統二級英模稱號，這次代表公安部參加火炬接力是當之無愧的。

我們興高采烈地一同去參加火炬接力前最後一次預備會。會上組委會工作人員大講明天接力活動的注意事項，可會場上人聲鼎沸，大家都沉浸在當上火炬手的歡樂中，沒有火炬手在意會議的內容。我發現小于的接力位置與我相近，再仔細瞭解發現許多人的接力位置也都是在人民大會堂西北角，我馬上打電話給學院，讓他們幫助認真核實我到底在哪裡接力，最後他們找到負責那個地段的西城分局民警，人家說出了55號火炬手的牌子將放在人民大會堂西側路的中部，這下子可以精確定位了。

老朋友同當火炬手，實屬難得。會後，我們叫上各自的家人美美地吃了一頓飯，大家興奮異常，這頓飯分享了榮當奧運火炬手的喜悅，分享了十幾年朋友之情，更分享了兩個溫暖家庭的幸福。飯後，我們倆老老實實地按照組委會的要求，在酒店住宿。夜裡一點多鐘學院來了電話，他們還在精心研究明天現場拍攝的事，我們在電話裡又討論了一番，大家非常激動和期待。想到與老朋友攝影王大師的交情，幾天前，我就通知了他，這種重要的場面他是絕對不會拉空的。毫無疑問，對我們每個人來說，這都是一個難以入眠的夜晚。

忙中出錯

八月六日是個陰天，早上五點半大家統一起床，衝到餐廳裡草草吃了早飯，換好火炬手的服裝，戴上火炬手的飾物。我發現火炬手的T恤和短褲都沒有口袋，沒有地方擱手機，我真佩服組委會的腦筋，手機放在哪裡呢，真想如果有人發明一款像卡片一樣的手機多好，可以別在腰裡或者插在襪子裡。沒有手機就沒有辦法和學院攝影拍照聯繫了，我給他們打出最後一個電話，就只能做到這個程度了。

大家在酒店門前的小廣場上集合等車。今天見到的名人更多，原來昨天有許多人是請自己的下屬、祕書、助理來報到的，今天真的要接力了，本人才肯露面，見此情景，我十分感慨，全國人民誰不想當火炬手，如果當火炬手的唯一條件是要求能夠全部過程，包括前期準備和昨天的報到，以及一系列會議都必須自己親力親為，不知道有多少人爭著搶著日夜守候在組委會門口等著參與呢。而面前這些真當上火炬手的「精英」們，能說他們對當上火炬手有多珍惜嗎？能說這些人真的十分看重擔當火炬手這件事嗎？比起中國人的百年奧運夢想來，你能有多忙呀？生老病死，歲月滄桑，地球離開誰都轉，太陽離開誰都升，真別把自己太當回事，也別把別人太不當回事，尊重千辛萬苦的奧運組委會，尊重人類共同擁有的奧運會，尊重對奧運充滿激情和夢想的全國億萬人民，應是每個火炬手應盡的義務和底線，可見當一個人的社會地位與大眾不同後，對事物的認識和處理方式就會與大眾不同，社會對這些人的要求也就會不同，可能這就是「精英」吧。社會對「精英」是寬容的，可「精英」對社會往往是吝嗇和苛刻的。當然這樣的「精英」畢竟是少數，有一位男火炬手很讓我感動，他拄著雙柺，堅持不坐輪椅，在他太太的幫助下，一瘸一拐地跟上隊伍，奧運精神真的不僅是在賽場上，更是在生活之中。

接力的時間、地點各不相同，車輛也是前前後後陸續出發。姚明是北京地區奧運聖火傳遞的第一棒，他們幾個人乘的是第一輛車，提前出發了。我們是第三輛車，車上一共四十名火炬手，點齊了人數後，七點十分就出發了。我們一整車火炬手沿長安街由西向東駛去，既沒有交通管制，也沒有開道車擾民，就是早上北京街上的一輛普普通通大巴車，這種感覺才是奧運融合在人民的生活中。

在車上大家開始尋找自己的上一棒和下一棒，我是55號，54號是原北京市副市長張百發老領導，一九九〇年我國舉辦的亞運會，開創了透過舉辦大型體育賽事揚國威、促發展的先河，他老人家為北京的市政建設，為亞運會的成功舉辦做出了傑出貢獻，北京人民都不會忘記他。56號是北京交通廣播電台「一路暢通」的著名主持人王佳一，北京的汽車飽和量已有三百多萬輛，大家都喜歡聽交通廣播的節目，王佳一以她甘甜的聲音、詼諧的話語給飽受堵車之苦的開車人、乘車人送去溫馨和安慰，深受北京市民的喜愛。找到上一棒和下一棒後，大家開始討論用什麼獨特的姿勢和新奇的形式交接火炬，誰不想在自己這個絕無僅有的歷史性時刻裡留下最美好的身影。

我當上火炬手後，一直關注國內外火炬接力的情況，看到許多火炬手別出心裁，有邊跑邊跳舞的，有邊跑邊唱歌的，還有邊跑邊翻筋斗的，甚至還有邊跑邊練體操和玩雜耍的，為了追求新奇和刺激，也有人擺出了許多並不雅觀的姿勢。車上工作人員提醒說，奧運會火炬接力不主張太搞怪，希望大家把握好分寸。

我對百發副市長和佳一說，我認為，火炬接力是一項莊嚴神聖的活動，全國人民和全世界關注奧運會的人們都在看著我們，不應該弄得怪里怪氣的，我們不要搞怪。他們兩人都爽快地同意了。但過了一會兒，佳一悄悄跟我說，還是想擺一個POSE（姿勢）留念，我說行，你來設計。她說，我們拿著火炬對著火炬後，分開，她在前面雙腿交叉半下蹲，雙臂平展，做個京劇裡亮相的動作，我在後面雙臂上舉，昂揚向上，兩人構成一個造型就行。我說，行，沒問題，我一定能做好。我又補充道，我們兩人同側的手舉著火炬才好看，不要一邊一個，咱們約定都是左手舉火炬。商量完了，我們也沒有時間和地點去練一下看看效果怎樣，只能臨場發揮憑感覺了。

受到佳一的啟發，我靠近百發副市長輕聲說，我們倆見面後，先握手，再擊掌，表示奧運聖火手手相傳，再對火，然後再擊掌，表示慶祝火炬又傳到下一棒了，然後我們手拉手，再四臂上舉，火炬由外側的手舉著，表示兩代火炬手團結，傳承。百發副市長點頭說，好極了，原來他老人家也想來點小花樣。商量好後，大家都很興奮，可是心中還有一點疑問，看別的地方跑火炬接力時，火炬手胸前衣服上都有一個號碼，可是我們怎麼還沒有發火炬手號碼，是不是還會有變化，誰的嘴上也不說，但內心都在不安地琢磨著。

我們的大巴駛過新華門，已經能看到天安門廣場了，車上的工作人員拿出了單面不乾膠紙上列印的火炬手號碼，一一發給大家，大家連忙把號碼貼在左前胸上，覺得這個號碼往身上一黏，這奧運火炬手就算是當定了。

車子到了石碑胡同，拐向南，沿著國家大劇院西側經兵部窪胡同到達前門西大街，然後再轉向東，到大會堂西側路，這是我們這車火炬手接力的地方。不料，路口值勤的武警不讓我們向北拐，我們只得繼續向東，天安門廣場兩側的道路也不讓向北拐，我們一直開到了正義路，不能再朝東走了，我們是火炬手，要去傳遞聖火，再過去就是王府井了，越走越遠了。

司機決定在正義路掉頭回去，慌忙之中，與另一輛由北向南行駛的旅遊大巴車的反光鏡刮蹭上了，我們大巴車上像犄角一樣伸出去的反光鏡整個折斷了，垂了下來，人家的車幾乎沒什麼損傷，雖說是我們的車破損大，但我們的司機自知責任重大，顧不得細看，毫無糾纏，立即回頭沿原路向西。

沒能順利到達接力地點，大家怕耽擱了時間有些著急，車上工作人員抓起電台與指揮部聯繫，也沒有人能幫助我們。這時我們又回到了大會堂西側路，這次一定要向北拐了，否則今天火炬接力的這一段鐵定要出洋相了。工作人員下車去與武警交涉，百發副市長自告奮勇地說，你們就說張百發在車上，讓他們放行。年輕武警戰士們好像根本不認識什麼張市長，執意不肯讓我們通過，工作人員急了，說，你看這是一車火炬手，馬上要在人民大會堂西側路上火炬接力，你們不要耽誤時間。幾個武警戰士將信將疑地探進頭來，驚訝地看到一車人全都穿著火炬手服，不禁喊了出來：還真是一車火炬手啊，連忙讓我們過去，還認真地向我們的車敬了個禮。

巔峰時刻

車過了警戒線，在大會堂西側路上到達了接力起點，這裡已經是人山人海，彩旗翻飛，萬眾歡騰，工作人員把火炬發到我們每個人手中，大家多少次在電視轉播、報紙照片中看到的祥雲火炬，這回緊緊地握在自己的手中了，全車立即沸騰起來，剛才拐來轉去的不快全部一掃而空。

火炬手車緩慢地向前開行，按照號碼依次把火炬手投放下去，每個火炬手下車都迎來現場群眾的一陣歡呼，大家都非常興奮，情緒高漲，激動萬分，同時又非常有秩序。看到55號牌子時，車門開了，我左手握火炬，右手抓著車門扶手小心翼翼地走下車，心裡默念著，千萬別摔倒，鬧出笑話。腳剛一落地，立即聽到圍觀群眾發出一陣熱烈的歡呼聲，我抬頭一看，學院的攝影拍照專家團隊和王大師已經迎在我面前了。

一位志願者立即迎了上來，我把火炬遞到右手，握住火炬的末端，志願者拉著我的手，讓我站到寫著55號的牌子跟前，一位女志願者核實了我的姓名，然後不無羨慕地與我合影。我右手高舉火炬，左手也高高舉起，向街邊的群眾揮手致意，然後轉過身來，又把火炬遞到左手，用右手向另一側的群眾揮手。在等54號百發副市長到來前的時間裡，周圍眾多的志願者都圍上來，要與我合影，我說，咱們的照片裡一定要有這個55號牌子，這樣才有歷史感。大家說，對，我們一同留下了這永遠難忘的光輝時刻。

正在輪番合影，遠遠看到百發副市長在六位護跑手的簇擁下，由南向北跑來，我的火炬接力就要開始了，這讓我非常激動，忙在55號牌子前站好。百發副市長興奮異常，臉脹得通紅，滿面笑容地向我跑來。按照我們的約定，先握手，再擊掌，然後兩把火炬舉到一起，對火，北京奧運火炬的火焰顏色是金黃色，非常醒目、亮麗，幾秒鐘後，我估計火炬已點燃，慢慢地把火炬挪開一點兒，看著我的火炬確實點著了，而且火苗挺大、挺旺的，我們興奮地再擊掌，我用右手，百發副市長用左手高舉火炬，我的左手拉住百發副市長的右手，我們四臂高舉向群眾展示熊熊燃燒的奧運火炬，我們的造型配合得特別好，順利地完成了聖火交接。

我慢慢地轉過身子，右手把火炬舉得高高的，開始不快不慢地向前跑，每跑一步都微笑著向著周圍的群眾揮手致意，現場的氣氛沸騰了，歡呼聲震耳欲聾。我是第二次當火炬手了，有了一點經驗，我時刻提醒自己一定要沉著冷靜，一步步穩著勁兒向前跑去。

作為火炬手在跑接力的時候，一定要明白為誰跑，應該衝著誰跑，實際上，最重要的是為前面的現場媒體直播車跑，要衝著它跑，靠它才能把火炬手的形象傳播到全中國和全世界去。電視直播車是沿著路的中線開的，直播的攝影機一定在車上最好的位置，也就是中間的位置，鏡頭對準了火炬手就不再移動了，所以火炬手一定不能離開路中間的黃線，只有這樣直播鏡頭才能始終一動不動地盯在火炬手身上。面對路上圍觀的群眾，你可以向他們揮手，但是絕對不能跑到群眾跟前去，因為一旦跑過去了，火炬手就出了電視畫面了，電視鏡頭不會追著你跟過去的，一旦有火炬手跑到群眾面前與群眾互動，電視直播的導播就會馬上切換到事先準備好的其他畫面，如城市風光，奧運歷史或是熱情的群眾，這樣就不能在全中國和全世界面前展示你作為火炬手的風采了，本來接力的時間就短，再插播一段別的畫面，太可惜了，所以我無論怎麼高舉火炬，怎麼跑，怎麼招手，就是不離開路中央的黃線。

我邁著穩定的步伐向前慢跑，心中默念著別太激動，形象最要緊，抬腿不能低，步子不能大，速度不能快。時間過得真快，跑動的距離真短，自己像做夢一樣，只感覺沉浸在幸福之中，大腦中一片空白，也不知道怎麼一步一步跑過來的。

一眨眼就來到了56棒火炬手王佳一面前，我這時才好像清醒過來。同樣按照約定，我們先擊掌，再火炬對火，我小聲地對她說：「別急，點著了我告訴你。」幾秒鐘後，她的火炬已經點著了，我們再次擊掌。此時，她一轉身，先擺出了POSE，我馬上反應過來，迅速在她的後面雙臂高舉，兩人配合，效果好極了，旁邊的護跑手和志願者先是愣了一下，明白過來後，發出一陣歡笑，高聲叫道：「好哇！」我對佳一說：「我們成功了！」佳一笑著轉過身去，向北方跑去。她帶走了護跑手和整個協助接力的團隊，我的周圍立即冷清下來，我意識到，我的奧運火炬接力結束了。後來大家在電視直播上數了數，我一共跑了一百四十二步，耗時兩分四十秒。

一位志願者上前，招呼我上火炬手收集車，此時我聽到人群裡一陣騷亂的聲音，原來是攝影王大師為搶一個鏡頭，離火炬手太近了，被安保人員抬出了火炬接力區。王大師在這種場合裡，不僅會把鏡頭對準我，還會把鏡頭對準其他火炬手、護跑手、志願者甚至路邊圍觀的群眾，他就是要把這個歷史瞬間盡可能多地記錄下來，這是他的職業追求和獻身精神。

我戀戀不捨地回到火炬手收集車上，組委會工作人員麻利地拆除了火炬裡的燃燒罐，然後把火炬交回到我手中，我牢牢地攥著帶著熱度和燃燒煙味的火炬，再也不鬆手。一位始終陪伴火炬接力的男性工作人員說，你跑的姿勢非常非常好！我想，人家真內行。火炬接力就一定要努力把火炬手最好的形象展示給大家。他還特地跟我們講，北京的火炬傳遞真是好，群眾又多，秩序又好，氣氛還特別熱烈。他們火炬接力團隊已經在國內跑了一百零四天，昨天晚上一回到北京他們就特別興奮，終於回到家了。我們深深被工作人員的情緒所感染，感到為了奧運，我們全國人民付出了太多太多。

永遠銘記

我發現收集車上多了幾個人，原來是奧運官網的記者想請已經完成接力的火炬手談談感受，雖然火炬手都是為社會做出比較重大貢獻的人士，但也不是個個都能立馬出口成章，我想，今天應該為媒體、為記錄歷史做點兒貢獻，就大大方方地接受了採訪。

記者：您剛剛參加完火炬傳遞，先講講你現在的心情吧。

我說：我覺得當一回奧運火炬手是人一生當中最幸福、最光榮的一件大事。今天我作為北京市委政法委的代表，同時也是北京市公安局五萬民警的代表，特別是投入奧運安保的十一萬安保人員的代表參加聖火傳遞，為此我感到非常自豪。

記者：您給講講今天整個接力過程吧？

我詳細地講述了我的整個傳遞過程。

記者：請您為我們講講當選火炬手的故事。

我說：一是我一九八三年當警察後一直是幹刑警。刑警在警察當中是非常重要的一個警種，是打擊犯罪的尖刀和拳頭。二是我在刑警中從事的是刑事技術工作，我的專業是法醫學。刑事技術是支撐警察工作非常重要的科技動力，現在二十一世紀科技強國、科技強警都是非常重要的。三是二〇〇六年我當選為「第二屆全國我最喜歡的十大人民警察」，獲得全國公安二級英模稱號，當年還獲得了北京市先進工作者稱號，這些都是黨和人民對我的肯定和褒獎。四是二〇〇〇年我被派往法國里昂的國際刑警組織總祕書處工作三年，作為首任災害死亡人員個體識別的國際協調官，我的國際警務工作經歷象徵著中國警察要走出國門，走向世界。我認為，刑警、科技、榮譽和國際化幾個因素加起來，從而成就我成為一個火炬手。

記者：您覺得在您工作當中，有什麼地方能和奧運精神相通嗎？

我說：奧運精神就是「更快、更高、更強」，我覺得當警察就得「更快、更高、更強」，速度上你就得比犯罪分子更快，搶在前面才能把案子破了、把人抓了；智慧上你要比他更高明；力量上你一定要比他更強大，這樣才能夠維護好社會治安和保障人民群眾的安居樂業。

記者：您在奧運期間有什麼特殊的任務嗎？

我說：今天我是火炬手參加火炬接力，明天我就要帶隊去做昌平和八達嶺段火炬接力的安全保障工作，這讓我感到特別光榮和自豪。奧運期間我將擔任奧運村的安保副總經理，我們主要是要按照預案和市公安局的統一部署，全面做好奧運安全保衛工作。

記者：最後，奧運會馬上就要開幕了，您對奧運有什麼樣的祝福嗎？

我說：奧運會是我們中華民族的百年夢想，這個夢想就要在兩天以後實現了。我堅信，在我們中國北京舉辦的第二十九屆奧運會一定是歷史上最有特色、最高水準的一屆奧運會，一定會給世界留下豐厚的遺產，享用無窮。

採訪結束了，佳一也回到了車上，她不愧是個專業的媒體人，立即透過電話和電台連線，她讓我再談談感受，我們是相鄰的兩棒火炬手，這個忙是一定要幫的。

活動結束，回到警察學院，激動的心情漸漸平復。市公安局政治部來電話，要我寫一篇感言，我思緒萬千，一揮而就，暢快淋漓地寫下火炬手感言。

火炬照亮我的人生

北京地區第55號奧運火炬手左芷津感言

今天，我光榮地成為一名奧運火炬手，代表首都政法戰線和北京市公安局五萬民警，特別是能代表第二十九屆北京奧運會的十一萬安保人員參加火炬傳遞，我感到無比自豪，心情非常激動。

當我接過熊熊燃燒的祥雲火炬時，內心非常激動，火炬照亮了我的一生，賦予我一生的榮耀。火炬照亮我的一生。當我接過火炬時，感到這火炬無比沉重，當我高舉起火炬，在共和國首都的中心天安門廣場傳遞時，深深地感到我們偉大的黨就像是一把火炬，照亮了我們偉大的祖國，引導著我們中華民族不斷前進，也照耀著我們每個人的成長歷程。在黨的教育下，我從一九六九年參加工作，由一名上山下鄉的知識青年，逐漸成長為堅強的公安戰士。改革開放，恢復高考制度，使我有機會考入大學，繼而攻讀碩士學位，拿下博士學位，沒有黨的光輝照亮我的人生，就不會有我的今天。偉大的中國共產黨就是永遠指引我前進的火炬。

火炬照亮我的一生。人的一生一定要有理想，理想就像是一把火炬，照耀著人生道路，指引著前進的方向。雖然當警察不是我從小就有的理想，但是當上警察後，我逐漸樹立了為共和國、為人民當好一名忠誠警察的理想。從警二十五年來，無論是做法醫，出現場，破命案，還是當國際刑警，都把懲惡揚善、除暴安良的崇高理想牢記心中，盡全力去發現各種案件的蛛絲馬跡，努力實踐警察的誓言。警察的理想就是永遠激勵我奮進的火炬。

火炬照亮我的一生。我有一個幸福的家庭，家人的親情就像是一把火炬，始終照亮我生活的腳步，始終堅定不移地伴隨我去達成人生一個又一個目標。從警二十多年來，與家人一直是離多聚少，沒有家人的理解和支持，我不可能毫無牽掛地投入到工作中。特別是到北京市公安局工作後，無論白天、深夜，無論年節假日，命案現場必出，給家人留下的卻是離別、擔心與等待。當我和全局民警一同投入奧運安保工作後，更是沒有時間顧家，父母親已經七、八十歲了，他們今年搬了一次家，但我只去看過一次，什麼忙都沒幫上。我知道，當我手持火炬奔跑時，我的父母、妻子一定在電視機前看著我，一定會一如既往地支持我。我的親人就是永遠伴隨我幸福的火炬。

火炬照亮我的一生。一個人要成功，勤奮是最重要的，勤奮就像是一把火炬，永遠激勵著我努力奮鬥，指引著我去攀登一個又一個高峰。幾十年來，為了事業上的成功，我不敢有任何鬆懈，無論是在農村、還是在工廠，無論是在大學、還是當警察，無論是做大事還是做小事，我要求自己做任何一件事情都一定要全力以赴地投入，都要以最高的標準去要求自己。勤奮兩個字不斷地激勵著我克服人生懈怠的惰性，永遠為明天而奮鬥，時刻為成功而準備。勤奮、努力就是永遠給我力量的火炬。

火炬永遠是光明的。人生有了火炬，就能夠看清前進的方向；事業有了火炬，就有了不斷進取的奮鬥目標；生活有了火炬，就充滿了快樂和希望。感謝黨、感謝祖國、感謝我的同事和朋友、感謝我的家人，他們使我在人生中擁有光明的火炬，我要在這火炬的照耀下永遠前行。

幾天後，一個朋友打來電話，說她在網上看到可以到新華社購買我火炬接力的照片。第二天我趕緊趕到那裡，說明來意，人家要身分證和單位證明才能購買，可能是擔心有人冒購，引起法律糾紛。轉天我帶上證件和證明，再次前往。這回很順利，一共是三張照片，一張是我和百發副市長四臂高舉展示火炬，一張是我單獨接力跑步，還有一張是我和佳一擺POSE，人家的專業水準真高，媒體車的位置也絕佳，照片拍得非常棒，把我們的神態、表情、姿勢都表現得恰到好處，真是了不起。每張照片三百元，這麼珍貴的照片再貴也要買呀。三張照片買回後，全部放大裝入鏡框，掛在家裡。我還將我單獨的一張放大，送給父母雙親，請他們分享兒子當火炬手的榮耀。我把和佳一的一張放大，送到電台，為了給她個驚喜，沒有告訴她，請電台門口的傳達室轉交，回程的車上，聽到佳一正在直播，我以55號火炬手的名義發了個短信給她，從此我們成為好朋友。

奧運會閉幕後，我把我擔任火炬手的全套服飾，和從奧運前測試賽開始的全部奧運證件、車證等全部送到學院的校史展，作為永久的保留。

奧運會閉幕後好長一段時間，我再次接到通知，火炬手到北京會議中心去開會，我毫不猶豫地準時去了。這次去的火炬手就少多了，但是每位火炬手的到來都讓組委會的工作人員興奮不已，這次實在沒有什麼實質任務，只是對火炬手表揚一番，並把剩餘的火炬手服飾，如襪子、護腕、頭帶什麼的，作為紀念品，發給每一位參加會議的火炬手，並教育我們珍惜榮譽，不做任何與奧運火炬手身分不相符的事情。

從此以後，我再也沒有接到胡女士的電話、郵件，今天在我寫下這段難忘的經歷時，由衷地表達我對她的謝意和敬意，並深深地為她祝福，好人一生平安。

奧運育人

三大任務

二〇〇一年七月十三日，國際奧會主席薩馬蘭奇打開手中的信封，用渾厚但並不清晰的聲音宣布，二〇〇八年奧運會將在北京舉行。霎時間中國申奧成功的消息立即傳遍了全世界。舉國上下一片歡騰，包括港澳同胞、台灣同胞、海外華僑，全世界的炎黃子孫都沉浸在無比的喜悅之中。舉辦奧運會是中國幾代人的夢想，是十三億中國人民的共同心願。人們盡情的歡樂、興奮之後冷靜下來，奧運會的籌備工作逐漸展開。

二〇〇八年北京奧運會、殘奧會是首次在中國國土上，由中國人舉辦的超大規模的世界性體育盛會，同時也是世界性的文化盛會、外交盛會、媒體盛會，作為首都的公安民警，無一不為能在自己有限的警察生涯中，趕上這樣一個重要的舉世盛會而感到興奮和珍惜。但是舉辦一屆成功的奧運會空有一腔熱情是不行的，對於首都公安機關的領導和民警來說，對奧運會的認識頂多是在電視上看到的各種比賽，這次要由我們中國舉辦，要在北京舉辦，在長達六年的籌備中，北京人民警察學院每天都應該為奧運會幹些什麼呢？我們在奧運會和殘奧會期間的每一天都應該幹些什麼呢？一開始誰也說不清。我也感到任務不清，責任不明，帶領大家參與和完成奧運的任務很困難。

作為警察學院的主要負責人，我首先就是要明確我們在奧運會中的任務，用任務團結全院人員，各司其職，才能共同完成。結合我們警察學院的教學培訓職能、專職教師和學生管理人員特點以及一千二百畝土地上的現代化教育訓練基礎設施，還有全院二千多名年輕力壯、生龍活虎的學生警察，我圍繞複雜的奧運安保工作仔細分析，和黨委一班人認真商量研究，針對奧運會安保工作的需求，在北京奧組委和市局黨委的統一領導下，高起點規劃，高標準要求，充分利用和發揮警察學院的各種資源優勢，在全院動員大會上提出：「在龐大複雜的奧運安保工作中，我們應該承擔培訓、執勤和屯警三大任務。」

明確了三大任務，就會產生巨大的凝聚力，把全院人員緊緊團結在一起，一旦人人都明白自己該幹什麼了，就會自覺地把自己的作用與這三大任務融為一體。

第一項任務是培訓。這是我們警察學院的老本行，是一定要幹好的，也一定能幹好。做教師的，認真準備培訓課程，我們一共舉辦各種奧運安保培訓二百八十一期，培訓二萬六千三百零二人次。

第二項任務是執勤。建立以學生警察為主體，教師隊伍作為補充的龐大的奧運勤務隊伍。由學生管理幹部按照學生在校的組織建制，組成新的團隊，支援奧運會安保一線參加執勤。學院警力分別進駐奧運村、非競賽場館、訓練場館、媒體村和各大涉奧飯店，以及承擔地鐵安保，要人警衛、防爆安檢、票證查驗、物流食品安全、要害巡控、治安處置、場地巡視、秩序維護等多項安保任務。從二〇〇八年六月二十三日第一批警力到現場執勤到殘奧運動會閉幕，前後共延續九十七天。比如，奧運村裡共有值勤民警一百八十五人，我們學院派出的就佔了一百六十一人，那個尾數一就是我，我擔任了奧運村安保副總經理。

第三項任務是屯警。我們考慮到，如果奧運會安保需要的警力超出北京自有的警力時，有可能從兄弟省市公安機關抽調警力進京支援，這些外地來的警察要有地方吃住，警察學院地處北京城北側，距離奧運會場館和奧運村都比較近，交通便利，學院擁有能容納幾千人的學生宿舍和食堂條件，最大限度騰出學院吃住空間，準備接納外地大量的支援警察入住。要做好這項準備工作，主要靠後勤保障的人員，我要求他們提供兩個數字，一是利用學生宿舍、培訓警官宿舍的正常住宿空間能進住多少人。統計後說是可容納三千人，二是利用一切可能的空間，包括體育館、禮堂、教室、寬大的走廊、大廳等都用來住人，可以再增加一萬人的容量。我請他們將這個情況通報學院所在的地區，奧運會期間如果有大量外地警察在我院駐紮，水、電、糧食、蔬菜的供應以及污水排放量都會猛增，請人家也提前做好準備。最終，奧運會期間，沒有從兄弟省市抽調警力來北京，屯警沒有「屯」成，倒是公安部從全國公安機關抽調的參加奧運場館安檢的四百餘條警犬，全部「屯」在了警察學院，「屯」了警犬，也算是派上了用場。

敵人在哪

在奧運會籌備過程中，歷屆奧運會影響安全的許多事件作為參考資訊傳了進來，面對舉辦奧運會就要向全世界全面開放，和高度透明社會環境的要求，面對境內外敵對勢力「逢奧必擾」的複雜鼓譟形勢，面對一位旅居美國的學者給中央領導同志寫信，建議要特別提防射向中國的真偽難辨的陰毒「魚鉤」與強悍「長矛」，使中央領導同志對奧運安保空前重視，要求空前嚴格，面對中央提出「大事不出，小事也盡量少出，有事妥善處理，將影響減到最小」和奧運安保關係到國家形象的安保標準，究竟奧運會期間會出現什麼樣的複雜情況，我們心裡並不十分清楚。

西方媒體對奧運會和我國社會的負面報導如何應對，國外大型體育活動中常見的「裸奔」怎麼處理，當我們的民警真的面對一個裸體的外國女人，敢出手處置嗎？知道如何處置嗎？還有國外的遊行示威者經常相互用鐵鏈捆在一起形成所謂的「睡龍」來對付警察，這些棘手的搗亂行為會不會在北京奧運會上出現，一旦出現，怎樣才是正確的應對和處置，我們心中更加不清楚。

雖然北京市公安局在借鑑歷屆奧運會安保措施的基礎上，準備了幾百上千種預案，但是由於誰也沒經歷過，更沒處置過，甚至連見都沒見過，從指揮員到普通民警普遍感到心中沒有底，生怕該「手硬」時，不敢硬，貽誤戰機釀成大禍要承擔責任，又怕「手硬」了，授人以柄惹出大麻煩同樣也要承擔責任，涉外執法的尺度是什麼，涉外處置的邊界在哪裡，沒有人說得清，更沒有人有實際經驗。打仗時，指揮員最重要的責任莫過於明確指出敵人在哪裡，明確奧運會真正的敵人在哪裡，顯然是打好奧運會安保這一仗的第一步。

我帶領團隊經過仔細分析，認為中國舉辦奧運會有四道安全保障，第一道保障是中國與世界上衝突最多的國家恐怖襲擊最猖獗的國家的關係都不錯，特別是當年毛主席的「第三世界理論」，為我們中國團結了一大批亞非拉朋友，雖然這些國家內部恐怖襲擊不斷，但是並沒有針對中國；第二道保障是國內的「疆獨」、「藏獨」分裂主義者沒有那麼大的勢力和能量，能夠明目張膽地破壞奧運會，國內其他的各種社會矛盾也沒有那麼尖銳，還遠遠達不到要用極端的暴力手段直接破壞奧運會的程度；第三道保障是中國是一個需要簽證才能進入的國家，一方面我們會嚴格把關國門，另一方面，對於想搗亂破壞的人來說，到一個需要簽證的國家，過簽證關時被發現的可能性就比較大，不如直接到一個能自由出入的國家來得容易和安全，在其他地方能幹成的事，何苦朝中國這個槍口上撞；第四道保障是中國是一個有死刑的國家，雖然中國的死刑在國內和世界上總是讓一些人詬病，但是關鍵時刻死刑的震懾力還是足夠大的，還是很管用的，按照外國人的思維，中國人好不容易盼來了「百年奧運」，誰膽敢破壞，說不定中國人立馬兒就能把他給「就地正法」了，誰也不願為破壞奧運會把自己的命搭進去。

雖然有這樣四道安全保障，但是我們絕不能說奧運會就安全了。綜觀國內外形勢，我們認為，重點有可能是非政府組織及其人員藉口「藏獨」、「疆獨」以及中國人權民主進行搗亂，這類事件還不到由恐怖組織親自出馬的程度，因為但凡恐怖活動主要有兩個特徵，一是侵害對象的不確定性，真正意義上的恐怖活動是不區分侵害對象的，誰趕上了誰倒楣，一旦有確定的對象就變成了謀殺。比如二〇〇一年美國的「九一一」系列恐怖襲擊事件就是這樣。二是恐怖活動都帶有明確的目的性，製造恐怖活動的組織和個人在實施恐怖襲擊後，一定要提出某種政治上的要求，因為恐怖襲擊不是目的，只是要達到某種目的的手段。雖然表面上看，二〇〇一年美國「九一一」事件中，恐怖分子並沒有提出什麼具體的政治要求，但是「基地」組織在全世界以美國為敵，本身就是一種政治舉動。

從恐怖活動的角度去分析，中國長期奉行獨立自主、和平發展的外交政策，對中國採取恐怖手段什麼目的也達不到，所以應對奧運會的恐怖活動重在防範，不應該是安保的重點。再看國內，中國本國人對社會再不滿，估計也不敢在全國億萬人民歡天喜地迎「百年奧運」時幹點什麼，奧運會帶來的城市發展、空氣改善、環境美化等是有目共睹的，人人受益的，這些建設和進步只能緩和矛盾，不存在加劇矛盾的推手。

但是值得警惕的是近年來，隨著國內改革開放的深入和社會多元化的發展，許多社會矛盾不斷在激化，從中有可能演化出個別的過激人員，他們可能會採取極端的個人暴力行為，製造影響，表達訴求，這種事件雖然具有恐怖活動的「侵害對象的不確定性」的特點，有時也會提出一些訴求，但它形不成組織，多是個別和孤立事件，常常是單槍匹馬，它的破壞作用和影響比較有限。但是這種個人極端行為零散、隱蔽，不易被發現，突發性強，很難防範。大型活動的安保工作表面上看大同小異，但是活動舉辦的地點不同，安保的對象不同，敵人也就不同。敵人不同，防範的重點和方法就更加不同，這是必須要事先搞明白的，不能人云亦云，盲人瞎馬，自亂陣腳。後來奧運會成功舉辦的事實以及期間發生的一些事件，證實了我們的分析和預判是完全正確的。

八月八日晚，學院派出的一部分值勤警力負責北京奧運會開幕式「鳥巢」外圍街區的安保巡邏工作，開幕式即將開始時，執勤民警發現某境外電視台記者行動反常，鏡頭對著警戒區外空無一人的街道上架設機位和不停地調試攝影機，便開始在暗中注意這幾名記者的一舉一動，還請運送民警來現場值勤的大轎車慢慢地貼靠過來，伺機擋住攝影機。突然隱藏在街邊人群中的幾名境外「藏獨」勢力人員高舉「雪山獅子旗」躍出護欄，以「鳥巢」為背景，在街道上呼喊口號，製造聲勢，早已等候多時的境外電視台記者，轉過攝影機，打開照明燈的開關，對準鬧事的人就要拍攝，幸虧執勤民警早有準備，及時發現，快速反應，指揮大轎車加速倒車，正好擋住了攝影機的鏡頭。等這些記者反應過來，從三角支架上拔下攝影機扛在肩上，繞過大轎車就朝鬧事的人跑過去，正是有了這寶貴的十幾秒時間，現場民警已經沒收了「雪山獅子旗」，並把鬧事人員帶走審查教育，境外記者最終沒能拍下任何影像，粉碎了一起製造事端的企圖，避免了敏感事件在境內外的傳播。

誓師揚威

國際社會對我們中國有沒有能力舉辦一屆成功的奧運會是有質疑的，為了向全世界全面地展示中國奧運會安保力量，誓保奧運會平安的信心、勇氣以及打擊恐怖主義和處置突發事件的能力，中央決定，二〇〇八年四月二十九日，在北京人民警察學院訓練場地舉行一次聲勢浩大的奧運安保指揮中心北京賽區誓師大會，誓師大會由反恐和處置突發事件科目演練、行進分列式和領導講話組成，我們承擔的核心部分是科目演練和分列式表演。科目演練中包括解救人質、安保檢查中嫌疑人的發現和處置、應對球迷騷亂鬧事、發現和拆除爆炸物、特警突擊破拆、處置非法遊行示威、應對生化污染等。誓師大會上要展示各種最先進的警用裝備，還有特警技能表演、狙擊手演練、直升機空中巡邏、直升機上人員速降等多種技能展示和表演。一時間，警察學院裡天上飛飛機，地上跑裝甲車，傾其所有，熱鬧非凡，總之一句話，要拿出中國安保的最高水準。

由於誓師大會在我們學院舉行，北京市公安局領導讓我們先做一個演練方案，呈報市局黨委會研究討論。我彙集參演各方的意見，準備了一個圖文並茂的方案。黨委會一般是先有議題，會上請相關單位來人做說明，然後各位黨委委員按照排位順序由後到前發言，最後形成決議。許多情況下，討論的事項專業性很強，外人也插不上嘴，也有的是按照規定明擺著必須辦的事，上黨委會也只是走個程序，大家自然興趣不大。我彙報的演習議題立即引起了黨委委員的興趣，馬上七嘴八舌地議論開來，這位委員說還要增加一個什麼科目，那位委員說那個科目還應該做什麼樣的修改，根據他們在國內外看到的警察演習提出了許多具體建議，原定給我十分鐘時間，結果討論了將近一個小時還是意猶未盡，最後黨委會決定由我擔任誓師大會和演習的總指揮，大會的籌備工作正式啟動。

距離中央領導確定的誓師大會時間只有短短的半個月，事不宜遲，我連夜召開參演各方的協調會，逐項地研究和確定演習科目。參加演習的有武警、消防、分局民警、市局特警、解放軍防化兵、警院學生等，共三千餘人。雖說大家都是為了奧運會，可是誰都想藉誓師大會的機會，在中央領導面前多露一手，協調過程非常艱苦。

會上，我要求消防演習中要出動北京消防新購置的世界最先進的北極狐消防摩托車，這是一種四輪的摩托車，機動靈活，快速高效，特別適合應對大城市中的突發火情，車上最大限度地裝備了先進的滅火器具和滅火劑，當時全北京只有兩輛。消防部門一聽，說不行，一是動用這麼先進的裝備一定要上級批准；二是這種消防摩托用的是特殊的二氧化碳滅火劑，演習消耗後，無法及時補充，影響備勤值班。我問道：「你說要經過上級批准，那你告訴我，跟誰說能解決這個問題，我就去說。」消防部門的官員一看我的決心很大，也就不再作聲，說我們自己協調吧。第二天自己就把這個摩托車開來了，直到演練結束了才開走。為了減少不必要的浪費，我讓他們拿幾瓶乾粉滅火器放在車上，演練時朝火上噴乾粉，效果好看，而且還不用動用昂貴的進口滅火劑，這個提議被他們痛快地答應了。奧運會開閉幕式上，我在「鳥巢」看台下的環廊裡，看到這兩台消防摩托車一直在備勤。

北京武警「雪豹」突擊隊是一支國家級的反恐專業隊伍，他們要求表演大規模劫持人質的解救過程，但是演習的時間和空間都有限，無法讓他們盡情展示，我盡力勸說他們減小規模，一開始死活不答應。他們提出如果不是大規模的恐怖活動，組建他們這支專業隊伍就沒有意義，還搬出中央的決定說，中央組建「雪豹」突擊隊就是要針對五十人以上的人質被劫，否則就不會動用他們，還強調說，如果這樣在中央領導面前演練，就會讓中央領導同志誤以為他們只能處置小規模事件。最後在我的一再堅持下，才同意降到解救六個人的規模。

與他們的合作中，我一直不明白，這麼好的一支專業隊伍為什麼要叫「雪豹」。雪豹是一種美麗而瀕危的貓科動物，長年孤獨地生活在人跡罕見的高山雪原上，世界上見過雪豹的人就沒有幾個。近年來由於氣候的變化和人類不斷的捕殺，雪豹的數量急遽下降，孤寂的雪豹已被列入國際瀕危野生動物紅皮書，說明這種動物的生命力和生存能力是很脆弱的，你什麼時候見過老鼠要絕種？我也不知道中國有沒有雪豹，據說雪豹數量最多的國家是哈薩克斯坦，用這麼個快要絕種的、主要生活在外國的動物名字命名我們國家級的反恐突擊隊，真不知道預示著什麼。

軍隊的調動和安排是最難協調的，由於防止和應對大規模生化殺傷武器的需要，他們將派出防化兵參加奧運安保，誓師大會上，他們同樣要參加演練和展示。我辛苦地聯絡到北京奧運會安保小組各位負責人，結果沒有任何人能做得了這個主，那些在安保小組中工作的軍隊高官在這個時候也是無能為力。我也明白，軍隊可不是那麼容易調動的。我急忙將情況向上級領導報告，請求支持，市局最高領導也沒有辦法，他安慰我說：「只要你努力了，能到什麼程度就到什麼程度吧，有些事情也不是我們能做主的。」聽到這話，我們也只好作罷。出人意料的是在演習的頭一天下午，一拉溜幾輛蓋著草綠色帆布篷的軍車開進校園，車上跳下幾百名穿戴嚴密、軍容整齊的防化戰士，帶隊的軍官通知我，一是他們只參加分列式；二是新聞報導中不要有他們，因為軍隊有規定，不得參加地方組織的演習。我心裡奇怪了，全國解放快六十年了，怎麼人民的軍隊倒不能參加人民的演習了呢？我也顧不得多想，來了就好，總算是奧運會安保的全部成員參加，無一缺席。我們急忙重新調整分列式隊伍位置，讓他們成為奧運會安保整體中最強大的力量之一。

當然也有最終沒有協調成的，為了演習的整體，我只好做出讓步，這一讓步就留下了隱患。記得還是與消防武警打交道，消防兵要身著全套消防服參加分列式，我在現場看了效果，參加分列式的多是警察、特警、武警，服裝的顏色不是深藍，就是黑色，或是綠色，消防服的橙黃色應該是很醒目的，他們頭戴閃亮的消防盔，全體列隊的視覺效果會很好看。可是我發現消防服裝的顏色顯得陳舊，不夠鮮亮，建議他們能不能穿別的材料的消防服裝，他們解釋說，消防服的面料是水洗布，所以只能是這樣了。他們一再堅持說，消防服是消防兵有別於其他兵種、警種最突出的特點，一定要堅持穿這個。我想既然是人家的特點，也不好硬不讓人家展示，於是就答應了。

但是我不同意他們腳上穿著消防的絕緣鞋走分列式，因為絕緣鞋是橡膠底的，走起來靜悄悄的，沒有聲音，分列式走起來的方隊中，每個人要能聽到方隊集體的腳步聲，聽著這個節奏，大家才能合拍走得整齊。跟他們一商量，結果他們又說不行，說救火時必須穿這種鞋，哪有穿皮鞋救火的？我心想，這不是在救火啊，是在向中央領導同志彙報奧運會安保工作，可是我也不好明說，否則顯得我在弄虛作假似的。我就提醒道，我擔心分列式隊伍聽不到腳踩地的聲音，大家走不齊。他們說他們武警天天練隊列，沒有任何問題，肯定能聽到，一位消防的同志還用腳在地上踩了幾下，讓我聽聽這個聲音足夠大了。我心裡懷疑，但是最後還是答應他們的要求了。結果誓師大會的那天，場面大，領導、嘉賓、媒體記者等人特別多，現場聲音嘈雜，消防兵在方隊中根本聽不見腳穿橡膠底的鞋落地的聲音，每個人只好憑著感覺走，結果整個分列式表演中就數消防方隊走得不整齊，什麼事都是這麼個理兒，只要心一軟，準捅樓子，這些都是教訓。

演習訓練的過程中也充滿了許多意想不到的情況。市局主要領導來檢查驗收時，我們表演處置球迷騷亂，先是歹徒點燃汽車，然後民警現場處置，把點火者控制並帶離現場，消防車過來把火撲滅。結果表演時，車上的明火被消防車的水澆滅後，火仍在汽車座墊裡蔭燃，過了一會兒又燒大了起來，反覆撲滅了幾次，又頑強地復燃了幾次，真讓我們狼狽不堪。最後用消防斧砸碎了車窗玻璃，調來參加演練的水炮車對著車裡轟了一水炮，才徹底了事。

演練後講評時，主要領導說：「這火著了以後怎麼就撲不滅呀？」我答道：「報告首長，我們演練中從來捨不得燒汽車，今天您來檢查，我們第一次挑了一輛報廢車試燒一下，實在是沒有燒汽車和滅汽車火的經驗。」領導和大夥聽了哈哈大笑，我繼續說：「看來這個辦法不行，我們立即調整。」

我們改為不再用明火燒汽車，而是在汽車後座前放上兩個不鏽鋼的垃圾筒，讓原來點火的特警拉著兩個特大號的煙霧彈，濃濃黑煙的效果足矣，再點燃一塊浸了油的舊地毯，扔到汽車頂上燒去，遠遠看上去又是濃煙，又是明火，就像是整個汽車被點著了，效果更逼真了。滅火時，只要把著火的舊地毯扯下來就行了，煙霧彈燃燒一段時間自己就滅了，不會影響演練的正常進行，其他參與滅火的各種車輛、器具和動作正常進行。

做了這樣的調整後，一開始我們也很猶豫，是不是有作假的嫌疑，特別是在中央領導同志面前彙報，沒有把汽車真的點燃，怕萬一被領導看出破綻來，會給奧運會安保北京賽區丟臉，演習是不是就真的要燒汽車呢？後來我們反覆訓練，看到整個參加誓師大會彙報演練的隊伍經過一遍遍地練習，處置能力提升了許多，逐漸懂得了演習和實戰的關係，重要的就是透過演習，讓武警、民警見過和經歷過這些突發事件，實戰中一旦發生類似情況，他已經不是沒見過，只要見過，他就不會心慌，就能想起演習時是如何做的，再按照演練過的動作要領去做，火就一定能撲滅，騷亂也一定能被平息。第二天早上我回到演練現場，看到前一天我們試燒的那輛車已經完全地鏽在地上了，拖都拖不動，可見那一水炮出了多少水，力量多大啊。

這輛拖不走的車子提醒我，如果大會演練時車子不能及時被拖走怎麼辦，趕緊請教北京市公安局交通管理局，人家問我能給多長時間把車拖走，我回答說，有車參演的科目一結束，越快拖走越好。

他們答應把全市牽引車比賽的冠軍調來，幫助我把現場演練中的這輛車拖走，他們保證說，這位冠軍可以在一分鐘內把車拖走。有了這樣的高手，我就放心了。下午，這位「拖車大師」自己開著牽引車就來了，一位四十來歲的男民警，普普通通、貌不驚人，我請他表演一遍拖車，只見他跳上牽引車，開到要被拖的車前面，「唰」地一個漂亮的掉頭，車後的牽引鉤正好對著要報廢車的車頭，他操縱牽引鉤伸到要報廢車的車頭下方，慢慢向上一抬，正好將車頭抬起，他迅速打開車門，跳下車來，利索地把牽引鉤兩側的銷子一插，跳上牽引車開走，我一看錶，正好四十五秒。太漂亮了！我緊緊握著「拖車大師」的手，熱情地誇獎了他一番，對他說：「大會那天這樣就行，向中央領導同志彙報的任何一個項目，都得像這個一樣，要拿出我們北京的超一流水準來。」「拖車大師」問：「還有其他的事嗎？」我說：「我不再看拖車演練了，你這幾天多注意，千萬別感冒生病，大會那天提前來就行了。」「拖車大師」給我敬了個禮，跳上牽引車開走了，也不知又去什麼地方施展絕技了。

還有一個問題就是處置騷亂科目中要有直升機參與演練，地面的騷亂正在肆虐，直升機飛來了，先是用擴音喇叭廣播，然後是特警從直升機上速降，參與地面處置，這個項目時間一定要控制得準，追求的就是關鍵時刻神兵天降，可是幾次演習中直升機不是早到，就是晚來，主要領導來檢查驗收也沒能準時準點。領導半開玩笑半認真地對我說：「左總指揮，你指揮的飛機不是早到就是晚到，能不能讓它準時到？」眾人面前我真是十分尷尬。

這飛機飛在空中不像汽車在地面，你讓它什麼時候來，它就能什麼時候來。後來我和飛行指揮和飛行員一同研究，怎麼讓直升機準時飛到呢。我們嘗試利用學院大門前的國旗杆作為定位點，沒到直升機上場參演時，它就在旗杆頂端那裡盤旋等著，然後我們估算好直升機從旗杆位置到演練場的飛行時間，只要時間一到，電台一喊，直升機馬上朝演習地點飛來，就能做到準時準點了。想法一出，經過幾次練習，掌握了時間規律，在直升機參演時間前三十秒，通知直升機向演練現場飛來，到達時就是合適的時間。在誓師大會那天，在中央領導面前，直升機到得是一秒不差，沒有前面的「不是早就是晚」，也不會有最後的成功。

連續多天的緊張排練，大家都很疲勞，隊伍有些鬆懈。一天上午，全部科目預演練完畢，沒有太大的問題，但是分列式走得不好，大家注意力不夠集中，精神面貌不夠振奮，一些方隊的動作不很規範，走得自然也就不夠整齊。我覺得這可不行，誓師大會是向海內外展示中國奧運會安保力量的難得機會，首先是要表達誓保奧運會絕對安全的決心，分列式是展示中國奧運會安保力量精神風貌最重要的形式之一，作為指揮員，我不能想像的是平時練習時走不好，到大會那天會走好，必須抓緊這個機會整頓隊伍，提振士氣，強調紀律，否則誓師大會當天一定會出大問題。

當時已是將近十二點，大家都眼巴巴地盼著去吃午飯。我理解大夥的心思，但是責任在身，容不得有絲毫的馬虎和怠慢。我明白，在這種情況下，單純說教也會有作用，強調強調紀律，講講奧運安保的意義，鼓鼓勁兒都行，但是說教的作用來得不快，印象不深，作用不強，持續不久，於是我朝麥克風前一站，對全場人員喊道：「科目演練的隊伍帶回各自講評，參加分列式的隊伍回到集結原地，再走一遍！」全場鴉雀無聲，大家突然都明白了是怎麼回事，隊伍默默地回到集結區。隨著檢閱進行曲再度響起，一個個方隊走過來，這遍重新走的分列式特別整齊，因為他們怕「再走一遍」。排練演習的過程也是鍛鍊奧運會安保隊伍的重要一環，正是有了平常的刻苦，大會那一天，分列式走得是北京市公安局歷史上最整齊的一次。

我們設計在誓師大會臨近結束時，為了烘托氣氛，要放飛和平鴿，彰顯我們熱愛和平，熱愛奧運會的熱情。二〇〇八年應該放二千零八隻，可是兩千隻太少了，不夠壯觀，就決定號稱放二千零八隻，實際放個整數三千隻。找到昌平區信鴿協會，請人家安排三千隻，信鴿協會掌握誰家養了鴿子，通知養鴿的人家提前把鴿子送來，裝入協會運送鴿子到現場放飛的專用車輛裡，送到放飛地點就行了。

一切準備就緒後，在誓師大會前一天最後一次彩排時，工作人員問我放不放一次鴿子，我說：「咱們從來沒有放過鴿子，還是要試放一次，以免發生意外。」彩排結束前，我一聲令下，運送鴿子的車上有一個拉手，只要向下一拉拉手，三千隻鴿子的籠門同時打開，鴿子們騰空而起，展翅高飛。因為鴿子們是第一次來這裡，一下子未能辨明方向，找到回家的路，帶著哨音在我們演習的廣場上空足足轉了三圈，場面非常壯觀，辨明了方向後才飛走了。看見初放鴿子成功了，我的心也放下了。

第二天是正式大會，時間一到，我同樣一聲令下，鴿子們同樣騰空而起，這回牠們發現這個地方昨天來過了，聰明的鴿子們一下子就辨認出自己家的方向，不再在廣場上費事轉悠了，徑直就朝家飛了回去，在場的領導和嘉賓看見壯觀的鴿群飛起來，現場非常好看，都很高興和興奮，他們不知道鴿子們今天和昨天的不同，只有我們這些人心裡有數，留下一點小小的遺憾。這背後鮮為人知的是，放一隻鴿子要付給信鴿協會八元錢，比吃一隻鴿子還貴，兩天兩放鴿子就花去了四萬八千元。

誓師大會主席台對面是我們的演習大樓，在演習中特警要從樓頂速降，踹碎大樓上的玻璃窗，突進大樓裡解救人質，抓捕恐怖分子。演練結束領導講話時，讓領導對著這麼一幢千瘡百孔的大樓講話感覺肯定不好，拍出照片來也不好看。演練結束到領導講話前只有一、兩分鐘的間隔，肯定來不及更換玻璃，我讓工作人員噴繪了一幅整幢大樓那麼大的巨幅海報，上面有象徵北京的天壇，有北京奧運會的標誌，有男女民警和安保志願者的頭像，還有首都公安的奧運安保誓言。這幅巨大的海報要在演練結束後，領導講話前，迅速地從大樓上垂降下來，把整個大樓蓋住。

說到容易做到難，光這巨幅海報本身的重量就已足夠重，下面還有一根自來水管，便於海報憑藉鐵管和自身的重量往下垂降，工人在製作海報時考慮到這點，在畫裡暗藏了七根鋼絲繩，確保承重強度。時間沒到時，海報捲起來，放在樓頂陽台外的邊簷上，我安排了二十五名男學生，躲在樓頂上不許露頭，等時機一到，大家一齊伸手把捲著的海報朝下輕輕一推，海報一邊展開一邊下降，學生們再稍微拉住繩子讓海報下降得不要太快，只消幾秒鐘，海報就能遮蓋住整座大樓。我還在每扇窗子裡面都安排了學生，拿著一根長竹竿，一旦海報被掛在破碎的玻璃上，馬上伸出竿子把掛住的海報捅下去，樓下還有專人負責把海報的下沿固定在地上。安排好後，演練了一遍，效果還不錯。我想讓學生們再練一遍，熟悉熟悉，工作人員說：「左總，別現練了，萬一壞了，鋼絲繩斷了就不好辦了，咱們見好就收吧。」我說：「好，那就留著明天一次成功。」第二天正式大會時，我發令後，緊張得不敢看這個場景，閉著眼睛，只聽著嘩啦啦一陣響聲過後，終於成功了。當照片和電視上顯示中央領導同志對著奧運會安保的巨幅海報，向參加演練的官兵們發表講話時，誰又能想到營造出這個場景是多麼不容易啊。

根據處置球迷騷亂科目演練的安排，抽調我學院學生警察三百五十人，分成兩撥兒，充當鬧事球迷。我知道，處置球迷騷亂要想達到十分逼真的效果，球迷的情緒和動作一定要特別瘋狂和激烈，才能充分顯示出首都警察過硬的處置能力。意想不到的是，演練起來我們才發現，站在武裝到牙齒的特警和武警面前，看著他們頭戴面罩、只露出兩隻眼睛，頭上的鋼盔閃耀著陰森的寒光，渾身上下都用護具保護著，手持盾牌、警棍，腳上穿著特警的大皮靴，這些從小嬌生慣養、循規蹈矩的「八〇後」警察學生心裡陣陣發涼，害怕不已，更不要說施展打砸搶燒的能耐了。

怎麼把學生們的「狠勁」激發出來，為此我想了五個辦法培養學生「打砸搶燒的能力」：第一個辦法是全體學生到禮堂，觀看香港警察處理韓國農民在香港騷亂的影片，開闊眼界，增加見識，看一遍不行就多看幾遍。第二個辦法是領導和體育教師親自示範「打架」，解除思想禁區，樹立「敢打」意識。我把特警的一位副總隊長請來，這位老總是我的好朋友，身高一米九幾，我對他說：「我們兩人，我先拿棍子打你，你拿盾牌擋著，然後再調過來，你拿棍子打我，我拿盾牌擋著，條件就是一個，我打你時我要用全力，你打我時只能用三分之一的力，但是看起來要像用了全力。」特警老總說：「沒問題，要不要找位特警把您換下來？」我說：「不用，要讓學生們看到他們的院長是怎麼打架的，他們才敢放心去打。」我們兩位老總就這樣，你來我往地為學生示範。第三個辦法是將學生扮演的球迷分為小組，由混在其中的體育教師和有武術基礎的同學暗中指揮，球迷隊伍呈波浪狀反覆衝擊前來處置的警察隊伍，主席台正對著球迷和警察交鋒的界面，從主席台上看下去，兩股力量反覆交鋒非常好看。第四個辦法是挑出一些膽子大的學生，指定專人負責燒車、扔磚頭、砸踹盾牌等攻擊對方球迷和警察隊伍的極端動作，這「架」就有專人「打」了。最後一個辦法就是要反覆演練，熟悉場景，磨合隊伍，規範動作，鍛鍊膽量，力求逼真。

經過一系列艱苦訓練，學生們的「野性」大增，但是最有用的「野性激發」倒是我偶然發現的。一天演練結束，我從排練場開車回到我的辦公室，路上見有三個扮演球迷的學生拖著疲憊的步子也往回走，我見他們太累了，就請他們上車，開始他們哪敢上院長的車，我一再動員，他們才勉強又好奇地坐上來。我問他們：「這幾天練得怎麼樣？」他們委屈地說：「沒有想到武警真動手打啊。」我一細問，原來武警們也是小年輕，年紀與警察學院學生相仿，被學生們激怒了以後，下手也是沒輕沒重，學生們一拍胸脯向我保證：「院長，請您放心，看明天我們怎麼收拾他們。」送走了他們，我想，教育培養一個好孩子不容易，教會一個孩子打架也不容易，這可真是我這個院長始料不及的。

臨到誓師大會的前一天下午五點多鐘，市局主要領導感覺現場的氣氛還不夠，要我們把警察學院獨創的警察特種駕駛技術拿出來表演。當時距離大會只有短短十幾個小時。我們急忙研究演練方案，真不愧是國家級精品課程，特種駕駛的教官立即拿出了一個駕駛汽車和摩托車追捕逃犯的演練腳本，經過幾個回合的走位練習，初步有了眉目，晚上我請電工在演練場地上支起大燈，教官們挑燈夜練，我關照他們說：「因為光線暗，速度一定要放慢，今晚主要是走位置，明天早上天亮後，再全程演練一遍。」考慮到要在那麼多重要的中央領導同志和外賓面前開車，會對駕車的民警帶來很大的心理壓力，我讓在主席台前加上一排隔離墩，使駕車的民警們大膽地放手一搏。一開始，演練腳本裡是警察和逃犯都是自己一邊開車，一邊相互開槍射擊，為了增加效果和確保安全，我改為他們只拿槍比畫，並不真的開槍，另外安排專人，有的雙手持手槍，有的持衝鋒槍，不停地開槍，還扔出幾顆訓練手榴彈，營造出的實戰場面更加緊張激烈，表演的民警也不用手腳一通忙活了。

誓師大會如期舉行，許多中央領導同志到場指導和觀看，各部委的領導同志也到場觀摩，特別是各國駐華警務聯絡官和使館官員，以及國內外各大媒體悉數到場。前一天晚上才練成的「飛車追捕」第一個出場，瞬間，馬達轟鳴，塵土飛揚，廢氣刺鼻，槍聲、爆炸聲響成一片，汽車你追我趕，摩托車龍騰虎躍，雖然只有短短的七分鐘，動人心魄的駕駛演練讓中外來賓個個熱血沸騰，大呼過癮，全場的情緒一下子推向高潮。接下去，全部科目演練零失誤，分列式成為歷史上最整齊的，特別是處置球迷鬧事一節，由於球迷興奮性極度高漲，引領了全場處置演習的圓滿成功，演練贏得了在場各級領導和外國警務聯絡官的高度讚揚和一致好評。第二天，國內和國際上主流媒體對這次演練讚譽有加，英國駐華警務聯絡官說，球迷的演習把他帶回到英國足球流氓的騷亂現場，騷亂時現場就是這個樣。這次誓師大會和演練向全世界展示了中國奧運會安保的能力，也使中央領導同志對舉辦一屆歷史上最安全的奧運會心中有了底。

假戲真做

四二九奧運會安保誓師大會上的成功演練提示我們，各種預案僅停留在紙面上，是絕對不能完成平安奧運的艱巨任務的，必須透過組織假設敵參與的對抗訓練方式，將奧運安保中有可能出現的突發情況模擬出來，讓民警直接去親身參與和體驗處置過程。北京市公安局領導責成警察學院，組建一支為全局奧運會安保實兵演練提供「對手」的假設敵團隊，要求我們以國際上常見的大型活動中出現的個體性和群體性搗亂事件，和覆蓋場館以及社會面的多種複雜情況為藍本，模擬各種各樣的搗亂分子，製造各種有可能影響或破壞奧運會的案件和事件，將想像中的複雜情況變成真實的警情，將桌上推演中的理想處置變為民警實際操作，將紙上方案中的數字警力變為實際投入的警力，為承擔奧運會安保任務的民警提供現場處置的機會，在實戰環境中全方位地鍛鍊和檢驗奧運安保隊伍的指揮協調能力、作戰處置能力、應變調整能力和裝備保障能力。

接到任務後，我們立即抽調十名警察技戰術專業的教官，和正在院內進行崗前培訓的軍隊轉業幹部男女新警學員和男女學生警察八十人，組成假設敵團隊，成為團隊成員的條件要求分別具有搏擊、奔跑、跳躍、化裝、演講、外語、製作等特長。為追求效果逼真，假設敵團隊製作了多種道具、服裝、假髮等，到奧運會賽場實地踏勘，最大程度地模擬奧運會賽場環境和觀賽人員，面向全局，針對奧運會競賽場館安保團隊全面啟動假設敵團隊對抗性科目訓練。

完成這項任務要做的第一件事，就是要編寫假設敵團隊的「搗亂劇本」，我們借鑑歷屆奧運會和其他大型體育活動中曾發生過的案件和事件，再加上國際常見的抗議搗亂破壞活動，以可能發生的突發、涉外、影響大的敏感性問題構思警情，還根據我在國外生活中見到的各種突發事件和示威抗議形式，比如，我在法國里昂工作時，一次一位中央領導同志來訪，我們擔任了他的外圍警衛工作，看到了許多國外不同政見者的抗議形式，我把這些全部貢獻出來。我們從搗亂鬧事人員和執勤民警兩種對立角色出發，採用「我是搗亂者，我該怎麼辦」的換位思考，充分發揮想像力和表演技能，按照案件和事件發展的先後順序，對每一點位上的「違法行為及動作」以及每個場景的設置、案件和事件引發、角色扮演、動作細節、案件和事件進展等，都認真構思和編排，形成演練腳本，確保演練嚴謹、細緻、環環相扣，有章可循。一共編寫了奧運會場館內外二大類，競賽場館和非競賽場館以及場館外三大部分的十五種情形，可菜單式地臨時組合演練科目的突發事件腳本。

第一大類是奧運會場館內的突發事件，其中第一部分是奧運會競賽場館內的突發事件：

第一種是「疆獨」、「藏獨」、台獨及「法輪功」搗亂破壞類。違法搗亂人員採取高聲呼喊口號、打出標語橫幅、穿有「獨立」字樣或圖案的文化衫、拋撒宣傳「獨立」的傳單、直接在身體上書寫「獨立」內容的文字、攀爬建築設施等方式，宣揚「疆獨」、「藏獨」、台獨及「法輪功」，攻擊我國人權、宗教政策的情景。我請畫院的專家專門在文化衫上精心繪製了「藏獨」的圖案，用於演練。處置時要求民警一發現情況異常，首先要立即上報情況，請求支援，對於現場鬧事人員要及時予以制止，先口頭警告，然後沒收各種物品，身上寫字或是衣服上有字的，要用事先準備的布進行遮擋，控制並帶離違法搗亂人員，再訊問情況，取證和錄取口供，最後視情節處理。在處置這類情況時，我們特別強調，要在事件平息後，立即封閉鬧事現場，然後全面清查，防止鬧事人員將一些違法物品，甚至是爆炸物等故意安置或是遺留在現場，造成二次危險或傷害。

第二種是非政府組織鬧事類。違法搗亂人員同樣以呼喊口號、打標語橫幅、穿文化衫、拋撒宣傳品、在身體上書寫文字、攀爬建築設施製造影響等方式，表達保護環境、保護野生動物等意願，藉此貶損和攻擊我們國家、政府，誇大有關我國的負面新聞等；模擬場館內出現非法集會、有人非法進行演講和煽動，造成大量無關人員圍觀，破壞正常觀賽秩序；競賽場館門外出現群體性聚集，堵塞觀眾或者運動員出入通道的情景。我們準備了不同語言和內容的標語，迷惑現場民警，考驗他們的臨陣判斷和辨別能力。處置時同樣要立即上報情況，視情況請求支援，對於現場鬧事人員先口頭警告，沒收各種物品，取證，身上寫有文字的要及時用布進行遮擋，把違法搗亂人員帶離，及時疏散圍觀群眾。

第三種是場館內人員糾紛類。我們模擬賽場內參賽運動員之間、運動員和裁判員之間發生糾紛，繼而演化為肢體衝突，造成人員傷害事件；現場觀眾因支持不同的球隊而發生糾紛，惡化為打鬥行為，從而引發的看台及賽場內秩序混亂；觀眾在排隊等候入場安檢時發生糾紛，導致入口壅塞，人員擁擠踩踏；個別人員以挑釁、毆打、辱罵等方式妨礙工作人員執行公務的情景。這類場景的模擬一定要出其不意，在人們通常認為不會發生問題的地方，突然爆發了糾紛，並且急轉直下，一發不可收拾。處置時民警要及時發現，口頭或是打出警示標語，及時疏散人群，如有人員受傷，要及時聯繫救護車和醫務人員，控制違法搗亂人員，並且將現場情況上報指揮部。

第四種是現場發現和處置可疑物品類。我們在安檢入口或場館內放置可疑物品，比如無主箱包、異常氣體、液體等可疑物品，考驗安檢人員的發現和處置能力。我們假設敵團隊的人員多次攜帶汽油等易燃易爆物品闖關安檢，測試安檢人員的發現能力。這種模擬演練對安檢人員的要求主要是及時發現，上報情況，在現場進行一些簡單的前期處置，比如，用防爆毯覆蓋，或放入防爆桶內，迅速疏散周圍人群等，最終的處置要通知防爆的專業人員進行。

第五種是揚言恐嚇類。我們模擬打給場館揚言爆炸恐嚇的電話，檢驗場館安保人員應對能力；模擬個別人員藉場館照明斷電之際，大聲散布謠言，威脅恐嚇，引發觀眾恐慌，導致現場秩序混亂的情景。應對揚言製造恐怖的電話，主要是安檢工作是不是能做到嚴密可信，現場民警要立即上報指揮部，對此情況進行全面處理和偵查，必要時要及時向現場觀眾說明情況，安定觀眾情緒，將恐慌降到最低，組織觀眾有序退場。臨時停電時要及時透過大聲宣傳，讓現場觀眾瞭解真相，安定他們的情緒，如有必要，要在臨時照明下，組織觀眾有序退場。

第六種是「惡作劇」類。我們團隊中有專人扮演違法搗亂分子跳入賽場，以裸奔的方式或以自傷、自殘、自焚等極端手段，製造不良影響，引發觀眾、媒體圍觀的情景。團隊裡有兩位曾經當過解放軍偵察兵的軍隊轉業的新警同志，他們以奧運會安保大局為重，發揚革命軍人不怕犧牲的勇敢精神，毫無怨言，不講條件地扮演了裸奔的角色。我讓他們買回肉色的短褲，再在前面畫上圖案，穿在身上非常逼真。對於這種個人行為，主要是在各場館準備了用於遮擋的布，一旦發生，民警抓起布來就可以把裸奔者包起來，然後控制帶離。透過演練，民警從一開始不知所措，到後來見怪不怪，靈活反應，迅速應對，說明這種演練非常必要。我們到各個奧運會場館演練時，參加演練的民警無不為扮演裸奔的兩位民警的奉獻精神豎起大拇哥。

第七種是製造騷亂壅堵類。我們假設敵團隊製造球迷鬧事、糾紛衝突升級，引發競賽場館內發生大規模騷亂，導致觀眾壅堵，發生人員踩踏受傷，現場秩序混亂的情景。要求民警早期發現，除立即上報情況外，要主動介入，先動用館內廣播進行口頭警告和安撫觀眾，同時立即將糾紛雙方隔開來，控制重點鬧事人員，及時疏散館內人員，盡快恢復現場秩序。

第八種是模擬現場發生安全事故與自然災害類。場館照明突然斷電或是由於突降暴雨、冰雹等惡劣天氣造成賽事中斷，封閉的場館觀眾爭相離場，露天的場館觀眾爭相躲避等，造成場館出入口、通道內人員驟然增加，發生壅堵踩踏、現場秩序混亂的情景。要求現場民警按照預案的要求，廣播安撫和引導觀眾有序退場，打通和保持各個通道的暢通，特別要注意引導觀眾到一些人員較少的通道和出入口退場，同時做好場內外警力的銜接，防止觀眾撤到場外後再發生意外。

奧運會場館內突發事件的第二部分是服務於奧運會，但是又不舉行比賽的非競賽場館內發生的突發事件：

第一種是非法聚集類。我們模擬在奧運會運動員駐地、新聞媒體人員駐地、奧運會簽約飯店、奧運會定點醫院等非競賽場館外圍出現群體性聚集，造成人員圍觀，交通阻塞，影響非競賽場館正常運作的情景。處置民警要及時上報情況，透過口頭和舉警示牌，勸阻和要求聚集人員盡快散去，不要影響交通和奧運會相關活動的正常開展，對於不聽勸阻的帶頭鬧事人員要及時控制，認真取證，帶離現場進行審查。

第二種是惡性刑事案件類。在奧運會運動員駐地、新聞媒體人員駐地、奧運會簽約飯店、奧運會定點醫院等非競賽場館內發現可疑物品，或發生揚言爆炸、劫持人質事件的情景。民警要及時發現，立即上報，請求上級派出專業力量支援，同時在現場建立隔離區，疏散人員，保持道路暢通，準備迎接專業力量到場等。

第二大類是奧運會場館外的突發事件，主要是指北京城裡發生的突發事件：

第一種是重大交通事故類。我們模擬在奧運場館、駐地、簽約飯店、定點醫院周邊發生重大交通事故，造成車輛損毀、人員傷亡、道路壅堵，影響場館內觀眾及參賽運動員進入或撤離的情景。這種情況的處置主要是加強對現場圍觀人員的疏散，救護傷患，運走死者，及時移走肇事車輛，及時恢復道路暢通等。

第二種是涉外案件和事件類。模擬在奧運會期間涉及外國人的治安案件、刑事案件的受理、案件偵破及處理；涉及境外媒體、記者採訪報導應對處置等情景。要求處置民警按照辦理治安案件和辦理刑事案件的規範要求，以及應對媒體的預案要求，正確穩妥地處置。

第三種是群體性事件類。我們模擬奧運會期間，北京城裡出現群體性聚集，引發無關人員、媒體記者圍觀，造成交通壅堵的情景。要求民警及時發現情況，上報指揮部請求支援，並在現場疏導無關人員，維護現場秩序，控制帶頭聚集人員，引導他們到相關部門解決問題，保持道路暢通等。

第四種是核生化恐怖事件類。我們模擬匿名電話揚言要對奧運會進行核生化武器襲擊、現場發現疑似核生化物品的情景。要求處置民警立即報告，封鎖現場，疏散人員，請求專業力量進行支援。

第五種是重大公共安全與危機事件類。我們透過桌上推演，模擬北京城市一定範圍內發生水電氣熱供應中斷、橋梁垮塌、道路塌陷的極端情景。要求民警迅速到現場瞭解情況，立即報告上級，然後封鎖現場，疏散無關人員，做好專業力量處置的準備。

科目有了，重點要演練和考核的核心也提煉出來，如演練科目「藏獨分子場館鬧事處置」，主要訓練安保團隊在情況接報、調動警力、現場指揮、控制取證、強制帶離等各個環節的規範執法及理性處置能力；再如演練科目「場館發現爆炸物處置」，主要鍛鍊安保團隊從接報情況到迅速出警、臨場指揮、緊急疏散、現場封控、搜集證據、專業排爆等環節的規範執法和快速果斷處置能力。為取得逼真的效果，根據演練角色的需要，我們購置和製作了不同顏色的演練服裝、髮套、違禁品等演練道具，還按照實際演練的需要自製了標語、橫幅、傳單、恐嚇信、疑似爆炸物等演練道具。經過短暫的演練，我帶著假設敵團隊開始到北京城裡的各處與奧運會有關的地點開展演練。

俗話說：「是騾，是馬，拉出來遛遛」，一旦進行真刀真槍的對抗，馬上就發現許多民警根本沒有進入奧運安保的實戰狀態，現場處置行動遲緩、拖沓，無精打采。比如，當觀眾看台上打出「藏獨」標語，造成現場秩序混亂，指揮員下達指令後，民警四分鐘都沒能進入現場制止，致使事態不斷擴大，「藏獨分子」拚命盡情地搖旗吶喊，一時竟然佔居了上風。扮演「裸奔」的假設敵團隊成員跳入比賽場地裸奔，現場只有一名民警在後面追趕，這位民警邊跑邊東張西望，表現得滿不在乎，好像比裸奔者還不好意思，扮演裸奔的假設敵也不含糊，後面追的民警快跑，他也快跑，民警慢下來，他也慢下來，不時得意忘形地挑釁一下，現場民警很是狼狽，不能迅速進行控制和有效遮擋，致使裸奔者長時間在場內表演，其他假設敵團隊的成員在看台上大聲呼喊聲援，使現場民警更加尷尬。還有現場發生突發事件後，民警到場首先應該要明確告知和警告，結果民警自己跑來了，卻沒有帶中英文對照的告知牌和警告牌，雙方語言不通，各說各話，溝通不了，一副無奈的樣子。

透過我們假設敵參與演練後，對抗性增強了，一下子暴露出許多問題，讓奧運會安保指揮部非常震驚，立即重新制定實兵演練的方案，在全局範圍內有針對性地全面提升實兵演練的對抗性。我們這支假設敵團隊整日裡在北京各個場館、涉奧賓館飯店、外國人活動的場所間趕場似地東奔西跑。

經過一段時間的演練後，民警處置的意識和技能明顯提高，但是舊的問題解決了，又出現一些新的問題，就是「重處置行動、輕現場取證」。突發事件一旦發生，民警們有了迅速處置的意識，一哄而上，七手八腳就解決了，結果沒能在處置的同時，及時在現場對挑頭鬧事的重點人員以照錄影的方式加以記錄，也沒有用照錄影的辦法及時固定現場證人，假設敵離開現場後就矢口否認自己的所作所為，民警手裡沒有現場違法搗亂的證據，導致對違法搗亂人員的後續處理變得非常困難。有的現場民警沒有對出事現場進行及時搜查和清理，注意發現和收繳搗亂分子故意遺留的可疑物品，假設敵在現場遺留可疑爆炸物、裝有傳單的提袋、標語的書寫工具、恐嚇信件、注射針劑等，使違法搗亂的後果依然存在。還有的事件處理完畢後，再找原來在現場的傳單等宣傳品以及其他物品都不見了，沒有及時取得證據，也沒有留下影像記錄，光抓個人管什麼用，最終還是沒辦法處理。還有的不能及時把現場散發的傳單迅速全部地收繳，一會兒觀眾回到座位上又能撿拾到傳單，沒有及時消除不良影響。

不練不知道，一練嚇一跳，對抗性訓練中暴露出的問題，不斷引起奧運會安保高層的注意，全局掀起了崗位練兵、實兵演練的高潮，各單位從不願意假設敵團隊去「搗亂」到主動邀請我們去「搗亂」，假設敵團隊在提升全局民警的實戰能力中發揮了極大的推動作用。為了提高對抗演練的效果，我們對假設敵團隊的「搗亂」全程攝影記錄，每次演練結束後，除組織假設敵團隊教官觀看重播，總結講評，重點分析演練中暴露的問題外，還將演練過程製成訓練教學光碟，提供給市局、分縣局、參演安保團隊和其他奧運會安保人員，使他們能夠及時結合光碟自行組織學習、對照演練。

工夫不負苦心人，經過一段時間的實兵演練，全局的奧運會安保能力都明顯提高，為了進一步促進大練兵，市局決定進行比武。我們假設敵團隊的任務更加重了，我們必須拿出新的科目來，提高演練難度，才能提升民警的實戰水準。在全局性大比武會上，領導當場抽籤決定哪個單位參加演練。

比武大會開始了，我和局領導們坐在主席台上，我用電台指揮著假設敵團隊，既按照我們研究的新科目進行，還鼓勵即興發揮，以科目中沒有出現的一些國際上常見的搗亂行為遞進提升難度，不斷「刁難」民警。我讓一個假設敵穿著胸前繪有「藏獨」的「雪山獅子旗」的文化衫出現在看台上，民警根本不認識這個圖案是什麼意思，穿文化衫的假設敵把一個相機直接遞給現場執勤民警，非常客氣地請民警幫忙替他在奧運會看台上，以二〇〇八北京奧運會的會標為背景照一張相。民警不敢接過相機幫忙照相。倒不是民警發現了「雪山獅子」圖案，因為如果認出來了，一定會上前去處置，民警心裡直嘀咕：「我在執勤，能幫別人照相嗎？」我對坐在身邊的局領導說，如果假設敵能站在奧運會看台上照張帶有「藏獨」旗幟的相片，就算是我們假設敵贏了。現場上執勤民警沒有幫假設敵照相，假設敵轉身請看台上一位觀眾給他照了張相就下去了。

我忙用電台通知，讓這個假設敵把文化衫前後調過來穿上，再出來轉一圈，這回「藏獨」的圖案在背後，就更不容易被發現了。我身旁的局領導急得直攥拳頭，我輕輕按住他的手說：「咱們說好了的，不許領導提醒。」他說：「對，對，對，不提醒，不提醒。」只能坐在主席台上乾著急。

我通知團隊把「法輪功」傳單摺成紙飛機，讓假設敵在看台偶爾偷偷扔出一個，不扔時假裝觀看比賽，非常隱蔽，不容易被發現，一時間，看台上紙飛機亂飛，等到有人發現報告警察時，摺飛機的人早就不見了。

幾個假設敵打出一個用外語寫的標語，上頭寫著攻擊中國人權的話，民警一開始看不懂是什麼內容，但是為了穩妥起見，還是把標語給沒收了，理由就是奧運會場館不許打任何政治性標語。假設敵們馬上再打出一個外語標語，民警一看怎麼又來了，想起上次處置得挺順利，這次馬上撲了上去就搶，結果標語上寫的是「英格蘭加油！」鬧了個大笑話。

至於有的假設敵態度蠻橫地和別人換座位，製造矛盾，還有的假設敵故意挑逗假設敵扮演的女觀眾引發的鬥毆等等，就更多了。

有一次執勤民警處置一起鬧事，帶頭的假設敵很聽話地被民警帶走了，民警覺得這個人倒挺老實的，不想剛走出十來步後，這位假設敵突然躺在地上，心臟病急性發作，全身抽搐，馬上就快要不行了，讓民警手足無措。這些逼真的場景最大限度地再現了有可能發生的各種情況，使執勤民警眼界大開，有了鍛鍊身手的機會。

透過組織實施假設敵的真實對抗性訓練，全面拉動了奧運會實兵演練，訓練結果多次得到了中央、北京市、市公安局和奧運安保指揮中心領導以及參加實兵演練單位的高度評價和充分肯定。從二〇〇八年五月九日至八月八日短短的三個月內，警察學院假設敵團隊共組織和參與到國家體育館、國家游泳中心、五棵松籃球館等奧運競賽場館，進行開、閉幕式及奧運賽事安保實兵演練，並到奧運簽約飯店、文化廣場等飯店、公園、化工用品商店、世界公園開展大型活動安保、應對境外組織人員遊行示威和社會面巡控演練。「假設敵」參與各種實兵演練四十場，透過假設敵的配合演練，真實、鮮活地再現了安保方案中的各類場景和警情，讓民警置身於模擬的實戰狀態中，使他們更真實地去體驗各項安保工作，使首都公安隊伍在短時間內迅速適應和掌握了國際化環境下的執法要求和方法，形成了發現情況、警情報告、宣傳勸阻、重點控制、沒收禁品、開闢通道、處置隊形、媒體應對、現場取證、秩序恢復、現場指揮，以及對鬧事者採用推、拉、抬、拽清除出現場的一整套處置程序，客觀地檢驗實際操作能力和應對突發事件時的心理素質，提高了奧運會安保執法的信心和能力。

假設敵團隊透過嚴格的訓練和大量反覆的實戰演練，自己迅速成長為一支有著較強實戰能力和應變能力的戰鬥集體。在實戰中，假設敵團隊先後參與了奧運會和殘奧會開、閉幕式的「鳥巢」場內安保工作，是表演場地中唯一的處置突發案件和事件的安保警力。

九月六日晚，殘奧會開幕式正在進行中，二十一時許，當南非殘疾運動員入場時，由於殘疾運動員行動不便，現場人員較多，部分運動員壅堵在通道樓梯處，我院假設敵團隊的一名學生警察骨幹正在此處執勤，維持秩序，協助和引導殘疾運動員盡快上看台。這時一名身著淺色T恤、藍色長褲的女子突然從這位學生警察身旁跑入場地，她邊跑邊脫掉上衣，裸露出裡面的胸罩，當時的情境與假設敵演練幾乎一模一樣，學生警察一看不好，出現裸奔，立即追了過去，該女子跑出了二十多米後，邊跑邊要衝上去搶奪引導各國代表團入場的禮儀小姐手中的國名牌子，學生警察快步追趕到了她的身後，在她伸手要搶牌的一瞬間，及時用右臂摟住這位女子的頸部，順勢把她按在地上，迅速控制住了她的手和腳。此刻另一名假設敵團隊的學生警察也趕到了，兩人一同將該女子抬到了跑道邊正在跳舞的志願者隊伍旁，立即從跳舞志願者手中要過彩綢遮住了她裸露的上身，仔細檢查後沒有發現可疑物品，他們和陸續趕來的現場其他安保人員一起將這名違法人員帶離現場。後來查明，這名女子是廣東人，患有精神病。正是由於假設敵團隊在演練中的逼真對抗，才使得這次緊急處置行動如此快速、乾淨，沒有引起現場媒體更多注意，沒有產生負面報導，使事件的影響降低到最小，得到市委領導的表揚，並頒發獎金予以鼓勵。

美女衛士

二〇〇八年一月，北京奧運會的各項工作正在緊張地籌備中，警察學院三大任務同樣也在全院教職員工和學生的共同努力下，有條不紊地進行著。接到公安部警衛局下達的任務，要我們挑選二十五名女生，組建一支女衛士長隊伍，擔任來華參加奧運會的國外女總統、女總理、女議長，或是男總統、男總理、男議長的夫人或是女伴們的安全保衛。基本要求是政治可靠、外語優秀、槍法要好，相貌和身材當然也是越漂亮越好了。我第一個反應是特別高興，因為沒有奧運會，這些女學生根本不可能有這樣的機會，高興我們的學生又有一個自己警察職業生涯中開闊眼界、增加閱歷、展示自己的難得機會了。我代表學院，不講任何條件地向部領導表示一定完成任務。

這任務光榮是光榮，但要真的操作起來，要高標準完成這件工作，還真是很不容易。要求女衛士長們槍法要好，我意識到有可能是要帶槍上崗，奧運會期間帶槍可不是鬧著玩的，沒有真功夫可不成。什麼樣算是政治可靠呢？按說，我們警察學院的學生個個政治可靠，但是會不會有個萬一呢。一旦有個萬一，可真要掉腦袋呀！

為了負責，也為了「自保」，我想出一個辦法，首先從那些出身於警察家庭的女生中挑選。不是我「唯出身論」，在奧運會這麼重大的活動面前，不能有半點閃失，要保證安全上萬無一失，除了這個並不高明的「招兒」，我還能有什麼辦法確保政治可靠呢。全院女學生查下來，發現「警二代」女生還真不少，其中還有一位是「警三代」，她的爺爺、奶奶都是解放初期北京市公安局建局時的老前輩，一家子除了當警察，沒幹別的，這讓我很放心，心想，出了事，最起碼還有個「連坐」的，從老一輩開始，一個都跑不了。

我把這個想法對公安部警衛局來挑女生的負責人一說，他說：「這個辦法太好了，我們也正在發愁怎麼保證政治可靠呢。你的學生還在大學裡，很單純，我們要從全國各地的女武警中挑人，難度就更大了。」警察學院入學時對身高和體重都是有要求的，現在的女生都知道愛美，自覺地保持自己，沒有太胖的，大運動量的警體訓練使她們也沒有太瘦的，所以這方面應該沒有太大問題，二十五名女生順利地挑了出來。

按照時間安排，全體女衛士長要集中到公安部警衛局訓練基地封閉訓練三個月。我代表學院黨委參加奧運會女衛士長訓練班的開班儀式，順便把她們送了過去，還可以瞭解一下她們在那裡生活和訓練的情況。我先看了她們的宿舍，一人一個房間，自帶衛生間，感到這女衛士長的待遇還真不錯，比我們學院的宿舍強多了，一問才知道，她們享受的是人家處級幹部的住房待遇。再看看食堂，武警的伙食品質肯定比一般大學要好，我開玩笑地對她們說，三個月下來可不要吃成個「胖女」。

開班儀式揭幕了，我被請上了主席台。先由訓練班的班主任講訓練安排和注意事項，我聽到一句，現在入選的人還不是最後能在北京奧運會上擔任女衛士長的，訓練班期間及訓練班結束前，會有幾次選拔考試，通過的只能算是培訓合格，然後各位候選女衛士長要回到各自單位，自行組織訓練，奧運會前警衛局還將組織一次最後的考試，合格者才能擔當奧運會女衛士長。

聽到這話，我有點不安，人家要求還真嚴格，萬一我們學院的女生以經驗不足等理由被淘汰了，豈不是空歡喜一場。我抬眼朝會場上望去，下面坐著八、九十位從全國挑選出來的女武警和我們學院的女生，我再仔細看過去，心裡有了底，因為我看到我們學院的二十五名女生的頭髮都是在理髮店裡打理過的，其他的女武警基本沒有這麼考究，光憑這一點，就讓我充滿信心。

將近兩個月過去了，我在她們訓練期間再次來到訓練基地，女生們見到我像見到久違的親人，個個歡呼雀躍，特別高興。我問她們訓練辛不辛苦，她們異口同聲地說，不辛苦！忙又改口說，苦，但我們不怕！其實我知道，這裡的訓練比我們學院裡的可嚴格多了。

班主任向我介紹了女生們的訓練情況，說她們表現得都很好。我知道，訓練期間一名女生的奶奶病危，要請假回家，警衛局做不了主，請示了我。我想，奧運會固然重要，但是親情更加重要，當奧運會的激情和興奮一陣風般地過去後，孩子心中對奶奶的無盡思念會變成一種痛苦深深地埋下，這與奧運會弘揚人性的精神也是相違背的。雖然奧運會安保是重中之重，但是我並不願打造一種為了奧運會就不管不顧其他的氛圍。我說：「一定要讓孩子回去，奧運安保固然重要，可和奶奶見最後一面也很重要，千萬不要讓孩子一想到奧運會，就想起沒有能見最後一面的奶奶，留下終生的遺憾。」結果這個女生匆匆回家一趟，奶奶尚存一絲生息，已經不認識人，不能說話了，女生擦了眼淚，馬不停蹄地趕回來訓練。我找到這個女生慰問她，她激動地熱淚盈眶，我想這裡面興許有准許她回家的感激，但更多的是對奶奶的懷念和愧疚。

雖說隔行如隔山，警衛工作我不太懂，但我也要看看她們的訓練成果。一到訓練場上，讓我驚詫不已，這些嬌柔雅致的女大學生儼然成為威猛、嚴肅的女保鏢了。她們為我表演了保護警衛對象上下車，警衛對象行進中的保護、進門、入座、離座，突發情況下保護警衛對象安全撤離等警衛科目，還表演了「一招制敵」，擒拿操，空手奪刀，立、跪、臥三姿射擊等基本功，這些射擊與學院裡教的不一樣，突出了針對突發情況下，拔槍反應，迅速擊發等警衛工作的特點。一招一式，一板一眼的，我看得出她們確實是下了苦工夫，大大地誇獎了她們一番，也囑咐她們要注意安全和身體。女生們唧唧喳喳地對我撒嬌道：「院長，人家別的地方來的女武警都工作了好多年，特別有經驗，功夫也特棒，有的都當上警衛處長了，萬一我們比不過人家怎麼辦？那可給咱們北京、警院和您丟臉了，您可千萬得幫幫我們喲！」

我理解她們的心情，誰都想當北京奧運會的女衛士長，可是要能當上女衛士長也不是件容易的事，刻苦訓練是一個方面，有的事也不是光靠自己刻苦就能決定的，我也或多或少有這個擔心。為了鼓勵她們，我說：「不要怕，你們年輕漂亮，武功高強，奧運會就需要你們這樣的。你們首先要百分百地達到這裡的訓練要求，把這裡的每一關都過好，咱們絕對不能輸給她們，等將來回到咱們學院，你們放心，我為你們選派最優秀的教官進行訓練，先把功夫練好，別的再說，保證你們一個不能少。」我的話立即引起了陣陣歡呼。

時間過得很快，在警衛局的封閉訓練就要結束了，我被邀請參加訓練班的結業式。我們的女生們都給曬成了更顯健康的古銅色，警服也沒有來的時候那麼光鮮筆挺了，臉上手上的皮膚也沒有那麼細膩、白皙了，但是沒有一個掉隊的，歷次考核個個都是優秀。結業式上，北京人民警察學院女生訓練團隊被評為優秀團隊，可以想像女生們付出了多少辛勤的汗水，甚至還有鮮血。訓練班主任說：「你們的女生表現非常好，能吃苦，人聰明，學得快，個個都是好樣的。警衛科目在這裡練得差不多了，回去後，你們要加強射擊、駕駛和外語訓練，特別是駕駛和外語科目我們這裡沒有條件練，大概半年後公安部警衛局要組織最後的考試，希望她們全都能夠順利通過。」我感謝了警衛局領導和訓練班主任，轉過身對女生們宣布：「全體放假，回家休息三天！」

回到學院後，我親自研究制定了新的封閉訓練計畫，挑選最棒的射擊教官、外語老師、散打老師、特種駕駛教官組成一支教學團隊，專門負責女衛士長的後續訓練。在警衛局封閉訓練時，她們主要是練習射擊姿勢，但條件限制，只進行過一次實彈射擊。由於接觸槍少，開始時，這些女生一開槍便嚇哭，手一哆嗦，槍都扔到地上了，這怎麼能當衛士長，射擊是必須要重點突破的項目。學院裡有專門的手槍靶場，還有一個在警察各單位內很少見的射程一百米的長槍靶場，子彈有的是，射擊教官為她們專門編寫了教材，空前絕後地嚴格訓練她們。

經過四個月的艱苦訓練，每個女生都射出了七、八千發子彈，有的甚至上萬發子彈，個個練成了神槍手。外語老師也真不含糊，動用了他們全部的語言能量，最終女衛士長們除了熟練掌握英語外，還學會了法、德、俄、西、韓、日等六種語言的簡單會話。散打老師把女生們按照掌握功夫的程度，分成初、中和高級小組，因人施教，把個個女生訓練成了「李小龍」。

警察特種駕駛是我們警察學院的特色課程，教官們技術好，經驗豐富，他們手把手地教她們駕駛車輛保護警衛對象安全，遇到危急情況時，能夠開著汽車，用別、擠、頂、撞、攔的辦法制服別的車輛，保障自己車輛和人員迅速脫離危險區。最後我還給她們增加了一項心理課，重點講述在面對壓力，突遇危險時如何保持頭腦冷靜，按照訓練時所教的果斷處置。

除了這些，我還為她們安排了禮儀課、化妝課、著裝課、國外風俗課、體型訓練課，甚至中國的傳統文化課、舞蹈課、歌唱課等，全方位地打造她們，總之藝不壓身，當女衛士長不定什麼時候就會用到什麼本事。女生們也沒有辜負學院的期望，在公安部警衛局組織的最後考試中，全部通過，實現了「一個不能少」的承諾。

一支颯爽英姿的北京奧運會女衛士長隊伍終於成功地訓練出來，看著這些漂亮女生精神上和身手上的巨大變化，原來爸媽身邊柔弱的乖乖女已經變成臨危不懼、頭腦冷靜、反應迅速、出手神準的衛士，我們為前所未有的巨大成功感到極大的鼓舞。

警察學院原來主要是開展學歷教育的，後來主要負責在職民警訓練，特別是新民警的入職前培訓也由我們負責。學歷教育和民警訓練這兩者之間究竟有什麼相同和區別，一直是多年來困惑公安教育部門的一道難題，這次奧運會女衛士長的訓練成功給出了答案。

學歷教育主要是按照教學大綱進行課程教學，學生只要上了課，完成了練習，考試及格就算是過關了，至於是不是真正具備了這種能力，並不作為衡量學歷課程的主要標準。所謂師父領進門，修行在個人，徒弟修行得如何，只負責領進門的師父是不管的。射擊是最好的例子，我認為警察的全部技能中射擊是最難掌握的，所以訓練女衛士長時這就是重點內容。學歷教育當中學生的射擊課一般是一周的時間，上來先講槍械構造，然後是幾種射擊姿勢和射擊要領，接下來是學生練習，再到最後就是考試，實彈打靶及格，將成績記入學生成績檔案就行了。一個學生的射擊課成績可以是優秀，可是實際上他在實戰當中根本不知道應該在什麼時候開槍，應該怎樣瞄準和怎樣開槍，也就是說，他並不具備在實戰中射擊的能力，因此學歷教育重點解決學生從「不懂到懂」的過程，學生懂了就行了，會不會就不管了，「懂」和「會」是截然不同的，「懂」通常是說看懂了，聽懂了，「會」通常是說會幹，會操作，就如同看懂足球和會踢足球是完全不同的兩回事一樣。

民警訓練主要是培養實際工作技能，訓練中重點強調的是「練」，「練」是一個反覆的過程，任何一項技能的掌握都需要不斷地練習，形成大腦裡和肢體肌肉的記憶，因此師父不僅要領進門，還要負責徒弟的繼續修行，直到真正具備了從業能力。所以民警訓練不僅要解決「不懂到懂」，還要解決「懂了到會幹」的過程，更要解決「會幹到熟練」，以及從「熟練到應用」的過程，最終要形成勝任職業的穩定能力。

培訓奧運會女衛士長的實踐告訴我，警察履行職務能力培養為主的訓練，其目的在於確保新警察能勝任進入公安隊伍後的第一個崗位，只有勝任了第一個崗位，才有可能在今後取得更大發展，這才是絕不能輸在起跑線上，否則第一個崗位都幹不好，把第二個崗位，甚至第三個崗位當成第一個崗位，成功的希望就很小了。

北京奧運會開幕了，這支女衛士長隊伍歸公安部警衛局直接指揮，她們的任務已經不為我所知，更不為我所管。奧運會結束後，她們異常興奮地回到學院，告訴我，誰負責了哪國女總統的警衛任務，誰在哪個國家的女議長宴會上，一直站在女議長的身後擔任警衛任務，直到任務結束，誰陪同哪國的總統夫人去逛街購物，還幫著介紹中國文化和北京的風土民情，她們紛紛向我顯擺這是和哪個國家女總統的合影，這是哪個國家的女總理為感謝她們的熱情服務，送給她們的小禮物，從她們的介紹中，我分享了她們成功的喜悅，感受到這支女衛士長隊伍的成功。學生們畢業安排工作時，有幾位女衛士長果斷決定到警衛局去工作，繼續她們的女衛士長生涯，我期待著她們更大的成功。

女生中訓練出了美女衛士長，男生也不含糊。奧運安保指揮部命令我們挑選二十名男生，登到「鳥巢」頂上，執行開、閉幕式的安保任務。

有了挑選女衛士長的經驗，挑出政治可靠的二十個男生並不困難，只是這次的要求更加嚴格了，形象外貌倒不是最重要的，外語水準高低也不要緊，重要的是身體條件和安全。為此，我專門給這支隊伍規定了嚴格的挑選條件和執勤裝束。

帥哥登頂

首先是不能恐高，他們執勤的位置是在「鳥巢」頂上的夾層裡。「鳥巢」頂上最上面是一層類似厚帆布樣的頂篷，這層頂篷下面是縱橫交錯的鋼梁結構，再下面又是一層類似厚帆布樣的內頂，兩層類似厚帆布中的空間就稱為夾層，有了內頂，觀眾就看不到夾層裡的情況。男生在夾層裡執勤，就要在這些鋼梁結構間爬上爬下，「鳥巢」頂上靠近體育場圓形露空的邊緣是一圈走道，在這近七十米高空執勤，有一點恐高都是絕對不行的。許多男生覺得自己身強力壯，機敏過人，躍躍欲試，都想到「鳥巢」頂上去執勤，可測試中發現，許多樣子五大三粗或是帥氣英俊的男生卻有些恐高，恐高是一種心理疾病，不是你決心多大就能克服的，我請隊幹部耐心地說服他們。

再一條就是體力要好，執勤男生要能夠在「鳥巢」頂上夾層裡堅持工作一整天，白天太陽曬，夾層裡溫度升得很快，到了晚上，白天的熱氣捂在夾層裡，很不容易散去，溫度仍然很高。開、閉幕式時，下面九萬多名觀眾發出的熱氣浪直沖到「鳥巢」頂上，這個溫度也是不容小覷，他們就像坐在火山口上一樣。訓練和演練時可以輪換下來休息，開幕式當天就不能爬出爬進了，在裡面一待就是十幾個小時，執勤還要求不能讓下面觀眾看到，就要找個隱蔽的地方躲進來，既然是隱蔽，多少都有些不通風，所以沒有好的體力是不行的，一旦體力不支，抬都抬不下來。

還有就是戴眼鏡的一律不能入選，因為要在「鳥巢」頂上執勤，下面是座無虛席，特別是有八十多個國家的領導人出席開幕式，萬一眼鏡掉下來，後果不堪設想。男生們都知道這個任務既艱苦又難得，聽說戴眼鏡的不能去，有的爭辯說，我可以戴隱形眼鏡。隊幹部請示我這種情況行不行，我不容分說，一律不行。我說，開幕式時間很長，執勤時間更長，那麼長時間戴著隱形眼鏡怎麼受得了？再說萬一那個隱形眼鏡片不小心掉下來，正好掉進布希或是普京總統的咖啡杯裡，那可就要壞了大事。

我把候選男生一個個叫到面前，太胖的不行，在夾層裡攀爬不便，太瘦的也不行，擔心他體力不支，太高的不行，行動不夠靈活，夾層空間裡有的地方也不太高，太矮的也不行，兩條鋼梁間的距離大，個子小了邁過去費勁，最後，精挑細選出二十五名男生。

警察學生在開、閉幕式上執勤都是身著警服，頭戴警察大簷帽，在「鳥巢」夾層裡執勤的男生不戴任何警帽，上身只穿警用套頭圓領衫，下身穿警用作訓褲，這個褲子腰部是鬆緊的，不用繫腰帶，褲子口袋裡不許裝任何東西，爬進夾層前，手機一律上繳，不得戴手錶和其他任何飾物，腳上穿警用解放鞋，解放鞋是膠底的，沒有鞋釘，鞋帶要換成長的，除了繫成死扣，還要在腳踝上纏一圈，確保鞋子不會脫落，總之，一切都要以確保不出事為前提，進行盡可能的簡化。有幾名男生除了執行安保任務外，還要協助頂上的工人工作，他們要使用一些扳手、鉗子、改錐等工具，我要求他們把每件工具都用結實的細繩拴在褲子上，保證不會掉下去。

不能在夾層裡吃東西和喝水，需要吃喝時，要爬到夾層外面體育場走廊上的休息區來，開、閉幕式當天在勤務開始前可以吃東西、喝水，一旦進入崗位就不許再出來了。

這些男生還真爭氣，幾次演練下來，沒有發生任何問題。奧運會的安保演練有時比正式開幕還要累，拖的時間還要長，男生們也都堅持下來了。

提了這麼多要求，規矩也立下了，我自己還沒到現場去看過，效果怎樣，夾層裡有多危險，心裡還是沒有底。在臨開幕前兩天的一天演練中，為了確保萬無一失，我自己也爬進了夾層。

第一個感覺就是鋼梁很難爬。夾層裡根本沒有路，只能在錯綜複雜的鋼梁結構中上下前後穿行，人家設計這個結構顯然不是為了我們來回爬的，所以有的地方兩條鋼梁距離近，還容易跨過去，有的地方就很遠，跨過去很困難，有的地方就是一根鋼梁，走過去就像獨木橋。第二個感覺就是熱，這個夾層裡可不是一般地熱，是那種蒸籠裡的感覺，密不透風，熱得讓人窒息。第三個感覺就是髒，夾層裡遍地都是喝空的礦泉水瓶和吃剩的盒飯盒子，不難理解，在這麼高的地方工作，丟棄一些廢棄物也是情有可原的，可是我想這麼雄偉、光亮的「鳥巢」，開幕式前也沒安排個專人打掃打掃？我們對學生的要求很嚴，難道組織者就不怕偶爾有個垃圾掉下去，估計也是工期太急，顧不得這些了。

我知道，無論是在夾層裡執勤，還是在「鳥巢」頂部中央露空走道上執勤，都很辛苦。我走到環形走廊上，朝「鳥巢」下面的體育場裡看去，真讓人有種頭暈目眩，頭重腳輕，直往下栽的感覺，在這裡執勤，學生們不僅要忍受太陽曝曬，還要求一律不准探頭，所以雖說他們在現場參加了開幕式，但是「鳥巢」裡發生了什麼，他們根本看不見。我沿著走道走了一圈，逐一查看了執勤崗位，男生們沒有想到他們的院長也能上到「鳥巢」頂上去看望慰問他們，大家特別高興，興致勃勃地給我講起了他們在「鳥巢」頂上執勤的有趣見聞。原來為了充滿聲、光、舞、像、火等一系列高科技的開、閉幕式的成功，「鳥巢」的頂上竟有幾百人在工作，大家分工嚴密，有的負責燈光，有的負責吊「威亞」（編按：影視特技中用於懸吊的鋼絲繩），有的負責煙火，有的負責火炬，有的負責音響，有的負責電視攝製和轉播等等，當然也有我們的學生在負責安全監管。後來組織者發覺這上面人太多了，怕出危險，開始逐個崗位精簡人員，結果我們的執勤學生一個也沒少，說明安保還是最重要的。

我走到奧運火炬前，停了下來，巨大的紅色火炬蒙著一片灰黑色的塑膠布正橫臥在「鳥巢」頂上，幾個工人正在忙碌地做著最後的檢查，我們的一名男生站在火炬旁負責安全。

我問工人們，這就是火炬？

他們說，是的。

我說，這躺著看不出是火炬。

他們說，到時候火炬會沿著軌道向「鳥巢」天篷的邊緣滑去，立起來就好看了。

我指著火炬下方碗口粗的四條銀色的管道，問道，就是從這些管道送氣供火炬燃燒？

他們說，是的。

我再問，是什麼氣？

他們說，和咱們家裡做飯燒的一樣。

我問道，我們上來一次機會難得，能在這裡和火炬照張相嗎？

工人們說，照吧，就是這幾天不要發到網上去。

原以為要嚴格保密，不能照相，沒想到這些工人們如此大度，我便拉著這幾位工人，還有執勤的學生，一同在「鳥巢」頂上臥著的奧運火炬前合影留念，最後互道辛苦和預祝奧運成功就分手了。

在開幕式上，雖然執勤時間長達近二十個小時，可是「鳥巢」頂上的同學們沒有發生任何問題，成功地堅持下來，圓滿地完成了任務。事後，我想這次「鳥巢」頂上的勤務一定會在他們一生中留下永不磨滅的印象。

孩子天堂

北京奧運會就要開幕了，全體民警都要身無旁騖地投入奧運會安保工作中。北京奧運會期間正值學校放暑假，民警們上勤去了，家裡的「小不點兒」們怎麼辦，如果他們在家裡鬧翻天，民警們能安心執勤嗎？我想，奧運會的安保工作不能只想著賽場的安全，不能只想著奧運村的安全，一定要想著日夜奮戰的民警，以及他們身後的一個個家庭，只有切實解除了執勤民警的後顧之憂，才能保證民警能夠以最佳狀態投入奧運會的安保工作中。我向學院提議，我們開辦一個「奧運執勤民警子女夏令營」，把孩子們都集中到學院來，利用學院的宿舍、場地、器械，更重要的是請學院的老師們組織孩子們學習、健身、娛樂，過一個充滿奧運特色的暑假。提議一出來，得到全院上下的一致擁護。學院政治處立即著手制定方案，幾天後，方案報到了我面前。

我仔細一看這方案，就發現了問題。八月八日北京奧運會開幕這天是星期五，夏令營從下週一，八月十一日開營，八月二十四日奧運會閉幕，這天是星期日，夏令營閉營的日期是八月二十二日，這天是星期五，很顯然，這是按照常規工作日的安排決定的夏令營開閉營時間。但是奧運會是個特殊的時刻，奧運會期間執勤民警全部停休，如果奧運會執勤民警子女夏令營的開營時間比奧運會開幕晚，閉營時間比奧運會閉幕早，差出的這幾天孩子們怎麼辦？照樣會分散執勤民警的精力，起不到盡最大可能消除民警後顧之憂和真正關愛民警的作用，何況奧運會的開閉幕式是奧運會安保工作中的重頭戲，民警任務之重是可想而知的，幫忙如果沒有幫在關鍵上等於沒幫。於是我提起筆來，前面加了四天，後面加了三天，變成了八月四日星期一開營，八月二十六日星期二閉營，共計二十三天，涵蓋整個奧運會期間。

這種消息傳得很快，一聽說要辦奧運會執勤民警子女夏令營，執勤民警都非常高興，誰家的小孩都要有人看，民警們都要把孩子送來，但是從安全的角度出發，我們研究決定，夏令營接收身體健康，年齡在六歲至十八歲，自願報名的孩子參加，因為六歲是當年要上小學一年級的年齡，已經從幼稚園畢業，他們真是無處可去，我們夏令營必須接收他們。初高中生我們也收，一是他們同樣在家沒有人照看，半大孩子更加讓人不放心。二是來些個大孩子還可以幫助看管照顧小孩子。

我們原來想的是為警察學院執勤民警的孩子辦個夏令營，可沒有想到這個消息一下子在全局傳開了，許多單位的執勤民警透過各種關係都要報名，對此我們特別理解，特別是夫妻雙方都是民警的，平時帶孩子最多的是女民警，奧運會執勤可就不分男民警、女民警了，孩子就成了大問題，當民警不容易，當奧運會執勤民警更不容易，當奧運會的執勤女民警最不容易，我們統一思想，下定決心，一定要盡最大可能地幫助大家解決實際困難，結果營員的規模一擴再擴，最終達到了六十多人，小學生居多，六歲的「小不點兒」還真不少，還有幾個才五歲，家裡實在沒人照看，冒充六歲來了，我們也就都收下了。

這麼多孩子要不要收費呢？本來是為大家做好事，結果還要收大家的錢，所以有一種意見是不收費。我認為，不收費不好，不是我們學院缺這點兒錢，也不是我們供不起他們二十多天，我感到這錢是收給孩子們看的，不能讓孩子們認為，我爸我媽執勤去了，我就要歸公安局養著了，吃喝住玩就都不花錢了，而是要讓孩子們知道他們在這裡的生活，他們的父母是付了錢的，要讓他們懂得珍惜，不懂得珍惜的孩子就不會懂得感恩，培養孩子的品德是從一點一滴做起的，因此我們象徵性地收了一點兒費用，家長們特別理解和支持。

開營的日子到了，我們布置了一個隆重的開營式會場，一幅巨大鮮紅的噴繪背景板填滿了整個主席台，「奧運執勤民警子女夏令營開營儀式」幾個大字分外醒目，給孩子們穿上印有「奧運執勤民警子女夏令營」字樣的營服，戴著營帽，整整齊齊地坐在會場上，後面坐著的是他們的家長。

我是夏令營的營長，首先上台對全體營員表示熱烈的歡迎，也祝願全體執勤民警能夠集中精力，圓滿完成奧運會安保任務。接下來，我宣布了夏令營的紀律和注意事項：一是「奧運執勤民警子女夏令營」採取自主管理和集中管理相結合的管理模式，自主管理是從營員中選拔幹部，賦予足夠的信任、榮譽和責任，充分調動營員自我管理和配合管理的自覺性，強調「自己管好自己」。集中管理是由警察學院留守民警承擔夏令營的管理工作，負責生活保障、行政管理、文體活動、教學輔導等工作，必須認真負責，精心安排，明確職責，耐心組織，熱情服務，不讓執勤民警分心、擔心。我特別強調了訓練和食品安全，杜絕任何安全事故的發生。二是夏令營實行警務化管理，建立規範的一日生活制度，全體營員統一穿著夏令營營服，統一組織教學和其他活動。內務管理要求房間乾淨整潔，用品擺放整齊，個人物品妥善收藏，集體行動要求列隊前往，嚴格執行請銷假制度，愛護公物，保護環境，定期進行檢查評比。三是營員家長要積極配合和支援夏令營的管理，開營前，家長要配合做好營員的思想工作，做好入營前的個人安全和遵守紀律教育。夏令營期間不許帶玩具、零食，不得帶貴重物品如手機、相機、錢等。如果營員個人身體、飲食習性、生活習慣上有特殊要求的，請家長及時告訴我們。請營員家長理解和執行夏令營管理規定，原則上夏令營期間不得接送孩子，如遇孩子生病等突發情況，學院負責及時通知家長。

我從家長們略帶猶豫的眼光裡讀出了一句問話，你們是警察學院，一群「小不點」交給你們，你們照顧得了嗎？對此我們早有準備，首先每個孩子面前有一個夏令營統一發的小書包，裡面文具、洗漱用品、衛生用品一應俱全，我還從已離退休的老幹部裡，挑選了一批有書畫特長的和有戰爭年代經歷的老同志，出席夏令營開營儀式，他們教孩子們書法課和給孩子們講故事。我再請學院不參加奧運會執勤的一批老師，他們當中有外語、語言、數學、專業技術和電腦等專業的出席開營式，許多家長就是我們學院畢業的，看到當年教他們的老師現在又成為夏令營的老師，還要教他們的孩子，就非常放心。我又請幾位不參加奧運會執勤的行政人員和學生擔任夏令營的管理工作，最後我把為夏令營做飯的大師傅們請來出席開營儀式，我粗略計算了一下，全部參加夏令營管理、服務和教學工作的老師和工作人員與孩子的比例，差不多是一比一了。這個浩浩蕩蕩的夏令營管理、服務和教學的隊伍，讓家長們徹底信服了。

我看著家長們臉上露出了放心的笑容，抓住機會，在台上強調說：「請家長們放心，我們一定全力以赴地辦好夏令營，保證孩子們在這裡安全、健康、吃好、住好、玩好、學習好、生活好！交到新朋友，體驗新生活。我再強調一下，夏令營期間一律不許接我們的營員回家住，一般情況下也不許前來探營，請各位家長支持和配合我們的管理工作。」家長們紛紛笑了起來，說：「左總，你這是夏令營還是集中營啊？」夏令營在一片歡笑中開始了。

夏令營的第一天，營員們高興極了，個個像衝出籠子的小鳥，撒了歡兒地盡情玩耍，沒有一會兒是閒著安靜的時候。這天我們安排的也純粹是玩，先參觀了校園，校園裡的各項設施讓營員們心裡直癢癢，個個躍躍欲試，恨不得馬上去痛痛快快地玩。我們組織他們一會兒游泳，一會兒打球，一會兒爬山，一會兒在籃球館裡做遊戲，一會兒上民警訓練用的模擬街區捉迷藏，因為營員們剛放暑假，得讓他們徹底放鬆放鬆。

到了晚上，個個營員漸漸地不大聲叫喚了，也不玩不鬧了，慢慢地開始打蔫兒了，我們一開始認為是白天玩累了，就催促他們趕緊洗澡後早些上床休息。突然，一個小營員實在憋不住了，「哇」一地一聲哭了出來，大聲喊：「我要找媽媽！」我們一看壞了，想家了，平時這麼小的孩子肯定都是和大人睡的，現在要住集體宿舍怎麼受得了，緊接著第二個小營員也「哇」地一聲要找媽媽，頃刻間營員間像傳染了一樣，紛紛哭鬧起來，白天高興、玩樂時生龍活虎，天不怕、地不怕的模樣全都不見了，營員們立即像變成了另一群人，我們女老師、男老師一齊上，哄了這個剛不哭了，那個又不行了，宿舍樓裡哭聲此起彼伏，響成一遍，我們全去哄小營員們不要哭，顧此失彼，手忙腳亂，個個忙得滿頭大汗，開始小的哭，後來大的也跟著哭，有的年輕老師還沒結婚，有的結婚了還沒孩子，哪裡會哄孩子，拿吃的哄，拿玩具哄，連哄帶勸，許諾再加上騙，終於哭聲漸漸地小了，最後沒有了，營員們都睡了，我們這才鬆了一口氣。站在小營員宿舍的門外，當時我心裡那個後悔，這才第一天，接下去還有二十二天，怎麼過呀！當初怎麼想起多加了這麼多天的啊！

第二天天一亮，營員們像是從另一個世界走了出來，又恢復了快樂、天真的天性。我們為他們設計了四個板塊，保證他們能有一個難忘的、有意義的奧運暑假。

第一個板塊名字叫「多彩假期」。這裡包括參觀我們的校園，這樣既熟悉了環境，又知道學校裡都有什麼好玩的。在開營的第一天讓營員們進行了拓展訓練，透過這個訓練使營員們盡快相互熟悉起來，形成一個新夏令營團隊。學院大禮堂裡有個小的電影觀摩室，我們組織了幾部營員們喜歡看的電影，讓他們補上平時上學沒能看成的電影。隔幾天就組織一次遊藝聯歡會，營員們自己表演節目，會演奏樂器的還真不少，表演者都有獎品。暑期外出遊玩也是個重要內容，我們組織他們參觀了現代化的汽車生產企業和啤酒釀造企業，讓營員們開闊了眼界，感受到什麼是現代化。

第二個板塊是「學有所獲」。首先，每天保證三個小時組織營員們完成各自的暑假作業，為了讓營員們不感到枯燥，夏令營裡做作業和平時在家做作業要有所不同，我們把做暑假作業的時間安排在不同的時間段裡，天氣特別熱時多在上午，有時在晚上，讓營員們感到夏令營的一切都和平時不同。年齡小的營員沒有那麼多的功課，就請老師對他們進行和暑期作業內容相關的趣味輔導。我們知道，執勤民警對孩子最不放心的就是兩條，一是安全，二是功課，我們把做暑假作業的過程變成再學習的過程，肯定比他們自己在家的效果好。

我們請教刑事照相的老師給營員們開設了攝影課，請教模擬畫像的老師上繪畫課，然後再舉辦營員攝影和書畫作品展，請行家來點評，每個營員都能獲獎，都能得到小獎品，營員們的自豪感和成就感一下就被激發起來。請教語文的老師上朗誦課，利用電腦教室給營員們上電腦及網路技術等課程，還組織興趣小組活動。

按照營員的不同年齡段對他們進行技能培訓，特別受歡迎，讓做飯的大師傅每周教營員們學會做一道菜或一種主食，然後我們夏令營舉行廚藝大賽，口號是「我為爸媽做頓飯」，把參賽的選手分成小組，每個小組要做一道冷菜、一道熱菜和一種主食，比賽誰的色、香、味好，誰用的時間短。小選手們頭戴白帽子，身穿白色工作服，袖子高挽，個個像模像樣的，在大師傅的指揮下，大家動起手來。冷菜大部分是涼拌番茄、涼拌黃瓜、涼拌豆腐，熱菜是可樂雞翅、紅燒肉，主食多是雞蛋炒飯，也有從廚房拿來餡和麵團包餃子的。

我不是裁判，但選手們一看營長來了，拿起拌好的番茄、黃瓜就往我嘴裡塞，然後急促地問我：「好不好吃？」我也豁出去了，顧不得這些小選手的手洗乾淨沒，菜洗乾淨沒，一個組一個組地有鹹有淡地嘗下去，一個勁地說：「好吃！好吃！」熱菜做好了，碼好盤，等到裁判評分一結束，小選手們抓起半生不熟的雞翅就給我吃，我也顧不得這雞翅上還帶著雞血，也都吞了下去，小選手們高興極了。這次廚藝大賽，我們請了一些營員家長來參加，他們看著這些在家裡「油瓶倒了都不知道扶」的孩子們做出的熱飯和熱菜，也非常激動，對我說：「真沒想到我的孩子還會做飯哩，這下子一個人在家的時候也餓不著了。」家長們津津有味地吃著可能是他們的孩子平生第一次成功的烹飪成果。

還有營員們的安全也是我們辦夏令營首先要注意的，不但要時時注意，事事留意，千萬不能傷著營員，還專門開展了自救避險訓練，提出一個口號是「災害來了我不怕」，為營員們系統講述了在家時、上學放學路上、在學校裡、在車裡、在公共場所遇到各種危險該怎麼辦，以及走路、騎車、游泳等的安全，還有地震、暴雨、沙塵暴時如何保護自己，這種課是一邊講，一邊組織營員們演練，上課像是做遊戲，營員們特別喜歡，課堂也很生動，學習效果非常好。

夏令營要我為營員們講講課，我就把過去辦的案子整理了一下，講了三次案例推理分析課。每次上課前，我先去買回一大包巧克力餅乾，課上講到每個案例時先提問，回答對的營員獎勵餅乾一塊。不難想像，課堂上營員們爭先恐後，非常踴躍，有的贏得了三、四塊餅乾，其實現在的孩子們什麼點心、餅乾沒吃過，但是這塊小小的餅乾是他自己努力得來的，就大大不一樣了。我每次講課後都評選出「破案小能手」，再給個大的獎勵。

第三個板塊是「分享奧運」。既然是奧運會期間的夏令營，就必然要有奧運會的特點，我再次穿上奧運火炬手服，拿著火炬和營員們一一合影，然後把奧運火炬交給營員們，讓他們每個人都高擎火炬照張相，小營員們興奮極了。我們組織營員們觀看關鍵的和營員們喜歡的奧運賽事的電視轉播直播，然後再在營員中開展奧運金牌榜競猜活動，激發營員們關注奧運會的激情。

奧運會比賽時總有些空位子，市局從關愛民警的角度，給各單位發了一些比賽門票，讓民警利用倒班（編按：即輪班）休息時間去賽場觀看比賽。我提議，學院的民警誰也不要佔用這些門票，門票全部給夏令營。大家一致擁護，其實道理也很簡單，在奧運村執勤的民警什麼大牌體育明星都見到了，誰還稀罕跑到比賽場館遠遠地看呢，看也看不清。不在奧運村執勤的民警累還累得不行呢，哪裡有時間和精力去看比賽呢。

分配給我們學院的門票拿來後，有人說話了，怎麼都是些水球、曲棍球的票，足球、籃球、排球等熱門比賽的票怎麼都沒有。很明顯，熱門球票早就賣光了，只有這些冷門比賽才有餘票嘛。我趁勢對大家說：「不要小看這些比賽，每年足球、籃球的比賽很多，很容易就能看到，可是如果不是奧運會，平時想看一場水球，想看一場曲棍球，誰給咱打呀！這種冷門比賽的機會多難得。」大家一聽，也對，高高興興地組織營員們去了。

到了奧運會比賽現場，營員們完全被比賽的熱烈氛圍所感染，隨著比賽的進行拚命為運動員鼓掌加油，還和現場觀眾一同掀人浪，忙得不亦樂乎，開心極了，他們深深地感受到奧運會比賽的氣氛。

我們學院的許多民警在奧運村裡執勤，如果能讓營員們進入奧運村，雖然由於倒班的關係，不一定能見到他們的父母，但是對他們來說，也是非常重要的奧運一課，經過我多方協調請示，最終也沒有得到批准，我就組織營員們坐上我們掛著運送執勤民警特殊通行證件的大班車，開到奧運村外、奧運場館外頭停下，告訴營員們這裡就是奧運村，這裡就是什麼項目的比賽場，比照著執勤民警崗位名單，念出在這裡執勤的民警名字，明確告訴營員們，你們的父母就在這裡面執勤，讓孩子們感受父母的辛苦和奧運會的隆重，許多營員都流下了眼淚，他們睜大眼睛使勁望著奧運村和場館裡，我知道，他們多麼希望能見到他們的父母親。回到學院裡，夏令營立即布置，每個營員給執勤的父母寫一封信，由我們負責轉交，我想這比暑假作業裡的作文還有意義吧。夏令營提倡和鼓勵孩子寫夏令營日記，記錄奧運會和夏令營期間的感受，這封給父母的信一定會成為一個重要紀念。

第四個板塊是「強健體魄」。利用學院的各項體育設施，夏令營的一項重要內容，就是讓營員們有時間認真鍛鍊身體，要求每天早上七點要出早操，不許睡懶覺，早操後要進行半小時的隊列訓練，立正、稍息、報數、看齊、齊步走一絲不苟。夏令營的體能訓練是每天都要安排的活動內容，把營員按不同年齡進行分組，每周進行乒乓球、羽毛球、籃球、足球、游泳、跳繩、田徑、趣味體育等多項比賽，最熱鬧的當數拔河，人人參加，營員們個個歡蹦亂跳，喊聲震天。

夏令營辦得熱熱鬧鬧的，我們在與營員們的接觸中感到這些九〇後和〇〇後非常可愛，他們聰明、善學、率真。同時我們也發現了一些很有趣的現象，剛開營時，大的營員比較老實，他們畢竟大幾歲，懂些事，知道剛到一個新的陌生環境裡，在自己還不清楚外界情況時，不要惹麻煩。小的營員們不老實，他們不管什麼新的環境還是老的環境，對新環境的不適應讓他們挺不高興的，而他們的不高興會完完全全寫在臉上，直接表現出來。過了大約一周多，小的營員逐漸適應了新的環境，自然也就喜歡上了夏令營的活動和新朋友，感到比自己一個人待在家裡好玩多了，這時大的營員開始不安分了，因為他們熟悉了環境後，膽子就大了起來，各種「搗亂」的主意也就紛紛出爐了。營員們有互不服氣的，有爭當老大的，有爭強好勝的，有記仇找茬的，也有拉幫結派的，總之，成人社會裡有的，夏令營中都有；成人社會中沒有的，夏令營中也會有。

無與倫比的北京奧運會隆重謝幕了，我們「無與倫比」的「奧運執勤民警子女夏令營」也順利閉營了，營員們依依不捨，含淚惜別，大家都把這次夏令營與北京奧運會一併留在腦海中。等到二〇〇八年冬季，營員們請他們的父母捎來話：「問問我們的營長，有沒有冬令營啊，我們還要去！」

INK PUBLISHING 經商社匯 23

當法醫遇上警察
中國第一位博士警察的私人手記

作　　者　左芷津
總 編 輯　初安民
責任編輯　鄭嫦娥
美術編輯　陳淑美
校　　對　左芷津 呂佳真 鄭嫦娥

發 行 人　張書銘
出　　版　INK印刻文學生活雜誌出版有限公司
新北市中和區建一路249號8樓
電話：02-22281626
傳真：02-22281598
e-mail：ink.book@msa.hinet.net
網　　址　舒讀網 http://www.sudu.cc

法律顧問　巨鼎博發法律事務所
施竣中律師
總 代 理　成陽出版股份有限公司
電話：03-3589000（代表線）
傳真：03-3556521
郵政劃撥　19000691 成陽出版股份有限公司
印　　刷　海王印刷事業股份有限公司

港澳總經銷　泛華發行代理有限公司
地　　址　香港新界將軍澳工業邨駿昌街7號2樓
電　　話　852-2798-2220
傳　　真　852-2796-5471
網　　址　www.gccd.com.hk

出版日期　2015 年 11 月　初版
ISBN　978-986-387-062-3

定價　500元

國家圖書館出版品預行編目(CIP)資料

當法醫遇上警察：中國第一位博士警察的私人手記／左芷津著, -- 初版 . -- 新北市：INK印刻文學, 2015.11
528 面；17×23 公分. --（經商社匯；23）
ISBN 978-986-387-062-3（平裝）
1.左芷津 2.傳記 3.法醫師
782.887　　104018745